SABINE FORSTHUBER
MODERNE RAUMKUNST

SABINE FORSTHUBER

MODERNE RAUMKUNST

WIENER AUSSTELLUNGSBAUTEN
VON 1898 BIS 1914

PICUS VERLAG WIEN

Gedruckt mit freundlicher Unterstützung des
Fonds zur Förderung der wissenschaftlichen Forschung

CIP-Titelaufnahme der Deutschen Bibliothek
Forsthuber, Sabine:
Moderne Raumkunst: Wiener Ausstellungsbauten von 1898 bis
1914 / Sabine Forsthuber. – Wien: Picus Verl., 1991
ISBN 3-85452-112-X

Graphische Gestaltung: Dorothea Löcker, Wien
Satz: »werbegrafik«, Wien
Druck und Verarbeitung: Landesverlag Druck, Linz
Printed in Austria
ISBN 3-85452-112-X

INHALT

I BEGRIFF UND KONSTITUTION DER MODERNEN RAUMKUNST 7
Konstruktion des Arrangements (9). − Stilvoluntarismus und Ästhetisierung (11). − Originalität der Hängung (13). − Rekultiviertes Ausstellungswesen (15). − Die Aufnahme − Photographie und Kunstkritik (16). − Politische Implikationen (17).

II DIE GRÜNDUNG DER WIENER SECESSION, 1897 19
Bestehende Ausstellungshäuser (19). − Der Austritt aus dem Künstlerhaus (21). − Das Wollzeile-Projekt (22). − Das Secessionsgebäude. Entwurf und Ausführung (23). − Die flexible Innenarchitektur (27).

III DER GEKURVTE STIL, 1898 − 1900 29
Das Jubiläumsjahr 1898 (29). − Erste Arrangements in der Secession (34). − Zur ästhetisierenden Überformung (37). − Der gekurvte Stil (43). − Hagenbund und Aquarellistenclub; die falsche Secession (44).

IV ELIMINATION DER ÜBERFORMUNG DURCH MATERIALETHOS, 1900 − 1901 49
Die Pariser Weltausstellung (49). − Kritik der materialwidrigen Kurve (51). − Wandfeld und abstrakte Ornamentierung (56). − Die Adaptierung der Zedlitzhalle (61).

V DAS ARRANGEMENT ALS GESAMTKUNSTWERK, 1902 65
Beispiele raumkünstlerischer Improvisation (65). − Die Beethoven-Ausstellung (68). − Zwei Modelle der Rezeption (70). − Klingers Beethoven-Skulptur als Raumidee (71). − Verwirklichung der Raumidee im Arrangement (73). − Prinzipien der Raumgestaltung (80). − Naturraum, Kunstraum und Raum der Entscheidung (84). − Raumidee und Idee der Raumkunst (85). − Gesamtkunstwerk (86). − Exkurs: Kultwert und Ausstellungswert (87).

VI POLARISIERUNG VON RAUMKUNST UND GALERIE, 1902 − 1907 91
Ausstellungen des Hagenbundes und der Secession (91). − Die raumkünstlerische Galerie (97). − Zur Alternierung von Raumkunst und Galerie (101). − Wiener Werkstätte und Galerie Miethke (105). − Die Engelhartgruppe in der Secession (106). − Die Spaltung der Secession (108). − Austritte aus dem Hagenbund (109). − Der Niedergang der Modernen Raumkunst in der Secession (112).

VII DIE KUNSTSCHAU − EIN AUSSTELLUNGSMODELL, 1908 117
Die Jubiläumsausstellungen der Secession und des Hagenbundes (117). − Die Kunstschau (119). − Die Verbauung des Areals (120). − Räume, Höfe und Gartenanlage (122). − Die Kunstschau, eine Kunstmesse (131). − Der Kaiser-Huldigungsfestzug (133).

VIII FESTDEKORATIONEN, INTERIEURS UND VEREDELTE ARBEIT, 1909 − 1912 137
Die internationale Kunstschau (137). − Ausstellungen und Redouten in der Secession (138). − Die letzten Ausstellungen des Hagenbundes in der Zedlitzhalle (140). − Die Beteiligung an internationalen Ausstellungen (143). − Das Österreichische Museum in der Periode Leisching (149). − Veredelte Arbeit (152). − Die Gründung des Bundes österreichischer Künstler (158).

IX INTERNATIONALISIERUNG UND INDIVIDUALISIERUNG, 1912 – 1914 159
    Die Rehabilitation der Stoffe, Tapeten und der bunten Muster (159). – Die Internationale
    Ausstellung für Buchgewerbe und Graphik (BUGRA), Leipzig (163). – Die Werkbundaus-
    stellung in Köln, 1914; Josef Hoffmann, Oskar Strnad, Dagobert Peche (164). – Die Mode
    und die Moderne Raumkunst (169). – Moderne Raumkunst als Traumkunst (173).

ANHANG 179
    Verzeichnis der Abkürzungen (181). – Anmerkungen (183). – Personenregister (199). –
    Abbildungsnachweis (203).

I
BEGRIFF UND KONSTITUTION DER MODERNEN RAUMKUNST

Die Moderne Raumkunst ist trotz der Vielzahl von Publikationen zur Kunst der Wiener Jahrhundertwende ein weitgehend unerforschtes Terrain, so unerforscht, daß selbst der Begriff der Raumkunst, der im ausgehenden 19. Jahrhundert zur Kennzeichnung der Einrichtungskunst diente, später aber, während der Blüte der Secession, zum Synonym für die Gestaltung von Ausstellungen wurde, ungewöhnlich anmutet.

Die große Anzahl der kunstvoll drapierten Ausstellungen erfuhr bislang kaum Beachtung, der Begriff keine Aktualisierung, weil die kunsthistorische Erforschung des Wiener Secessionismus vornehmlich monographisch oder objektbezogen orientiert war und ist. Fast scheint es, als bestehe ein Konsens darüber, daß die Ausstellungsgestaltungen nicht oder nur in dem Maße zu interessieren haben, wie das der Interpretation der eigentlichen, der ausgestellten Werke nützt. In solch perspektivischer Engführung, die unterschwellig die herkömmlichen Kunstgattungen oder die Konsistenz zu Kriterien hat, wird die Raumkunst als solche ignoriert oder gar in Frage gestellt. Ausstellungsgestaltungen gelten dann bestenfalls als okkasionelles Beiwerk, sind im Verhältnis zu den Exponaten eigentlich nichts oder doch nicht viel mehr als die Kompositionen eines Adrian Leverkühn.

Auch wenn man weiß, daß die Raumgestaltungen keineswegs Phantasmagorien waren, so überträgt sich auf sie doch die Vermutung, ihr primäres Kennzeichen wäre die Nichtvorhandenheit, weshalb von Moderner Raumkunst zu reden, etwas gewagt scheint. Dem stehen vorderhand nur ein paar, zumindest peripär an raumkünstlerischen Kriterien orientierte Untersuchungen[1] gegenüber, zweitens das Zeugnis einiger Kunstkritiker, die erkannten, daß die Moderne Raumkunst der Versuch war, unter den gegebenen Bedingungen moderne Kunst sowohl zu schaffen wie zu vermarkten,[2] und drittens das Selbstverständnis der Ausstellungsgestalter, für die die Dekorierung keine sekundäre Kunst darstellte, als vielmehr eine den Exponaten durchaus ebenbürtige und gleichrangige.

Ein erstes, genuines Kriterium stellt die funktionale Veränderung des Galerieraumes dar, eine Option, die die Neuerer unter den Mitgliedern des Künstlerhauses geltend machten. Immer dann, wenn nach Gründung der Secession die Einrichtungskunst und damit das Kunsthandwerk inneviert wurden, um einen Ausstellungsraum einheitlich zu gestalten, stand der Begriff der Modernen Raumkunst zur Debatte. Die Vagheit, die hier zu beklagen ist, begründet sich weniger aus dem Faktum der begrifflichen Übertragung als aus der unzureichenden Distinktion von herkömmlicher Einrichtungskunst und secessionistischer Raumgestaltung. Selbst eine der späteren Bestimmungen von Raumkunst hält auf Kosten der spezifischen Differenz von herkömmlicher und neuer Raumkunst das gemeinsame Moment der Gestaltung und der durch sie erzielten Wirkung fest — wenn es heißt: Unter Raumkunst versteht »man nicht bloß das Ausschmücken des Innenraumes (...) Vielmehr handelt es sich darum, die Grundzüge des Raumes, den sogenannten Raumbau, einheitlich kunstvoll zu gestalten und sodann die einzelnen, den Raum füllenden Objekte so zusammenzuordnen, daß sich das Ensemble gut sehen lassen kann«.[3]

Man muß sich, will man die historisch gewordene Differenz festhalten, gleichsam hinter die Selbstverständlichkeit zitieren lassen, mit der im Gefolge der Secessionsausstellungen ein Sprachgebrauch sich durchgesetzt hat, der unter Raumkunst sowohl von der Seite der Künstler wie von der der Kritiker die erneuerte, die moderne meint. Kunsthistorisch bereitet die Differenzierung Schwierigkeiten, weil die Ablösung ohne den Aufwand einer theoretischen Auseinandersetzung mit der bestehenden Einrichtungskunst erfolgte. Der Hauptgrund dafür dürfte in der zweideutigen Art gelegen haben, wie die Secessionisten neu anzufangen gedachten und auch anfingen: Scheinbar nämlich ableitungslos. Die Moderne Raumkunst ist in die Konstitution des Secessionismus so innig verwoben, daß auch über ihrem Beginn der von den Secessionisten beschworene Mythos einer stilistischen causa sui schwebt. Gleichwohl verdankte sie ihren fulminanten Einstand nicht primär dem revoltierenden Aufbegehren ihrer Protagonisten, sondern der prompten Akzeptanz im Kreis der Mäzenaten und im Wiener Gemeinderat, die die Mittel für die Errichtung des Gebäudes bereitstellten. Franco Borsi und Ezio Godoli hatten diesen latenten Widerspruch vor Augen, als sie von der Secession als dem »Phänomen einer sofort institutionalisierten Avantgarde«[4] schrieben. De facto ermöglichte es dann der günstige architektonische Entwurf des Secessionsgebäudes, daß die Künstler »diesen Begriff von Raumkunst an ihren eigenen Ausstellungsgestaltungen selbst entwickeln« konnten.[5]

Indem man die Wirkung der Innenraumgestaltung für die Gestaltung von Ausstellungsräumen nutzbar machte, mußte klar gewesen sein, daß das latente Problem der Hängung und der Plazierung von Exponaten eine Lösung erfahren werde. Dies wiederum implizierte die Veränderung der Galerie und ihrer bisherigen Funktion. Wie die Veranstaltungen der Secession, des Hagenbundes oder der Wiener Werkstätte bezeugen, gelang es binnen kurzer Zeit, das Vorhaben zu realisieren und die alte Einrichtungskunst für die Gestaltung von Ausstellungen fruchtbar zu machen. Gerieten nun die Bilder und Skulpturen in die Bestimmung eines – auch durch Mobiliar – konzeptionell gestalteten Raumes, was eine Wechselwirkung zwischen Exponaten und Exposition zur Voraussetzung wie zur Folge hat, so war im Verständnis der Jahrhundertwende von der Raumkunst als der »modernen« die Rede. Sie bleibt, wie man sehen wird, eng mit der Secession bzw. den Mitgliedern der späteren »Klimt-Gruppe« verbunden. Wenn die Wiener Secession nicht bloß eine reine »Malerbewegung« war, wie die vergleichbaren deutschen, sondern darüber hinaus, folgt man dem Urteil von Joseph A. Lux, zu einem eigenen »Architekturstiltrieb«[6], so begründet sich das aus der Mitgliedschaft so bedeutend gewordener Architekten wie Otto Wagner, Joseph M. Olbrich, Josef Hoffmann, Leopold Bauer, Josef Plečnik – um nur einige zu nennen – und deren raumkünstlerischen Bestrebungen.

Da sich die Secessionisten sowohl im Ausstellungsbau wie auch im Wohnbau betätigten, war es im Laufe der Jahre unvermeidbar, daß die Errungenschaften der Modernen Raumkunst auch in der Gestaltung privater Interieurs zur Anwendung gelangten. Was sich zunächst wie eine Verengung des Begriffes ausnehmen mußte, daß die Raumkunst als moderne nämlich bloß mit der Veranstaltung von Ausstellungen oder einer zeitgemäßen Lösung des Problems der Hängung und Plazierung identifiziert werde, stellte sich auf Basis der neuen, secessionistischen Entwicklung relativ schnell als eine Erweiterung heraus.[7] Der Deutlichkeit halber seien die markantesten Differenzen von Moderner Raumkunst und der durch sie bedingten, secessionistischen Einrichtungskunst angeführt:

a) Eigenartig kontrastiert die Dauerhaftigkeit der in den bekannten Villen errichteten Interieurs mit der Vorläufigkeit sämtlicher Ausstellungsbauten, die nur ob der damals gängigen Medien, Zeitung und Photographie, zugänglich und rekonstruierbar sind.

b) Im Unterschied zu den privaten Einrichtungsbauten boten die Ausstellungsbauten ein den Architekten willkommenes Experimentierfeld, das ermöglichte, statt der bloßen Architekturskizzen ein praktisches Beispiel seines Könnens zu geben. Der Modellcharakter der Ausstellungen war wiederum die Bedingung ihrer jedesmaligen Variierung.

c) Weil sich die von der Secession initiierten Ausstellungen der Kategorie der Auftragskunst entzogen, konnten die Raumgestalter programmatischer vorgehen. Über das Gelingen entschieden die Urteile von Kritik und Publikum; erst in zweiter Linie wurde der Verkauf der Exponate zum Leistungsnachweis.

d) Ausstellungsgestaltungen erregten die Öffentlichkeit stärker als private Interieurs. Die Kunst als Moderne Raumkunst provozierte ein öffentliches Pro und Kontra, kalkulierte fast mit der Sensation; darüberhinaus wollte sie auch eine Erziehung des Geschmacks leisten.

Der Übergang und die Loslösung des Begriffes der Raumkunst von seiner alten Bedeutung als Einrichtungskunst zu seiner neuen, modernen, vollzog sich plötzlich, passierte zugleich mit dem Aufkommen des secessionistischen Stils. Sofern nun die neue stilistische Gestaltung nicht bloß Beiwerk oder Dekor der diversen Exponate sein wollte, sondern eine glanzvolle, attraktive Verschmelzung dieser, einiger ausgewählter, mit ihrer Umgebung zu einer kunstvollen, wechselweise aufeinander oder ein übergreifendes Thema bezogenen Totalität, war es eine Frage der Konvention, das Verhältnis von Exponat(en) und Ausstellungsgestaltung auf einen Begriff zu bringen, der die spezifische Qualität der jeweils anders gearteten raumkünstlerischen Produktion adäquat ausdrücken werde.

Es ist der häufig gebrauchte Begriff des *Arrangements*, seltener der der Installation, der alle die genannten Merkmale unter sich faßt. Er behält sowohl (a) die Vorläufigkeit, den Charakter des Provisorischen und dennoch Einmaligen unter sich ein wie auch den (b) der experimentellen Variierbarkeit, weiters (c) die programmatische Entfaltung des Stiles der Modernen Raumkunst und, zuletzt (d), schließt er in sich auch das Moment der Konfrontation, ja das der Mobilisation der Öffentlichkeit, in deren Munde der Begriff gleich einem Synonym für die Raumgestaltung geführt wurde. Und obzwar sich dieser »terminus technicus«, in dessen Namen die Moderne Raumkunst von Mal zu Mal Konkretisierung erfuhr, einer größeren Beliebtheit und Gebräuchlichkeit erfreute als ihr eigener, entging er nicht deren Schicksal: »Leider« schrieb Felix Salten einmal, »ist das Arrangement nur die vergängliche Seite der Sache«.[8] Eingedenk dieser ehemaligen Funktion und Bedeutung ist es weder apodiktisch noch eine pure Tautologie, sondern ein Satz von Erfahrung, zu definieren: Die Moderne Raumkunst im Wien der Jahrhundertwende ist die Kunst des Arrangements.

KONSTRUKTION DES ARRANGEMENTS

Der eigenständige Anspruch der Modernen Raumkunst erfuhr in dem Maße Realisierung, als einerseits die alte Einrichtungskunst zur Veränderung der herkömmlichen Galerie eingesetzt wurde, und andererseits beide, Galerie und Inneneinrichtung, einander bedingten und performierten. Architektonisch hatte diese zweifache Aufhebung eine vielleicht paradox anmutende Reduktion zum Ergebnis, den leeren Innenraum. Warum er die conditio sine qua non allen Arrangierens bildete, liegt auf der Hand: Die Secession und andere Häuser standen allein aufgrund der Vakanz jeglicher Innenarchitektur so optimal zur Disposition.

Diese am Begriff orientierte Herleitung umgrenzt zwar den formal-technischen Aspekt der Modernen Raumkunst, sie vermag aber weder zu erklären, wie eine positive und dermaßen produktive Synthese, als welche die Raumkunst das Publikum faszinierte, entstehen konnte, noch, warum sie damals entstand. Zu ihrer Genese bedurfte es des glücklichen Zusammentreffens mehrerer kontemporärer Faktoren – objektiv der Innervierung der ephemeren Architektur, mit Bezug auf den Arrangeur der Entwicklung einer neuen künstleri-

schen Vielseitigkeit und, insgesamt, der Durchsetzung des neuen secessionistischen Stils.

Vergängliche Architektur kann auf eine lange Tradition zurückblicken. Erinnert sei an die Bauten der Antike, die Ehrenpforten und Triumphzugsaufbauten – zumeist propagandistische Unternehmungen der Staatsmacht, deren Verehrung nur selten ohne den jeweiligen religiösen Zuschnitt vonstatten ging. Wien, so heißt es bei Ludwig Hevesi einmal, ist ein »historischer Boden für solche weit ausgreifenden Bauphantasien«.[9] Er bezog sich damit auf den Festzug von 1879, der anläßlich der Silbernen Hochzeit des Kaiserpaares formiert worden war. Otto Wagner hatte die Tribüne, die Pavillons und den Festplatz vor dem Burgtor gestaltet, Hans Makart den Festzug. Dieser ermöglichte allen Ständen und Berufen, sich im Kostüm der Dürerzeit zu präsentieren, und symbolisierte somit die seit damals während Treue zwischen dem Thron und den Völkern. Festzüge und andere Spektakel bewiesen nur, daß Wien, wie Hermann Broch einmal feststellte, »weniger eine Stadt der Kunst als der Dekoration par excellence« war.[10]

Im engeren Sinne zählen in die Kategorie der ephemeren Architekturen die Balldekorationen der Sophien- und der Gartenbausäle, die Gestaltung des Künstlerhauses für das alljährlich unter einem anderen Motto statthabende Gschnasfest und die in der Theaterstadt Wien beträchtliche Zahl von Bühnendekorationen. Der letzteren Affinität zum Arrangement ergibt sich schon allein daraus, daß beide zeitlich limitierte und räumlich variable Bedingungen zur Prämisse haben; weiters, daß sie ein Thema, sei es ein Motiv oder eine dramatisierte Handlung, vorstellig machen. Es überrascht infolgedessen kaum, daß die als Arrangeure bekannt gewordenen Architekten vielfach auf die ephemere Architektur zurückgriffen und zweitens, daß sich einige einen Namen als Bühnendekorateur machten.[11] Das führt zum nächsten, dem Arrangement konstitutiven Faktor: Es bedurfte des vielseitig beschlagenen Künstlers.

Der Arrangeur mußte ein Allrounder, ein *Mehrfachkünstler* sein. Er hatte in den verschiedenen Sparten versiert, mit den handwerklichen Techniken sowie den Materialien vertraut zu sein. Die häufig verwendeten Materialien waren Stoffe, Draperien, Girlanden, Glas, Papier, Pappe und Papiermaché, weiters Stuck, Holzbretter u. a. m. Der wahrscheinlich bekannteste Protagonist solcher Vielseitigkeit war Josef Hoffmann. Er erwarb sich nicht bloß als Architekt, sondern auch als Graphiker und Entwerfer von Mobiliar, Schmuck und Mode internationale Meriten. Koloman Moser beschritt den umgekehrten Weg – vom Graphiker zum Bühnenbildner und schließlich zum Maler. Im wesentlichen fußte diese bemerkenswerte künstlerische Flexibilität auf zwei Voraussetzungen; auf der Minimalisierung der Gattungsdifferenzen der Künste, wovon das aller Kunstsparten bedürfende Kunstgewerbe profitieren mußte, und auf dem Willen zur einheitlichen Stilisierung. Beide zusammen provozierten bemerkenswerte Karrieren sowie eine spezifische Ökonomie der künstlerischen Produktivität, vermerkbar etwa in der Transposition von Flächenkunst in Raumkunst: Raum und Fläche werden der Form nach konvergibel. Beispielsweise verstand es Olbrich, die Einrahmung eines Notenblattes in Form einer Leier auf den dreidimensionalen Raum zu übersetzen; man begegnet der Leierform wieder in der Abschirmung eines Bettes der Villa Friedmann (Hinterbrühl). Komplementär dazu wirken Schatullen und Kästchen von Hoffmann wie verkleinerte Architekturen.[12]

Schon um der Forderung nach Aufwertung und Integration des Kunstgewerbes in die Ausstellungsgestaltung gerecht werden zu können, bedurfte es mithin des vielseitig versierten Künstlers, gleichsam des Pendants zum polytechnischen Ingenieur. Ermöglicht wurde eine oft phantastische Entwicklung der einzelnen, meist sehr jungen Künstler, desgleichen eine beispielhafte Kooperation. Gemeinsam war ihnen ein auf die künstlerische Gestaltung und Überformung drängender Wille, dessen sichtbarster und zugleich vergänglichster Ausdruck die Arrangements werden.

Die Suche nach einem neuen, probaten Stil fand vor dem Hintergrund politischer und idealer Neuerungsbestrebungen – in ganz Europa – statt. Schon 1856 hatte sich Owen Jones in seiner »Grammar of Ornament« entschieden gegen die Wiederholung und Imitation der überlieferten, konventionellen Stile ausgesprochen. Statt ihrer propagierte er die Dekoration als »Vorreiter einer allgemeinen Erneuerung des Stils«.[13] Seine Einschätzung teilten so namhafte Kunsttheoretiker wie Gottfried Semper und Heinrich Wölfflin. Letzterer vertrat die Ansicht, »die Geburtsstätte eines neuen Stils« werde »in der Dekoration«[14] gefunden. Bedingt durch den Historismus des 19. Jahrhunderts hatte der Stilbegriff sich eine Vergleichbarkeit gefallen lassen müssen, aufgrund welcher die willentlich künstlerische Herstellbarkeit nur als

Kehrseite seiner Beliebigkeit, seines Relativismus, begriffen werden konnte. Die reale Negation dieses Historismus sowie auch die des in ihm relativierten Stilbegriffes war der *Art Nouveau*. Er muß als Versuch verstanden werden, um der Kunst willen aufs Ganze, auch auf das Alltägliche, zu gehen und dabei einen umfassenden Stilbegriff zu etablieren. Es scheint mir kein Zufall, daß der Begriff des Kunstwollens, Ausdruck der technisch-voluntativen Herstellbarkeit, von Alois Riegl 1893 formuliert und zum Kriterium der epochalen Stilprinzipien gemacht wurde.[15] Seine deskriptive Evaluierung früherer Epochen erübrigte ein normatives Kompendium, eine Theorie des Stils, die umzusetzen gleichsam garantierte, eine verbindliche, epochemachende Stilgebung zu realisieren.[16] Und epochal, das vor allem wollte der Wiener Secessionismus sein.

Die reale Erneuerung des Stils nahm von Belgien ihren Ausgang und manifestierte sich im Entstehen der diversen Secessionen und ähnlicher Vereinigungen. Gleich die ersten Ausstellungen machten augenscheinlich, daß die Bindung an das Kunstgewerbe und die Dekoration den neuen Stil kennzeichneten.[17] Wie in Brüssel, Paris, Dresden oder München, so schien auch in Wien die von Otto Wagner propagierte »Naissance«[18] möglich, allerdings unter der Voraussetzung, daß der hierorts dominante und institutionell abgesicherte Historismus endlich überwunden und abgelöst werde. Im Verzicht auf das »Re-« der Naissance ist fast programmatisch die Abkoppelung avisiert: Man warf mit dem Jugendstil alles von sich, setzte alles dem Historismus entgegen, ableitungslos, gleich einer Stunde Null. Im ersten Heft von Ver Sacrum schrieben die Secessionisten, daß »in Wien nicht für oder gegen eine Tradition gestritten« werde, denn, so die lapidare Begründung, »wir haben ja keine«.[19] Wenn die ersten Secessionisten ihren Neubeginn gerne mythologisierten, der Rhetorik nach einen Hiat zu Tradition festgestellt wissen wollten, so ist dies freilich eher als ein Bekenntnis – gegen den Historismus – zu werten, denn als Feststellung über die tatsächliche Entwicklung.

Die Durchsetzung dieses neuen dekorativen Stils, der die Erwartung so vieler, auch in der Habsburgermetropole, für sich gehabt hat, war real an viele Bedingungen geknüpft; folgt man Hevesi, so insbesondere an zwei: »Die kecke Folgerichtigkeit, ihn vom Palastbau bis zur genähten Spitze durchzuführen, und eine Macht (Hof, Religion, Frauen), die ihn der nachahmungslustigen

Menge auferlegt.«[20] Die hier nur unterstellte, faktisch jedoch bestimmende Macht war, ohne die Funktion der genannten Machtfaktoren verringern oder schmälern zu wollen, die Präokkupation des Geschmackes: Ihn zu diktieren und zu bilden, maßten die Secessionisten sich an, ihn zu exemplifizieren und als eine Art Weltanschauung zu präsentieren, diente die Raumkunst, dienten die Arrangements. An ihnen fand die vom Geschmack bestimmte Identifikation statt, eine genießerische Eigenerfahrung, potenzierbar in öffentlicher Konversation. Mit dem Aufkommen der auf Öffentlichkeit bedachten Arrangements war eine Sinneswahrnehmung gefordert, die sich als individuelle nicht vom allgemeinen, gesellschaftlichen Schaubedürfnis abschloß, eine, die sich von der allgemeinen und medial aufbereiteten Schaulust durchdringen ließ; das dürfte in Wien, wo das »Kunstbedürfnis seit eh und je dem Schaubedürfnis zu-, wenn nicht gar untergeordnet«[21] war, vor keine besonderen Probleme gestellt haben.

Methodisch ist es unabdingbar, auf eine Untersuchung der raumkünstlerischen Erfahrung, näherhin der spezifischen Rezeption der Arrangements, zu rekurrieren, weil allein die Vergeschichtlichung dieser Rezeption eine Rekonstruktion der Modernen Raumkunst ermöglicht. Denn bislang entging sie der kunsthistorischen Rekonstruktion ja nicht primär aufgrund der in ihr amalgamierten Fächer, als vielmehr wegen ihrer Okkasionalität. Im Unterschied zu den Exponaten sind die Ausstellungsgestaltungen tatsächlich nicht mehr vorhanden, ist keine authentische Anschauung mehr möglich. Ihre relative Unbekanntheit ist – gleich jener der Bühnenbilder – das Resultat der ihnen eigentümlichen Konstitution, Kunst von Beständigem und Unbeständigem zu sein, die als ganze dem Vergänglichen anheimfiel und anheimfallen mußte.

Sich ein Bild der versunkenen Ausstellungen machen zu wollen, setzt daher voraus, die Kritiken und die Photographien der einzelnen Arrangements synoptisch zu montieren. Da in der Montage gar nicht von der Reaktion, die die Arrangements auslösten, abgesehen werden kann, werden zugleich mit der Synopse der Arrangements diejenigen Momente explizit, in denen die Rezipienten und Kritiker vermittels der Erfahrung der Raumkunst zu Erfahrenden ihrer selbst wurden. Und dieser Selbstbezug – modern gesagt: das Interesse – zentrierte und prägte die Vielzahl der Photographien und Rezensionen. Das aktuell gewesene Engagement für und wider die Raumkunst bildete so gesehen die Bedingung ihrer Wahrnehmung und Überlieferung, zugleich aber auch die ihrer aktuellen Erinnerung und Rekonstruktion aus den bis heute erhaltenen Spuren und Zeugnissen. Nur kursorisch sei daher dargelegt, inwiefern der Wille zu einer neuen, verbindlichen Stilisierung Produktion und Rezeption der Arrangements determinierte und weiters, inwiefern dieses Unterfangen seinerseits historisch bedingt ist.

STILVOLUNTARISMUS UND ÄSTHETISIERUNG

In der Wahrnehmung der Arrangements wird der schon für ihre Erzeugung maßgebliche Wille zur Stilisierung als Empfindung des Geschmackssinnes erfahren, lustvoll oder unlustvoll.[22] Vollzogen die Rezipienten diesen Akt der empfindenden Wahrnehmung, so partizipierten sie jeweils an dem sich verabsolutiert habenden Willen, der das Movens der Produktion und der Rezeption dieser neuen Stilisierung war. Dem individuellen oder kollektiven Vollzug erschloß sich im Akt der Gegenstandsempfindung ein schon dem Kunstwerk und dem Künstler immanentes Motiv: Um der Schönheit willen produziert zu sein, einer Schönheit, die, paradox zur erbrachten Leistung, doch als das schlechthin Zwecklose gelten mußte. Nahmen die Betrachtenden in der Erfahrung der Modernen Raumkunst die Schönheit an sich, d. h. als zweckfreie wahr, so mitnichten naiv, sondern vermöge einer Anstrengung, die der Produktion ebenso wie der Rezeption in allen Phasen des Wiener Secessionismus zugrunde lag. Solche Wahrnehmung, die den Grund einer an sich zweckfreien Qualität (Schönheit) vermittelt, war gewiß nicht bloß Bedingung, sondern zunächst einmal auch Ziel der auf Steigerung, auf Dynamik eingeschworenen Stilbewegung. Denn erst im Maße, als das künstlerische Schaffen seinerseits dem Stilvoluntarismus entsprang, wurde die in der Rezeption offenbare Empfindung als ein Zusichkommen beschreibbar, wurde die Empfindung von Lust oder Unlust erstens als Mittel offensichtlich und zweitens als Ziel der auf Autonomie pochenden Ästhetik. Der einmal freigesetzte Voluntarismus erwies sich als die maßgebliche Triebkraft dafür, daß die Schönheit und die Empfindung derselben als durch sich selbst bestimmt erscheinen konnten. Gleich dem Sexus, der erst vermöge der Befreiung aus der naturhaften Determination zum reinen oder selbstbestimmten wurde, erlangte auch die ästhetische Empfindung von Lust und Unlust den Grad der Autonomie erst dann, wenn die traditionellen Determinanten – deretwegen die Kunst sich ja in Frage gestellt sah – abgestreift waren, wenn die Kunst als entfesselte anhob und um ihrer selbst willen produziert und genossen wurde. Diesen Versuch, sich aus sich selbst zu begründen, durch sich selbst zu sein, konnte man damals ebenso in der Wirtschaft wie in der Politik, in der Selbstbegründung der wissenschaftlichen Disziplinen wie in vielen anderen Autonomiebestrebungen beobachten – so auch in dem sich autonomisierenden Willen zur Schönheit. Erst aufgrund dieses generellen Willensimpulses wurden sowohl die Künstler – im entwerfenden Erzeugen der Kunstwerke – wie die Rezipienten – im anschauenden Gebrauch derselben – des involvierten Selbstzweckes gewahr.

Vermutlich mußte diese Selbstzweckhaftigkeit so demonstrativ exponiert und zum Kriterium der Zugehörigkeit zur Moderne dieser Jahre werden, weil sich die historisierende Kunst vielfachen und massiven Zweifeln ausgesetzt sah. Die Erforschung der Ursachen dieser uneingeschränkten Selbstbehauptung führt uns zurück auf die Autonomisierung der artes liberales, die sich im 19. Jahrhundert, gleich den Wissenschaften, zu speziellen Fächern verwandelt hatten. Vorangegangen war ihrer Spezialisierung eine Phase des Zerfalls: Handwerk, Gewerbe, Industrie und akademische Kunst separierten sich durch die im Gefolge der industriellen Revolution entstandenen Wissens- und Produktionsweisen.[23] Unter Aufrechterhaltung des Fortschrittsgedankens versuchte die bürgerlich-liberale Gesellschaft, sich der Auswüchse, der Disparitäten solchen Fortschritts, zu bemächtigen; mittels verschiedener Reformen sollte die sogenannte schöne Kunst auf das Handwerk und auf die industrielle Fertigung reappliziert werden. Vom Erwerb und Gebrauch dieser ästhetisierten Produkte versprach man sich, eine Echtheit oder Authentizität wieder in Erfahrung zu bringen, die im Laufe des Jahrhunderts, verursacht durch den Einsatz von Fabriken im Kunstgewerbe bzw. durch den der Reproduktionstechniken im Bereich der bildenden Künste, verloren gegangen war. Abhanden zu kommen drohten aber nicht bloß die originellen Werke und die alten Produktionstechniken, sondern auch der entsprechende Umgang, die herkömmliche Wahrnehmung: Bildung und Kunst vermochten

die weltanschauliche Versöhnung nicht mehr zu leisten, da sie doch selbst den Bedingungen von entfremdender Arbeit und Monetarisierung unterlagen. Die Regeneration im privaten Dasein schien nicht minder gefährdet als das Selbstverständnis der Bürgerlichen als Klasse, wenn sie sich – die direkten oder indirekten Profiteure des Fortschritts, der Industrialisierung und Kapitalbildung – keinen Raum der Muße, der Reproduktion und des Ausgleichs mehr erhalten, wenn sie sich ihre leistungsbezogene Superiorität nicht beweisen, diese nicht auch coram publico genießen konnten. Und so wird verständlich, daß sie am Fortschritt nur unter der Bedingung festhalten wollten und konnten, daß sich die Illusion befördern ließ, Kunst und Bildung, Geschmack und Stil würden seinen Auswirkungen fortlaufend standhalten, mehr noch, würden in Wirklichkeit den Fortschritt und seine unliebsamen Begleitumstände nicht bloß abfedern, sondern recht eigentlich vorwärts treiben, motivieren. Was die Reformen von Kunsthandwerk und Kunstindustrie während der historistischen Epoche alleine nicht schafften, war dem Art Nouveau, dem Wiener Jugendstil, zu bewerkstelligen aufgegeben: Die Versöhnung der gehobenen Bürger durch Ästhetisierung, basierend auf der secessionistischen Reform der künstlerischen Produktions-und Präsentationsformen. Fast ein utopisches Programm, wäre da nicht tatsächlich Platz geworden, wäre da nicht die Moderne Raumkunst erstanden.

In der Modernen Raumkunst widerfährt den Dingen eine Ästhetisierung, die an die poetisch gedachte Entstehung der Dinge in der Antike erinnert, wo sie als erzeugte »ästhetisch« gewesen sein mögen, wo die technische Herstellung und die künstlerische Verfertigung, wo das Gute und Schöne (im Sinne der von Reformern wie Rudolf von Eitelberger und Jakob von Falke gepriesenen Kalokagathie)[24] noch nicht auseinandergetreten. Darum kann die Ästhetisierung am Ende des 19. Jahrhunderts, die als Secessionismus sich Bahn brach, nur als Reaktion auf die Industrialisierung, die natürlich auch vor der kunsthandwerklichen Produktion nicht Einhalt tat, verstanden werden. Nur als Kunsthandwerk widerstanden Handwerk und Gewerbe dem Rationalisierungszwang; nur als Kunst waren die Gewerbe meisterlich und lukrativ weiter zu führen. Als ästhetisierte schienen die Dinge nicht mehr den in entfremdeter Arbeit hergestellten Waren gleich zu sein; vielmehr manifestierten sie eine physische Schönheit oder Ursprünglichkeit, wie sie nur erstehen konnte, weil die Dinge ihrer selbst wegen, gleichsam »unentfremdet«, erzeugt wurden.

Indem sie vom Tauschcharakter Befreiung erfuhren oder erfahren sollten — insofern sie in einem zur kapitalistischen Produktionsweise konträren, zumindest aber unabhängigen Akt schöpferischer Arbeit[25] entstanden, gewannen sie gegenüber den herkömmlichen Dingen und kunstgewerblichen Erzeugnissen einen schier unbezahlbaren Surplus: Sie waren echter, weil sie dem Willen zu Schönheit unmittelbarer entstammten. Solche Unmittelbarkeit teilte sich den Rezipienten der Raumkunst mit — als Mode und als formidabler Gebrauchswert. Und der formale Widerspruch, zwecklose Schönheit als Ziel der künstlerischen Arbeit vorweg unterstellt zu haben, löste sich real dahingehend auf, daß die Dinge ebenso wie die Arrangements in eine schmale Kategorie fielen, in die der Luxusgüter; diesen eignet kein alltäglicher, bloß zweckbestimmter Gebrauch, sondern ein herausgehobener, ästhetischer, ein im Vergleich zum banal-alltäglichen ästhetizistischer. So speiste sich die raumkünstlerische Erfahrung daraus, daß Kunstwerke wieder zu emphatischen Kunstwerken wurden, daß aber auch die Dinge des alltäglichen Gebrauchs zu Kunst wurden, ein Arrangement oder ein Interieur in seiner Totalität daher einem Hohlraum oder einer Enklave glich, in der das postulierte »geschmacksbewußte Leben« verwirklicht werden konnte.[26]

Mit der Modernen Raumkunst ist der Versuch unternommen worden, die Kunst zum Mittel wie zum Zweck der Lösung des faktischen, naturgemäß auch sie und ihre Agenden betreffenden, gesellschaftlichen Verfremdungszusammenhanges zu machen. Mittels der Modernen Raumkunst sollte alles in eine differentia specifica zum Faktischen und Alltäglichen transponiert werden. Über die Befreiung der Dinge von ihrem Tauschwert durch die auf Originalität bedachte Erzeugung sowie die zugleich damit passierende Installierung eines nicht durch Profit bestimmten, sondern allein um der Ästhetisierung willen bestehenden, neuen Gebrauchszusammenhanges just in einer Phase, als der tatsächliche mehr denn je durch Rationalisierung, Exploitation und konjunkturellen Aufschwung[27] bestimmt war, legte sich ein leidlich ambivalenter Anschein. Er entstand, weil die Selbstbehauptung der Kunst — konkret die mit der Modernen Raumkunst vollzogene Negation — nicht ganz so frei und ungenötigt war, wie sie zu sein

vorgab; weil das secessionistische Stilvorhaben nicht so voraussetzungslos war, wie behauptet; in summa, weil dieser innovative Impetus seinerseits doch nur ökonomische Sachzwänge parierte.[28]

ORIGINALITÄT DER HÄNGUNG

Die obwaltende Dialektik sei nur in dem Moment der Wahrnehmung des Werks, d. h. dem der Originalität seiner Hängung, expliziert: Jede Periode hat eigene Vorstellungen und Kriterien für das, was ihr als »echt« respektive authentisch gilt. Der Begriff bestimmt sich aus dem Konträren, dem, was für abkünftig, überkommen und unecht gilt. Aus dieser Sicht ist die Problematik der Originalität der Modernen Raumkunst nicht allein eine Frage der Herstellungsverfahren, der technischen Hilfsmittel oder der Aufhebung der historisierenden Stile, als vielmehr eine der Hängung und Plazierung. Darin mußte das Problem der Originalität an Aktualität gewinnen, weil mit der Hängung in der Galerie das Moment des Tausches zwischen Rezipienten und Produzenten getroffen ist, das Moment, in dem der Rezipient dem Künstler als Käufer, dieser jenem aber als Produzent einer Ware begegnet; weil mithin die künstlerisch-inspirierte Arbeit ihr Äquivalent zugemessen erhält im Preis, im Wert der durch Profit bestimmten Erwerbsarbeit anderer.

Hängung und Plazierung erfolgten damals, man denke an das Künstlerhaus, primär unter dem Aspekt der Verkaufbarkeit; wenn das Exponat unter seinem Tauschwert vorgestellt wurde, so aufgrund einer auch den Sektor der Kunst längst nicht verschonenden Kommerzialisierung. Im Gegenteil, diese war notwendiger Begleitumstand der Eitelbergerschen Reformen, die beabsichtigten, das österreichische Kunstgewerbe für den Weltmarkt konkurrenzfähig zu machen. Die in Österreich vergleichsweise spät (1848–1850) erfolgte Befreiung der Kunst aus dem Umfeld kirchlicher und feudaler Auftraggeber hatte zur Folge, daß ein Kunstmarkt entstand; doch waren die wichtigsten Umschlagplätze, das Künstlerhaus und das Kunstgewerbemuseum, von Anbeginn institutionell gebunden. Nun, nach nur einem halben Säkulum, wurde diese Befreiung von den nachdrängenden Künstlern als doppelte Insuffizienz erfahren: Einmal aufgrund des Warencharakters der Werke, zum anderen aufgrund der traditionalistischen Bindung, die den Marktzugang nach der Kunst fremden Maßstäben einengte. Gerade der restringierte Kunstmarkt stellte den Warencharakter der Werke in Frage; und dieser, umgekehrt, die antiquierte Präsentationsform. Die logische Konsequenz war, daß sich die Krise der Kunst als Krise des Ausstellungswesens manifestierte.

Ortlosigkeit, Unzugehörigkeit und falscher Gebrauch stellten nur andere Indizien ein und derselben Tendenz dar, daß nämlich den Kunstwerken kein exzeptionelles Fürsichsein mehr eignet, wann immer sie in einer kapitalistischen Gesellschaft erzeugt und angeschafft werden; vielmehr verkümmern sie zu einer zwischengelagerten Ware, der keine höhere, auftragsgemäße Destination innewohnt. Nicht umsonst haben Gustav Klimt, Hermann Bahr und andere das Künstlerhaus mit einer Markthalle verglichen, die dort ausgestellten, feilgebotenen Werke aber mit den Waren einer quasiseriellen Produktion. Auch die Bedingungen, die der Künstler mit dem Eintritt in die Standesvertretung, d. i. die Künstlergenossenschaft, einzugehen hatte, mußten als Teil jener Fremdbestimmung erfahren werden, die die Welt beherrscht und der wahren, selbstbestimmten Kunst zuwiderläuft. All dem traten die Secessionisten energisch entgegen – mit verschiedenen Reformen.

Zunächst propagierten sie eine Demokratisierung des Ausstellungswesens. Beispielsweise sollte die Beteiligung an einer Kollektion nicht davon abhängen, daß der Künstler der Vereinigung beitrat, weiters hatte die auswählende Jury sich aus allen Mitgliedern zusammenzusetzen. Aufgabe einer eigens eingesetzten Hängekommission war es, die Bilder locker oder in Gruppen zusammengefaßt zu präsentieren. Großen Wert legten die Künstler auf die zahlenmäßige Reduktion der Werke; lieber wollten sie »kleine, gewählte Ausstellungen« präsentieren, als »durch den Wust von Mittelmäßigem erdrückt«[29] zu werden. Wenn sie eine Deregulierung, eine Liberalisierung des traditionalistisch erstarrten Kunstbetriebes geltend machten und, konträr dazu, doch keine vordergründige Kapitalisierung, so erklärt sich das zum einen mit ihrem Vertrauen darauf, daß ihre allein um der Kunst willen geschaffenen Werke die besseren, die zeitgemäßeren seien, die sich am Markt ebenso durchsetzen wie in ihnen die stilistische Teleologie; zum anderen aber mit ihrer unverkennbaren Neigung zum Elitären. Das Schlagwort der Demokratisierung war gewissermaßen ein zeitgerechtes Motto, um aus einer Minderheitsposition die Forderung nach

Partizipation durchzusetzen. Allein, diese Hoffnung war zunächst vergebens. Nachdem sie aber die Künstlergenossenschaft verlassen hatten und über ein eigenes Haus verfügten, erklärten sie unumwunden, »Elite-Ausstellungen«[30] präsentieren zu wollen, die »mehr der Anregung und Bildung des Publikums als dem Marktbedürfnisse dienen«[31] sollten. Ein anderer Schwerpunkt galt den ausländischen künstlerischen Bewegungen, die zu zeigen und in Wien bekannt zu machen, als gleichwertige Aufgabe erachtet wurde. Wer hätte auf all diese Reformziele eine bessere, schlagendere Antwort geben können als die Moderne Raumkunst? Nur im Arrangement ließ sich die Krise der Kunst zugleich als Krise der Präsentationsform begreifen und in diesem doppelten Sinne aufheben. Moderne Raumkunst bildete daher eine neue, überfällige Art der Kommerzialisierung.

Indem die Künstler den Kunstwerken eine jedesmal neue Umgebung der Exposition erschufen, Hängung und Plazierung zur künstlerischen Aufgabe machten, einen jeweils anderen Raum der Demonstration arrangierten, steigerten sie nicht allein deren Wirkung; vielmehr überraschten sie die potentiellen Käufer durch die Inszenierung, die zudem viele Schaulustige anlockte und damit ins Zentrum der allgemeinen Aufmerksamkeit rückte. Der Kommerzialisierung enteilt, wurden die Exponate, reluzent zur Inszenierung, um die Spur des Ambiente authentischer, effektvoller, um die sie den meisten der Zeitgenossen so oft aufregender und moderner erschienen. Gleich einem gotischen Triptychon, das für einen bestimmten Altar gefertigt worden war und dort feierlich zur Aufstellung gelangte, prätendierten die Exponate, nur für das Arrangement konzipiert zu sein (et vice versa). Die Originalität, die einem Werk im Arrangement zukam, war einzigartig aufgrund der neuen Zusammenstellung sowie deshalb, weil es dem Exponat eine künstliche Tradition andichtete; gleichsam eine in Dekor gebannte Ikonographie. So spiegelte sich im Arrangement, in der artifiziellen Plazierung der Exponate, der Wille zur künstlerischen Kompensation der gesellschaftlich und wirtschaftlich bedingten Verfremdung der Werke sowohl wie der ihres Gebrauchs durch die Errichtung einer Umgebung, die beides provozierte und gebot: Den Charakter der Originalität der Kunstwerke und des originären Genusses, einem, dem bei der Schätzung des Gegenstandes nicht sogleich die Wertschätzung aufstieß, einem, der im Kunstwerk nicht bloß sein monetäres Äquivalent genoß. Um der

Rettung der Kunst als einer Selbstrettung waren die Arrangements in der Secession, in der Zedlitzhalle u. a. Lokalitäten dazu aufgeboten, eine Einmaligkeit oder Originalität zu statuieren, die die Kunstwerke wieder in ihrem singulären Splendor vorstellte, die auch den Dingen des alltäglichen Bedarfs in einer Weise sich mitteilte, daß sie, gleich den unvergänglichen Kunstwerken, des Verdachtes auf mechanische Reproduzierbarkeit, auf industrielle Fertigung und kommerzielle Verwertung entrieten. Zeitgerecht war die raumkünstlerische Verwertung, weil sie nicht nach fremden, sondern nach den der Kunst eigentümlichen Gesetzen erfolgte, weil die Vermarktung selbst artifiziell geriet. Und erst diese Qualität machte die Kunst(werke) im Verband der Waren souverän, die Künstler aber zu selbständigen. Vonnöten war dazu, daß die Künstler sich zum Auftraggeber ihrer selbst aufschwangen, daß sie sich an »selbstgestellten Aufgaben«[32] versuchten; l'art pour l'art meinte demnach keine snobistische Devise, sondern den Versuch, künstlerisch souverän zu werden, den, mit den Mitteln der Kunst den Verfremdungs- und Verwertungszusammenhang, der sich um sie geschnürt hatte, abzustreifen — und sei es, um einen neuen, besseren zu etablieren.

REKULTIVIERTES AUSSTELLUNGSWESEN

Die Kunst, deren Werke ihren ursprünglichen Gebrauch einst im Kult oder im Ritus[33] hatten, reagiert auf die im 19. Jahrhundert passierende Veräußerung des Kultwertes der Kunstwerke zum bloßen Ausstellungswert mit der Rekultivierung des Ausstellungswesens, d. h. mit der Bergung der Exponate in einen künstlerisch ebenbürtig gestalteten, wenn auch temporär befristeten, Raum. Anders als die europäische Avantgarde — ob des Kubismus, des Futurismus oder des Expressionismus — versuchten die Raumkünstler die frühere, epochemachende Stilverbindlichkeit zu retten. Darum externalisierten sie die Antagonismen nach Möglichkeit und setzten, Arrangement um Arrangement, der korrupten Welt ihre heile, harmonisierte Kunstwelt entgegen.[34] Als Arrangeure waren die Künstler zugleich Auftraggeber und Zelebrator, die Betrachter aber glichen einer Menge von Adepten und Adoranten, die Exponate fetischisierten Produkten, die »etwas« vermittelten, das umso bedeutsamer schien, als es mit Spannung erwartet wurde und überraschend eintraf, mithin die Merkmale eines öffentlichen Ereignisses, einer Epiphanie, auf sich vereinte. Die daran Anteilhabenden aber konnten, selbst wenn sie sich dem Impetus nur passiv, konsumptiv ergaben, beweisen, daß sie das hatten, wessen die Bourgeoisie sich seit der Auseinandersetzung mit der höfischen Kultur immer wieder vergewissern mußte, dessen sie als herrschende Klasse nicht entraten konnte — Geschmack, Takt und Stil. Und daß diese Ästhetisierung eine soziale Differenzierung nach unten leistete, ist ja ohnedies selbstverständlich. Wenn Hevesi einmal schrieb, daß die Ausstellungen so »manche Bekehrung«[35] zur Folge hatten, so meinte er mit Sicherheit eine ästhetische Konversion, gelegentlich aber auch den demonstrativen Aufstieg in den Kreis der Parvenüs.

Dialektisch geriet die Regeneration des Originellen in der Modernen Raumkunst, weil zum einen das Neue als das immer wieder Erneuerte inszeniert wurde, zum anderen, weil mit der in den Arrangements praktizierten, kunstbetriebsmäßigen Erzeugung die technische Reproduzierbarkeit zwar negiert, zugleich aber auch aufgehoben und auf einer qualitativ neuen Stufe wieder eingeführt wurde. Eine der Zeitungskritiken verdeutlicht, daß man die Originalität der Arrangements mit jener verglich, die aus dem Opern- oder Konzertbetrieb bekannt ist, also mit der Originalität der reproduktiven, darstellenden Künste.[36] Die Originalität der Modernen Raumkunst entging der mechanischen Produktion, weil ihre Erzeugnisse nicht uniform, nicht endlos viele gleiche waren, sondern jeweils unvergleichliche, einzigartig zufolge der künstlerischen Handschrift. Von ihrem Anspruch her überholte die Moderne Raumkunst die mechanisch-uniforme Art der reproduziblen, schlechten Authentizität justament dadurch, daß sie selbst sich wiederholbar und regenerierbar präsentierte; also dadurch, daß sie die Ursprünglichkeit in die Mode verlegte, daß sie die ihr eigene Originalität in der Wiederkehr des Gewesenen geradewegs produzierte[37] — und dies in den Schauräumen der führenden europäischen Metropolen. Und von den ersten spektakulären Arrangements war es dann nur mehr ein winziger Schritt zur Kunstschau, zur Verwertung der Kunst als Show. So wie die Negation des Warencharakters einen neuen, marktgerechteren heraufbeschwor, geriet auch die auf Originalität bedachte raumkünstlerische Präsentation dialektisch. Man möchte sagen, daß die Exponate in der Raumkunst jeweils neu in die Auslage gestellt wurden und zwar so, daß die Requisiten ebenso aufreizend wirkten wie diese. Wenn just in der um der Kunst willen erfundenen Modernen Raumkunst der Warencharakter am schärfsten einzog, so ist das weder ein Gegensatz zum eigenen, hohen Anspruch noch ein Trick gewesen, sondern, post festum, der Beweis ihrer Modernität. Hermann Broch hat diese Ambivalenz in einem schönen Bild fixiert: »Das l' art pour l' art und das business is business sind zwei Äste vom gleichen Baum.«[38]

DIE AUFNAHME – PHOTOGRAPHIE UND KUNSTKRITIK

Die subjektiv anteilnehmende wie auch der Unterhaltung dienende Art der Wahrnehmung wurde in einem Maße von der neuen Kunstrezension und der Photographie geprägt, daß von der raumkünstlerischen Wahrhabe als einer erlebnishaften Aufnahme[39] zu reden ist: Damit ist gemeint, daß die Wahrnehmung ihr Objekt in der Sensation fand, die zustande kam, wann immer das Neue als Anderes festgehalten wurde und als solches von Reiz war. Die raumkünstlerisch produzierte Originalität heischte nach Rezeption, nach der Aufnahme als einer ebenso originellen, gleichwohl medial reproduzierbaren; in der Aufnahme koinzidierten die dem Arrangement inhärente Erwartung und das allgemeine Interesse an der Sensation, die Schaulust. Die Abbildungen geben Zeugnis, sind chemotechnische Wiedergabe dieser momentan befriedigten Koinzidenz. Die Aufnahme ist die Bedingung der Überlieferung der Modernen Raumkunst als einer Folge von Variationen nicht in einer epischen, sondern in einer kolportage- oder reportagehaften Temporalität. Einzig den reproduktiven Medien ist es zu verdanken, daß die Unzahl der Raumgestaltungen, die selber einer ständigen Regeneration entsprossen, erhalten sind. Modern ist die Raumkunst nicht allein wegen der Integration des Kunsthandwerks in die Galeriegestaltung, sondern deshalb, weil sie unter den Produktions- und Rezeptionsbedingungen der Moderne entstanden ist.

Klingt hier eine Art von »Photopositivismus« durch, so mit Absicht. Denn wenn den Photographien auch eine Zufälligkeit nicht ganz abzusprechen ist, so entsprangen sie in der Mehrzahl – und es sind ihrer an die 1.000 – doch einem generellen Impuls: Dem, die Sensationalität der Arrangements festzuhalten, aufzunehmen und dergestalt »illokutionär« zu machen. Solche Bezugnahme überliefert und macht die Moderne Raumkunst, gleich einem in viele Medien zerstreuten Puzzle, fähig für den Versuch einer restitutio in integrum. Was nicht abgelichtet oder beschrieben wurde, ist unwiderruflich verloren. Reziprok zur Aufnahme ist daher zu unterstellen, daß dergleichen reizlos, d. h. uninteressant war. Daß die Photographien nur in Schwarz/Weiß gehalten sind, stellt hingegen eine Beschränkung dar, der nur gelegentlich mit der Zitation der Kolorierung zu begegnen ist.

Was die Photos an der Aufnahme illuminieren, kontexieren die diversen Medien, propagandistisch, kritisch oder sonst wie. Ein Medium, das die Funktion der Ankündigung des Art Nouveau gleichsam ex cathedra innehatte, war Ver Sacrum, während der Zeit ihres Bestehens (von 1898 – 1903) sowohl Propagandamittel wie Experimentierfeld der Secession. Alfred Roller schrieb schon 1898, daß die »Vereinigung zweierlei Veranstaltungen zur Bearbeitung der Öffentlichkeit hat: Die Ausstellung und V. S.«, und er ergänzte, »daß diese zwei Unternehmungen gleichwertig sind. Ich halte stricte daran fest, daß jedes V. S.-Heft eine kleine, das ganze V. S. eine sehr große Ausstellung ist.«[40] Auch die Kataloge, die wie die Arrangements jedes Mal ihr Aussehen wechselten, standen in programmatischer Nähe zu den Prinzipien der Raumgestaltungen. Ein Ausstellungskatalog sollte nicht mehr als das »nothwendige Übel« erscheinen, »sondern auch noch nach Schluss derselben immer einen eigenen Wert« behalten.[41] Durch den Abdruck der Grundrisse der Ausstellungen bilden sie einen unverzichtbaren Leitfaden der Rekonstruktion.

So wie die Ankündigung Parteinahme war, mußte auch die Kunstkritik Partei ergreifen. Die Reaktionen reichten von verstimmter Ablehnung bis hin zur emphatischen Huldigung. Häufig wurde man der »Echtheit« durch die Nennung eines Schlagwortes, das sich im besonderen auf ein Detail oder ein Gustostückerl des Arrangements bezog, gerecht. Exakt geben diese Bezeichnungen nicht nur die Bedingungen der Reproduktion an, unter denen die Aufnahme sich ereignete, sondern auch die Befriedigung einer gegen die Langeweile des déjà vu aufgerichteten Erwartung. Die Überraschung wird immer wieder mit den für die reproduzierbare Originalität typischen Bezeichnungen wie »Schlager«[42], »letzter Schrei«[43] oder »Clou«[44] fixiert; und dann fehlt in den allerseltensten Fällen das Photo. Aufgabe der Kunstkritiker war es, das Moment des neu arrangierten Originellseins hervorzuheben, die Erwartung darauf aufzurichten und, andererseits, mit dem faktischen Ereignis in Übereinstimmung zu bringen. Durch Ablehnung oder Befürwortung wirkten sie an der Realisierung der Modernen Raumkunst mit.

Damit war ein Typus von Kunstkritik gefordert, der sich an den Empfindungen, die die Arrangements hervorriefen, subjektiv abarbeitete, sodaß die Reaktion der Kritiker zum Maß oder Beispiel der Beurteilung der nachlesenden und nachempfindenden Rezipienten werden konnte: Kommt das Arrangement der erwarteten und der geforderten Stilisierung nach? Fügt diese sich einem subjektiven Entwurf, dem Anspruch auf einen »Lebensstil« ein? Der Typus, der dem Betrachter diese Illusion der willkürlichen und subjektiv originellen Rezeption beließ, der die Aufnahme kontextierte, war der des Feuilletons. Den Wandel der Kunstkritik — im wesentlichen einer vom Katalogdienst zum Feuilleton — resümierte der konservative Kunstkritiker Adalbert Franz Seligmann, der auch unter dem Pseudonym »Plein-Air« publizierte, folgendermaßen: Während die Kunstkritik der achtziger und neunziger Jahre »ein Ausdruck der Meinung des — gebildeten und kunstverständigen — Publikums« gewesen ist, »identifiziert sie sich jetzt mit den Künstlern«, deren »Sprachrohr« sie geworden ist.[45]

Hermann Bahr, der nach zahlreichen Auslandsaufenthalten die Ideen der Pariser Avantgarde nach Wien gebracht und die literarische Moderne, die Künstler des »Jung Wien«, inspiriert hat, agitierte bis 1903 heftig für die Secession. Ludwig Hevesi machte als Propagandist und profunder Kenner des Art Nouveau und der Wiener Moderne von sich reden. Seine Werke bilden darum auch einen Grundstock jedweder Forschung über die Moderne Raumkunst. Bereits mehrfach erwähnt wurde J. A. Lux, der einzige Theoretiker in der Garde der Kritiker. Für die Wiener Moderne Raumkunst setzten sich außerdem Berta Zuckerkandl, Franz Servaes, Felix Salten, Richard Muther, Wilhelm Schölermann, Arthur Rössler, Karl M. Kuzmany u. a. ein. Als Gegenspieler seien A. F. Seligmann, Friedrich Stern und der Lokalhumorist Eduard Pötzl genannt. Karl Kraus äußerte sich zwar nur selten, dann aber umso entschiedener kritisch. In seiner Beurteilung der Secession dürfte er sich auf Erfahrungen seines Freundes Adolf Loos gestützt haben, der in einem seiner ersten Aufsätze Hoff-

mann noch lobte, ihn aber später ebenso wie den Secessionismus aus ästhetischen und moralischen Gründen bekämpfte.[46] Wahrscheinlich wurden auch persönliche Gründe für seine Haltung maßgeblich. Er und Kraus trafen den Secessionismus in einem seiner empfindlichsten Momente, dem nämlich, worin er versucht, die Wirklichkeit in Kunst aufzuheben. Demgegenüber erkannten sie, wie sehr und wie jäh die Revolte, als die der Jugendstil in Wien anhob, zur Beruhigung gelangen und im Konformismus endigen werde.

POLITISCHE IMPLIKATIONEN

Das die Tradition verachtende, vom Voluntarismus getragene Pathos machte die Moderne Raumkunst wenig gefeit vor politischer Indienstnahme. Dies umso weniger, als die Arrangements häufig auf aktuelle Anlässe (Jubiläen) zurückgingen und weiters, als sie, die einerseits pur um der Kunst willen geschaffen zu sein vorgaben, dann, wenn sie kommerziell erfolgreich waren und Akzeptanz fanden, also fast sofort und beständig – die faktischen Verhältnisse nicht wie beabsichtigt negierten, als vielmehr ästhetisierten.

In Wien setzte um 1890, nach einer längeren Phase liberaler Politik, während der sich der Adel und das sich emanzipierende Bürgertum assimilierten und anstelle der alten höfisch-amtlichen Öffentlichkeit endgültig eine konservativ-liberale sich konstituierte, eine Mobilisierung nicht bloß der proletarischen, als zunächst und vor allem eine der christlich-sozialen Kräfte ein. Karl Lueger, Bürgermeister von Wien, polarisierte, auch durch Begünstigung des Antisemitismus, die virulenten Kräfte. Dadurch wurde das Bild der Ringstraßenzeit, das wahrscheinlich nur für den Hof und für die mit ihm kooperierende Öffentlichkeit eines von Harmonie war, verstört; allgemeiner Ausdruck einer Eintracht des Vielvölkerstaates war es ja nie gewesen. Durch den Kampf gegen die Sozialdemokratie wurden die Antagonismen und Klassenkämpfe einerseits verschärft, andererseits aber partikularisiert und auf verschiedene Sündenböcke abgeleitet.

Da mußte es von einer willkommenen Wirkung gewesen sein, daß eine, zum Teil schon am Ringstraßenbau beteiligte, innovative Künstlergruppe gegen die alte Künstlergenossenschaft opponierte, sich löste und durch die Neuerungen die alte liberale Öffentlichkeit ebenso fesselte wie das avancierte (intellektuelle) Publikum hierzulande und anderswo. Carl E. Schorske wies darauf hin, daß man aufgrund der ostentativen Erlaubnis, ein übergreifendes Kunstvorhaben zu realisieren und einen Bewältigungsversuch der Wirklichkeit zu wagen, versucht gewesen sein mußte, sich von der mißlichen Wirklichkeit ablenken zu lassen.[47] In Exekution der ästhetischen Differenz hielt man der faktischen eine »Kunstwirklichkeit« entgegen: So vermittelte die Secession etwa das Wunschbild einer »heilen Welt«[48], in der sich deutsche, polnische und tschechische Künstler zusammenfanden, »um bei Wahrung ihrer Individualitäten und ihrer national-charakteristischen Eigenarten sich gegenseitig zu fördern«.[49] Die dergestalt antizipierte Einheit hatte in Wirklichkeit wenig für sich, hatte diese vielmehr gegen sich. Im Maße als die Ästhetisierung voranschritt, einem Hohlraum gleichend, der sich stets weiter ausdehnte, war die Basis, wider die sie sich kontrapunktisch zu realisieren trachtete, selbst am Zusammenbruch, am Zerfall. Durch den in langen Jahren gleichsam erstarrten, geronnenen Impetus, nur stilistisch oder formschöpferisch zu reagieren und die Welt weiterhin zu ignorieren statt zu innervieren, bot die Moderne Raumkunst ein künstlerisches Ebenbild zur überkommenen, schlußendlich hilflos anmutenden Monarchie. Beide waren untergehende Repräsentanten ehemals epochemachender Gewalten, diese des kohärenten Stils, jene der kontinuierlichen Monarchie.

Indem sich das reformerische Bestreben der Secessionisten daraus motiviert, der Säkularisierung entgegen zu wirken, war die Ästhetisierung nicht bloß eine neutrale Vergeistigung, vielmehr nahm sie eine quasireligiöse, ideologische Qualität an. Letztlich geriet die Moderne Raumkunst zu einer Art von Gegenwelt, die von der faktischen zwar bedingt war, sich aber andererseits in der Verabsolutierung für befreit erklärt: Sie imponiert, bei aller Unsicherheit, durch eine Art von Gewißheit, die sie mit konfessionellen Überzeugungen teilt. Schorske schreibt darum auch unverblümt von der secessionistischen Kunst als einem »Religionsersatz«[50]. Dieses Urteil ließe sich durch beliebig viele Zitate bekräftigen, eines sei angeführt: Wilhelm Schölermann spricht von der Wiener Secession als einem »Kunsttempel«, der dem »Kunstgenießenden einen Zufluchtsort«[51] gewähren werde.

So gesehen wird die Moderne Raumkunst zu einer der letzten Zufluchten der sich, gleich den Industrien und Wissenschaften, verselbständigenden Künste; eine, zu deren Aufrechterhaltung die Illusion ihrer erlösenden gesellschaftlichen Funktion gehörte. Die Konsequenz, mit der sich die Bewegung der Modernen Raumkunst diese Illusion erhält, die Rasanz, mit der Arrangement um Arrangement präsentiert wird, und schließlich die Hingabe, die ihr das Publikum immer wieder entgegenbringt, sind Ausdruck einer ebenso großartigen wie fatalen Anstrengung.

II
DIE GRÜNDUNG DER WIENER
SECESSION, 1897

BESTEHENDE
AUSSTELLUNGSHÄUSER

Im Wien der neunziger Jahre gab es eine Reihe von Ausstellungslokalen, darunter, als das renommierteste, das in den Jahren 1865 – 1868 nach den Plänen August Webers erbaute *Künstlerhaus*. Wollte ein Künstler österreichisch-ungarischer Provenienz in ihm exponieren, so mußte er der im Künstlerhaus logierenden Künstlergenossenschaft beitreten. Die erfolgte Aufnahme implizierte, daß er zahlreiche Preiskonkurrenzen über sich ergehen ließ, sich dem Diktat der Jury ebenso wie der stilistischen Determination fügte. Die Anpassung war insofern unumgänglich, als das Künstlerhaus den Rang einer innungs- oder kammermäßigen Standesvertretung einnahm und die Mitgliedschaft daher die Voraussetzung einer halbwegs gesicherten Berufsausübung bildete. Das erklärt, warum die Gründer der Secession, des Hagenbundes und anderer Vereinigungen zunächst der Künstlergenossenschaft angehörten.

Der schon genannte Basar- und Markthallencharakter[1] des Künstlerhauses fand darin seinen pejorativen Ausdruck, daß man die Wände der Ausstellungssäle von oben bis unten mit Bildern tapezierte. Wenn es Usus war, daß »jeder Erwerber« sein Bild, wie es einmal heißt, »als Weihnachtsgeschenk gleich mit nach Hause nehmen« konnte,

dann kam es zwangsläufig vor, daß für die restliche Dauer der Ausstellung »mitten in der Wand ein Loch« klaffte.[2] Dergestalt bestimmten kommerzielle Interessen und überkommene Attitüden die spärliche Gestaltung der Ausstellungen – sehr zum Mißfallen der jungen Neuerer. Gustav Klimt griff in seiner Erklärung zum Austritt der Secessionisten aus dem Künstlerhaus diesen Umstand eigens an. Sein Verlangen, »das Ausstellungswesen (...) auf eine rein künstlerische, vom Marktcharakter freie Basis zu stellen«[3], erwies sich als mit der Praxis des Künstlerhauses nicht vereinbar.

Weihnachtsausstellung 1880,
Österreichisches Museum für
Kunst und Industrie

Das *Österreichische Museum für Kunst und Industrie* war 1863 von Rudolf von Eitelberger – nach dem Vorbild des South-Kensington-Museums – gegründet und 1866 – 1871 von Heinrich von Ferstel errichtet worden und bot primär den Kunstgewerbetreibenden eine Ausstellungsmöglichkeit; freilich nicht allen, denn auch der 1884 gegründete Wiener Kunstgewerbeverein ließ nur seine Mitglieder zu den Ausstellungen zu. Erst mit der Berufung Arthur Scalas (1897) zum Direktor schien die Machtposition des kommerziell ausgerichteten Vereins etwas in Frage gestellt. Scala versuchte sich in Reformen, erteilte dem wahllosen Kopieren historischer Stile eine Absage und rief zur exakten Kopie historischer Originale, besonders englischer (Chippendale, Sheraton, Tiffany u. a.), auf. Statt

Jubiläumsausstellung 1888,
Künstlerhaus

die Objekte bloß nach technischen Aspekten zu ordnen und aneinanderzureihen, ließ er auf der Winterausstellung 1897/1898 erstmals einzelne Interieurs einrichten. Aber dem Elan, der mit seiner Berufung über das Österreichische Museum hereinbrach, war nur kurze Dauer beschieden.[4] 1899 mußte Scala einlenken und die Souveränität des Kunstgewerbevereins anerkennen. Von da an legte er während der Zeit seines Direktoriums bis 1909 ein ambivalentes Verhältnis zur Moderne an den Tag.

Zu den nicht institutionell gebundenen Ausstellungshallen zählten, neben den diversen Galerien, die *Säle der Gartenbaugesellschaft*. Das 1863/64 von August Weber am Parkring 12 in italienischem Renaissancestil errichtete Gebäude der Gartenbaugesellschaft eignete sich für mittelgroße Ausstellungen, für Bälle, Konzerte oder Feste; für größere Kunstausstellungen war ein provisorischer Zubau vonnöten. Dennoch griffen die Künstlervereinigungen in Verlegenheitsfällen wiederholt auf die Anmietung dieser Säle zurück. Gelegentlich benützten sie auch die *Rotunde* im Prater, die die Weltausstellung von 1873 als Unikat überlebt hatte. Ursprünglich bildete sie den Mittelbau eines von Karl Hasenauer und John Scott-Russel entworfenen Industriepalastes. Die nicht beheizbare Glaskonstruktion stand im Frühjahr und im Sommer, und hier wiederum nur für Großveranstaltungen, zur Verfügung.

Unter den Galerien[5] war für die Secessionisten die aus einem (1861 gegründeten) Kunstverlag hervorgegangene Galerie H. Othmar Miethke von Interesse. Sie befand sich im glasüberdeckten Hof des ehemaligen Palais Nako, Dorotheergasse 11, in den Miethke 1895 einen großen Ausstellungssaal hatte einbauen lassen. Obwohl der Galerist das Entstehen der Secession mit Aufmerksamkeit verfolgte und einzelnen Secessionisten über Jahrzehnte freundschaftlich verbunden blieb, wäre seine Galerie zu klein gewesen, um einer ganzen Künstlergruppe eine Heimstatt zu bieten.

Zieht man eine Bilanz über die Wiener Ausstellungslokalitäten, so ist offenkundig, daß es für die modernen Künstler zumindest problematisch, wenn nicht unmöglich war, ihre Werke in regelmäßigen Arrangements zu präsentieren. Eine den raumkünstlerischen Intentionen halbwegs entsprechende, institutionell nicht gebundene Ausstellungshalle stand nicht zur Verfügung, ebensowenig ein Museum Moderner Kunst oder eine Moderne Galerie, deren Errichtung eine der ersten und be-

ständigsten Forderungen der Secessionisten werden sollte.

Im Jahr 1897, als der Art Nouveau in verschiedenen europäischen Metropolen bereits für Furore sorgte, so auf der Dresdner Internationalen Kunstausstellung, die, erstmals in Deutschland, eine Raumgestaltung Henry van de Veldes und vier Säle von Samuel Bing präsentierte, wurde der neue Ansatz vom Wiener Künstlerhaus nicht nur ignoriert, sondern, nach Möglichkeit, inhibiert. In seiner Anmaßung scheute es selbst vor taktierenden Interventionen nicht zurück. So war auf der 7. Internationalen Kunstausstellung im Münchner Glaspalast, anläßlich welcher Franz von Lenbach »für den Bruch mit dem althergebrachten Schema«, für eine »intensivere Heranziehung der Architektur und der dekorativen Kunst zur Ausschmückung der Räume«[6] eintrat, auch das Wiener Künstlerhaus eingeladen worden. Doch hielt die Künstlergenossenschaft die Einladung so lange zurück, daß die in ihr als Club organisierten Secessionisten keine eigene Raumgestaltung vornehmen konnten. Empört stellten sie daraufhin statt in der allgemeinen österreichischen Abteilung in den Sälen der Münchner Secession aus. Der Objektivität halber sei festgehalten, daß die Wiener Künstlergenossenschaft mit ihrer Ablehnung einer gemeinsamen Präsentation von Bildern, Skulpturen und Kunstgewerbe nicht alleine dastand. Auch andere konservative Vereinigungen oder, nur als Beispiel, Max Liebermann, Präsident der Berliner Secession, widersetzten sich der Integration von Kunstgewerbe in Bilderausstellungen.

Im internationalen Maßstab aber zeichnete sich ab, daß diese Position bald überholt, antiquiert, ja unhaltbar sein würde. Das Votum zugunsten des neuen Ausstellungsstils dürfte gefallen sein, als Ar-

H. van de Velde, Kolonialausstellung 1897, Tervueren

chitekten wie van de Velde, Paul Hankar und Georges Hobé die Belgische Kolonialausstellung (Tervueren 1897) realisierten. Mit den wuchtigen Balkenkonstruktionen und den mächtigen, in der Höhe knotenartig verschlungenen Holzeinbauten, den Kojen und Nischen gab die Ausstellung eines der ersten und überzeugendsten Beispiele für den Art Nouveau in der Ausstellungsarchitektur. Hevesi resümierte enthusiastisch, daß sich »die große Schlacht um den wahren Ausstellungsstil« in Tervueren entschieden habe.[7]

Die Neuerer unter den Mitgliedern der Künstlergenossenschaft standen demnach unter einem beträchtlichen Zugzwang. Für sie war – angesichts der fortgeschrittenen ausländischen Entwicklung – der Bau einer eigenen Ausstellungslokalität, in der sie kompromißlos ihre Ausstellungsgestaltungen verwirklichen konnten, von gesteigerter Dringlichkeit. Dazu mußten sie sich erst einmal als Vereinigung formieren.

DER AUSTRITT AUS DEM KÜNSTLERHAUS

Bereits die Gründung des Siebenerclubs[8] (1895) war Ausdruck eines verstärkten Aufbegehrens gegen die restriktive Künstlerhauspolitik: »Junge Elemente streben nach oben, es bildet sich schon eine Gruppe, nur durch Gesinnung lose verbunden. Auch sie will in der Leitung der Genossenschaft einen Vertreter haben.«[9] Diese und ähnliche Optionen gingen darauf zurück, daß die – später in der Secession vereinten – Künstler regelmäßig mit der Zurückweisung ihrer Bilder durch die Jury zu kämpfen hatten. Als ihr Wunschkandidat, Ed-

mund von Hellmer, 1896 bei einer Wahlversammlung gegen Eugen Felix, der schon viermal das Präsidentenamt innegehabt hatte, unterlag, kamen die künftigen Secessionisten im Herbst desselben Jahres zu der Überzeugung, »daß die Ziele unserer heutigen Vereinigung nur in voller Unabhängigkeit von der Künstlergenossenschaft zu erreichen« seien.[10] Nach mehrfachen Besprechungen bildeten Rudolf Bacher, Wilhelm Bernatzik, Josef Engelhart, Gustav Klimt, Carl Moll, Koloman Moser, Anton Nowak und Alfred Roller ein vorbereitendes Komitee, das es sich zur Aufgabe machte, »einen Bauplatz für das Ausstellungsgebäude ausfindig zu machen und dessen Überlassung an die Vereinigung zu erwirken, ein Statut zu schaffen, eine Geschäftsordnung für die Veranstaltung der Ausstellungen zu entwerfen, die für die Tätigkeit der Vereinigung nötigen Geldmittel zu sichern und überhaupt alle Voraussetzungen für den Beginn der beabsichtigten Unternehmung zu erfüllen«.[11]

Die Mißstimmigkeiten innerhalb der Künstlergenossenschaft blieben der Presse nicht verborgen. Bahr eskalierte den Konflikt, als er im Dezember 1896 die mögliche Lösung der publik gewordenen Divergenzen vorwegnahm: »Es wird nicht anders gehen, als dass sich endlich einige Kunstfreunde vereinigen, irgendwo in der Stadt ein paar helle Säle mieten und dort in kleinen, intimen Ausstellungen, von sechs zu sechs Wochen die Wiener sehen lassen, was in Europa künstlerisch vorgeht.«[12] Wie zum Beweis sowohl der Absicht wie der Akzeptanz, auf die das Vorhaben stieß, wird von Engelhart überliefert, daß Moll innerhalb von drei Wochen 70.000 Gulden auftreiben konnte.[13] Mittels einer kleinen Broschüre, in der die Künstler die Geschichte und die Ziele der Vereinigung darlegten, sollten weitere finanzstarke Stifter angeworben werden.

Mitte Februar 1897 wurde vom k. u. k. Ministerium für Inneres die Überlassung eines Bauplatzes am Franz-Josephs-Kai (Ecke Wollzeile/Stubenring) erbeten und am 30. 3. 1897 das 1. Projekt von Olbrich, dem die Planung übertragen worden war, eingereicht. Die Sache nahm einen optimalen Verlauf, denn nur zwei Tage später bewilligte man die Platzüberlassung für die Dauer von 10 Jahren. Auf 1200 m² Grund sollte »ein mit Fresken geschmückter Hochparterrebau« errichtet werden, »in welchem die Ausstellungssäle Oberlicht haben«.[14] Unter dieser günstigen Perspektive fand am 3. 4. 1897 die konstituierende Versammlung der »Vereini-

gung bildender Künstler Österreichs, Secession«
statt. Bis zu diesem Zeitpunkt hatte sich die neue
Vereinigung noch nicht von der Künstlergenossenschaft gelöst, sondern war in dieser, wie einige andere, als Club vertreten. Die Künstlergenossenschaft reagierte auf die separatistische Bewegung
und die offen gegen sie gerichtete Polemik mit der
Zurückdrängung des Einflusses der Secessionisten.
De facto schürten beide Seiten den Konflikt; das
Künstlerhaus, um sich den hegemonialen Vertre-
tungsanspruch zu erhalten; die Secession, um sich
eben diesem – koste es, was es wolle – zu entziehen. Die Teilnahme an der erwähnten Ausstellung
im Münchner Glaspalast gab der Künstlergenossenschaft nun endlich einen formellen Grund, den
Secessionisten am 22. 5. 1897 ihre Mißbilligung aus-
zusprechen. Laut Statuten wäre nur eine korpora-
tive Ausstellung in der Genossenschaft gestattet gewesen. Nach hitzigen Debatten gaben die Secessionisten am 24. 5. 1897 der Künstlergenossenschaft ihren Austritt bekannt. Die Mitglieder der Secession
rekrutierten sich aus Künstlern des Siebenerclubs
und der Hagengesellschaft;[15] Präsident wurde
Gustav Klimt, Ehrenpräsident Rudolf von Alt.

**J. M. Olbrich, Wollzeile-
Projekt 1897, Grundriß**

DAS WOLLZEILE-PROJEKT

Von Olbrichs Projekt in der Wollzeile haben sich
viele Entwürfe erhalten. Die überwiegende Zahl
der Skizzen beschäftigt sich mit der Frage der Fassadengestaltung, nur wenige mit dem Grundriß. In
einem der Entwürfe sah Olbrich eine runde Vorhalle mit Apsiden in den Diagonalen und runden
Annexräumen in der Querachse vor. Der rückwärtige Ausstellungssaal, der im Kontext der raumkünstlerischen Gestaltung von größerem Interesse
ist, war in allen Grundrissen trapezförmig und bestimmt von dem »Streben, für Ausstellungszwecke
geeignete Säle und Wandflächen in ausgiebigstem
Maße«[16] zu erzeugen. Wie in der späteren Secession, so hatte Olbrich auch hier die der Admini-
stration gewidmeten Räume an der schmalen, der
Ringstraße zugewandten Hauptfront konzentriert;
dahinter sollte ein großer, von zwei schmäleren
Seitensälen begrenzter Hauptsaal angegliedert werden. Somit lag schon diesem Projekt der für die
Entwicklung der Modernen Raumkunst so entscheidende Gedanke der Flexibilität der Innenraumgestaltung zugrunde. An den insgesamt acht
Stützen des Hauptsaales wollte er demontable

**J. M. Olbrich, Wollzeile-Projekt
1897, Fassade**

Wände befestigen. Dem Plan nach hatten alle Säle eine Oberlichtbeleuchtung, der rückwärtige Abschnitt war zusätzlich durchfenstert. Aus den Fassadenstudien geht hervor, daß Olbrich die Eingangspartie, zumal die Elemente ihrer Einfassung – zwei seitlich niedrigere, geschlossene Blöcke und zwei Pylonen – oftmals variierte. Das eingereichte Projekt wurde, wie Olbrich selbst befand, von der »massigen Composition des Hauptportals«, das »durch einen freistehenden stilisierten schmiedeeisernen Lorbeerbaum geschmückt« worden war, dominiert.[17]

Überraschenderweise brachte am 9. 7. 1897 das k. u. k. Kriegsministerium, auf dessen Gründen das Ausstellungsgebäude errichtet werden sollte, im Gemeinderat einen Antrag des Inhalts ein, daß die Vereinigung aufgrund »der Erbauung eines provisorischen Ausstellungspavillons« am genannten Ort »eine Entschädigung für die angebliche Entwertung der angrenzenden Baublöcke«[18] zu entrichten habe. Noch unerwarteter dürfte gewesen sein, daß der Gemeinderat dem Antrag, entgegen der früheren Zusage an die Secession, stattgab. Daraufhin wurden am 24. 9. 1897 Olbrichs Pläne, insbesondere die Fassadengestaltung, einer nochmaligen Prüfung unterzogen. Und obwohl der Gemeinderat Rudolf Mayreder, der Bruder des Secessionsmitgliedes Julius Mayreder, ein engagiertes Plädoyer[19] für das von der Secession eingereichte Projekt hielt und nachhaltig auf einen positiven Entscheid drängte, änderte dies nichts mehr an der schikanösen Eingabe des Kriegsministeriums; sie blieb für den Vollzug des Projektes von der – wahrscheinlich beabsichtigten – lähmenden Wirkung. Da die Künstlervereinigung sich nicht erweichen ließ, die Zahlung der Entschädigung auch nur zu erwägen, wurde die Verwirklichung dieses Projektes auf unbestimmte Zeit verschoben und schließlich zu den Akten gelegt. Die Secessionisten aber ließen sich nicht beirren, sondern versuchten, von der Gemeinde, die ihnen aufgrund der einmal gegebenen Zustimmung gleichsam im Wort war, einen anderen Baugrund zu erhalten.

DAS SECESSIONSGEBÄUDE
ENTWURF UND AUSFÜHRUNG

Nur wenig später, am 19. 10. 1897, stellte Carl Moll im Gemeinderat einen neuerlichen Antrag, in dem die Vereinigung die Überlassung der an die Friedrichstraße angrenzenden Gartenanlage, direkt hinter der Akademie der bildenden Künste gelegen, urgierte. Auf denselben Platz hatte Otto Wagner schon 1896, zwecks Errichtung eines Museums der Gipsabgüsse, reflektiert. Dem Antrag Molls wurde nun zu den Bedingungen, die für die Überlassung der Wollzeilegründe präliminiert worden waren, am 17. 11. 1897 zugestimmt. Der selben Tags zwischen der Secession und der Gemeinde Wien geschlossene Vertrag (bezüglich der Platzüberlassung des unteren dreieckigen Teiles der Gartenanlage an der Friedrichstraße) enthielt noch folgende Bedingungen: »Das zu errichtende Gebäude muß solider Konstruktion, und aus dauerhaftem Material sein und zu Ausstellungszwecken dienen.«[20] Desweiteren hatte der Ausstellungspavillon sofort nach seiner Fertigstellung in das Eigentum der Gemeinde Wien überzugehen, die ihn der Vereinigung für die Dauer von 10 Jahren und für einen jährlich zu entrichtenden symbolischen Pachtzins von 10 Gulden zu überlassen sich verpflichtete. Nach Beendigung des Pachtverhältnisses sah der Vertrag die Demolierung des Ausstellungsgebäudes vor.

Ende November 1897 lag Olbrichs Bauplan auf. Im Februar 1898 wurde mit der Abholzung der dreieckigen, abschüssigen Gartenanlage begonnen, am 27. 4., während der Abhaltung der 1. Secessionsausstellung, der Grundstein zu den Bauarbeiten gelegt. Um den Preis von 148.000 Kronen und nach nur sechsmonatiger Bauzeit wurde die Secession fertiggestellt und am 12. 11. 1898, anläßlich der 2. Ausstellung der Vereinigung, der ersten im eigenen Haus, eröffnet.[21]

Für die Architektonik des Secessionsgebäudes war in den Überlegungen Olbrichs primär dessen Zweckbestimmung entscheidend: Der »Bau« sollte »nicht mehr sein als ein Ausstellungszelt«.[22] Die

Baustelle der Wienfluß-Einwölbung und der Wiener Secession, Herbst 1898

äußere Erscheinung, bestimmt von der Disposition des Grundrisses, entstand aus der Zusammensetzung einfacher Bauformen wie Würfel, Rechteck und Kreis sowie durch die aus denselben Formen geprägten Ornamente. Zwischen den beiden weißen, niedrigen Fassadenblöcken blieb eine hohe rechteckige Eingangsnische ausgespart, deren stereometrische Form nicht mehr, wie einst beim Wollzeile-Projekt, durch einen in ihr plazierten, schmiedeeisenen Lorbeerbaum verschleiert wurde. Der Lorbeerblätterkranz mutierte zur Kuppel; gleich einer Erinnerung an den alten Entwurf, zierte den Eingangsbereich ein Lorbeerbaum in vergoldetem Mörtelschnitt. Der Schritt vom Wollzeile-Projekt zum realisierten »Krauthappel«, wie die populäre Bezeichnung für die Secession lauten wird, war somit nur mehr eine Frage der ausgewo-

generen Proportionierung und der harmonischen Disposition der einzelnen Baukörper.

Die Idee der zentralen, durchbrochenen Kuppel findet sich schon 1891 in einem Entwurf Otto Wagners für den Berliner Dom. Olbrich, Schüler und engster Mitarbeiter Wagners, hatte sie 1895 – anläßlich des Entwurfes einer für das Nordböhmische Gewerbemuseum in Reichenberg gedachten Kuppel mit aufgelegten Blättern – aufgegriffen und modifiziert. Nunmehr konkretisierte er den Kuppelbau in Anlehnung an die Skizzen des Wollzeile-Projektes sowie in Assoziation dessen, daß die Secession das Pendant der den Platz dominierenden Karlskirche sein werde. Die Art, in der Olbrich die mächtige, vergoldete Blätterkuppel zwischen vier sich nach oben hin verjüngenden Pylonen über einem rechteckigen, architravartigen Block, der die massiven Baukuben der Fassade verband, aufragen ließ, erinnert außerdem an eine undatierte »Skizze zu einem Grabmal am Meer«, die er in seinen »Ideen« publiziert hat. [23]

Der realisierte Bau weicht in vielen Details nicht nur von den vorbereitenden Skizzen, sondern auch von den eingereichten Bauplänen ab. Darin hatte Olbrich die Steigerung von der Fassade zur Kuppel durch das Einfügen einer seitlichen Attika differenzierter gestaltet als im ausgeführten Gebäude. Die Eliminierung der zwischen Fassade und Kuppel vermittelnden Attika begünstigte ein additives Gestaltungsprinzip. In Konsequenz dieser Reduktion entstehen geschlossene weiße Fassadenflächen, die den stereometrischen Charakter des Gebäudes unterstreichen. Erwähnenswert ist, daß sowohl der Entwurf des Wollzeile-Projektes wie auch der der Secession vorsah, Fresken an den Fassaden zu applizieren. Einige Skizzen, die Gustav Klimt von der Secession angefertigt hat, belegen die ursprünglich intendierten Wandbemalungen.

Die Wände der gegenüber der Fassade vorragenden Seitentrakte werden auf der rechten Seite von Fenstern durchbrochen, auf der linken beließ es Olbrich bei deren Andeutung. Die Fassade der eingezogenen Rückfront schmückte Mosers Kranzträgerinnenfries, eine in Putz eingravierte, leicht vergoldete Reliefzeichnung. Das von Olbrich eingesetzte, auf Einfachheit und Klarheit bedachte Formenrepertoire steht sichtlich in der Tradition von Wagners Stadtbahnstationen, an deren Gestaltung Olbrich mitgewirkt hatte. Von dort lassen sich auch die niedrigen, in sich geschlossenen Baublöcke sowie deren Durchbrechung von z. T. überhöhten Eingangspartien ableiten. Durch die radi-

J. M. Olbrich, Secession 1898,
Seitenansicht (links) und
Eckansicht der Rückseite (rechts)

kale Proportionierung sowie die Anwendung der neuen secessionistischen Ornamentik gelang es Olbrich, eine, wie oftmals betont wird, monumentale Gesamtwirkung zu erzielen. Auch die an der Secession zur Verwendung kommende Ornamentierung wurde dem formalen Ordnungsprinzip unterstellt. Mit Ausnahme der über den seitlichen Fenstern frei ausschwingenden Peitschenlinie, den Masken von Othmar Schimkowitz über dem Portal und den Schlangenleibern waren nur geometrisierte Elemente, nämlich Reihen kleiner, gegeneinander versetzter Quadrate oder Rauten, Kreisfriese sowie Blätter und Blumen zu betrachten. Wie der Kranzträgerinnenfries, so gerieten auch die − heute wieder rekonstruierten − von Moser entworfenen Eulen nach dem geometrischen Schema. Dieselbe Tendenz, geometrische Flächen durch die Verwendung von elementaren Grundformen oder von ornamentalisierten figuralen Formen zu erzeugen, konnte auch an der Aufmachung des 1. Jahrganges von Ver Sacrum beobachtet werden.

Über den flach gedeckten Seitensälen und dem leicht ansteigenden Wellblechdach des Mittelsaales erheben sich unterschiedlich geneigte, steil aufragende Glasdächer, die den Ausstellungsräumen einen günstigen Lichteinfall gewährleisten. Während sich unter den Glasgiebeln der Seitensäle nur horizontal eingesetzte Glasplatten befinden, verspannte Olbrich unter dem Glasdach des zentralen Hauptraumes einen Nesselstoff, der den Lichteinfall dämpfte und filterte. Der rechte Seitensaal konnte aufgrund der Fenster zusätzlich mit Seitenlicht erhellt werden.

Die Wahl der Oberlichtbeleuchtung stellte für Wien keine Novität mehr dar. Schon im Künstlerhaus, desgleichen im Österreichischen Museum, fiel das Licht jeweils von oben, d. h. »durch an der

Dachschräge angebrachte Glasfenster«[24], ein. An Olbrichs Secession treten die Glasdächer allerdings unkaschiert zutage und geben der Silhouette damit die unverkennbare Note. Die Assoziation einzelner Kunstkritiker zu einem »Gewächshaus«[25] schien nicht abwegig, waren derartige Glaseisenkonstruktionen bis dahin doch nur für ebendiese, weiters für Markthallen, Passagen und ähnliches verwendet worden. Die Aufregung, die sich auf die Dachkonstruktion bezog, ebbte rasch und vollends in dem Moment ab, in dem Kritiker und Publikum die Vorzüglichkeit derselben, was die Beleuchtung der Innenräume betraf, erkannten.

Secession und Naschmarkt,
um 1900

Aus dem Situationsplan der Secession wird erkennbar, daß Olbrich auch die Gartenanlage zu gestalten beabsichtigte. So wie die raumkünstlerischen Intentionen der Secessionisten dazu anhielten, den auszustellenden Werken vermittels des Secessionsgebäudes ein künstlerisches Ambiente zu gewähren, so sollte, in Konsequenz derselben Anstrengung, die Gartenanlage die künstlerisch gestaltete Umgebung der Secession werden. Daher

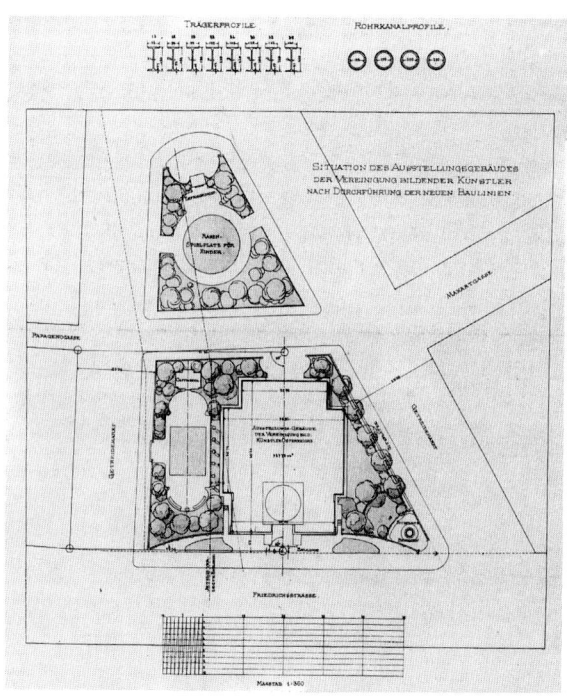

SITUATION DES AUSSTELLUNGSGEBÄUDES
DER VEREINIGUNG BILDENDER KÜNSTLER
NACH DURCHFÜHRUNG DER NEUEN BAULINIEN.

J. M. Olbrich, Secession 1897, Lageplan

MODERNER GSCHNAS
VON EDUARD PÖTZL

H. Schließmann, Umschlagentwurf für E. Pötzls »Moderner Gschnas«

verbanden sie mit der Gartenanlage Vorstellungen, die in keinem reellen Verhältnis einerseits zu den finanziellen Möglichkeiten, andererseits zum engeren Zweck der Secession standen. Bahr etwa träumte von einem Haus, das »in einer Landschaft stehen soll, die erst werden wird: Die Wien wird gedeckt, (...) die Straße links vom Hause verschwindet, ein Garten ist rings, mit schweren dunklen Bäumen. Kommt man dann von der Karlskirche her, tritt auf den Platz und sieht das Haus, wenn seine Krone in der Sonne glänzt, dann wird es mit dem Weiß und Gold im Grünen wie eine leuchtende Insel sein, eine selige Insel im Tumult der Stadt, zur Zuflucht aus der täglichen Noth in die ewige Kunst«.[26] Olbrichs Plan sah außer der Wiederbepflanzung des Areals mit Bäumen einen Brunnen an der Ecke Getreidemarkt/Friedrichstraße vor, und, zur linken Seite der Secession, einen rechteckigen, apsidial erweiterten Platz mit einem Kaffeehauspavillon. Auf dem durch die Marktgasse abgetrennten Teil des Areals wollte er einen Kinderspielplatz und einen Erfrischungspavillon errichten lassen. Realisiert wurde von all den Vorhaben keines.

Den Reaktionen der zeitgenössischen Presse ist zu entnehmen, daß die Kritiker Schwierigkeiten in der Kategorisierung und in der Beurteilung des äußeren Erscheinungsbildes hatten. Konträr zum Äußeren der Secession, das sie in vieler Hinsicht bemängelten, fand das Innere allgemeinen, belobi-

genden Zuspruch. Die Sparsamkeit des architektonischen Formenvokabulars – nicht nur ästhetisch, sondern auch ökonomisch begründet – stieß überwiegend auf Ablehnung. Je nach Gutdünken qualifizierte man die Secession als »Zweckbau armer Leute«[27] oder, gerade ob ihres provisorischen Charakters, als »Weltausstellungsbude« ab.[28] Von der kritischen Ansicht, daß es sich um eine »reine Massenkomposition« handle, bei der man die »Construktion (...) zu sehr außer Acht gelassen«[29] habe, war es nicht mehr weit zur Diffamierung, daß sie eine »Zwittergeburt von Tempel und Magazin«[30], ja eine »Sackgasse architektonischen Symbolismus«[31] sei. Eine Karikatur Hans Schließmanns, für Eduard Pötzls »Moderner Gschnas«[32] gezeichnet, persiflierte die Secession als Motiv eines für die 2. und 3. Ausstellung entworfenen Plakates: Indem etwa die Kuppel und die Pylonen zu einer riesigen Zipfelmütze gerieten, die Ornamentierung im Eingangsbereich zwei Tabakspfeifen vorstellte und die Treppenwangen durch zwei Bierkrüge ersetzt waren, vermittelte die Secession den Eindruck einer Endstation des Art Nouveau in Biederkeit. In diesem Sinn ließ sich auch ihr erhabenes Motto »Der Zeit ihre Kunst/Der Kunst ihre Freiheit« (Ludwig Hevesi) durch die Inschrift »meschugge« konterkarieren.

Die Secessionisten und andere Kritiker hoben wiederholt die sakrale Note hervor. Für Olbrich waren die Mauern der Secession, die die goldene Kuppel trugen und an der Vorderfront die kleine Türöffnung ins Innere aussparten, »heilig und keusch«.[33] Der hieratische, nach außen hin geradezu verschlossene Charakter widersprach vordergründig dem der anderen, konventionellen Ausstellungs- oder Museumsbauten, die die Besucher mit breiten einladenden Toren und mächtigen Treppenanlagen zu empfangen pflegen. Dagegen spekulierte Olbrich mit der von der Secession ausgehenden, fast hermetischen Faszination, die die Passanten betreffen und über ihre Schwelle locken sollte. Ob er sich beim Entwurf des Gebäudes seiner früheren, während einer Italienreise angefertigten, Mausoleum- und Tempelstudien erinnerte, muß dahingestellt bleiben.[34] Schorske griff jedenfalls derartige Assoziationen auf, wenn er die kleine, mit den Kupferbeschlägen Georg Klimts geschmückte Türöffnung als Eingang, der »den Jünger nach innen, zum Schrein der Kunst«[35] ziehe, interpretiert. Er teilte damit die gängige Vorstellung, daß die Secession Künstler und Kunstfreunde »zu einem gemeinsamen heiligen Tempeldienste vereinigen«[36] wolle.

Mit dieser Auffassung sympathisierte auch Bahr, der das Gebäude mit einer Tempelanlage, die in drei Etappen vom Äußeren zum Heiligsten führe, verglich: Zunächst komme der Besucher in »den Vorhof zur Reinigung der Gemüther«, dann durchschreite er »den Raum für die Werke«, schließlich erreiche er »die Architektur zur Besinnung und Andacht, die Kapelle«.[37]

DIE FLEXIBLE INNENARCHITEKTUR

Ob der vier in den Raum ragenden Pylonen, die die Decke durchstoßen und schließlich neben der Kuppel aufragen, mutierte der quadratische Grundriß zur Form eines griechischen Kreuzes. Die als »dauernde Anlage auch künstlerisch«[38] gestaltete Eingangshalle trug an den seitlich zwischen den Pylonen sich ergebenden Bogenfeldern goldverzierte Stuckreliefs von Adolf Böhm, die eine Landschaft mit knorrigem Baum zum Motiv hatten. Zwölf Masken, die Wilhelm Heyda »im Vestibül des Secessionsgebäudes« anzubringen gedachte, waren, wie er aufgebracht schrieb, »einfach und ohne

mich zu verständigen, abgeschlagen« worden.[39] Im oberen Abschnitt wurden die Pylonen mit den von der Fassadengestaltung her bekannten, in rechteckige Felder gepreßten Lorbeerblättern geschmückt. Die Kuppel konnte von der Vorhalle aus nicht erblickt werden, da Olbrich eine Decke mit grün gebeizten Brettern einzog. Die Wand über der dreiteiligen Türöffnung zu den Ausstellungssälen durchbrach das (im Durchmesser 2,5 m große) Glasfenster Mosers, das »Die Kunst« darstellte und von einer Inschrift Bahrs gesäumt wurde.

Den linken Seitentrakt unterteilte Olbrich der Breite nach in zwei schmale Räume, das Büro und das Sekretariat. Beide wurden von Hoffmann eingerichtet, aber erst anläßlich der 3. Secessionsausstellung fertiggestellt. Den rechts von der Vorhalle aus gelegenen Raum hatten die Künstler ursprünglich als Sitzungszimmer der Vereinigung gedacht, dann aber von Anbeginn als Ausstellungssaal verwendet. Auch die Ausstattungen der schmalen Garderobe und des im Souterrain gelegenen Redaktionsraumes von Ver Sacrum gingen auf Hoffmann zurück. Gleichfalls im Kellergeschoß befanden sich verschiedene Depoträume, eine Dunkelkammer sowie eine Dienstwohnung. Im Halbstock, durch die in den vorderen Pylonen verbor-

J. M. Olbrich, Secession 1898, Eingangsfront

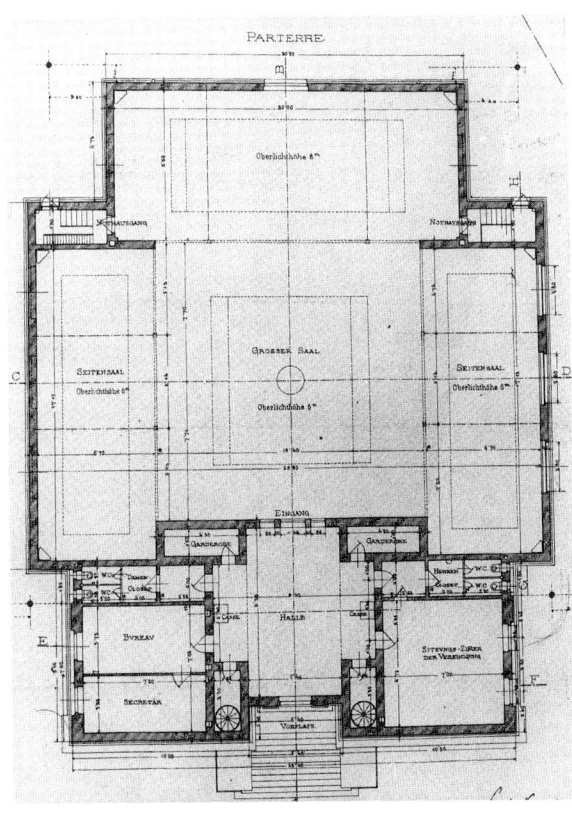

J. M. Olbrich, Secession 1898, Eingangshalle (links) und Grundriß (rechts)

J. Hoffmann, Redaktionszimmer
für Ver Sacrum im Souterrain
der Secession, 1898

chitektur wie auch für den Ausstellungs- und Wohnungsbau richtungsweisend werden sollte. Wie sehr die Innenarchitektonik faszinierte, ist von Schölermann überliefert: »Vortrefflich sind die Vorrichtungen, betreffend die Verkleinerung und Vergrösserung der einzelnen Räume; durch verschiebbare Zwischenwände können dieselben beliebig gross, lang, schmal, breit, kurz gemacht werden, je nach Bedarf und je nach dem Charakter der darin auszustellenden Kunstwerke.«[42]

Auf das Prinzip des ungeteilten Raumes, der durch verschiebbare Wände, durch Einbauten und durch die dekorative Ausgestaltung für jede Exposition neu zu arrangieren war, verzichtete von nun an kein Ausstellungshaus internationalen Ranges. Was die Moderne Raumkunst anbelangt, so haben die Wiener Secessionisten tatsächlich neue Maßstäbe gesetzt: »Die Secession«, heißt es anläßlich der Internationalen Kunstausstellung in Dresden, 1901, »hat überall den Anfang gemacht, und unter dem Zeichen der Secession hat sich diese Errungenschaft dann auch weiter verbreitet«.[43] Evident wird damit, daß die Secession von Anfang an raumkunstgerecht konzipiert wurde und weiters, allgemein, daß der Wiener Secessionismus und die Moderne Raumkunst einander bedingten. Konsequenterweise ist darum die Secession der Ort, an dem der Secessionismus in all seinen Nuancen, in seinen Abweichungen und Kontinuitäten zu sich kommt. Im Maße aber, als die Ausstellungen die entschiedenste und risikoreichste Signatur dieses Stilvorhabens an den Tag legten, mußte die Secession zum Epizentrum, zum Laboratorium der Modernen Raumkunst werden.

Bei einem Lokalaugenschein zwischen Olbrich, Klimt und einem Vertreter der Gemeinde am 2. 5. 1899 wurde festgehalten, »daß alle Einbauten der Vereinigung gehören«;[44] das Gebäude indes ging vertragsmäßig ins Eigentum der Gemeinde über.

genen Wendeltreppen erreichbar, installierte Olbrich Ateliers und ein Sitzungszimmer.

Für die Entstehung der Modernen Raumkunst war naturgemäß nicht die Innenarchitektur der Neben- und Vorräume wichtig, sondern allein die der Ausstellungsräume. Eindruck machte, daß sie aufgrund der Abwesenheit traditioneller Elemente einen weitestgehend undeterminierten Raum freigaben. Olbrich verzichtete auf eine fixe Raumgliederung. Somit waren den raumgestaltenden Architekten – mit Ausnahme der unterschiedlichen Oberlichthöhe und der sechs, der Einziehung von Zwischenwänden dienenden Stützen, die den Hauptsaal, zwei Nebensäle und einen hinteren markierten – keinerlei Beschränkungen auferlegt.[40] Olbrichs Idee des offenen Raumes gestattete erst das dem Arrangeur unabdingbare Maß an Gestaltungsfreiheit, ermöglichte erst die von Bahr beschriebene Bewegung von der Flächenkunst zur Raumkunst.[41] De facto antwortete der secessionistische Ausstellungsbau auf viele der an das damalige Ausstellungswesen gerichteten neuen Anforderungen. Die Reduktion der Bausubstanz auf ein Minimum garantierte den Künstlern ein Optimum an Flexibilität, die fortan sowohl für die Innenar-

III
DER GEKURVTE STIL, 1898 – 1900

DAS JUBILÄUMSJAHR 1898

1898 wurde der fünfzigjährigen Regierungszeit Kaiser Franz Josephs in zahlreichen Festlichkeiten und Jubiläumsausstellungen gedacht.

Aufgrund des Bauplatzwechsels und der Verzögerungen in der Bauplanung konnten die Secessionisten abschätzen, daß ihr Gebäude nicht, wie vorgesehen, im Jubiläumsjahr fertiggestellt sein würde; gemäß Beschluß der Generalversammlung vom 12. 11. 1897 sahen sie sich um ein Ausweichlokal um. Engelhart gelang es, der Vereinigung die Gartenbausäle, für die sich auch das Künstlerhaus interessiert hatte, über eine Dauer von drei Monaten zu sichern. Überdies war der Termin der *1. Secessionsausstellung (26. 3. – 20. 6. 1898)* geschickt fixiert worden, denn sie eröffnete vor allen anderen Jubiläumsausstellungen.

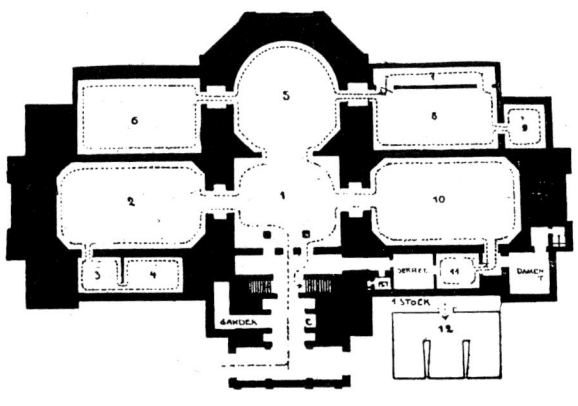

Das architektonische System der Gartenbausäle kam den Absichten der Künstler noch am weitesten entgegen. Sie ergriffen die von Weber, dem Architekten der Säle, vorgesehene Variationsmöglichkeit und teilten den zentralen Hauptsaal von den Nebenräumen durch Einstellwände ab. Olbrich und Hoffmann übernahmen in Absprache mit dem Dekorationskomitee die erforderlichen Adaptierungsarbeiten. Da die Secessionisten »auf dem Gebiete des künstlerischen Arrangements (...) bahnbrechend wirken«[1] wollten, waren sie aufgerufen,

eine institutionalisierte Begutachtung aller zur Realisierung anstehenden Entwürfe zu finden. Den Statuten zufolge oblag die Entscheidung über die Raumgestaltung dreien, von der Jury gewählten Ausschußmitgliedern;[2] mit Zustimmung der übrigen wurde die Entscheidung mitunter aber auch nur von einem oder zwei Arrangeuren getroffen.[3]

Der von Olbrich entworfene Hauptsaal, das erste ausschließlich nach seinen Plänen realisierte Projekt, verriet eine kompositorische Nähe mit den zur selben Zeit durchgeführten Vorbereitungsstudien zum Secessionsgebäude. Mittels eines flachen Holzbogens, der nach hinten hin in einer zu seiner Wölbung gegenläufig gedrungenen Platte auslief, trennte er den Empfangsraum, eine Art Ehrenraum für den Jubilar, von dem anschließenden, apsidial konzipierten Saal, der das Triptychon Pierre Puvis de Chavannes beherbergte. Die Bogenform stellte eines der beliebtesten, zur Trennung wie zur Gliederung der Räumlichkeit benützten Motive in Olbrichs Wiener Zeit dar. Sie begegnet auch in seinem Entwurf zum »Pavillon der Stadt Wien« (1897), desweiteren als Vorhallenmotiv des Clubhauses des Radfahrvereines (1898) und der Villa Friedmann. Ein nicht minder wichtiges Gestaltungsmittel dieser 1. Ausstellung bildeten die Stoffe, die gleichermaßen zur Regulierung des Lichteinfalles wie zur Dekoration dienten.

Von der Ausgestaltung der seitlichen Galerie des kaiserlichen Ehrenraumes zeugen drei Entwürfe Olbrichs, deren zwei sind publiziert. Sie veranschaulichen sein Bemühen um eine den neuen Ansprüchen adäquate Ornamentierung. Ihretwegen fungierten die Wände nicht bloß als Strukturteil des Raumes, sondern als ornamentierbare Flächen. Im ersten Entwurf verteilte er Blätter und Stengel, obwohl schon geometrischen Ordnungsprinzipien verfügbar, noch asymmetrisch, in gleichsam spielerischen Abweichungen, über die Fläche. Die diskontinuierliche Ornamentik schien gerechtfertigt, weil die Studie viele Fragen, so etwa die des Raumabschlusses, ungeklärt ließ. Die Ungezwungenheit der Gestaltung wich im zweiten Entwurf einer

J. M. Olbrich, Entwürfe für die 1. Secessionsausstellung 1898, Wandaufrisse

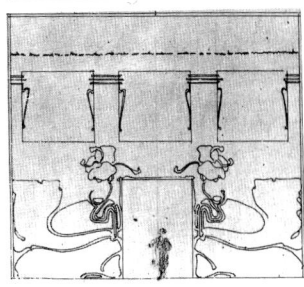

J. M. Olbrich, 1. Secessionsausstellung 1898, Grundriß

strengeren Formalisierung. Nunmehr wurde die gesamte Wandfläche als ein großes Ornament verstanden; wie sehr, das zeigt ein Vergleich mit den quadratischen Vignetten des Kataloges, z. B. jener von Hoffmann.[4] In beiden Fällen gibt der geometrische Rahmen der ornamentalen Gestaltung die Fläche vor, andererseits bezieht er aus ihr gleichsam den Gehalt. Die Ornamentierung der Fläche war relativ beliebig, konnte aber, indem ein Motiv zu einer Reihe, sei es als Bordüre oder als Fries, redupliziert wurde, an Regelmäßigkeit und an Strenge gewinnen. Beobachtbar ist dies etwa an den von Maximilian Lenz und Adolf Böhm stilisierten Pflanzenornamenten, die den oberen Abschluß der dunkelrot, dunkelgrün und gelb gespritzten Wände der Seitensäle bildeten.

Die im Ehrensaal zur Ausführung gelangte Stoffbespannung hatte mit der im zweiten Entwurf vorgesehenen wenig gemein. Anstelle der großen, neben der Türöffnung aufragenden Lippenblüte entschied sich Olbrich für einen den Saal umziehenden Fries von in sich zentrierten Rosetten, die aus kleinen, quadratischen Blattfüllungen emporwuchsen. Das Motiv der Lippenblüte, von Olbrich ursprünglich auch als Schmuck der Pylonen der Secession vorgesehen, kam in verkleinertem Maßstab über den rechteckigen Öffnungen der Galerie zur Applikation. Die verbleibende Wand ließ er mit einem weißen, gerafft herabfallenden Stoff, der am Plafond zu einem Velum mit zart violetten Rankenornamenten flach verspannt war, ver-

decken. Auch die Raumhöhe der begehbaren Galerie minderte er durch den Einsatz von Stoffstreifen. Die Innenseiten ihrer Öffnungen gegen den Empfangsraum hin überzog er mit einem Gitter- und Sprossenwerk, dekorativen Versatzstücken, die gleichfalls hätten an der Secession, als Schmuck der äußeren Seitenwände, zur Anwendung kommen sollen.[5]

Neben dem Eingang plazierte Olbrich zwei sich verjüngende, stoffüberzogene Pylonen mit vergoldeten Streifen, die Kanneluren andeuteten. Die Pylonenform stellte nicht nur ein wichtiges Element in Wagners Stadtbahnprojekt, z. B. der Wientalbrücke oder seinem Entwurf der Akademie der bildenden Künste (1899/1898) dar, sondern auch in Olbrichs Vorentwürfen zur Secession.[6] An die eigentliche Architektur der Gartenbausäle erinnerten lediglich die unverdeckten Arkaden über dem Eingang, wo die Kaiserbüste plaziert war, und die ebenso unverdeckt belassenen Säulen der Galerie.

Auf den dunkelgrün gehaltenen Empfangsraum folgte der hell beleuchtete, weiße Puvis-de-Chavannes-Saal. Der Blick der eintretenden Besucher fiel unmittelbar auf das im Zentrum plazierte, für das Pantheon in Paris gedachte, Genoveva-Triptychon. Durch die apsidiale Raumform, die farbliche Kontrastierung zum Vorraum sowie den besonderen Einsatz des Lichtes – die Fenster hatte Olbrich durch locker gespannte Stoffbahnen abgedeckt – erhielt der Saal eine sakrale Note. Als Bildhintergrund wählte er, wie im Constantin-Meunier-Saal, einen weißen gefältelten Stoff. Ein kelchartig gerafftes Velum schloß auch diesen Raum ab.

Hoffmann verantwortete das kleine, sogenannte Ver-Sacrum-Zimmer, das »als modernes Gemach

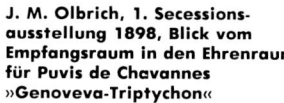

J. M. Olbrich, 1. Secessionsausstellung 1898, Blick vom Empfangsraum in den Ehrenraum für Puvis de Chavannes »Genoveva-Triptychon«

J. M. Olbrich, 1. Secessionsausstellung 1898, Blick in den Empfangsraum

mit moderner Einrichtung durchgeführt« war: »Die Möbel blau mit blankem Kupferornament, die billigen Draperien mit stilisierten Samtblumen benäht, die Deckenbalken sogar mit Reihen von Tierfiguren durchbrochen.«[7] Für Bahr erzeugte das Ver-Sacrum-Zimmer, das zum Verweilen einlud und neugierig machte, die Wirkung eines »Plakat(s)«[8], ein Fazit, das in propagandistischer Sicht wohl für die gesamte Ausstellung gegolten hat. In dieser wie in der folgenden Ausstellung stand Hoffmann noch im Schatten Olbrichs, seine Arbeit überwiegend in Kontinuität zu der seines Lehrers. Da man ihm bloß die Gestaltung eines Zimmers übertragen hatte, zeigte sich sein neuer Stilansatz, der »Brettelstil«, nur am Mobiliar, der sparsamen Wanddekoration sowie an den Vignetten für den Katalog und die Zeitschrift Ver Sacrum, die in diesem nach ihr benannten Zimmer auflag. Hoffmanns Möbel, aus flach ausgesägten Brettern zusammengesetzt, blieben von dem neuen, zuerst in der Flächenkunst aufgetretenen Stil nicht unberührt und erlaubten, Analogien auf die Architektur zu ziehen. So wie das im Brettelstil gearbeitete Mobiliar kleine, durch Senkrechte und Waagrechte proportionierte Raumkörper bildete, waren auch andere raumkünstlerische Mittel, zumal die Leisten, dazu ausersehen, das Zimmer einfach zu schlichten und zu gliedern. Alles wirkte flach, leicht und streng zugleich: Der Eindruck der Ignoranz gegenüber der Räumlichkeit resultierte daraus, daß die Flächenkunst noch nicht zur Gänze, noch nicht so vollendet wie bei späteren Ausstellungen, in Raumkunst aufgehoben worden war. Der Brettelstil ist das Ergebnis dieser Vermittlung, die Hoffmann alsbald zu anderen Resultaten führen wird.

Die *Jubiläumsausstellung der Künstlergenossenschaft* stand unter dem Motto »50 Jahre österreichische Kunst« und wollte eine repräsentative Schau der künstlerischen Aktivitäten während der ebensolangen Regierungszeit Kaiser Franz Josephs geben. Die Fülle des Materials erforderte die Anmietung zusätzlicher Räumlichkeiten. Da sich die Secessionisten die Gartenbausäle rechtzeitig gesichert hatten, sah sich die Künstlergenossenschaft gezwungen, auf das Musikvereinsgebäude auszuweichen, zweitens dortselbst einen »provisorischen Anbau mit Oberlicht«[9] errichten zu lassen und drittens die Ausstellung in zwei Teilen (*19. 4. – 3. 7. und 20. 9. – 26. 12. 1898*) darzubieten.

Um der in der Öffentlichkeit massiv geübten Kritik, im besonderen an seinem Ausstellungswesen, allgemein an seinem Reaktionismus, entgegenzutreten, verband Josef Urban das Künstlerhaus und das Musikvereinsgebäude mit einem mächtigen, reich bemalten Brückenbau in der Absicht, über die funktionale Bedingtheit hinaus der Moderne ostentativ Rechnung zu tragen. Schlagend zum beabsichtigten modernen Anschein des Äußeren verherrlichten die Exponate die jüngste Vergangenheit des »Neu-Wien«.

Da aufgrund von Bauarbeiten am Wienfluß das Künstlerhaus von der Lothringerstraße nicht begehbar war, nützte die Künstlergenossenschaft den Verbindungsbau, um an ihm, d. h. gegen die heutige Bösendorferstraße hin, den Haupteingang anzubringen. Von hier aus konnten beide Gebäude durch einen nierenförmig gestalteten Eingang, der den zeltförmigen, über das geschwungene Abschlußsims hinausragenden Mittelteil durchstieß, betreten werden. Ebenso geschwungene sowie segmentartige Öffnungen, die die z. T. willkürlichen Bemalungen durchbrachen, beleuchteten das Innere des Brückenbaus. Eine Unzahl ausladender Linien und dekorativer Muster füllte die Leerflächen der Holzkonstruktion, man kann sagen – bis zur Verunklärung.[10] Der Garten gegen die Lothringerstraße, von einem dekorativ geschwungenen Zaun gesäumt, blieb der Aufstellung von Plastiken vorbehalten.

Nicht nur die modern anmutende Fassade, auch die Ausstellungsgestaltung offenbarte eine latente Auseinandersetzung mit den von den Secessionen propagierten Reformen: In den Sälen sah man »zum erstenmal einreihig gehängte Bilder (...), vereinfachte Portieren«, einen die Saalwände umziehenden Abschlußfries »in einem typisch secessionistisch geschwungenen Ornament«, eine Abdeckung des Oberlichtes »durch weitgespannte helle Tücher« und im Plastikensaal eine »in Kelchform üppig geraffte, weite, weiße Musselindecke«.[11] Vom selben Material hatte Olbrich im Puvis-de-Chavannes-Saal in der Gartenbaugesellschaft Gebrauch gemacht. Nun, da die Künstlergenossenschaft der Konkurrenzierung nicht länger ausweichen konnte, gab sie es eilends auf, sich der von den Secessionsten initiierten Bewegung zur Raumkunst zu verschließen.

Eine vom Niederösterreichischen Gewerbeverein gewünschte und in kurzer Vorbereitungszeit verwirklichte *Jubiläumsausstellung im Prater (7. 5. – 18. 10. 1898)* wollte die Besucher umfassend über die wirtschaftlichen, gewerblichen und industriellen Standards informieren. Die eigens errichteten Pavillons zählten zu den tpyischen Beispielen

der ephemeren Ausstellungsarchitektur. Die Gestaltung der Pavillons, von damals so renommierten Architekten wie Ludwig Baumann, Emil Bressler, Max Fabiani, Ernst von Gotthilf, den Brüdern Drexler, Urban und Rudolf Tropsch durchgeführt, verriet abermals, wie rasch die von den Secessionisten eingeschlagene Richtung rezipiert wurde. Aus der inneren Distanz, in der diese – nicht der Bewegung, sondern dem erfolgversprechenden Trend verpflichtete – Aneignung passierte, resultierten Raumgestaltungen, die bei den Secessionisten geteilte Meinungen hervorriefen. Das, was die renommierten Architekten boten, war weniger Moderne Raumkunst als vielmehr eine Kombination von palastartigen Scheinfassaden mit historischen Stilanklängen und applizierter moderner Ornamentik. Aber dies bildete nur eine, die Kehrseite der Angelegenheit.

Denn obwohl keiner der Secessionisten die Chance erhielt, einen eigenen Pavillon zu entwerfen, beteiligten sich doch einige an der kritisierten Ausstellung. Max Kurzweil und Wilhelm List waren am Brauherrenpavillon Bresslers sowie an der Kostloge von Rudolf Tropsch und Victor Postelberg, Engelhart und Böhm im Zuschauerraum des Uraniatheaters mit Malereien vertreten. Unter den Bildhauern wirkten Schimkowitz, von dem die Skulpturen am Portal des Silberhofes stammten, und Arthur Strasser mit, der vier Skulpturen zur Geschichte der Seidenindustrie in der Rotunde sowie eine Kaiserstatue im Seidenhof Desceys verfertigte. Einigen Secessionsmitgliedern, die später als Arrangeure bekannt werden, übertrug man immerhin Innenraumgestaltungen.

Josef Plečnik, dem Wagner den Auftrag zur Installierung der Exponate des Niederösterreichischen Gewerbevereins überlassen hatte, zollten die Kritiker, darunter auch Loos, die meiste Anerkennung. Der Raum des Niederösterreichischen Gewerbevereins, in einem Gartenzwickel nördlich des Silberhofes der Rotunde gelegen, basierte auf einem unregelmäßigen Grundriß. Plečnik fügte einen ovalen Holzbau ein und gruppierte die Exponate in einer Weise, daß sie in die Raumgestaltung integriert waren. Die eng geraffte Deckenbespannung sparte eine gleichfalls ovale Oberlichtöffnung aus, durch die der Saal ausreichende Beleuchtung erhielt. Komplementär zum Rot des Bodenbelages hatte er die gegen diesen Saal hin offenen Kojen, die Interieurs der Wohnungsindustriellen beinhalteten, mit »dunkelgrünem samt umrahmt«. Auf dem Samt war »ein aus pappe ausgeschnittenes mit lichtgrüner seide überzogenes ornament angebracht, (...) das durch silberne scheiben und durch die silbernen buchstaben außerordentlich gehoben«[12] wirkte. In derselben Art dekorierte Plečnik auch die Koje mit dem bekannten Badezimmer Wagners. Die kunstgewerblichen Objekte konzentrierte er auf frei im Raum stehenden, großen Podesten, auf denen sie in noch traditioneller Häufung lagerten. Trotz aller Vorbehalte – und nicht zuletzt dank der Mitarbeit der Seccssionisten – fiel der Gesamteindruck doch eher modern aus; alles war »neu erfunden, nichts erinnert(e) an die alte Kunstgewerbekunst«[13]. Durch die eigens für diese Ausstellung durchbrochenen Arkadenöffnungen gelangten die Besucher direkt in den rechteckigen Umgang der Rotunde; und durch ein von Plečnik und Schimkowitz errichtetes Portal in den westlich gelegenen Silberhof Wagners.

Im Vergleich zu Plečnik verwandte Wagner wenig Augenmerk auf die Gestaltung der Raumschale. Dafür kreierte er eine feinere Präsentationsform als Plečnik, der die Exponate fast herkömmlich vorgestellt hatte. Wagner schuf für die Silberwaren der Firma J. C. Klinkosch eine große Vitrine, in der die Exponate sowohl von außen wie auch

hellgrünen, hölzernen Türeinfassungen, als auch – gleichsam naturalisiert durch die Verbindung mit Ährenbüscheln – in der weißen, straffgespannten Musselindecke wieder. Die üppig gerafften, dunkelblauen Draperien dürfen noch zu den traditionellen Dekorationsstücken der Makart-Zeit gezählt werden; die triumphbogenartige, in Purpur und Gold ausgeschlagene Nische, die das von Soldaten flankierte, von Strasser verfertigte Reiterstandbild des Kaisers barg, erinnert daran, daß die Moderne Raumkunst die Festzugsarchitektur zum Paten hat.

Einen anderen Eindruck vermittelte ein von Hoffmann in Baumanns Pavillon »Bildung« geschaffener Raum, der der Präsentation des von Max Herzig stammenden Prachtbandes »Viribus Unitis« gewidmet war. Durch die sparsame Verwendung von geschwungenen Linien in der grüngebeizten Holzverkleidung der Tür, durch die Verkleidung der Wände mit einem gerafften weißen Stoff sowie durch die Abschirmung des Oberlichtes mittels eines flach gespannten Velums ergab sich eine gediegene, klare Raumwirkung. Die einfachen, grün gebeizten Möbel hatte Hoffmann wiederum im Brettelstil gestaltet.

von dem betretbaren Innenraum her zu betrachten waren. Ihren Sockel verdeckten bestickte Behänge. Der auf verschiedenen Niveaus gruppierten Silberwaren wurde man durch mehrfach abgeschrägte Glasplatten ansichtig.

Roller und Karl Adalbert Fischl entwarfen den Raum der Heeresausrüstung, der in der Nordachse der Rotunde lag und diverse Militaria enthielt. Die einzelnen Gegenstände wurden von Abtrenngittern umgeben. Deren verschlungenes Linienornament kehrte in leichten Variationen als Muster sowohl der Stoffbespannung der Wände, desgleichen der

In der Summe der einander oft widerstreitenden Momente dieser Ausstellungsgestaltung war doch eines nicht zu übersehen, nämlich, daß die Moderne Raumkunst in Hoffmann einen kompromißlosen Wegbereiter finden werde, der, anders als Wagner und dessen Schüler Olbrich, nicht in der Befreiung vom vorherrschenden Historismus, sondern aus der – infolge der Befreitheit – sich ergeben habenden Aufbruchsphase seine entscheidenden künstlerischen Impulse bezog und umzusetzen verstand.

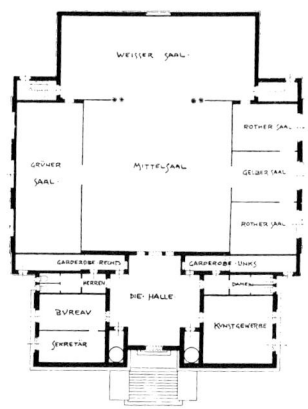

ERSTE ARRANGEMENTS IN DER SECESSION

Nachdem sich die Vereinigung an der Kaiser-Franz-Joseph-Ausstellung in Troppau, die über den Sommer 1898 währte, beteiligt hatte, bereitete sie die *2. Secessionsausstellung (12. 11. – 28. 12. 1898),* die erste im eigenen Haus, vor. Das Secessionsgebäude, das nun die ihm eigene raumkünstlerische Brauchbarkeit beweisen mußte, wurde den allgemeinen Ansprüchen und Erwartungen gerecht, ja, es geriet selbst zum »Ausstellungsstück«.[14] Olbrich übernahm die Dekoration aller zentralen Säle; von Hoffmann stammte die patronierte Wanddekoration des linken »grünen Seitensaales«. Der rechte Seitensaal wurde dreigeteilt. Wagner adaptierte den mittleren Raum, für die beiden anderen Räume werden keine Arrangeure genannt; es gibt von ihnen auch keine Abbildungen.

In der auf Übersichtlichkeit bedachten Präsentation knüpfte diese Ausstellung an die in den Gartenbausälen an. Das wichtigste Gestaltungsmittel bildete der wiederum weiße, gefältelte Stoff, der den um den hinteren Saal erweiterten Mittelsaal umzog und im gesamten unteren Verlauf mit einem »verschnörkelten, steingrünen Laubornament«[15] bedruckt war; in Gestalt eines flach gespannten Velums reduzierte er die Raumhöhe. Das von Moser entworfene Glasfenster, das in den folgenden Ausstellungen beständig verdeckt werden wird, akzentuierte Olbrich durch eine flammenartige Blattmusterung; die Durchgänge faßte er mit zarten, leicht geschwungenen Holzleisten ein.

Wie schon in den Gartenbausälen, so wurde auch hier das im Format größte Bild, »Vers l'abîme« von Henri Martin, in einer Weise im hinteren Saal plaziert, daß es die Aufmerksamkeit der

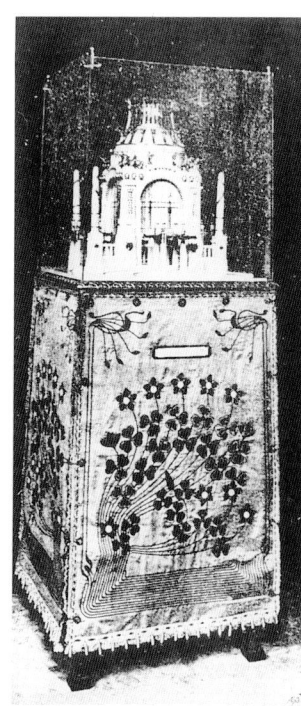

eintretenden Besucher in seinen Bann zog. Die in der Annäherung zuteil werdende Raumwirkung gestand sogar der üblicherweise recht reservierte Seligmann ein: »Während bei allen sonstigen Ausstellungen die Bilder an Wirkung zu verlieren pflegen, ist hier geradezu das Gegenteil der Fall.«[16] Die Grenze zwischen dem zentralen und dem rückwärtigen Saal markierten je zwei einfache Säulenschäfte, welche an der Vorder- und an der Rückseite filigrane, mit drei Malerschildern besetzte Reifen trugen und durch vertikal verspannte Schnüre Assoziationen zu einer »Lyra«[17] erzeugten. Um die Säu-

lenpaare gruppierte Olbrich Pflanzen, Stühle und Staffeleien, auf den drapierten Podesten Kleinplastiken. In der Kombination dieser Objekte wie in ihrer relativ gekünstelten Gruppierung stellte sich Olbrich erneut in die Tradition Makartscher Ausstellungsgestaltungen. Ob der Vielfalt der rings um die Säulenpaare versammelten Materialien sowie deren Exzentrik wurde das Auge von der einfachen Raumkonzeption abgelenkt. Die Exotik, auch die der Palmen, kompensierte die offensichtlich verlegen machende Schlichtheit der Raumkomposition. Indem die Secessionisten ihre raumkünstlerischen Ambitionen selbstbewußter vorzutragen wagten, mußten die unschicklichen, fast pompös wirkenden Relikte Makartscher Dekoration – ein Blickfang, nicht mehr – fallen.

Eine der Attraktionen dieser Ausstellung stellte Wagners Modell des Mittelbaues für die k. u. k. Akademie der bildenden Künste dar. Wagner plazierte es im rechten mittleren Seitensaal auf einem hohen Podest und stülpte einen Glassturz darüber. Das Podest, die an die Saalwände gestellten Staffeleien sowie die unteren Wandabschnitte überzog ein goldgelber, mit braunen Blumen bestickter Seidenstoff. Wagners Präferenz für die aufwendigere Stoffapplikation   anstelle der Patronierung – war schon von der Vitrinendekoration der Jubiläumsausstellung 1898 bekannt.

Der Sitzungsraum der Redaktion von Ver Sacrum, in der Regel einfach Ver-Sacrum-Zimmer genannt, wurde mit Beginn des Ausstellungsbetriebes zweckentfremdet und als zusätzlicher Ausstellungsraum benutzt. Seine Wände schmückte eine von einzelnen gerafften Stoffstreifen unterbrochene Stoffbespannung, von Moser »Fragment einer patronirten Saaldecoration«[18] geheißen. Die darauf dargestellten, »lebhaft bewegten Figuren«[19],

ein Fries lebensgroßer, leierspielender Mädchen, bildeten eine Modifikation des Kranzträgerinnenfrieses an der rückwärtigen Fassade der Secession. Moser griff als einziger Secessionist beständig figurale Motive auf. Doch wich er der obligaten Geometrisierung nicht aus, da er den Figuren jegliche Spontaneität nahm, sie zum Inhalt einer ornamentalen Form machte und diese in einem Fries perpetuierte. Formal mußte die Ornamentierung gegenüber den Kunstsparten und -Gewerben indifferent sein, weil erst damit die ihr zugemessene verbindende und vereinheitlichende Funktion gewährleistet war; ja, mitunter kann man sich des Eindruckes nicht erwehren, daß es damals fast ausschließlich der Ornamentierung übertragen blieb, die raumkünstlerischen Mittel zu amalgamieren, durch Überformung zu vereinheitlichen und einen Gesamteindruck zu favorisieren. Infolge der Stoffapplikation schienen dann auch die Wände und Raumteiler dem Dekor, der ornamentalen Strukturierung, subordiniert.

Am Beispiel der Leierspielerinnen läßt sich die vielseitige Verwertbarkeit eines einmal ersonnenen und allgemein gut geheißenen Motivs verfolgen: Moser isolierte für das Titelblatt von Ver Sacrum, Heft 4 (1898), das unter anderen Stoffentwürfen jenen mit den »Leierspielerinnen« (für das Ver-Sacrum-Zimmer) präsentierte, das Haupt derselben und flocht ihm Rosen ins Haar. Die in besagtem Titelblatt noch ins wallende Haar geflochtenen Rosen extrapolierte er später wiederum und machte sie zum kleinsten, flächenfüllenden Element und also immer wiederkehrenden Motiv einer Stoffbespannung, etwa der Saaldekoration der 5. Secessionsausstellung.

K. Moser, Patronierter Wanddekor, Teil einer Saalausschmückung, 1898

In der nur zwei Wochen später eröffneten *3. Secessionsausstellung (12. 1. – 20. 2. 1899)* lag das Arrangement allein in Hoffmanns Geschick. Es war für die Gestaltung von ausgesprochen günstiger, ja glücklicher Fügung, daß die Secession ein dominierendes Werk, Max Klingers »Christus im Olymp«, dem Wiener Publikum aufbereiten konnte.

Hoffmann variierte die Grundrißlösung der 2. Ausstellung, indem er anstelle der zwischen Mittelsaal und rückwärtigem Saal plazierten Säulenstümpfe stoffüberzogene Wände bis zu den einstellbaren Stützen vorzog, sodaß die ausgesparte Öffnung genau mit der Größe des wiederum im hinteren Saal plazierten Gemäldes korrespondierte. Bestärkung erfuhr der räumliche Effekt durch

K. Moser, Titelblatt für Ver Sacrum, 1899

K. Moser, 2. Secessionsausstellung 1898, Ver-Sacrum-Zimmer

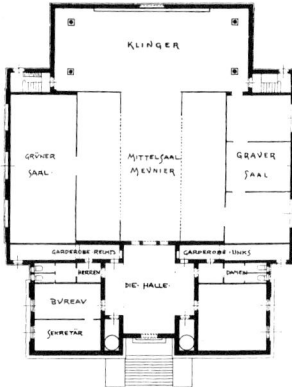

J. Hoffmann, 3. Secessionsausstellung 1899, Grundriß

J. Hoffmann, 3. Secessionsausstellung 1899, »Ruheraum«

J. Hoffmann, 3. Secessionsausstellung 1899, Blick vom
Mittelsaal in den »Ruheraum«

den Einsatz optischer Mittel; dem in Gelb- und Weißtönen gehaltenen, hinteren Saal setzte er das Blau der Stoffbespannung im Hauptsaal entgegen. Das Arrangement mußte noch lichtbestimmter erschienen sein, da der Weg vom Eingang des Mittelsaales zum Bild Klingers durch einen Teppich ausgelegt war, dem am Plafond ein blaues, lichtundurchlässiges Tuch entsprach. Die Wirkung, die Hoffmann Klingers »Christus im Olymp« zuteil werden ließ, dürfte Makarts Inszenierung der »Caterina Cornaro« im Künstlerhaus im Weltausstellungsjahr 1873 nahegekommen sein, die, wie Anselm Feuerbach sich erinnerte, durch den berechneten Lichteinfall wie durch das schon in der Festzugsarchitektur säkularisierte Element des »Prozessionshimmels« deutlich auf das künstlich Sakrale abhob.[20] Die in den Besuchern erzeugte »andächtige Stimmung« wurde auch von der Tagespresse als durch die sakrale Note der Inszenierung verursacht begriffen, wenn es heißt: »Zu diesem Zwecke läßt man sie zuerst in die verfinsterte Vorhalle des Tempels treten, aus der sie dann in das hellerleuchtete Heiligthum,„den rückwärtigen Saal, gelangen.«[21]

Spätestens zu diesem Zeitpunkt dürfte offenkundig geworden sein, was das Merkmal auch der nachfolgenden Arrangements sein wird: Daß nämlich, wie Felix Salten notierte, die Künstler in der Secession nicht »ausgestellt, sondern aufgeführt«[22] werden. Klinger, dessen Werke noch des öfteren

Anlaß für außergewöhnliche Raumgestaltungen gaben, äußerte sich bei Gelegenheit eines Wien-Aufenthaltes am 20. 1. 1899 lobend über die Ausstellung und meinte, daß seine Arbeit »weder in München (1898) noch in Leipzig auch nur so annähernd vornehm und künstlerisch ausgestellt« worden sei.[23]

Den »Ruheraum« – so nannten die Kritiker den hinteren Raum, in dem sich nur Klingers Kolossalbild befand – dekorierte Hoffmann mit einem auf gelbem Stoff patronierten, weißen Blütenfries, der eine Vignette Olbrichs aus dem 1. Secessionskatalog variierte. An den Schmalseiten des Raumes befanden sich gepolsterte Sitzbänke, die von den aus der vorangegangenen Ausstellung bekannten Säulenstümpfen flankiert wurden. Letztere hatte Hoffmann auf Podeste gestellt und mittels der bekannten weißen Stoffdrapierung für die Weiterverwendung tauglich gemacht. Die Adaptierung dieser »Säulen mit den bronzenen Radreifen«[24], so die Bezeichnung während der 2. Secessionsausstellung, stieß nicht nur in der Presse auf Verwunderung, sondern war, wie so vieles, der »secessionistische« Anlaß einer Karikatur in »Quer Sacrum«.[25] Aufgrund der wiederholten Verwendung von Stühlen, Postamenten oder Säulen verstärkte sich in dem Maße, als die Materialien zu Requisiten wurden, die den Arrangements eigentümliche Analogie mit der reproduktiven darstellenden Kunst.

Im linken Seitensaal, der mit Bezug auf die darin ausgestellten Bilder Theo van Rysselberghes »Pointillistenzimmer« genannt wurde, waren die

»karrenförmigen Stühle und der tiefblaue Schrank«[26] des Ateliers Moser ausgestellt. Die weiters im Pointillistenzimmer exponierte Sitzgruppe und ein Hocker gehörten zu den Einrichtungsgegenständen des Vorraumes im Sekretariat der Secession. Das Sekretariat selbst war mit der schon aus dem »Ruheraum« bekannten, gelben Stoffbespannung, worauf man weiße Rosetten patroniert hatte, dekoriert; erst um 1900 sollte diese Bespannung Mosers »Hortensienlaube« weichen

müssen. Unverändert im Sekretariat verblieben die grau gebeizten Möbel, Exemplare der von Hoffmann bekannten »Brettel- und Pfeilermöbel«.[27] Außer einem Schreibtisch und mehreren Stühlen standen im Raum noch zwei schmale Aktenkästen. Wie man von Photos weiß, befanden sich einige Möbel, Schränke sowie der Abschlußfries des Vorraumes schon 1899 in der Wohnung Hoffmanns.

ZUR ÄSTHETISIERENDEN ÜBERFORMUNG

Die bisherigen Raumgestaltungen waren die Erprobung dessen, was das Versprechen der Modernen Raumkunst verhieß: Einen neuen, einen emphatischen Stil zu inszenieren. Dabei zeigten sich von Beginn an verschiedene Tendenzen, deren eine, wie etwa die Beiziehung Makartscher Gestaltungselemente, eher auf Wagner und seinen engsten Schüler Olbrich zurückging, deren andere, wie beispielsweise der Brettelstil, mehr in die Kompetenz von Hoffmann fiel oder, wie die Geometrisierung floraler Motive, eher dem Vermögen eines Moser entsprang, – die also nur insoweit zu einer Gesamtwirkung sich vereinen ließen, als die maßgeblichen Arrangeure sich einer solchen unterstellten. Im Falle eines dominanten Kunstwerkes schien der synergetische Effekt leichter zu gelingen, schien dieses den latenten Eklektizismus aufzuheben oder auszutarieren. Während diese Tendenz wesentlich an die Inszenierung Klingerscher Werke gebunden war, befolgte die Entwicklung des ornamentalen Stils engere Perioden. Von den Absichten Olbrichs her war der Ornamentierung eine eher pompöse, weit ausholende Funktion zugedacht, in der die gegenständliche Ordnung der arrangierten Dinge gleichsam entweltlicht und ins Ästhetische, ja Sakrale transponiert wurde. Hoffmann indessen forcierte eher, obgleich nicht ausschließlich, die Reduktion auf ein klares, so geometrisches Lineament als möglich. Dieser latenten Divergenz konnte man bereits während der 1. Secessionsausstellung gewahr werden, in der sein Ver-Sacrum-Zimmer ein ungleich nüchterneres Arrangement aufwies als die von Olbrich gestalteten zentralen Säle. In der 4. Secessionsausstellung kam die gestalterische Differenz, wenn auch auf unerwartete Weise, noch einmal deutlich zum Ausdruck.

In der Vorbereitungszeit von nur drei Wochen wurde »der Kunsttempel an der Wienzeile« für das

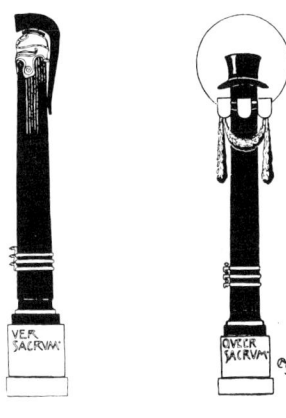

J. Hoffmann, Zierleiste für Ver Sacrum und Karikatur von C. M. Swordener (Pseudonym für C. M. Schwerdtner), »Einfacher Ständer für meinen Hut«

J. Hoffmann, 3. Secessionsausstellung 1899, Grüner Saal

J. Hoffmann, Sekretariat der Secession, 1900

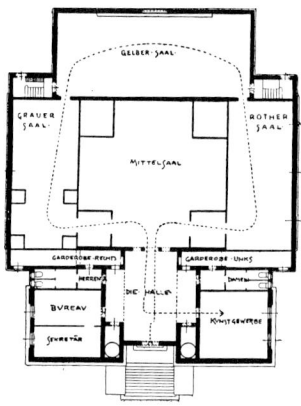

J. M. Olbrich, 4. Secessionsausstellung 1899, Grundriß

Arrangement der *4. Secessionsausstellung (18. 3. –
31. 5. 1899)* »von oben bis unten ausgekehrt und
umgebaut. Wie Verwandlungen bei offener Szene,
so schnell geht das.«[28] Olbrichs Einbau des maß-
stabgetreuen »Mittelsaales eines Skulpturenmuseums« in den zentralen Saal der Secession gab ein
treffliches Beispiel experimenteller Architektur im
Rahmen der Modernen Raumkunst. Der Saal, der
als Ehrenraum für das Gipsmodell von Arthur
Strassers »Triumphzug des Marc Anton« fungierte, bildete zugleich einen dezenten Hinweis auf das
in Wien vakante Skulpturenmuseum. Ein kleinfor-
matiges Modell der Skulptur hatte das Künstlerhaus schon 1896 exponiert; für die Pariser Weltausstellung, auf der Strasser für die Skulptur eine
hohe Auszeichnung erwarten durfte, wurde sie in
Bronze gegossen.

Unter Heranziehung dekorativer und symboli-
scher Elemente aus der Triumphzugsarchitektur
suggerierte Olbrich eine Scheinwelt aus Prunk und
Pracht. Zumal durch die Stoffbemalung, die eine
Mosaikverkleidung imitierte, illuminierte er einen
goldschimmernden Monumentalraum. Den Marc-

Anton plazierte er in der Mitte des Saales, der an
der Seite des Einganges wie an der des hinteren
Saales durch mächtige, hufeisenförmige Bögen mit
tiefer Laibung gestaltet war und in seiner volumi-
nösen Wirkung auf die Grundrißform eines griechischen Kreuzes zurückging. Beiderseits des
Sockels postierte er die aus der 2. und 3. Ausstellung bekannten Säulen, diesmal mit Mosaikorna-
menten patroniert. Sie wurden mit den Reliefme-
daillons Schimkowitz' behängt, die vermutlich
ebenso auf den Marc-Anton Bezug nahmen wie die
– im rückwärtigen, vergoldeten Bogenfeld aufgesetzten – Ornamentscheiben, auf welchen die Ini-
tialen des Feldherrn zu lesen waren. Rundbogen,
Säulen und Reliefs, aber auch der den Raum um-
ziehende Fries von »Siegeskränzen«, die jeweils
von einem Mädchen hochgehalten wurden, und
natürlich die Skulptur selbst spielten auf die
Triumphzugsarchitektur, insbesondere auf die
Ehrenpforten, an; nur, daß die einzelnen symbol-
bezogenen Elemente aus dem traditionellen Verband gelöst und in einer Weise im Raum eingesetzt
wurden, die Olbrichs Geschmack entsprach. Das

J. M. Olbrich, 4. Secessionsausstellung 1899, »Mittelsaal
für ein Skulpturenmuseum« mit
A. Strassers »Marc-Anton«

Ergebnis war imposant. Das grüne, geschwungene Linienornament an der vergoldeten Laibung fand sich auch an den in der Höhe, entsprechend jener der Bogenlaibungen, mehrfach abgestuften, weißen Velumstreifen der Decke wieder; aufgrund der Überhöhung des Velums mußten die Bogenlampen entfernt werden. In das gegenüberliegende Bogenfeld ließ Roller eine Farbskizze einarbeiten, die er ursprünglich für ein Mosaikbild in der Breitenseerkirche entworfen hatte. Ein verkleinerter Bogen umfing im selben Wölbungsradius die Eingangstür. In die breiten Laibungen schnitt Olbrich Bogenöffnungen, durch die tunnelartige Gänge zu den Seitensälen führten.

Da ein von Strasser auszuführender Relieffries nicht fertig wurde, improvisierte Moser ein die seitlichen Wände umziehendes Band von Kranzträgerinnen, ein Motiv, das von Wagners Akademie-Projekt[29] und von ihm selbst bekannt war. Um schließlich den Charakter eines »Skulpturenmuseums« zu erhöhen, plazierte Olbrich entlang der Wände verschiedene Büsten auf hohen Postamenten.

Die Skulpturenhalle umschlossen drei Räume, deren Adaption Hoffmann verantwortete. Abbildungen sind lediglich vom linken, dem »grauen Seitensaal« bekannt, zu dem die Besucher ebenso wie zu dem rechten durch eines der kleinen Tonnengewölbe gelangten. Der von Hoffmann entworfene Grundriß des grauen Saales wiederholte in

dem an den Durchgang anschließenden Abschnitt das griechische Kreuz des Skulpturensaales und der Vorhalle in verkleinerter Form. Auch das weitere Arrangement bewies, wie sehr Hoffmann, gerade in der bezugnehmenden Anspielung und Wiederholung, die raumkünstlerischen Argumente Olbrichs sich zu eigen zu machen anschickte – indem er sie verwandelte. Durch die Errichtung von vier Wandpfeilern, die eine bis zur Decke reichende Bogenkonstruktion verband, erhielt der Raum drei Wandnischen, in deren eine der Durchgang mündete, sowie einen geschwungenen Durchgangsbogen zum größeren Abschnitt dieses Seitentraktes. Die Bögen, deren Schwingung an die Olbrichschen Laibungen erinnerte, waren jedoch nicht ebenso voluminös, sondern gleichsam im Brettelstil geschnitten, verliefen paarweise und mündeten jeweils in die Ecken einer Banklehne. Beabsichtigte Olbrich mit Blick auf das Hauptwerk einen triumphalistischen Anschein zu inszenieren, so schlug derselbe Impetus, dem Hoffmann durchaus mit Absicht sich unterstellt und den Tribut an eigenen, in den früheren Nebenräumen ansatzweise entwickelten Auffassungen gezollt hatte, um und geriet zu einer überbordenden, über den Zweck der arrangierten Gegenstände hinausschießenden Ästhetisierung. In deren Überfunktion wird Hoffmanns Verarbeitung des von Olbrich inszenierten, pathetischen Anscheins dingfest. Scheinbar nahmen Möbelstücke, wie die Bänke, stützend an der Raumkonstruktion teil: Tatsächlich aber war die Stütze bloß symbolisch, von rein dekorativem Effekt. Die Bänke wurden über den eigenen Zweck hinaus, nämlich Sitzgegenstand zu sein, funktionalisiert; primär nicht aus praktischen Gründen, sondern aus ästhetischen.

Die Verwendung geschwungener Bogenkonstruktionen, die Deformierung von Möbelstücken sowie die überformende Verschmelzung beider ist um 1899 bei Olbrich häufig, bei Hoffmann hin und wieder anzutreffen. Beispielsweise sind die Olbrichschen Zimmereinrichtungen der Villen Spitzer und Stift ebenso von der pseudofunktionalen Ästhetisierung bestimmt wie die Räume des Kerzengeschäftes Apollo oder die des Hauses Bergerhöhe, die von Hoffmann stammen. Er konnte für diese Raumgestaltungen auch auf Ideen zurückgreifen, die er 1897, anläßlich seiner Teilnahme am Wettbewerb für den »Pavillon der Stadt Wien« auf der Jubiläumsausstellung, formuliert hatte. Speziell die Bögen erinnerten an die Belgische Kolonialausstellung Tervueren 1897 und hier vor allem

J. M. Olbrich, 4. Secessionsausstellung 1899, Mittelsaal, Blick gegen den Eingang mit A. Rollers »Bergpredigt«

J. Hoffmann, 4. Secessionsausstellung 1899, Grauer Seitensaal

Obwohl im Juliheft von Ver Sacrum, im Zusammenhang mit Olbrichs Berufung nach Darmstadt, nur von einer periodischen Abwesenheit zu lesen war, wandelte sich diese mit Herbst 1899 in eine definitive um. Olbrich beteiligte sich nach der 4. Ausstellung an keiner der secessionistischen Raumgestaltungen mehr, konnte aber seine Erfahrungen auf dem Gebiet der Ausstellungsarchitektur in Darmstadt einbringen. Die von den Secessionisten Olbrich zugestandene führende Position als Raumgestalter fiel nun, fast selbstverständlich, Hoffmann zu; er galt als primus inter pares. Dies wurde auch von offizieller Seite durch die Zuerkennung einer Professur für Architektur (ab dem 25. 4. 1899) an der Kunstgewerbeschule untermauert.

Anstelle einer geplanten Ausstellung polnischer Kunstwerke, die aufgrund einer Ende September übermittelten Absage[32] verschoben werden mußte, wurde unter der Gesamtleitung Hoffmanns eine »Spezialausstellung für Zeichnung und Graphik« veranstaltet, die *5. Secessionsausstellung (15. 11. 1899 – 1. 1. 1900).* Die Themenwahl brachte eine neue Problemstellung: Statt einer zentral bestimmten Anordnung galt es, eine annähernd ahierarchische Distributionsform zu finden. Um die zahlreichen schwarz-weißen Exponate attraktiv präsentieren zu können, unterteilte Hoffmann die variable

an van de Veldes Ornamentation. In einem etwa gleichzeitigen Entwurf Hoffmanns, für einen unbekannten Ausstellungsraum (1899) gedacht, kam die von van de Velde bekannte Manier, derzufolge »immer mehr Möbelstücke (...) untransportabel, immobil« werden, »sich den Wänden und Ecken« anschmiegen, »am Boden haften und gleichsam Wurzeln«[30] ziehen, ebenfalls zum Ausdruck. Loos hat sich später einmal gegen solch latenten Immobilismus verwahrt: Seiner Meinung nach konnten »nur die möbel, die mobil sind, (...) modern sein«.[31] Ein auf beliebige Weise fixiertes oder stabilisiertes Mobiliar war per definitionem keines. Indem es um der raumkünstlerischen Wirkung willen gestaltet war, rivalisierte die ästhetische, dekorative Funktion mit der praktischen. Die praktische Bestimmung ergab sich der dekorativen, bildete gleichsam nur den Stoff der Überformung.

Im Ver-Sacrum-Zimmer wurden neben Hoffmanns Mobiliar diverse kunstgewerbliche Gegenstände exponiert. Für die Wanddekoration zeichnete erneut Moser verantwortlich, der in die Raumecken drei farblich variierte Stoffentwürfe seiner »Hortensienlaube« so einfügte, daß einfärbige, halbkreisförmige Wandflächen ausgespart blieben. Mosers Vorliebe, in Ausstellungsräumen die Ecken zu betonen, wird noch des öfteren, so in der 5. und in der 13. Secessionsausstellung, zu beobachten sein.

Räumlichkeit in eine Vielzahl kleiner Zimmer, Nischen und Kabinette, sodaß eine maximale Hängefläche entstand. Während er, gleich einer fernen Assoziation an Olbrichs letzte Raumgestaltung, in die durch hufeisenförmige Bögen vom Zentralsaal abgetrennten, aber begehbaren Seitensäle kleine, rechteckige Räume einbaute, die galerieartige Gänge U-förmig ummantelten, ließ er in den Mittelsaal je zwei Raumteiler an der Eingangsseite und der ihr gegenüberliegenden aufstellen, die von quergestellten elliptischen Platten zusätzlich fixiert wurden. Den mittleren Raum des dreigeteilten hinteren Saales kombinierte er mit dem Hauptsaal sowohl architektonisch wie optisch; architektonisch, indem die ihn gestaltenden Seitenwände in einer geschwungenen Kurve in die Raumteiler ausliefen, optisch, indem sie doch nur ein Schwibbogen trennte. Bei aller Reminiszenz, die seine durch Bogen, Kurven und Ellipsen gestaltete Raumteilung auslösen mußte, wirkte sie doch wenig voluminös und kaum monumental.

Hoffmann arrangierte fast alles, die kleinen rechteckigen Seitensäle, den Mittelsaal, den zu diesem offenen, mittleren der rückwärtigen Räume und das Ver-Sacrum-Zimmer; bloß die Adaption einzelner Seitentrakte überließ er den Graphikern Moser, Böhm und Josef M. Auchentaller. Die Wände des Mittelsaales, den ein weißes Velum zeltartig überdeckte, schlug er mit einer weißen Fla-

nellstoffbespannung aus. Der Stoff war von zarten Goldornamenten – kleinen, abgerundeten, mit einer Wellenlinie durchbrochenen Quadraten – durchwirkt, die die geschwungenen Architekturformen umzogen und zugleich nuancierten. Einen farblichen Akzent setzte Hoffmann, indem er die Glasfenster Böhms, »Herbstlandschaft im Wienerwald« genannt und für das Atelier der ersten Villa von Otto Wagner gedacht, in die im rechten Seitensaal aufgestellte Wand einbaute.

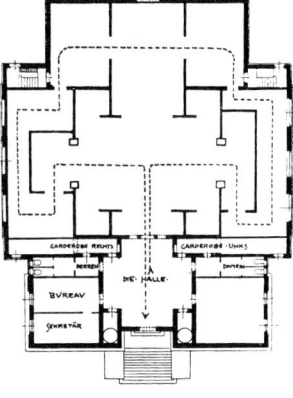

J. Hoffmann, 5. Secessionsausstellung 1899/1900, Grundriß

J. Hoffmann, 5. Secessionsausstellung 1899/1900, Blick vom Mittelsaal in den rechten Seitensaal mit den Glasfenstern von A. Böhm

Die Glasfenster waren sowohl vom Mittelsaal aus – durch die Hufeisenbögen – zu betrachten wie auch von der Umgehung, also gegen den Mittelsaal hin. Da er die im rechten Seitensaal befindlichen Fenster nicht abgedunkelt hatte, kam den bunten Glasfenstern der direkt einfallende Lichtstrom zugute. Wie später in Wagners Villa, so wurden auch hier die die Glasfenster trennenden Pilaster mit Schlingornamenten verziert. Die im vis à vis liegenden Seitensaal gleichgestaltete Koje schloß nach oben hin mit einem Fries von Böhm, auf dem Wellen- und Wolkenbänder, Schiffe und Bäume zu sehen waren, ab. Auchentaller, der das Arrangement dieses galerieartig gestalteten Seitensaals übernommen hatte, faßte den in den kleinen Annex mündenden Ausgang der Koje mit einem leicht geschwungenen Holzbogen ein. Vom selben Holzbogen machte er Gebrauch, um den Einbau an der Seite der gangartigen Umgehung mit der Wand des Seitensaales zu verbinden. Die Wände des Annexraumes umzog eine Bordüre aus Blütenblättern, die Auchentaller später für eine Texteinfassung von Ver Sacrum modifizierte.[33] Zu vermuten ist, daß der gegenüberliegende Annexraum ebenso gestaltet wurde.

J. Hoffmann, 5. Secessionsausstellung 1899/1900, Blick in den linken Seitensaal mit dem Wandfries von A. Böhm (oben) und den mittleren, rückwärtigen Saal (links)

hinteren Saal installierten Räumlichkeiten waren
zueinander nicht abgeschlossen, sondern begehbar. Die seitlich ausgebuchteten, nach oben hin
spitz zulaufenden Holzeinfassungen der rechteckigen Türöffnungen strich er gleich den Pulten und
Postamenten grau.

Ein charakteristisches Beispiel für Mosers figurale Ornamentation befand sich im linken der drei
hinteren Säle, auch »gelber Saal« genannt; dort
hing ein Fries tanzender Mädchen mit schwingen-
den Röcken, deren feines, fast rhythmisches Lineament jenem des Plakates entsprach. Den rechten
hinteren Saal überzog er mit einem Flanellstoff,
der mit dem silbernen Muster des »Rosenhaines«[34] patroniert war. Seiner schon in der 4. Ausstellung angeklungenen Vorliebe, die Raumecken
zu betonen, frönte er auch diesmal. Er ließ in jeder
der Plafondecken jeweils drei graue Holzsegmente
zusammenstoßen, wobei von den wandseitig gelegenen Segmenten jeweils eine zarte Leiste in leich-
tem Schwung bis in die untere Ecke lief. Die in dem

Unterschiedlich zu der Gestaltung aller Säle geriet die Ornamentierung des Ver-Sacrum-Zimmers.
In ihm begegnete zwar auch die graphisch verzierte
Stoffbespannung, andererseits aber erzeugte Hoffmann durch den Einsatz geradliniger Leisten eine
Anzahl rechteckiger Wandfelder. Sie wiesen eine
längliche abstrakte Musterung auf, ähnlich der,
wie sie im Haus Bergerhöhe und in den Illustra-
tionen Hoffmanns zu der Schrift »Palastfenster und
Flügelthuer« von Alfred Lichtwark anzutreffen
ist.[35] Das Arrangement des Ver-Sacrum-Zimmers,
bei dem die geschwungene Linie als Element der
Raumgestaltung, mit Ausnahme der Stoffmuste-
rung, schon ausgeschlossen war, darf als ein erstes
Anzeichen für die auf Sachlichkeit und Einfachheit
bedachten Ausstellungsgestaltungen der folgenden
Jahre gewertet werden. So wie die Zeitschrift,
übernahm auch das Ver-Sacrum-Zimmer eine vor-
auseilende, programmatische Funktion.

DER GEKURVTE STIL

Seit der 1. Secessionsausstellung, zumindest aber nach den Jubiläumsausstellungen im Künstlerhaus und im Prater, war das Schlagwort Secessionismus in aller Munde. Da unter diesem Namen all das Moderne, das Ausgefallene und dem Publikum Unverständliche gleichermaßen verstanden oder zu verstehen gegeben wurde, assoziierte man auf seiten der Secessionisten ein beträchtliches Unbehagen. Dieses verstärkte sich nicht nur infolge des immensen Anklanges, auf den ihr Bestreben stieß, sondern aufgrund dessen, daß bzw. wie sich andere Ausstellungshäuser die neue Stilisierung zu eigen gemacht hatten – nämlich auf die schlimmste Weise, die den auf Originalität bedachten Secessionisten hatte passieren können: Der Secessionismus war zur Schablone geworden – was er nur werden konnte, weil die Künstler so sehr auf Originalität Bedacht nahmen, als hätten sie ein Copyright auf die Stilgebung; eine, die sie, anders als die früherer Epochen, gewollt und tatsächlich selbst »gemacht« hatten.

Die Vereinigung reagierte mit einer Proklamation, die besagte, daß es keinen secessionistischen Stil, der (für andere) verfügbar wäre, gebe bzw. geben könnte, da ihre künstlerischen Intentionen auf einer provokativen, ahistorischen Basis beruhten. Sie war gewissermaßen bemüht, sich die besondere Art der Negation, die Aufhebung der historischen Stilvarianten im Art Nouveau zu erhalten. Trotzdem wurde der Secessionismus im folgenden Jahr raschest akzeptiert und, etwa auch vom Künstlerhaus, vermarktet. Mit dem Attribut »secessionistisch« etikettierte man all das, wofür man einen modernen Anspruch geltend machen wollte.[36] Servaes schrieb darum, daß die Secession »Gefahr« lief, »durch das Wort secessionistisch vertrivialisiert und compromittiert zu werden«.[37] Der elementare Bestandteil, der damals zum Inbegriff des Attributes »secessionistisch« wurde und von dem sich gleichsam ein verwertbares, modisches Lebensgefühl die Bahn brach, war die seit Anbeginn imitierte, geschwungene Kurve respektive die gekurvte Ornamentierung. Insofern die Moderne Raumkunst unter diesem Stilmittel erstmals allgemein und öffentlich reflektiert wurde, ist es angebracht, auf einzelne Aspekte der Kurve, d. h. der ästhetisierenden Überformung, zurückzukommen sowie zweitens auf die Auseinandersetzung einzugehen, aufgrund welcher diese Stilisierung bestimmt und für überwunden erklärt werden konnte.

Die Suche nach einem neuen Stil fand, nachdem mit dem Bau der Secession die bis dato gebundenen Trieb- und Gestaltungskräfte zur Freisetzung gelangten, in einer überbordenden Woge im allgemeinen, in einer bald gedrängten, bald vagierenden, mal florealen, mal geometrisierenden Kurve zu ihrem ersten bestimmenden Mittel. Die Kurve, ein geometrisches Element der Ornamentation wie der Raumwölbung, war die erste Konkretisierung des als Hohlraum[38] entworfenen Jugendstils. Beide, Kurve und Wölbung, bildeten – ob als zeltartiges Velum oder als gelaibter Durchgang – das auf die Raumgestaltung übertragene Mittel der Außenarchitektonik; sie entsprachen der Gebärde des Kuppelbaus, verstärkten, überhöhten oder minderten sie. Darum mußte das, was Bahr vom Gebäude behauptete, daß es nämlich die Wirkung eines Tempels habe, auch für die Innenraumgestaltungen in Geltung treten: Schon in der 2. Secessionsausstellung wurde das Kolossalbild von H. Martin zentral, wie ein Altarbild, inszeniert; verstärkt wurde diese sakrale Tendenz in Hoffmanns Arrangement von Klingers »Christus im Olymp« und schließlich, monumentalisierend, in Olbrichs Inszenierung von Strassers »Marc-Anton«. Jedesmal wurde ein mehr oder minder sakraler Hohlraum gestaltet, vor allem durch Bogenkonstruktionen, die den Mittelsaal von den Seitensälen teilten. Mitunter war der Elan hufeisenförmig gebunden, so auf der 4. und 5. Ausstellung, wobei sekundär blieb, ob die Bögen voluminös gelaibt, wie bei Olbrich, oder flach gepreßt, wie bei Hoffmann, verliefen. Ferner ist zu erwähnen, daß die Hohlform auch als Mittel räumlicher Verbindung, so etwa die Tunnelgänge in den Laibungen, Konkretisierung erfuhr.

Doch war die Kurve nicht bloß die dem Pathos des Aufbruchs gemäße Gebärde, sondern zugleich das ideale Mittel der aufhebenden Überformung, Verschmelzung und Verdrängung. Deshalb auch konnte das angeführte sakrale Moment direkt in ein erotisches überlaufen, ermöglichte die Ornamentierung eine wechselseitige Kompromittierung. Recht treffend charakterisierte Nike Wagner diese Funktion des Jugendstilornaments als »Ambiguität«.[39] Nachdem die Secessionisten sich vom Historismus abgenabelt und die Secession als modisch-nervöses Zentrum der Wiener Kunst etabliert hatten, konnten sie einige wenige Ausstellungen dem einfachen, ungebrochenen Gestaltungswillen frönen. Als gekurvter Stil fand der Wiener Secessionismus zu seiner ersten Subsumierungsform, die die aus vergangenen Epochen geborgten Stile auf-

Das secessionistische Dorf in der Rotunde, 1899

hob, transformierte und neu akzentuierte; eine Form, die überdies leichte Schwankungen, Anlehnung an abdizierte Stile und eine zu geringe Präzisierung kaschieren half.

Die Ästhetisierung im gekurten Stil erschien als ein Mehraufwand, der aus der Inszenierung des Innenraumes oder der entsprechenden Drapierung und Umgestaltung der kunstgewerblichen Objekte zustande kam. Essenz und Pointe dieser auf kohärenter äußerlicher Verschönerung bedachten Stilisierung war die alles überziehende, alles sich einverleibende Kurvatur. Wenn die Kurve im Unterschied zur Geraden der indirekte Weg, ja der absichtliche Umweg zwischen zwei Punkten ist, dann sind die Gegenstände sowie die Räumlichkeiten selber bloß Anlaß und Ansatz des überbordenden Lineaments, einer Überformung aus ästhetischen Gründen. Konkret vermerkbar war dies am linken, von Hoffmann gestalteten, Seitenraum der 4. Secessionsausstellung, wo das Mobiliar pseudofunktional in die ornamentale Raumgestaltung einbezogen wurde.

Hoffmann, der als noch junger Architekt keine eigene, elaborierte Position zu verteidigen oder zu überwinden hatte, der ansatzhaft aber einer eher flachen, orthogonalen Architektur zuneigte, machte den prätendierten Mehraufwand an Stilisierung nur desto deutlicher. Statt, wie Olbrich und Wagner, eine selbst an die Makart-Zeit gemahnende, dem Pompösen sich nicht verschließende Ornamentation einzusetzen, ging er ins Prinzipielle und transponierte die alles sich aneignende, alles überbordende Kurvatur oder Überformung in das von ihm damals bevorzugte Medium, die aus flachem Holz gestaltete Innenarchitektur. Er stabilisierte das Arrangement gleichsam im Momente einer reizenden, ornamentalen Harmonie. Konsequenterweise scheute er selbst vor der Deformierung und Denaturierung nicht zurück, um – wie van de Velde – den Anschein von origineller Schönheit zu erzeugen. Die diversen Stilvarianten, die Hoffmann während dieser Jahre erkennen läßt, erlauben es, mit Eduard F. Sekler von einem frühen Eklektizismus zu sprechen.[40] Allerdings war dies nicht bloß ein Merkmal der Hoffmannschen Raumgestaltungen, als vielmehr eines der allgemeinen raumkünstlerischen Entwicklung: Die Arrangements entstanden in der Kombination der an die Künstler delegierten Einzelraumgestaltungen. Und die individuellen Kompetenzen und Vorlieben waren 1899–1900 noch nicht vollends aufgegangen oder durchdrungen von einem dominanten Stilwillen;

dieser blieb gleichsam noch an der Oberfläche, einem desto stärker überformenden Schönheitsbegriff verbunden – so als könnte das Mehr an Kurvatur das Manko an innerer Kohärenz kompensieren.

Schließt noch der klassizistische Schönheitsbegriff jegliche Disharmonie aus, so war die reale Manifestation des neuen Schönheitsideals doch an eine paradoxe Inszenierung gebunden. Die Variante, die Überformung so weit zu treiben, daß die Gegenstände maniert gerieten, daß die Zwecklosigkeit als Pseudofinalität arrangiert wurde, schien angebracht in einer Zeit, in der der Kunstgebrauch und der Kunstgenuß nicht mehr einfach, sondern nur mehr vermittels einer gewissen voluntativen Anstrengung möglich waren. Exaltierung im Zeichen der Kurve wurde dergestalt zum Modus der ersten secessionstischen Inszenierungen.

HAGENBUND UND AQUARELLISTENCLUB – DIE FALSCHE SECESSION

Die erfolgreichen Arrangements erfreuten sich, wie schon im Jubiläumsjahr, so auch anläßlich der 26. Jahresausstellung des Künstlerhauses (24. 3. – 1. 6. 1899), einer vorbildhaften Wirkung.[41] Trotz der imitatorischen Tendenz, vielmehr weil diese gerade nicht der engeren secessionistischen Absichten sich bemächtigte, trat in der Künstlergenossenschaft wiederum eine separatistische Bewegung all jener jungen Künstler auf, die zum Zeitpunkt der Entstehung der Vereinigung nicht in diese übergewechselt, sondern in der Hagengesellschaft verblieben waren. Nun gingen sie gleichsam in einer zweiten Welle aus dem Künstlerhaus hervor, nicht um eine eigene secessionstische Bewegung zu werden, sondern um – mehr als die Künstlergenossenschaft – mit dem Secessionismus zu wetteifern. Von der Secession her schien sich damit nur die Anzahl der sie perhorreszierenden Epigonen zu erhöhen.

Erstmals trat die Gruppe, die sich Hagenbund nannte, mit einer Studien- und Skizzenausstellung (2. 2. – 28. 2. 1899) in einem eigenen Saal im Künstlerhaus an die Öffentlichkeit. Einer der ihren, nämlich Josef Urban, übernahm noch während der Dauer der ebenfalls von ihm arrangierten 14. Ausstellung des Aquarellistenclubs die Raumgestaltung der *2. Hagenbundausstellung (1. 2. –*

4. 3. 1900) im Künstlerhaus. Abgetrennt von den übrigen Sälen arrangierte er im sogenannten Deutschen Saal, der vom linken Vorgarten aus zu betreten war, einen schmalen Vorraum und zwei weitere Säle. Die Dekoration fiel, folgt man den Beschreibungen, im Verhältnis zu jener der Räume der Aquarellistenausstellung, dezent aus, sodaß selbst Bahr unumwunden das »richtige Verhältnis der Bilder im Raume und eine gute Verteilung«[41] lobte. Mit der Einbeziehung von Möbeln, Teppichen, patronierten Wandmustern, Bogenschwingungen an der Haupttür und einer Deckenbespannung aus weißem Musselin, nahm Urban gleichwohl auf gängige secessionistische Raumgestaltungen Bezug.

Gleich nach der Ausstellungseröffnung, am 3. 2. 1900, konstituierte sich der Künstlerbund Hagen; dem Verein standen Gustav Bamberger, Rudolf Konopa und Franz Thiele vor, seine Mitglieder setzten sich aus Künstlern der Hagengesellschaft, des Aquarellistenclubs und jenen des ehemaligen Siebenerclubs[43] zusammen. Die Mitgliedschaft im Verein setzte die bei der Künstlergenossenschaft voraus; diese behielt sich außerdem das Recht zur Auflösung des Bundes vor. Das Ziel der neuen Vereinigung war ebenso hehr wie das der Secession, nämlich »die Förderung von rein künstlerischen Bestrebungen«, was durch die Veranstaltung selbständiger Ausstellungen erreicht werden sollte.[44] Allerdings gab sich der Hagenbund weniger programmatisch; der Wunsch nach einem eigenen Ausstellungslokal war in diesen Statuten noch nicht deponiert, auch nicht die Kontaktnahme mit der internationalen Kunst. Immerhin bestand die Vereinigung darauf, daß sich die Jury der jeweiligen Ausstellungen aus der Gesamtheit der ordentlichen Mitglieder zusammenzusetzen habe.

Eine andere Gruppierung, deren Ausstellungen sich der secessionistischen Schablone näherten, bildete der bereits erwähnte Aquarellistenclub. Schon anläßlich der 12. Ausstellung (8. 1. – 13. 2. 1898) des 1886 innerhalb der Künstlergenossenschaft gegründeten Aquarellistenclubs, versuchte der umtriebige Urban, wie es heißt, »aus Angst vor der Conkurrenz« und in dem »Bestreben, den Anderen zuvorzukommen (...), in dem von der Secession angestrebten modernen Ausstellungsgenre das Möglichste zu leisten«.[45] In der 13. Ausstellung (13. 1. – 28. 3. 1899) integrierte G. Bamberger Möbel, Teppiche, Portieren und die einreihig behängten Bilder zu einer einheitlichen Raumgestaltung.

Die von Urban arrangierte *14. Ausstellung des Aquarellistenclubs (6. 12. 1899 – 18. 2. 1900)* veranlaßte Bahr, ihre Gestaltung sowie das imitative Verhalten insgesamt unter das alsbald gängige Schlagwort der »falschen Secession«[46] zu subsumieren. Aus der Sicht der Secessionisten fiel dieses Verdikt zu Recht, denn Urban zog in einem der Räume monumentale Bogenstellungen in der Art Olbrichs ein, die er um zusätzliche Kurvaturen, tropfenförmige Einschließungen, verunklärte und in einer welligen, den gesamten Raum wie die Türen umziehenden Sockelleiste auslaufen ließ. Ein schlaff zwischen zwei Holzbögen hängendes Velum sollte, neben den an sich schon auffälligen Kontrasten der Farben Rot, Grün und Lila, auch optische Effekte bewirken. Zusätzlich zu einigen Möbelstücken wurden hochgestellte Vitrinen à la van de Velde im Raum verteilt. Aus diesen Teilaspekten wird ersichtlich, daß Urban zwar auf die Raumgestaltung der Secession reagierte, aber nicht willens oder fähig war, die moderne Form selbständig zu verarbeiten oder gar weiterzuentwickeln. Darum ermangelte es an der so vehement postulierten Authentizität, in deren Kontext Urbans Stilisierung einer unfreiwilligen Travestie des gekurvten Stils glich. Sehr treffend bemerkte Servaes über die Ausstellung: »Diesmal hat man geglaubt, die Secession dadurch bekriegen zu können, indem man selber secessionistisch wurde.«[47] Den Secessioni-

J. Urban, 14. Ausstellung des Aquarellistenclubs 1899/1900, Künstlerhaus

sten mußte sich der Eindruck ergeben haben, daß der Historismus in den konkurrierenden Vereinigungen überlebte, – und zwar justament dadurch, daß dieser sich den Art Nouveau zum Opfer erwählte.

Gerade weil die Vereinigung die traditionelle Kunst nicht zu achten vorgab, da sie doch neu anfangen wollte, war sie ab dem Zeitpunkt gezwungen, sich doch mit der zeitgenössischen Kunst auseinanderzusetzen, ab dem diese sich ihres Formenrepertoires zu bedienen begann. Indem andere Vereinigungen von der geschwungenen Kurve, dem Velum und der Laibung als der maßgeblichen Raumgestaltungsmittel Besitz ergriffen, waren die Secessionisten dazu verhalten, sich von der Stilkopie, in der die Kurve weniger Gebärde pathetischen Aufbruchs als der Berechnung war, zu unterscheiden. Da es den im Verfahren der aneignenden Stilkopie geübten Künstlern ein leichtes war, nach den konventionellen auch den neuen Stil zu imitieren, mußte der Secessionismus, wollte er sich treu bleiben, neuerdings verändern, und das heißt – auch das bislang akzentuierte Stilmittel, die Überformung.

Als Stilentwurf hatte sich der auf Originalität bedachte Secessionismus, so wie er begann, nicht nur Neuheit, sondern Mode und akzeptiertes Modell zu sein, selber auszuschöpfen und auszureizen, bis die Variationen die Energie seiner willentlichen Konstruktion würden aufgebracht haben. Die Secessionisten setzten sich, indem sie einerseits den neuen Stil wollten und mitschufen, indem sie andererseits die objektiven Bedingungen dieses Stilwollens ebenso wie den Mechanismus der Vermarktung der Erzeugnisse zu ignorieren trachteten, einer Anspannung aus, die Hoffmann und andere Künstler des Jugendstils allein durch Selbstkritik[48] und darauf fußender innovativer Produktivität zu lösen trachteten. Nicht anders ist es zu erklären, daß er, auf nur wenige Jahre – Jahre freilich, innerhalb derer der Secessionimus erfolgreich imitiert wurde – zurückblickend, von »unerträglichen Fehlern« sprechen konnte, »die uns abzugewöhnen wir mit aller Macht anstreben müssen«. Auf den Punkt gebracht hat er seinen Kommentar, wenn er lakonisch anmerkt: »Curven über Curven«.[47] Es spricht für den Reflexionsgrad der Secessionisten und für die Vitalität ihrer Produktion, daß die Bestimmung gleichsam a forteriori und nicht auf Kosten der weiteren Entwicklung erfolgte. Wenn auch aus diesem Konnex noch nicht eindeutig hervorgeht, was die Reaktion auf die so-

genannte falsche Secession sein wird, so spricht doch allein das Prozedere, daß die Secessionisten an ihrem Programm, trotz der Irritationen und Auseinandersetzungen, festhielten, gleichermaßen für ihre Konsequenz wie, post festum, für die Stringenz der stilistischen Entwicklung.

Mit der *6. Ausstellung (20. 1. – 15. 2. 1900),* der Japanischen Kunst gewidmet, trug die Secession einem ihrer Programmpunkte, »durch Heranziehung der bedeutensten Kunstleistungen fremder Länder«[50] zur Aufklärung des österreichischen Publikums über den Gang der allgemeinen Kunstentwicklung Rechnung. Die auffallend niedrigen Besuchsziffern lassen jedoch auf ein mangelndes Interesse schließen; dies, obwohl die Japanische Kunst seit der Wiener Weltausstellung 1873 in keinem größeren Umfang mehr gezeigt worden war.

Die exponierten Objekte stammten aus dem Besitz des in Berlin lebenden Wieners Adolf Fischer, dem nachmaligen Gründer des Ostasiatischen Museums in Köln. Die Initiative zur Ausstellung ging möglicherweise auf den damaligen Präsidenten der Secession, Engelhart, oder seinen Freund Franz Hohenberger, einem Reisekollegen Fischers, zurück. Hohenbergers Japanische Reiseskizzen wurden im Ver-Sacrum-Zimmer, für das Moser »einen kecken Fries«[51] entwarf, ausgestellt. Das Septemberheft von Ver Sacrum bereitete das Publikum mit einem von zahlreichen japanischen Holzschnitten illustrierten Artikel auf die geplante Ausstellung vor. Die umfangreiche Sammlung, an die 700 Exponate, die in ihrer ethnologischen Ausrichtung eher das Interesse von Experten als das des breiten Publikums ansprachen, wurde von Fischer selbst angeordnet und durch ein Geleitwort

K. Moser, 6. Secessionsausstellung 1900, Blick vom Hauptsaal in den linken Seitensaal

46

im Katalog kommentiert. Moser, bisher nur als Dekorateur oder als Gestalter dekorativer Wandfriese engagiert, trat nun erstmals als Arrangeur auf. Er legte den gesamten Innenraum frei, sodaß er als ganzer, mit Ausnahme des hinteren Seitensaales, gut überblickbar war. Den hinteren Saal verkleinerte er zu einem quadratischen Annexraum, indem er die Wände bis zu den im Hauptsaal einziehbaren Stützen vorzog. Im verengten Durchblick wurde eine im Annexraum aufgestellte, große Buddhastatue ansichtig. Die einziehbaren Wände, durch die die Seitensäle abgetrennt werden konnten, entfernte man auf seine Veranlassung. Dergestalt wären die freistehenden Stützen sichtbar geworden, so sich Moser nicht entschlossen hätte, sie in eine kühn geschwungene Bogenkonstruktion, zwei parallellaufende Bögen mit krabbenartigen Aufsätzen, zu integrieren. Die Stützen waren unterhalb der Decke mit kleinen, aneinandergereihten, ausgesägten Scheiben dekorativ umhüllt, die parallelen Bögen mit verschiedenen Regalen und Stellflächen verbunden.

Zwei Drittel der oberen Wandbespannung, die den gesamten Raum umzog, versah er in regelmä-

ßigen Abständen mit einem großen, stilisierten weißen Baummotiv auf gelbem Grund. Die Farbwahl, besonders das leuchtende Gelb, gab zu Spekulationen Anlaß. Augenscheinlich war, daß Gelb in den secessionistischen Ausstellungsräumen des öfteren Verwendung fand; Hevesi hielt später einmal – angesichts des »Gelben Kabinetts« von Wilhelm Bernatzik auf der 20. Secessionsausstellung – fest, daß ein »großer Teil der secessionistischen Inszenierungen« auf James McNeill Whistler zurückgehe.[52] Für diese Vermutung spricht in diesem Zusammenhang, daß Whistler eine zentrale Vermittlerrolle bei der Verbreitung des japanischen Holzschnittes spielte und darüberhinaus einer der ersten Künstler war, die Innenraumgestaltungen als eine gedankliche und farbliche Einheit von Bild, Rahmen und Raum verstanden (z. B. Peacock Room 1886/87).[53]

Während sich Hoffmann im Februar 1900 mit den Vorarbeiten zu den Ausstellungsarrangements sowohl der Wiener Kunstgewerbeschule wie der Secession für die Pariser Weltausstellung beschäftigte, installierte Böhm die *7. Secessionsausstellung*

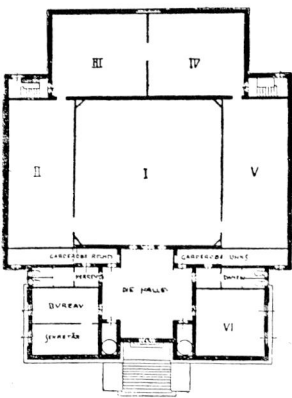

A. Böhm, 7. Secessionsausstellung 1900, Grundriß

A. Böhm, 7. Secessionsausstellung 1900, rechter
Seitensaal

(8. 3. – 6. 6. 1900). Böhm, dem – ohne daß er Architekt war – die Innenraumgestaltung überantwortet wurde, sollte eine anziehende Präsentation einzelner Plastiken, hauptsächlich aber von Gemälden, darunter Klimts »Philosophie«, schaffen. Er machte von der in Olbrichs Grundriß vorgebildeten Raumaufteilung Gebrauch; so erhielt er wieder einen zentralen Hauptsaal, zwei Seitensäle und den hinteren Saal, den er zusätzlich unterteilte.

Der Hauptsaal, von dem sich keine Abbildungen erhalten haben, schlug er mit einer golddurchwirkten, roten Stoffbespannung aus. Die »Philosophie« wurde gegenüber dem Eingang, in einem eigens für sie geschaffenen Rahmen, der die Form eines »goldgetönten Holzschreines«[54] hatte, aufgestellt. Die Farbtöne des Bildes, »Blau, Violett, Grün und Grau..., durchsetzt von flimmerndem Gelb, das sich bis zu echtem Gold steigert«[55], ergänzten sich mit der monokoloren roten Wandbespannung. Selbst Kraus, der an Klimts »Philosophie« keinen Gefallen fand, hob die Einfachheit der Saaldekoration hervor. Seiner Ansicht nach war sie »ein nicht ganz gelungener Protest gegen das Arrangement der letzten Ausstellung des Aquarellistenclubs«.[56] Und obwohl die Art der Raumunterteilung, die Bogenkonstruktion in den Seitensälen und die Friese nicht über die enge Beziehung zu vergangenen Arrangements hinwegtäuschen konnten, ergab sich ein weitaus schlichterer Gesamteindruck. Auch die in den Seitensälen auf-

gestellten, turmartigen Kastenpfeiler, die ausgesägte ovale und tropfenförmige Öffnungen trugen und durch parallellaufende, leicht geschwungene Holzleisten verbunden waren, hatte Böhm weniger überformt als Hoffmann die in die Raumkonstruktion integrierten Sitzbänke der 4. Ausstellung. Wenn Hevesi befriedigt feststellen konnte, daß diesmal »die secessionistische Schablone (...) durch ihre Abwesenheit«[57] glänze, so zeigt dies einmal mehr, daß die Secession in der Tat Gefahr lief, mit dem falschen Secessionismus verwechselt zu werden, zum anderen aber, daß sie dieser Gefahr erfolgversprechend begegnete. Böhms Arrangement darf somit als eine erste Antwort auf den mittlerweile um sich gegriffen habenden Secessionismus verstanden werden. Im weißen, »mit einer rothen Rankenbordüre«[58] dekorierten Ver-Sacrum-Zimmer wurden die Werke Paul Signacs präsentiert. Obwohl es sich um eine Gemäldeausstellung handelte, hatte Signac von sich aus gebeten, seine Aquarelle ausstellen zu dürfen. Mit einem der schriftlichen Anfrage beigelegten Farbschema warf er die Frage der Hängung und d. h. die der Abstimmung der Aquarelle in farblicher und größenmäßiger Hinsicht auf. Gleich den Secessionisten war sich Signac der Bedeutung der Bildhängung bewußt. Die Bildplazierung im Arrangement Böhms wurde – mit der Ausnahme von Kraus, der sie mit dem »Sprichwort: Mitgefangen, mitgehangen!«[59] abqualifizierte – allgemein mit Lob bedacht. So auch von Servaes, der, allerdings nicht auf Signac bezogen, schrieb: »Bilder von discreter Färbung (E. Jettel, J. Lavery) schließen sich zu beiden Seiten des Hauptgemäldes an, und erst allmählich, nach den Ecken zu, beginnen die Farbtöne lebhafter zu werden.«[60]

Die »Philosophie« Klimts, das erste der drei von ihm für die Universitätsaula auszuführenden Deckengemälde, gab zu einem am 26. 3. 1900 an das Ministerium gerichteten offiziellen Protest Anlaß, darin sich 87 Professoren der Universität gegen eine Anbringung des Gemäldes in der Aula aussprachen. Das in den Tageszeitungen veröffentlichte Protestschreiben kam einer Werbung für die Secession gleich, die sich – nach der mißlichen Japanausstellung – wieder einer der gewohnt hohen Besucherfrequenzen erfreuen konnte. Die Secession, desgleichen der Kunstrat[61] bekannten sich vehement zu Klimt, der durch einen von Prof. Zuckerkandl am 29. 3. 1900 veröffentlichten Gegenprotest zusätzliche Unterstützung erhielt.[62]

IV
ELIMINATION DER ÜBERFORMUNG
DURCH MATERIALETHOS, 1900–1901

DIE PARISER
WELTAUSSTELLUNG

Finanzielle Subventionen durch das Unterrichtsministerium und die Zuweisung diverser Säle im
Grand Palais des Beaux Arts ermöglichten die Teilnahme der Wiener Künstler an der *Pariser Weltausstellung (14. 4. – 12. 11. 1900)*. Während die Secession in ihren Räumen eine Abkehr vom überformenden Art Nouveau an den Tag legte, erging sich
das »offizielle Österreich« in repräsentativen Stil-
kopien. Zwar hatte Wagner im April 1899 den seit
langem praktizierten Usus, das Repräsentationshaus des jeweiligen Landes in einem für dieses charakteristischen, historischen Stil auszuführen, in
Frage gestellt und gefordert, es in einem zeitgenössischen, modernen Stil errichten zu lassen.[1] Dessen
ungeachtet aber hatte Baumann für das Österreichische Repräsentationshaus eine Stilprägung in
der Art Fischer von Erlachs gewählt; und das
Österreichische Museum für Kunst und Industrie
entsprach dieser Vorgabe und zeigte Kopien historischer Möbel. Der von Plečnik 1898 für die Jubiläumsausstellung arrangierte Saal wurde auf der
Weltausstellung wiedergezeigt, diesmal von Baumann historisch adaptiert, was zur Folge hatte,
daß er »nicht vornehm, sondern wie ein Trödel-
markt« wirkte.[2]

Hoffmann installierte die *Räume der Secession*
an Ort und Stelle. Im größeren (10 × 12 m), an den
Ecken abgeschrägten Saal gruppierte er 16 Gemälde um das Hauptwerk, Klimts »Philosophie«; den
schmalen (4 × 10 m) Annexraum widmete er Aqua-
rellen und Zeichnungen. Sowohl in der Auswahl
wie auch in der numerischen Reduktion der Exponate waren erste Anzeichen einer in den folgenden
Jahren verstärkt zum Tragen kommenden Tendenz
wahrnehmbar, sich der Kommerzialisierung noch
rigider zu entziehen und die Exponate primär als
Bestandteile des raumkünstlerischen Arrangements aufzufassen. Diese Entwicklung wurde vermutlich auch durch den Umstand begünstigt, daß
der Secession mehr gestaltende, dekorative Bega-

J. Hoffmann, Pariser Weltausstellung 1900, Blick in den
Hauptsaal

bungen – Ausstellungsmacher, um einen jüngeren
Ausdruck zu gebrauchen – als reine Maler angehörten.[3]

Hoffmann disponierte das Arrangement ganz
mit Blick auf die »Philosophie«, die gegenüber
dem Eingang zum Aquarellraum, im größten
Wandfeld, zwischen Sockel- und Abschlußleiste
hing und von zwei Büsten Hellmers flankiert wurde. Die anderen rechteckigen Wandfelder des ge-
streckten, oktogonalen Raumes hatte er mit dun-
kelviolett gebeizten Holzleisten gerahmt und mit
einem dicken, grau und weiß melierten, segeltuch-
artigen Stoff ausgespannt. Die stark konturierten
Wandfelder bildeten die Hängeflächen der in einheitlicher Goldrahmung präsentierten Bilder.
Auch die Vorhänge und der Bezug des in der Saalmitte plazierten Sofas, die beide das Mosersche
Muster »Abimelech« trugen, ließ er in goldgelber
Seide ausführen. Noch radikaler als im Hauptsaal
verfolgte Hoffmann die Beschränkung der Kurve
im anschließenden Aquarellraum. Dessen Gestaltung unterlag einem konstruktiv die Wandflächen
unterteilenden Ordnungsprinzip, das eine Farbre-
duktion miteinschloß. Holzleisten, Tische und
Stühle wurden wie die Bildrahmen weiß gestrichen,
die Wandfelder, die sich überhaupt bar jeder Zier-

J. Hoffmann, Pariser Weltausstellung 1900, Aquarellraum

ornamentik präsentierten, mit graublauem Stoff überzogen. Bei der Präsentation der Aquarelle verzichtete er auf jeglichen dekorativen Schmuck, weshalb sie exklusiv von den Wandflächen Besitz ergriffen. Zieht man überdies die Einführung von Raumpfeilern in Betracht, so ist unschwer zu erkennen, daß die Raumgestaltung vollends, statt durch Kurven und intermittierende Wölbungen, durch Vertikale, Horizontale und Orthogonalität proportioniert war. Bogen, Kurvatur und Hohlraumkonstruktionen gerieten in Subordination zu kubischen, orthogonalen Formationen; gefältelte Stoffe, Draperien und Verschnürungen wurden überhaupt eliminiert.

Das Arrangement stand nicht allein unter einem künstlerischen Erfolgsdruck. Da nämlich der anfangs von den Secessionisten geäußerten Absicht, sich in Paris der Preiskonkurrenz[4] zu entziehen, von offizieller Seite, dem Französischen Generalkommissariat, nicht stattgegeben wurde, versuchten sie, aus der unabdingbaren Teilnahme an der Konkurrenz wenigstens Nutzen zu ziehen und hofften, durch eine Auszeichnung der »Philosophie« die Wiener Professorenproteste beschämen oder gar entkräften zu können. Bernatziks intrigierender Stimmenwerbung war es zu verdanken, daß die Juroren die eigentlich für Strassers »Marc-Anton« reservierte Auszeichnung, die »Medaille d'honneur«, Klimt zukommen ließen. Karl Kraus hingegen neigte der Ansicht zu, daß der mit 27:26 denkbar knappe Entscheid zugunsten Klimts auf eine Einschaltung des Unterrichtsministeriums, das gleichfalls an einer internationalen Honorierung des Klimtschen Gemäldes interessiert sein mußte, zurückzuführen sei.[5] Wie auch immer, die erfolgte Preiszuerkennung erwies sich anfangs als eine wichtige Handhabe des Unterrichtsministers Wilhelm Hartel gegen die Angriffe von konservativer Seite.

Strasser, der schon ein Jahr zuvor, anläßlich der Aufstellung seines »Marc-Anton« auf der 4. Secessionsausstellung, als künftiger Sieger gefeiert worden war, mußte vom taktierenden Verhalten seiner Kollegen enttäuscht gewesen sein. Man darf darin sicherlich einen, wenn nicht den maßgeblichen Grund für sein frühzeitiges Ausscheiden – am 10. 7. 1900 – aus der Vereinigung sehen. Trotz der Ressentiments, vielleicht auch als eine Art von Wiedergutmachung, billigten die Secessionisten das vom Unterrichtsministerium am 24. 12. 1900 gestellte Ansuchen, den »Marc-Anton«, der in den Gartenanlagen der von Wagner zu errichtenden

Modernen Galerie aufgestellt werden sollte, vorübergehend neben der Secession zu plazieren, wo er sich bekanntlich bis dato befindet.[6]

In dem kleinen quadratischen *Raum der Kunstgewerbeschule* (11,5 m Seitenlänge) fügte Hoffmann einen 3,5 m breiten Einbau ein, der vom Korridor her betreten werden konnte. Die Raumgestaltung hob stärker als die der Secessionsräume auf die Exponate ab. Möbel, Türeinfassungen und sogar Erwin Puchingers Panneau »Der Triumph der Liebe« bildeten die Ausgangs- und Bezugspunkte eines feinen, frei ausschwingenden Liniennetzes von auf grauem Stoff applizierten, roten Bändern. In Hoffmanns Entwürfen kam die raumkünstlerische Komplementarität des Mobiliars mit der Wanddekoration noch wirkungsvoller zum Ausdruck, weil er die von den ausschwingenden Linien umgrenzte Fläche kolorierte und sie dadurch zu einer kompakten Einheit, gleichsam zur ornamentalen Silhouette, der Aura des vor ihr plazierten Möbels, zusammenschloß. In der ausgeführten Variante war die gesamte Linienkomposition symmetrisch aufgebaut und von roten Leisten umgrenzt. Unterschiedlich zu den nahezu rechteckigen Türeinfassungen des Hauptraumes gestaltete Hoffmann jene des eingebauten Raumes leicht gebogen oder durchbrochen. Dieselbe leichte

J. Hoffmann, Pariser Weltausstellung 1900, Raum der Wiener Kunstgewerbeschule, Plakatraum

J. Hoffmann, Pariser Weltausstellung 1900, Raum der Wiener Kunstgewerbeschule

Krümmung übertrug er auf die die Decke über-
spannenden Querlatten, zwischen denen helle
Velumstreifen angebracht waren. Ein orangefarbe-
ner Teppich verlieh dem gesamten Arrangement eine reizvolle, boudoirhafte Grundierung.

Zieht man eine Bilanz über die divergierenden
Raumgestaltungen der Wiener Künstler auf der
Pariser Weltausstellung, so ist zweierlei festzuhalten: Erstens, daß der gekurvte Stil und der Versuch
seiner Negation durch Entwicklung einer geometrischen, purifizierten Raumkunst koexistierten; und
zweitens, daß die in den Räumlichkeiten der Secession ausgestellten Aquarelle und Gemälde eine
Vereinfachung des bislang geübten Stiles begün-
stigten, die Demonstration herkömmlicher Möbel
aber eine üppigere, kurvenreichere Ornamentierung nahelegte. Daß dies jedoch keine von den Objekten bedingte, zwangsläufige Divergenz war,
sondern Ausdruck einer gewissen Stiltoleranz, in
deren Rahmen Hoffmann das Arrangement der
Secession von jenem der Kunstgewerbeschule bewußt absetzen konnte, macht die folgende Ausstellung klar.

KRITIK DER MATERIALWIDRIGEN KURVE

Hoffmann hatte durchgesetzt, daß die *8. Secessionsausstellung (3. 11. – 27. 12. 1900)* dem Kunstgewerbe gewidmet werde und hoffte, »nicht nur
Bilder, sondern gleichwertig auch Möbel und allen
Hausrath« zeigen und dies alles, ebenso wie das
zum Vergleich ausgestellte ausländische Kunstgewerbe, in einem »frischen Arrangement«[7] vereinen
zu können. Die aufwendigen organisatorischen
Vorarbeiten begannen noch im Frühjahr, als die
Secession Charles Robert Ashbee, die Mackintosh-
Gruppe und La Maison Moderne einlud. Wie auf
der 1. Ausstellung, so sollten auch auf dieser die

Werke ausländischer Künstler »als Wertmesser für
unser heimisches Schaffen«[8] dargeboten und ein
Vergleich der internationalen Entwicklungen ermöglicht werden.

Ausgehend von der künstlerischen Fertigung
einfacher Gebrauchsgegenstände, zielten die Secessionisten darauf ab, den Alltag mit Kunst zu
durchdringen und dergestalt zu ästhetisieren. Ihr
Vorhaben konnte nur dann gelingen, wenn –
außer den Bildern und dergleichen mehr – auch
die funktionalen Gegenstände zu einem ästhetischen Gebrauch anregten. Den Raumkünstlern
oblag es daher, nicht nur in den Privathäusern,
sondern zuvorderst in modellhaften Arrangements, die stilisierten Einzelgegenstände in einer
harmonischen Gesamtwirkung zu präsentieren.
Daraus erklärt sich, daß die 8. Ausstellung nicht
fertige Interieurs zu zeigen beabsichtigte, als vielmehr »Stichproben der Leistungen verschiedener
Raumkünstler«.[9]

Hoffmann, der zum größten Teil die Ausstellungsgestaltung verantwortete, setzte die schon in
Paris angeklungene Tendenz, sich durch Klarheit,
Einfachheit und Orthogonalität von dem allgemeinen Bilde des Secessionismus zu unterscheiden,
fort. Der Einfachheit des Arrangements entsprach
die kubische, schlichte Form der Möbelstücke, die
als »Koffermöbel« die Architektonik des Ausstellungsraumes in einer Weise bedingten, daß
selbst der Freiraum durch kubische Formationen
bestimmt schien. Entsprechung, Wiederholung
und Vereinfachung waren die häufigsten Varianten
des Bezugs, d. h. der raumkünstlerischen Proportionierung von Ornamentik, Mobiliar und Räumlichkeit. Im übrigen wurde die Reduktion der Kurve sowie der partielle Verzicht auf jegliche Ornamentierung wettgemacht durch die Verwendung
teurer Materialien – ein Novum in der ephemeren
Architektur, das eine eigene Begründung erfahren
wird. Indem aber die raumkünstlerischen Komponenten wie Wände, Mobiliar oder Dekor von der
überbordenden Ornamentierung befreit wurden,
gewannen sie wieder an Eigenständigkeit; besser,
an Eigentümlichkeit.

Insgesamt präsentierte die Ausstellung dem Besucher das Gegenteil dessen, was mittlerweile als
»secessionistisch« Bekanntheit erlangt hatte und
wohl auch die Erwartung geprägt haben dürfte.
Die Überraschung mußte umso größer ausgefallen
sein, als das Ausstellungsplakat Böhms, »ironische
Trikotbeine«[10], die bewußte Abkehr vom Kurven-
stil nicht verriet. Auch gegenüber den geladenen

ausländischen Künstlern mußte die abrupte Distanzierung vom kurvenreichen Stil wie ein Bruch der künstlerischen Erwartung erschienen sein. Kurzum, die besten Voraussetzungen für einen Eklat. Selbiger ereignete sich, als Hoffmann einen für die 8. Ausstellung eingereichten Entwurf zurückwies und dies damit begründete, daß von der Kurve zugunsten einer materialgerechten Formgebung Abstand zu nehmen sei, in nuce also mit dem von Bahr erhobenen Vorwurf der falschen Secession.

Die Abweisung hatte folgende Ursache und Vorgeschichte:[11] Felician von Myrbach lud im Mai 1900 das im Jahr zuvor von Julius Meier-Graefe gegründete Pariser Kunsthaus La Maison Moderne ein, sich an der 8. Secessionsausstellung zu beteiligen. Die Einladung wurde unter der Bedingung angenommen, daß, wie das Kunsthaus ausrichten ließ, »wir einen eigenen Raum, der für unsere Ausstellung allein reserviert bleibt, bekommen. Auch für die Wände dieses Zimmers sehen wir unseren eigenen Schmuck vor, nämlich unser Album Germinal...«[12] (19. 5. 1900). In dem nach Plänen van de Veldes zu realisierenden Arrangement sollten diverse kunstgewerbliche Gegenstände (Schmuck, Silber, Emaille, Gefäße, Spitzen) in Vitrinen untergebracht, ferner Möbel van de Veldes sowie Skulpturen und George Minnes Brunnen der »Fünf knienden Knaben« gezeigt werden. Besonderen Wert legte das Institut auf die Gestaltung der Vitrinen sowie auf die Präsentation der »Batiks«, die es als »Fries« oder »Lambris« (21. 6. 1900) zu gruppieren gedachte. Nun hatte La Maison Moderne im Laufe der Vorbereitungsarbeiten erkennen müssen, daß der zugewiesene Seitensaal zu klein war. Sie bat daher um die Zuweisung eines dritten Saales, sodaß in dem einen der Brunnen Minnes, im zweiten die Möbel van de Veldes gezeigt werden könnten; den dritten Saal gedachte sie für die Vitrinen zu reservieren (11. 8. 1900).

Van de Veldes Entwurf für den Vitrinensaal, der Hoffmann so sehr erzürnen sollte, erging am 16. 8. 1900 an die Secession. Darin heißt es: »Wir denken uns die Vitrinen in gebogenen Hölzern, wie sie von den populären Möbelfirmen (...) Thonet, Chon und Ungerer gemacht werden. Als Farbe würden wir Gelb vorschlagen und darauf unsere Batiks stimmen. Was blau gezeichnet ist, ist amerikanisches Glas in verschiedenen Farben, was gelb gezeichnet ist, ist durchsichtiges Glas, was übrigens auch durch ein billigeres Surrogat ersetzt werden kann...« Im Möbelsaal sollte das »Lambris mit

den in Holz gefaßten Batiks« angebracht werden. Ein Zusatzbrief von Meier-Graefe erklärte nochmals die Absichten des Arrangements: »Gerade das maschinell gebogene Holz scheint mir für moderne Zwecke eine große Zukunft zu haben«; zum Möbelsaal bemerkte er, daß er ihn sich »grau bespannt« vorstelle. »Sollten Sie aber das Geld für eine Holzverkleidung übrig haben, (...) so würden wir auf unsere Kosten Emailplaketten dafür liefern« (16. 8. 1900).

Das Urteil Hoffmanns über den Entwurf des Vitrinensaals war polemisch und galt insbesondere der im Entwurf verlangten Kurvatur: »Der Entwurf erscheint mir in jeder Hinsicht verfehlt und unausführbar (...) Ich kann absolut nicht zulassen, daß gegen die Holzfaser gesündigt wird. Der Herr, der den Entwurf verfaßte, hat abgesehen von den unerhört festlichen Linien, betrachten Sie gefälligst, wie die Curven von den geraden Flächen gestrichen werden, keine Ahnung von Construction. Das ist das, was wir bei uns als falsche Secession wie Gift fürchten. Obiger Entwurf könnte nur richtig in gebogenem Holz ausgeführt werden (...) Betrachten Sie ferner die Vitrinen, was für gebogenes Glas da gewünscht ist. Man muß staunen, daß man so etwas erfinden kann (...) Ihren Entwurf aus gewöhnlichem Holz heraussägen zu lassen, wie eine Laubsägearbeit, fällt mir gar nicht im Schlaf ein (...) Die Zeit der falschen Curven ist bei uns Gott sei Dank schon vorüber und wir haben vor allem volle Achtung vor dem Material.«[13] Hoffmanns Ausführungen waren so erregt niedergeschrieben, daß er den Sekretär der Secession, Franz Hancke, der im August in Paris weilte, bat, Meier-Graefe den Inhalt des Briefes nur mündlich und in schonender Weise mitzuteilen, nicht aber, den Brief selbst zu übergeben; vermutlich hat er sich darum im Secessions-Archiv erhalten. In einem an Hoffmann gerichteten Brief replizierte La Maison Moderne das Ergebnis der Unterredung mit Hancke knapp und indigniert: »Wie wir verstanden zu haben glauben, ziehen Sie vor, unseren Raum selbst zu dekorieren, uns ist das nur angenehm« (25. 8. 1900).

Schließlich übernahm es der in Sachen Stilpurismus geringer exponierte Moser, die gesamte Kollektion von La Maison Moderne im linken, zweigeteilten Seitensaal zu arrangieren. Die Möbel van de Veldes plazierte er unter einer Tonnenkonstruktion aus rotem, gewölbtem Lattenwerk, das mit Pauspapier verspannt war. Die Konstruktion ruhte auf sechs hohen, schmalen, mit einem Quadratgitter durchbrochenen Vitrinenwänden, darin die kunstgewerblichen Gegenstände exponiert wurden. Von den ursprünglich geplanten Vitrinen mit den gebogenen Holzeinfassungen nahm er gänzlich Abstand. Am augenscheinlichsten wird der secessionistische Stilwandel im Vergleich des Wiener Mobiliars mit den geschwungenen van de Veldes. Die für van de Velde ebenso ärgerliche Divergenz resümierte W. Fred folgendermaßen: »Van de Velde wird für Wiens fernere kunstgewerbliche Entwicklung nicht so viel bedeuten als für Berlin. Wir sind hier jetzt eher für geradlinige oder schwach gekrümmte Linien, als für die grosszügigen Kurven-Konstruktionen des Belgiers, der das Holz ja manchmal so behandelt, als sei es Schmiedeeisen.«[14] Dessen Exponate bildeten so gesehen die gewünschte Folie, anhand welcher die Weiterentwicklung des Wiener Secessionismus in die Augen springen mußte.

Den zweiten Saal – ein dritter wurde der Gruppe ja verwehrt – adaptierte Moser für Minnes berühmten Brunnen der »Fünf knienden Knaben« (1898). Aus finanziellen wie transportbedingten Ursachen wurde schon Anfang Juni in Betracht gezogen, die Brunnenbasis nach Zeichnungen Minnes erst in Wien in Gips gießen zu lassen. Ende Juni erwog man dann, nicht alle Figuren, sondern nur eine von Minne hergestellte Gußform nach Wien zu entsenden. Auf einer einem Brief beigefügten Zeichnung erläuterte der Bildhauer die Aufstellung des Brunnens und die Plazierung der Figuren mit entsprechenden Maßangaben. Moser schuf für den Brunnen einen runden, weißen Raum. Seinen hohen Sockel und die Wände schmückte ein Fries von versetzten Quadraten. Da es sich bei dem ausgestellten Brunnen um einen Gipsabdruck und nicht um das Original handelte, konnte Moser mit

K. Moser, 8. Secessionsausstellung 1900, Saal für die Arbeiten H. van de Veldes und für La Maison Moderne

seinem Arrangement unbefangener verfahren und den Brunnen in die Dekorierung integrieren. In den Diagonalachsen des Rundraumes ließ er vergoldete halbkreisförmige Wandnischen einsetzen, darin die anderen, kleineren Skulpturen Minnes plaziert waren.

Hoffmanns Raumgestaltung, die – außer der Vorhalle[15] und dem mittleren Saal – noch zwei Drittel des hinteren und den rechten Seitensaal umfaßte, repräsentierte in so hohem Maße das aktuelle Stilvorhaben, daß Ver Sacrum von ihr als dem »Hauptausstellungsobject«[16] sprach; eine Sentenz, die die zentrale Bedeutung, die Prärogative der Raumkunst innerhalb des Wiener Secessionismus bestätigt. Mehr noch: Der Secessionismus erfuhr als Moderne Raumkunst seine intensivste, am stärksten der Zusammenarbeit entspringende stilistische Reflexion und Manifestation.

Die Disposition des Grundrisses erlaubte einen direkten Vergleich mit dem der 5. Ausstellung, auf der Hoffmann ebenfalls viele Kabinette, Kojen und Nischen geschaffen hatte. Diesmal ließ er die Scherwände von vorne sowie von der rechten und linken Seite in den Hauptsaal ragen. Anstelle der vormals noch geschwungenen Raumteiler setzte er vertikal und horizontal gegliederte ein, die wie die übrigen Wände des Hauptsaales mit weißen Holzleisten gerahmt und von einer bläulichen Stoffbespannung, in die ein zartes Blatt- und Blütenmuster eingestreut war, überzogen wurden. Im vorde-

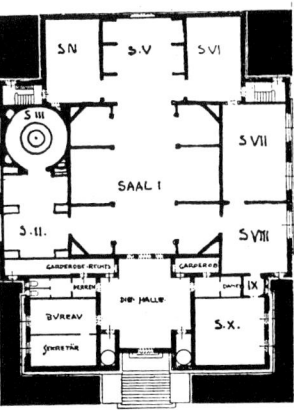

J. Hoffmann, 8. Secessionsausstellung 1900, Grundriß

K. Moser, 8. Secessionsausstellung 1900, Aufstellung des Brunnens der »Fünf knienden Knaben« von G. Minne (Saal 3)

ren Abschnitt hatte er die Trennwände lattenartig aufgelöst; sie kulminierten in einem hohen, bemalten Pfeiler mit flacher Abdeckplatte. Den oberen Wandabschnitt des Hauptsaales staffierte er mit einem einfarbigen, blaugrauen Stoff aus. Ein Fries von ovalen Elementen säumte die Bespannung knapp unterhalb der Decke. Der häufig praktizierten Art, Raumecken abzuschrägen und somit eine annähernd oktogonale Räumlichkeit zu erlangen, wurde Hoffmann auch diesmal gerecht, indem er die monumentalen, bis zur Decke ragenden Kartons Josef Mehoffers, Entwürfe für die Glasfenster der Kathedrale in Fribourg (Schweiz), in die Ecken plazierte. Obwohl der Krakauer Künstler in einer Skizze den Wunsch kundgetan hatte, die Kartons nebeneinander – »als große farbige Flä-

che«[17] – aufzustellen, respektierte Hoffmann seinen Vorschlag nicht; vielmehr bezog er sie nach seinem raumkünstlerischen Gutdünken in die Gestaltung der Ausstellung mit ein.

Wie auf der 5. Ausstellung, so war auch auf dieser der hintere Saal in einer Weise dreigeteilt, daß der sich ergebende Mittelraum den Hauptsaal erweiterte. Besagten mittleren Raum überdachte Hoffmann mit einer kajütenförmigen Holzkonstruktion, unter die er die Möbelkollektion Ashbees postierte. Das Holzdach, das in der Mitte von einem Oberlichtstreifen durchbrochen wurde, ruhte auf acht mit Querverstrebungen abgesicherten Pfeilern. Zwischen den Pfeilern und der seitlichen Wand schob Hoffmann wiederum Lattenwände ein. Gleich den anderen hatte auch Ashbee auf die Aufstellung seiner Exponate in einem eigenen Raum Wert gelegt und der Secession die Skizzen einer ihm gefälligen Plazierung gesandt.[10] Hoffmann versuchte, diesem Wunsch durch den Holzeinbau zu entsprechen. Weil aber nicht alle Möbel darunter Platz fanden, mußte er Ashbees Speisezimmer in einer seitlichen Nische und einen Kasten frei im Hauptraum aufstellen.

Den linken, hinteren Raum zur Seite der Kajüte überzog Hoffmann mit einem gerafften Stoff, den eine einfache Sockelbordüre zierte. Den Raum zur rechten Seite arrangierte Leopold Bauer, der erstmals als Arrangeur in Erscheinung trat. Er ließ die Wände mit gelbem Stoff, der in seinem oberen Bereich drei Reihen eines orangefarbenen Blütenmusters trug, überspannen. Sowohl diese Stoffverzierung wie auch die Türeinfassung mit den schräg in den Raum ragenden Latten, die in bemalte Scheiben ausliefen, erinnerten an frühere Arrangements der Secession. Obgleich sich Bauer in den folgenden Jahren dem Einfluß Hoffmanns nicht immer entziehen konnte, blieb er im Grunde ein »Veldianer«. Die fließenden, geschwungenen Formen, die etwa an der Türeinfassung wahrzunehmen waren, kennzeichneten auch seine Graphiken und Vignetten für Ver Sacrum.

Den rechten Seitensaal unterteilte Hoffmann ebenfalls, und zwar durch einen Lattenzaun, der einen breiten Durchgang aussparte. Die Wände des hinteren der beiden Räume wurden von einer Musterung sich überschneidender Blumen – mit dem von Moser in der »Quelle« publizierten Entwurf »Mondblume«[19] ident – geziert; den vorderen schmückten, gleichfalls bis zur Höhe des Lattenwerkes, stilisierte Schmetterlinge. Von diesem Saal, in dem u. a. ein Zeitschriftenkasten, zwei

J. Hoffmann, 8. Secessionsausstellung 1900, Blick vom Saal 5 gegen den Eingang

dem Ganzen eine Simplizität, die sich virtuos zu genießen scheint.«[20]

Man kann wohl sagen, daß sich die Secession im Sog Hoffmanns vom belgischen und französischen Art Nouveau entfernt hatte, andrerseits aber, daß sie sich der schottischen Stilgebung annäherte. Dies legt auch eine der zeitgenössischen Beschreibungen nahe, aus der hervorgeht, daß Hoffmann eine »Wandlung vom spielerisch erfundenen Möbel (1897 – 1899) zum Konstruktiven, in der Werkstatt aus Materialkenntnis und architektonischem Sinne Gewordenen«[21] vollzogen habe. Indessen läßt sich die Auffassung, Hoffmann habe erst unter dem Eindruck der Mackintosh-Gruppe seinen und damit den Stil der secessionistischen Arrangements geändert, kaum aufrecht erhalten;[22] ebenso gut könnte man supponieren, Hoffmann hätte auf die Kritik von Loos, Kraus u. a. reagiert... Eher trifft zu, daß der neue Stil das Ergebnis einer seit geraumer Zeit sich abzeichnenden Entwicklung war, die ihr Hauptmotiv in der Ablehnung der materialwidrigen Überformung hatte und darin durch Mackintosh Bestärkung erfuhr. Direkte Übernahmen des Glasgower Formenrepertoires lassen sich weniger bei Hoffmann als bei Moser feststellen. Insofern ist es ein Gebot der Fairneß, den Stil der Mackintosh-Gruppe nicht allein der vergleichenden Reduktion wegen anzuführen, als vielmehr zum Zweck der Beurteilung des in der Secession primär aus immanenten Gründen erfolgten Stilwandels. Der Wiener Jugendstil hatte im Kontext des europäischen Art Nouveau eine neue Position eingenommen. Und dies darzulegen, war ja auch die erklärte Absicht der Ausstellung.

Mit der 8. Secessionsausstellung gelangten Minne und die Mackintosh-Gruppe zum entscheidenden internationalen Durchbruch. Wenn Ser-

Stühle und Wandbehänge Wagners für seine Hütteldorfer Villa gezeigt wurden, konnte man nun direkt in das Ver-Sacrum-Zimmer treten, das die Mackintosh-Gruppe selbst arrangiert hatte.

Der ganz in Weiß gehaltene Raum, der bis zur Höhe des Durchgangs mit einer Holzverkleidung ausgeschlagen war, kontrastierte mit den schwarzen Möbeln, die aufgrund ihrer kubischen Formen gelegentlich mit den Koffermöbeln Hoffmanns verglichen worden sind. Charles Rennie Mackintosh hatte sie aus flachen Paneelen zusammengesetzt; der Eindruck einer auf Klarheit und Geschlossenheit bedachten Formgebung wurde auch durch die in die Holzverkleidung eingelassenen Schmuckplatten, die Silber- und Messingbeschläge und den übrigen Dekor nicht hintertrieben, sondern vielmehr konsolidiert. Mackintosh subordinierte die gekurvten Formen den geraden Flächen und beraubte sie so ihrer Dynamik. Hevesis Urteil: »Die Möbel sind schwarz, alles Holz ist glatt, dünn, eng, secessionistisches Brettl, mit einzelnen Gevierten von bunt losgehendem Ornament. In

vaes notieren konnte, daß »die Berührung mit dem künstlerischen Gewerbe« das »gesamte moderne Ausstellungswesen revolutioniert«[23] habe, so bestätigt er, daß die Ausstellung erreichte, was sie beweisen wollte: Daß nämlich der raumkünstlerische Purismus auch in der Exposition kunsthandwerklicher Dinge nicht versagt. So wurde die Ausstellung und die Durchsetzung des strengen, konstruktiven Stils für die Secession ein eminenter Erfolg. Noch einmal sei daran erinnert, wie energisch und z. T. kompromißlos Hoffmann die Entwürfe von La Maison Moderne und den Vorschlag Mehoffers zur Anordnung der Glasfensterkartons ignoriert und auf deren Kosten seine Vorstellungen realisiert hatte. Die Bewegung des gekurvten Stils zu seiner inneren, nicht minder gewollten Verkehrung, gleichsam dessen Antistil, war an ein vorläufiges, nunmehr zu variierendes Ziel gelangt, wenn etwa Ver Sacrum nach Ausstellungsschluß mit Genugtuung resümieren konnte, daß »die Secession den Leuten nicht mehr secessionistisch«[24] vorkomme. Man kann genauso gut sagen, daß der äußerliche Impetus, einen kohärenten Kunststil zu erzeugen, während der Phase der ästhetisierenden Überformung zwar glückte, sich dann aber, unter der nachhaltigen Plagiierung, sublimierte und dem »Willen des Material«[25] fügte: Die gewählte Distinktion beruhte nicht auf dem Einsatz neuer Techniken, im Gegenteil. Sie war Ausdruck eines nach rückwärts gewandten Bestrebens, das erstens jede materialwidrige technische Deformierung inhibieren wollte und zweitens all jene Künstler sanktionierte, die um der Exaltation willen gegen die vom Material bedingte, innere Schönheit »sündigten«. Was unter dem Terminus der Materialwidrigkeit so massiv zum Kriterium geriet, ist zu einem Gutteil die Aktualisierung des latent vorhandenen Antiindustrialismus; zu einem anderen ist es die Kontrastierung der fast hedonistisch ausschwingenden Stilgebärde der Anfangsjahre. Selbstkritisch erschienen darum eigene, frühere Raumgestaltungen – etwa der 4. Ausstellung – als »Fehler«. Hoffmann selbst hat entsprechend dieser zum Purismus führenden Maximen argumentiert: »Einesteils glauben oft die einzelnen Künstler (ohne ihrer wahrhaften Begabung nahetreten zu wollen), Schule machen zu müssen, d. h. insofern, als sie ihre persönliche Ausdrucksweise, nicht aber die ewigen Gesetze der Schönheit, die unbewusst in jedem Kunstwerke liegen, als nachahmenswert erachten; andernteils sind die meisten bemüht, sich in irgend eine Richtung einzuzwängen. Ich meine, dass man

vor allem den jeweiligen Zweck und das Material berücksichtigen sollte. Der Sinn für gute Verhältnisse und der angeborene Takt bei der Wahl der Mittel werden von selbst den Wert ausmachen. Fehler sind unvermeidlich, wir wollen schon froh sein, wenn wir uns angewöhnt haben, unbedingt ehrlich zu denken. Auch die vielen technischen Fehler wollen wir vermeiden. Man nimmt nicht Rücksicht auf die gerade Faserung der Holzes und macht Curven über Curven, die sich bei Möbeln selten mit den nötigen geraden Flächen verbinden lassen, und vergisst, dass man für jeden gebogenen Constructionsteil in den Wald gehen müsste, um den richtig gekrümmten Ast zu suchen, wie der Bauer, der seinen Pflug oder Schlitten baut.«[26] Wenn die Stilisierung keines äußerlichen rhetorischen Überzeugungsaufwandes mehr bedurfte, sondern gleichsam der Innervation einer Logik des Materials, dann mußten die Arrangements materialgerechter, die Stilisierung aber unangreifbarer, selbst moralisierend geraten.

WANDFELD UND ABSTRAKTE ORNAMENTIERUNG

Die kommenden Arrangements setzten den Weg der Vereinfachung, der Reduktion der Überformung sowie den des partiellen Verzichts auf jegliches Zierornament fort. Anstelle der Trägerkonstruktionen präformierten orthogonale Flächen und Körper die Arrangements. Zumal die Wandfläche als zu gestaltender Ort der Hängung von Bildern gewann an Bedeutung: Die Moderne Raumkunst entwickelte, gegenteilig zum antiquierten Galerietyp, einen eigenen. Und es war nur scheinbar paradox, daß die Entwicklung einer raumkünstlerischen Hängung in Abhängigkeit zu der um diese Zeit forcierten Tendenz zum Gesamtkunstwerk passierte.

In der Generalversammlung vom 2. 5. 1900 wurde das Ausstellungsprogramm für die Periode 1900/1901 festgelegt. Für die Winterausstellung, die *9. Secessionsausstellung (13. 1. – 28. 2. 1901)*, hatte die Vereinigung französische, spanische und deutsche Künstler eingeladen. Außerdem sollte in das Arrangement der »Meisterwerke des Auslandes« eine Giovanni-Segantini-Gedächtnisschau integriert werden. Binnen zwei Wochen adaptierte Roller, der nach der Installation eines Raumes auf der Jubiläumsausstellung 1898 nun zum zweiten

Mal als Arrangeur in Erscheinung trat, die Räume der Secession. Die Bilder des am 29. 9. 1899 verstorbenen Segantini – er war korrespondierendes Mitglied der Secession gewesen – bestimmten die Gestaltung des Hauptsaales in formaler und inhaltlicher Hinsicht. Roller griff die Form des oktogonalen Zentralbaues auf, der in der Geschichte der Architektur dafür bekannt ist, daß er dem Memorialbau eng verbunden ist. Hevesi wußte sich darum zu Recht an eine »frühchristliche Kapelle, die man dem Andenken eines großen Toten geweiht hat«[27], erinnert. Zweifel an der sepulkralen Intention des Arrangements mußten sich erübrigen, wenn man der »Reliquien«[28] Segantinis ansichtig geworden war, die, gleich einem Testament an die Secession, in einer Nische des hinteren, quergelagerten Saales zur Schau gestellt wurden.

Die andächtige Stimmung des Hauptraumes entstammte nicht einer prunkvollen, monumentalen Inszenierung, sondern dem Verzicht auf jegliches Ornament, der unaufdringlichen Farbwahl und einer anmutigen, unprätentiösen Einfachheit. Roller faßte den oktogonalen Raum durch geraffte Stoffe, die Licht und Schatten zu vertikalen Streifen bündelten, zeltartig zusammen. Einen Tempel für seine Werke zu erbauen, hatte Segantini selbst einmal geplant. Er wollte mit der – letztlich unzureichenden – finanziellen Unterstützung der Engadiner Hoteliers auf der Pariser Weltausstellung einen Rundbau von ca. 100 m Höhe und 85 m Durchmesser errichten lassen. Einen Teil der Wandfläche, immerhin 4.400 m², beabsichtigte er mit einem riesigen Alpenpanorama zu bemalen, in das u. a. ein Wasserfall integriert werden sollte. Damit gedachte er zu demonstrieren, wie mit »allen Mitteln der Technik der Übergang vom Natürlichen ins Künstlerische vollzogen«[29] werden

könne. Als Residuum dieses Projektes entstand 1897 das Triptychon »Werden-Sein-Vergehen«, das nun der Secession zu exponieren vorbehalten war. Roller plazierte das Monumentalwerk in der schon bewährten Art im hinteren Saal, sodaß aufgrund der breiten Saalöffnung bereits die eintretenden Besucher seiner gewahr wurden. Das mittlere Bild des Triptychons, ein Sonnenuntergang, bildete den allegorischen Gehalt, dessen das Publikum nach dem Durchschreiten des Andachtsraumes inne wurde. Dem Bild der natürlichen, kreislaufmäßigen Vergänglichkeit kontrastierte Roller die historische, existenzielle Hinfälligkeit. Nahe dem Eingang, sodaß sie einem den »Weg verstellten«,[30] plazierte er die von ihrem Schicksal ergriffenen »Bürger von Calais«. Die Durchgänge zum hinteren Saal und zu den Seitensälen wurden von anderen Skulpturen Auguste Rodins, der »Eva«, dem »Mann aus dem ehernen Zeitalter«, dem »Kopf des Balzac« etc. flankiert. Die raumkünstlerisch verdichtete Beziehung zwischen Skulptur, Gemälde und Dekor, hier dem Andenken des verstorbenen Künstlers gewidmet, gewährt einen ersten Einblick in die offene Frage, wie ein Arrangement thematisch zu gestalten sei.

Von den anderen Seitensälen ist der Raum 5, der durch die Abteilung des rechten Seitensaales entstand, unter demselben Aspekt von Interesse. Roller adaptierte den Saal im Hinblick auf den 1883/1884 für das Vestibül der Steglitzer Villa

A. Roller, 9. Secessionsausstellung 1901, Blick vom Hauptsaal in den Saal 3 mit G. Segantinis Triptychon »Werden-Sein-Vergehen«

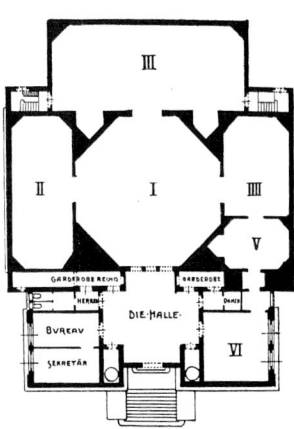

A. Roller, 9. Secessionsausstellung 1901, Grundriß

A. Roller, 9. Secessionsausstellung 1901, Hauptsaal mit den Skulpturen A. Rodins

hielten sie eigene Nischenräume; die Gemälde indessen durften die oberen Wandteile für sich reklamieren. Wenn ein Rezensent der Hildesheimer Klinger-Ausstellung betonte, für wie »wichtig Klinger selbst das ›Ganze‹ nahm«, weil er es noch zweimal, 1902 und 1912, auf Ausstellungen zusammen »gebracht habe – so gut das ging«, so dürfte seiner Aufmerksamkeit das von der Secession etwas anders arrangierte Raumkunstwerk als Vergleichsbeispiel entgangen sein.[33]

Auffallend modern wirkte im Klinger-Raum die Bodengestaltung. Ausgehend von der runden Basis des Sockels der Frauenbüste, die in der Nische plaziert war, entwickelte Roller einen aus unregelmäßigen blauen, grünen und weißen Filzstücken zusammengesetzten Belag, dessen bei aller Asymmetrie spannendes, rhythmisches Muster sich in einer Halbkreisfläche auch um die Nische erstreckte. Die unregelmäßige Teppichapplikation erfreute sich einiger Aufmerksamkeit, weil sie aus »plasmatischen, jedoch abstrakten Formen« konfiguriert war, die als eine Vorwegnahme »der verfremdenden Gestalt späterer Kunstübung«[34] angesehen werden konnten. Roller überwand damals die formale Geometrisierung und komponierte freie, farblich stark akzentuierte Flächen. Wenn Otto Antonia Graf den Fassadenentwurf eines Miethauses von Hans Schlechta (1900), aufgrund analoger Gestaltungselemente, für die Antizipation abstrakter Flächenkompositionen geltend macht, so müßte dieselbe Vorbildwirkung ungleich stärker für Rollers Belag in Betracht gezogen werden, da dieser lediglich eine freie Assoziation konkreter Formen darstellte und nicht, wie die Fassade Schlechtas, ein denaturiertes Motiv – das von Wolken – zu erkennen gab. Es ist nicht unwesentlich, sondern bezeichnend, daß Roller seinen Belag im Hinblick auf das von Klinger geforderte Gesamtkunstwerk entwickelte. Eingedenk dieses (dekorativen) Zusammenhanges werden sich auch die geometrischen Reliefs der 14. Ausstellung nicht als so singulär erweisen, wie gelegentlich betont wird, daß sie es wären. Insgesamt bewies diese wie die vorangegangene Ausstellung, daß die Secessionisten die anfangs eingesetzte Überformung überwunden, den willkürlichen Ästhetizismus aber etwas sublimiert hatten.

Albers geschaffenen Bilderzyklus Klingers, vier hochformatigen Landschaftsbildern und einem aus zehn Einzelteilen bestehenden Meeresfries. Abgeschrägte weiße Wände und eine gegenüber dem Fenster angebrachte, polygonale Nische konstituierten den Raum. Damit gedachte er eine Aufgabe zu lösen, die entstand, weil Klinger in dem besagten Vestibül den Bilderzyklus in einer Weise zur Architektur und zu zwei weiblichen Skulpturen in Beziehung gesetzt haben wollte, daß »zum erstenmal seine Vorstellung von einem ›Gesamtkunstwerk‹«[31] verwirklicht werde. Ohne einfach nur die bewährte Aufstellung von 1883 zu rekonstruieren, wie dies die Klinger-Ausstellung im Sommer 1984 in Hildesheim unternahm, versuchte Roller mit einfachen Mitteln, besonders mit dem der Einbindung der Bilder in ein strenges Dekorationssystem, dem Ruf der ehemaligen (bis 1889 bestanden habenden) Ausstellung und ihrer Wirkung gerecht zu werden. Er ließ den Bilderzyklus sowie ein kleines Ledarelief in der von Mackintosh her bekannten Art eines »fortlaufenden Paspartouts«[32] in die Wandverkleidung ein. In der schmalen polygonalen Nische plazierte er die polychrome Büste des »Frl. Assenjeff«, ihr gegenüber die später von Karl Wittgenstein angekaufte Skulptur der »Kauernden«. Da keine der Skulpturen dominant war, er-

Das Programm der *10. Secessionsausstellung (15. 3. – 12. 5. 1901),* ausschließlich Arbeiten österreichischer Künstler gewidmet, war, wie das der 8. und 9., schon am 2. 5. 1900 festgelegt worden. Auf das Hauptexponat, Klimts »Medizin«, wurden sowohl die Einladungen wie auch der Katalog abgestimmt; beide trugen das 1897 von Klimt entworfene Signet der Wiener Secession. Aus Anlaß des Jubiläums der 10. Ausstellung präsentierten die Secessionisten im Katalog photographische Reproduktionen früherer Arrangements. Sie, die einmal vorgegeben hatten, jeglicher Tradition abhold zu sein, gefielen sich fast von Anbeginn darin, selbst Tradition auszubilden – nicht nur durch zitathaftes Requisit.

Die Innenraumgestaltung teilten sich drei Künstler: Plečnik übernahm das Arrangement des quergelagerten Eingangskorridors sowie das des linken Seitensaales; Moser gestaltete den Hauptsaal, in dem Klimts »Medizin« ausgestellt wurde, Bauer den rechten Seitensaal und das Ver-Sacrum-Zimmer. Die von Moser gewählte Präsentation des Deckengemäldes bestimmte die Raumgestaltung in einer Weise, die von den Inszenierungen der Hauptwerke vergangener Ausstellungen erheblich abwich. Er führte den Besucher nicht in die Unmittelbarkeit des im mittleren oder hinteren Saal präsentierten zentralen Werkes, sondern zunächst in die Seitensäle beiderseits des quergelagerten Korridorraumes, von diesen in den hinteren Saal, wo sie das Gemälde an der Rückseite des Korridors wahrnahmen. Die Raumfolge geleitete gleichfalls zu einem Höhepunkt, aber in einer zu den vorangegangenen Ausstellungen ungleich differenzierteren, weil nicht von Anfang oder frontal ergreifenden, Inszenierung. Moser hatte es nicht gescheut, die feststehenden Stützen der Seitensäle – wie schon auf der 6. Ausstellung – freizulegen und die Seitenwände so weit gegen den Hauptsaal hin vorzuziehen, daß nur ein schmaler, verengter Durchlaß zum hinteren Raum blieb. Dieser verschmolz mit dem sich ergebenden Mittelraum zu einem langen Saal, weil die Seitenwände direkt an die Rückwand des Korridors anschlossen. In dem von den Seitenwänden und der genannten Rückwand gebildeten Saalabschnitt wurden nur die Gemälde Klimts exponiert, die »Medizin« in einem wahrscheinlich vergoldeten Holzpanneau. An der oberen Wandecke ließ Moser beiderseits des Gemäldes weiße, mit Leisten versetzte Rahmen einfügen, die im Hauptsaal von rein dekorativer Bedeutung waren, an der Rückseite hingegen, also im Korridor, von

K. Moser, 10. Secessionsausstellung 1901, Klimtsaal, Saal 3

einer funktionalen, indem durch sie der halb dunkle, ohnedies künstlich beleuchtete Gang mit etwas zusätzlichem Licht versorgt wurde.

Den Korridorraum schlug Plečnik mit einfachen, gerafften Stoffen aus. Durch eine der niedrigen, von den Skulpturen des Krakauers Boleslaw Biegas flankierten Durchgangsöffnungen betraten die Besucher den linken Seitensaal, der aufgrund der Wandversetzung um eine rechteckige Nische erweitert worden war. Die Stützen ließ Plečnik mit einem hellen Stoff überziehen. Den einzigen dekorativen Schmuck bildete eine Wandbordüre von

J. Plečnik, 10. Secessionsausstellung 1901, linker Seitensaal

59

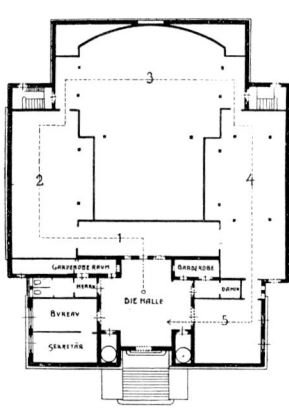

K. Moser, 10. Secessionsausstellung 1901, Saal 3, Porträtgalerie

L. Bauer, 10. Secessionsausstellung 1901, Saal 4 mit dem »Wanderer« von R. Luksch

K. Moser, 10. Secessionsausstellung 1901, Grundriß

filigranen Kristallblüten, die den ganzen Raum umsäumte. Hatte das Publikum durch eine schmale Tür einen kleinen, dunklen Zwischenraum durchquert, so wurde es des apsidialen hinteren Traktes sowie des hellen und weitläufigen Hauptsaales gewahr. Neben die hohen Durchgangsöffnungen der beiderseitigen dunklen Verbindungsräume plazierte Moser rechteckige Felder und darüber große Holzrahmen, die er mit gerafften Stoffen überspannte. In dem gegenüber dem Panneau befindlichen Teil des hinteren Saales hatte er eine konkav geschwungene Wand eingefügt, an der großformatige, einheitlich gerahmte Portraits verschiedener Künstler hingen. Jedem Bild kam, wie bei Hoffmann auf der Pariser Weltausstellung, ein separates Wandfeld zu, das mit Holzplatten eingefaßt und mit einfarbigem Stoff bespannt war. Sowohl diesen wie auch den Klimt gewidmeten Abschnitt des Hauptsaales kleidete eine punktierte Stoffbespannung. Die Herausbildung des Wandfeldes fusionierte zwei Postulate: Erstens sollte jedem Werk eine eigene, ungestörte Anschauung zukommen, zweitens aber mußte eine Präsentationsform gefunden werden, die nicht verschwenderisch verfuhr, sondern erlaubte, mehrere Bilder pro Wand(teil) zu exponieren. Als erweiterter Rahmen umgrenzte es ein Bild, zugleich aber wurde diesem die Kolorierung oder Dekorierung der separaten Fläche vorteilhaft zuteil. Das durch Leisten geschlossene Wandfeld bildete eine überdauernde

raumkünstlerische Synthese, die auch in kleineren, etwa privaten Interieurs ihre Tauglichkeit unter Beweis stellte.[35]

Den rechten Seitensaal unterteilte Bauer durch seitlich eingeschobene Wände in drei Raumeinheiten. Der Fußboden dieses Saales mußte aufgrund der Gewichtsbelastung, die durch die hier aufgestellte Großplastik Richard Lukschs entstand, gepölzt werden. Bauer verband jeweils die zwei seitlich eingeschobenen Trennwände mit einem großen Holzgitter, das in seinem oberen Abschnitt von einem in eine Quadratform schematisierten Rosettenmuster überzogen wurde. Die Wandbespannung zierten langstielige Pflanzen, Gräser oder Ähren, alle mit geschwungenen Linien zu Büscheln gerafft. Offensichtlich bezog Bauer die Ornamentierung auf die von Luksch gegebene Interpretation der Figur des Wanderers, »der als Hirt dargestellt« war.[36] Daß in der dekorativen Gestaltung Assoziationen zum dominanten Ausstellungsstück zum Ausdruck gelangten, ist offensichtlich. Wie auf der vorangegangenen Ausstellung waren auch hier die Räume zwar formal aufeinander abgestimmt, inhaltlich aber blieben sie für sich. Dennoch ist zu erahnen, was die konstruktive Herausforderung gewesen sein mußte: Nicht jeweils einzelne Räume, sondern das ganze Arrangement formal und inhaltlich unter ein Thema zu stellen und entsprechend verdichtet zu gestalten. Mosers raffinierte Inszenierung schien für solch eine Aufgabe wie geschaffen.

Klimts »Medizin« übte, wie im Jahr zuvor die »Philosophie«, nicht »als Kunstwerk«, sondern als »Sensation (...) eine außerordentliche Anziehungskraft auf das Publikum aus«.[37] Die Agitation gegen Klimts zweites Deckengemälde wurde in noch stärkerem Ausmaß, als dies 1900 bei der »Philosophie« der Fall gewesen war, betrieben und, sehr zum Leidwesen Hartels, in eine politische Ebene transferiert. Am 21. 3. 1901 war die »Medizin« Gegenstand einer Interpellation im Abgeordnetenhaus. In dem Zusammenhang ist zu erwähnen, daß es zu einer kurzfristigen Konfiskation des 6. Heftes von Ver Sacrum (1901) kam, das zur Ausstellungseröffnung erschienen war. Klimt hatte darin Bewegungsstudien zur »Medizin«, u. a. die Skizze einer nackten, schwangeren Frau, publiziert.

Die *11. Secessionsausstellung (18. 5. – 23. 6. 1901)* griff zum erstenmal den Gedanken einer geschlossenen Kollektion, die den Werken Johann Victor Krämers galt, auf. Die Möglichkeit, Einzelausstellungen abzuhalten, war statutengemäß verankert[38] und auch innerhalb einiger Ver-Sacrum-Hefte praktiziert worden.[39] Von der Ausstellung, in der Krämer seine Reiseskizzen aus Ägypten und Palästina (1898 – 1900) zeigte, haben sich keine Abbildungen erhalten. Das Arrangement wurde vom Künstler selbst – unter der Mithilfe von Bacher, Moser und Ernst Stöhr, auf den auch die Initiative zum Zustandekommen der Ausstellung zurückging – zusammengestellt und installiert. Einzelausstellungen unterlagen nicht der gewöhnlichen Jury; ihr Arrangement konnte vom Aussteller selbst besorgt werden. Ob eine völlig neue Raumgestaltung oder Neudekoration durchgeführt wurde, ist unbekannt, aber schon aus dem Grund unwahrscheinlich, weil es davon weder Berichte noch Photographien gibt. Der im Katalog abgedruckte Grundriß variierte den der vorangegangenen, sechs Tage zuvor geschlossenen Ausstellung kaum, nur den ehemaligen Korridor hatte man in einen zusätzlichen Vorraum umfunktioniert. Indem die Zugänge zu den einst vom Korridor aus betretbaren Seitensälen geschlossen und in die Wand, an deren Rückseite zuvor Klimts »Medizin« gehangen hatte, eine Tür eingesetzt wurde, gelangten die Besucher nun wiederum direkt vom Vorraum in den Hauptsaal und von diesem in die beiden Seitensäle. Wollte man die Analogie der Modernen Raumkunst mit den reproduzierenden, darstellenden Künsten strapazieren, so müßte man sagen, daß hier kein Künstler »aufgeführt« worden war; vielmehr handelte es sich um eine Repertoiregestaltung zu dessen Gunsten.

DIE ADAPTIERUNG DER ZEDLITZHALLE

Nach den ersten beiden erfolgreichen Ausstellungen im Künstlerhaus und einer Provinztournee verweigerte die Künstlergenossenschaft dem Hagenbund das erbetene Sonderrecht auf die Zuweisung bestimmter Räume. Das gab den Anlaß für den am 29. 11. 1900 erfolgten Austritt des Hagenbundes aus der Genossenschaft. Die Ursachen indessen lagen weiter zurück, resultierten sowohl aus den schwelenden künstlerischen Divergenzen wie aus persönlichen Ressentiments. So wurde Urban vom Architektenclub beschuldigt, »als Arrangeur der österreichischen Architekturabteilung auf der Pariser Weltausstellung (...) die Werke einiger Mitglieder der Künstlergenossenschaft in ganz unmöglicher Höhe plaziert zu haben, während er seinen eigenen architektonischen Kartons die schönste Hauptfläche des Saales«[40] zugewiesen habe. Nach dem Austritt konstituierte sich der Club als Verein und trat noch im Jänner 1901 mit einer Ausstellung in der Galerie Miethke an die Öffentlichkeit.

Wie 1897 die Secession, so richtete nunmehr der Hagenbund all seine Kräfte auf die Erlangung eines eigenen Ausstellungsgebäudes. In der Gemeinderatssitzung vom 2. 4. 1901 wurde dem »Ansuchen des Vereins um mietweise Überlassung« – zunächst einmal auf drei Jahre – »eines Teiles der Detailmarkthalle in der Zedlitzgasse«[41] zugestimmt. Die verlangten Adaptierungspläne legte Urban am 1. 8. 1901 vor; die Bauarbeiten begannen noch im Herbst 1901 und waren am 28. 1. 1902, dem Zeitpunkt der 1. Ausstellung in der Zedlitzhalle, abgeschlossen.

Zwischenzeitlich beteiligten sich die Secession und der Hagenbund an der *8. Internationalen Kunstausstellung im Münchner Glaspalast (1. 6. – 31. 10. 1901)*. Von Interesse ist nur, inwieweit die Arrangements der beiden Vereinigungen differierten. Der Saal der Secession, der sich im Zentrum des Ausstellungsgebäudes befand, war nach Rücksprache mit dem damaligen Arbeitsausschuß von Auchentaller arrangiert worden; finanziell wurde die Ausstellung vom Unterrichtsministerium unterstützt. Auchentaller gruppierte um das Hauptbild, Klimts »Medizin«, 20 Ölbilder, sieben Plastiken und 14 Radierungen, die durchwegs ebenso auf der 10. Ausstellung gezeigt worden waren wie das vergoldete Holzpanneau des Klimt-Gemäldes. Das Remake gelang zur Zufriedenheit des Arrangeurs:

J. M. Auchentaller, 8. Internationale Kunstausstellung, München 1901, Saal der Secession

»Unser Raum ist elegant, einfach, sehr hell und gefällt.«[42]

In dem der Secession benachbarten Saal hatte Urban die Raumgestaltung für den Hagenbund übernommen, der nur teilnehmen konnte, weil ihn ein unbekannter Mäzen unterstützte. Er präsentierte die Bilder in lockeren Abständen auf einem einfarbigen Stoffhintergrund. Um eine in der Raummitte stehende breite Säule, an der sowohl kleine Bilder hingen wie auch Stellflächen, gruppierte er vier Stühle, die ob ihrer einheitlichen Verbindung von Stuhlbein und Lehne stark an Entwürfe Robert Oerleys erinnerten. Selbst Urban,

J. Urban, 8. Internationale Kunstausstellung, München 1901, Saal des Hagenbundes

dem ein nicht zu unterschätzendes mimetisches Talent zu eigen war, hatte die secessionistisch nachempfundene Raumgestaltung hinter sich gelassen und ging nun einfachen Raumgestaltungen nach. Obzwar auf dieser Münchner Ausstellung die Unterschiede nicht allzu krass hervortraten, wahrscheinlich auch, weil auf seiten der Secession nicht der ungleich kompromißlosere Hoffmann arrangiert hatte, so war die Aufnahme doch eine kontroversielle, zumal was die Beurteilung der Räume des Hagenbundes durch die Secessionisten betrifft. Auchentallers parteiischer Kommentar: »Der Hagenbund hat sehr viel spendiert und hat gar keine Wirkung erzielt. Die Bilder und Plastiken sind wie Kraut und Rüben.«[43]

Da der Hagenbund kein von Grund auf neues Ausstellungsgebäude errichten konnte, mußte Urban, der die Planungsarbeiten übernommen hatte, auf die vorhandene Bausubstanz der Markthalle, einer von 1870 stammenden Stahl-Glas-Konstruktion, Rücksicht nehmen. Seine Aufgabe bestand vornehmlich darin, die Ausstellungsräume von der Markthalle abzugrenzen, eine den raumkünstlerischen Ansprüchen genügende Lösung der Innenarchitektonik sowie eine anziehende Fassadengestaltung zu finden.

Während er für die Fassade verschiedene Varianten durchspielte, war die Frage der Innenraumgestaltung von Anfang an geklärt. Er griff die Idee der flexiblen Innenraumaufteilung auf und machte sie zum Prinzip seiner Raumgestaltung. Wie Olbrich konzentrierte er die Verwaltungsräume im vorderen Trakt zu seiten der zentralen Vorhalle; an dieses Foyer schloß die große ungegliederte Ausstellungshalle im Ausmaß von 27 × 20 m an, die sowohl durch die Fenster wie durch ein doppeltes Glasdach erhellt wurde. Die innenarchitektonische Lösung fand allgemeine Wertschätzung; ja, sie erschien in einer Hinsicht der Secession gegenüber von Vorteil zu sein: »Der Hagenbund hat sich hierin eine noch höhere Freiheit gesichert als die Secession, die an vier feste Grundpfeiler gebunden ist, welche dem wechselnden Spiel der Innen-Architektur bestimmte Grenzen stecken.«[44] Die mit Stukkatur verputzten Rohrwände, die, je nach Arrangement, eingezogen werden konnten, waren an vier – in einem Abstand von 5,69 m an den Längsseiten der Halle angebrachten – Eisenriegeln zu befestigen.

In der Zeitschrift »Der Architekt« wurden 1902 zwei Skizzen Urbans zur Fassadengestaltung der

Zedlitzhalle (1901) publiziert, die, wie der ausgeführte Bau selbst, Zusammenhänge mit Olbrichs Secession bzw. einem der Vorentwürfe zu erkennen geben. Beim ersten Entwurf der Fassade spekulierte Urban mit einer zentralen, runden Vorhalle, die gleich einem Zylinder den gesamten Baukörper durchstieß, über die flach gedeckten seitlichen Baukuben hinausragte und sich im Eingangsbereich vorwölbte. Zwischen den massiven kompakten Seitenblöcken spannte er ein weit über den Eingang vorkragendes gebogenes Marquisendach. Die originelle Fassadengestaltung mit der einfarbigen,

nach außen hin verschlossenen Front wäre wahrscheinlich anziehender gewesen als die schließlich ausgeführte, die allzu sehr vom secessionistischen Formzitat lebte. Im zweiten Entwurf griff Urban eindeutig auf Olbrichs Wollzeile-Projekt zurück. Vor allem übernahm er die Fassadendisposition. Zwei monumentale, aus dem Mauerverband hervortretende Pylonen sparten zwischen sich eine ebenso hohe wie tief nach innen gezogene Eingangsnische aus. Gleich der Secession schlossen an die Pylonen die Seitentrakte an. Möglicherweise wollte Urban mit dem Pylonenmotiv die vier Säulen der Eisenkonstruktion verkleiden; an der durchgeführten Fassade konnte man dies jedenfalls beobachten.

Bei den im Oktober 1901 begonnenen Bauarbeiten erprobte er für die Fassadenverkleidung ein neues Verfahren, indem er zwischen das Eisen-

skelett gegossene Zementplatten einfügte, die mit Perlmuttsplittern, rötlichem Marmor, Kaiserstein u. a. m. durchsetzt waren.[45] Die damit erzielte farbige Oberfläche wurde noch um das grün und gelb leuchtende, halbkreisförmige Gipsrelief (»Pallas Athene«) Heydas bereichert, das er über dem Eingang, den er durch ein weit vorkragendes, bronzenes Marquisendach überfing, plazierte. Die Pylonen trugen würfelförmige Aufsätze, die mit wellig geschwungenen Schutzdächern abschlossen. Als Schmuckelemente wählte Urban Rosetten, das Schachbrettmuster und die von ihm oft variierten girlandenartigen Bänder, die hier das Rundfenster der Fassade umzogen. Wiewohl es Zuckerkandl für sachlich richtig befand, daß der Architekt des Hagenbundes an die von der Secession erarbeiteten Prinzipien anknüpfte, kritisierte sie »die verschlechterte oberflächliche Nachahmung des Secessions-Ausstellungs-Decors« und meinte, der neue Künstlerbund hätte »ganz neue Varianten der Raumgestaltung finden können«.[46]

Auch bei der Gestaltung der quadratischen, 6 × 6 m großen Vorhalle griff Urban auf das Beispiel der Secession zurück. Im Eingangsbereich fügte er einen 3 m breiten, der Tiefe nach den Py-

J. Urban, Zedlitzhalle 1902,
Eingangsfront (oben)

J. Urban, Entwurf für das
Ausstellungsgebäude des
Hagenbundes, 1901 (links)

J. Urban, Entwurf für das
Ausstellungsgebäude des
Hagenbundes, 1901

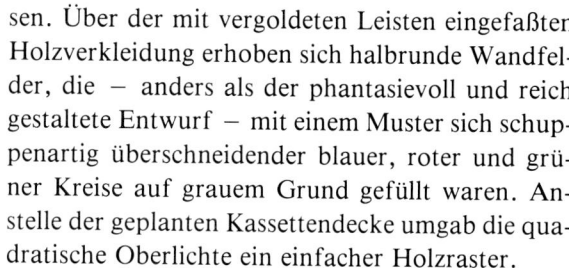

sen. Über der mit vergoldeten Leisten eingefaßten Holzverkleidung erhoben sich halbrunde Wandfelder, die – anders als der phantasievoll und reich gestaltete Entwurf – mit einem Muster sich schuppenartig überschneidender blauer, roter und grüner Kreise auf grauem Grund gefüllt waren. Anstelle der geplanten Kassettendecke umgab die quadratische Oberlichte ein einfacher Holzraster.

Der Umbau, der 180.603 Kronen[47] kostete, war aufgrund finanzieller Unterstützung »durch den Mitbegründer Freiherrn von Drasche, das Minsterium für Cultus und Unterricht, die Niederösterreichische Landesregierung und durch die Stadt Wien«[48] ermöglicht worden und gestattete dem Hagenbund zu einer Zeit, da die Secession den kurvenreichen Secessionismus bereits verabschiedet hatte, die raumkünstlerischen Erfahrungen nachzuholen und mit dem Ausstellungsbetrieb der Secession zu konkurrieren.

J. Urban, Zedlitzhalle 1902, Eckansicht

J. Urban, Zedlitzhalle, Eingangshalle, Entwurf (oben) und Ansicht, 1902 (rechts)

lonen korrespondierenden Saal ein, dem zwischen Vorhalle und Eingang zum Hauptsaal ein ebensolcher spiegelbildlich entsprach. Wie in der Vorhalle der Secession, so waren auch hier die in den Mauerverband der Fassade integrierten Pylonen im Inneren sichtbar und durch Bögen verbunden. Der untere Wandabschnitt der Halle wurde mit einer dunkelgrün gebeizten, reich intarsierten Holzverkleidung überzogen. Große Karomuster, welche die Türöffnung zum Büro und den Verwaltungsräumen markierten, wechselten mit langgezogenen Feldern, die ein stilisiertes blühendes Bäumchen wiedergaben. Die in die rechte Wand integrierten Öffnungen für Kassa und Garderobe waren, gleich dem in die Eingangstür gesetzten runden Fenster, mit facettierten, kleinen quadratischen Spiegelglastafeln ausgestaltet worden. In der Mitte der linken Holzvertäfelung baute Urban eine Pendeluhr ein, die langgezogene, girlandenartige Bänder umflos-

64

V
DAS ARRANGEMENT ALS GESAMTKUNSTWERK, 1902

Nachdem die Wiener Vereinigung aus dem Vergleich mit den schottischen und belgischen Künstlern gut, d. h. gestärkten Selbstvertrauens, hervorgegangen war, reifte unter ihren Mitgliedern der Entschluß, »die gewohnten wiederkehrenden Bilderausstellungen durch eine Veranstaltung anderer Art zu unterbrechen«. Ihrer eigenen Diktion zufolge hatten die bisherigen Arrangements den »Ausstellungen eine einheitliche Verbindung gegeben, fremdartige Teile harmonisch zusammengeschlossen und dadurch das Ausstellungswesen künstlerisch und im modernen Sinne möglich gemacht«; nun allerdings sollte »die Art gänzlich verändert werden«.[1] Die beabsichtigte Veränderung bezog sich demnach auf die inhärente Möglichkeit, daß die Moderne Raumkunst einen qualitativen Sprung tun und zu sich selbst kommen werde; oder, wie die Secessionisten programmatisch in Rede stellten: »Ein einheitlicher Raum sollte vorerst geschaffen werden und Malerei und Bildhauerei diesen im Dienste der Raumidee dann schmücken.«[2] Um solchen raumkünstlerischen Intentionen gerecht werden zu können, waren umfangreiche organisatorische Vorarbeiten vonnöten und ein Leitmotiv.

BEISPIELE RAUMKÜNSTLERISCHER IMPROVISATION

Am 23. 5. 1901 war unter der Präsidentschaft Rollers das Programm der Ausstellungsperiode 1901/1902 festgelegt worden. Die Ausstellung »anderer Art« sollte noch im Herbst 1901 stattfinden. Zur Idee oder zum Leitmotiv erkor die Vereinigung Max Klingers Beethoven-Skulptur, die, so ihre Erwartung, dem »Unternehmen Weihe und das bindende Element geben«[3] werde. Für Klinger sprach auch, daß er sich mit der Raumkunst auseinandergesetzt hatte und die Zusammenarbeit zwischen ihm und der Vereinigung mehrmals, so auf der 3. und 9. Secessionsausstellung, erfolgreich gewesen war.

Bauarbeiten für die 14. Secessionsausstellung 1902, linker Seitensaal. Blick auf die Treppenanlage. Die obere freie Putzfläche ist für G. Klimts Beethoven-Fries vorgesehen

Noch im Sommer 1901 wurden die ersten Vorarbeiten veranlaßt und Renovierungen durchgeführt. Letztere betrafen hauptsächlich die Vorhalle, die es auf den jüngsten Purismus abzustimmen galt. Entfernt wurden die floralen Stuckreliefs und die geschwungene Bodenlinie im Böhm-Relief. Die Bogenlaibungen ließ Hoffmann mit einem straffen Liniennetz unterlegen, die unteren Wandflächen einheitlich vergolden; weiters veranlaßte er die Aufstellung einer neuen Kassa in Weiß und Gold.[4] Im Herbst war die Ausstellung so weit gediehen, daß die Secession zu ihrer endgültigen Gestaltung nur noch auf das Eintreffen der Skulptur zu warten brauchte.

Ver Sacrum machte mit der Verwendung typographischen Buchschmucks schon in den Septemberheften 1901 (H. 18, H. 19) auf die Novität aufmerksam. Anfang November aber sah sich die Vereinigung plötzlich gezwungen, die Verschiebung der Ausstellung bekannt zu geben. Klinger wollte an der Skulptur noch arbeiten.[5] Nun lag es an den Secessionisten, ihr raumkünstlerisches Improvisationsgeschick unter Beweis zu stellen und sich durch eine, wie Hevesi schrieb, »Stegreifausstellung« aus der Affäre zu ziehen. Obwohl Hoffmanns Innenarchitektur fertig und Rollers Entwürfe des Kataloges, des Plakates und der Einladungen knapp vor der Drucklegung standen, zogen sie einem verzögerungsbedingten untätigen Zuwarten, dem die öffentliche Meinung kaum mit Verständnis begegnet wäre, zu einem geringeren Teil vielleicht auch mit Schadenfreude, die ursprünglich erst für die Wintermonate geplante »Nordische Ausstellung« vor.

Auf dieser, der *12. Secessionsausstellung (21. 11. 1901 – 8. 1. 1902),* wurden, neben Bildern Jan Toorops und Ferdinand Hodlers, die Gemälde skandinavischer, russischer und finnischer Künstler exponiert. Als Ausstellungsplakat modifizierte Roller einen für die Beethoven-Ausstellung vorgesehenen Plakatentwurf. Dessen Motiv, einen stilisierten Vogel, hatte er aus seinem für die Beethoven-Ausstellung konzipierten Wandbild »Die Sinkende Nacht« isoliert. Rollers Flexibilität stand Hoffmanns Geschick im Verbergen vorhandener Architektur nicht nach. Er ließ für die eingeschobene Ausstellung neue, mit weißem Stoff bespannte Wände einziehen. Die Tonnenwölbung verdeckte er durch ein zeltartiges Velum. Klarerweise bedingte diese Prozedur eine Verengung der Räumlichkeiten.[6]

J. Hoffmann, 12. Secessionsausstellung 1901, linker Seitensaal, Blick gegen die verdeckte Treppenanlage

J. Hoffmann, 12. Secessionsausstellung 1902, Mittelsaal

Auf der Wand gegenüber dem Eingang plazierte er Hodlers Bild »Der Auserwählte«, das die Attraktion der 8. Internationalen Kunstausstellung in München gewesen war. Moll hatte es, wie die Bilder der schwedischen Künstler, noch während der Münchner Ausstellung für die Secession erbeten. War ursprünglich beabsichtigt, die schwedischen Bilder auf der erst für den Winter geplanten Nordischen Ausstellung zu zeigen, so sollte »Der Auserwählte« schon im Herbst, d. h. auf der Beethoven-Ausstellung, präsentiert werden. Da die Vereinigung Hodlers Gemälde für den Herbst reserviert hatte, die Beethoven-Ausstellung aber nicht zu-

stande kam, verleibten sie es kurzerhand der vorgezogenen Nordischen Ausstellung als Hauptbild ein.

Den Mittelsaal erreichten die Besucher nicht direkt vom Vorraum aus, sondern über den Weg durch die Seitensäle, zu denen ein neu installierter Korridor geleitete. Die in den Seitensälen bereits applizierten Friese von Klimt, Auchentaller und Ferdinand Andri sowie die in den Mittelsaal führenden Treppenanlagen mußten durch Vorhänge kaschiert werden. Beiderseits der Treppen entstanden deshalb Nischenräume mit einer weit herabgezogenen Oberlichtbespannung. Im linken Saal, in dem die von List und Bacher – auf einer dreiwöchigen Reise nach St. Petersburg – gesammelten russischen Bilder zur Exposition gelangten, befanden sich unterhalb des Landschaftsfrieses von Constantin Korowin kubische Elemente, die als Stellflächen für die kunstgewerblichen Objekte dienten. Der rechte Seitensaal, den finnischen Künstlern gewidmet, präsentierte sich als einfacher Galerieraum ohne jegliche Zierornamente. Über dem Eingang zum Ver-Sacrum-Zimmer wurde, wie auch über dem zum Hauptsaal, ein Gemälde als Supraporte angebracht.[7]

Im Ver-Sacrum-Zimmer hingen die Bilder Jan Toorops. Wie die gesamte Raumanlage, so indizierte auch die an der Schmalseite des Ver-Sacrum-Zimmers eingelassene, unverdeckt gebliebene Kaminverkleidung, die Bauer für die geplante Ausstellung adaptiert hatte, daß die Beethoven-Ausstellung weitgehend fertiggestellt war. Im übrigen fällt die genaue Beschreibung des Arrangements der Nordischen Ausstellung schwer. Die Secession verzichtete auf den Abdruck eines Orientierungsplanes im Katalog; offensichtlich wollte sie das hinter den Wänden der Nordischen Ausstellung verborgene Arrangement nicht weiter verraten, aber auch keinen Einblick in den dadurch unnötig verengten und im Verhältnis zu den übrigen Ausstellungen disproportionierten Grundriß geben.

Da Klinger noch während der Dauer der 12. Ausstellung die Fertigstellung seiner Skulptur für Ende November in Aussicht stellte, nahm die Vereinigung die Propaganda für die Beethoven-Ausstellung wieder auf – zunächst einmal in Ver Sacrum. Besonders die Farben Schwarz, Weiß und Orange sollten für Plakat und Katalog der Beethoven-Ausstellung signifikant sein. Indessen kamen sie ebenso wie die von Moser in seinen Graphiken eingesetzten geometrischen Elemente – Quadrat, Raute und Dreiecksornament – schon im Rahmen der eingeschobenen *13. Secessionsausstellung (1. 2. – 16. 3. 1902)* zur Anwendung. Erneut hatte sich während der Vorbereitungen herausgestellt, daß Klinger verschieben mußte, weshalb die Vereinigung die ursprünglich erst für das Frühjahr geplante »Deutsche Ausstellung«, der auch eine Kollektion österreichischer Künstler angeschlossen war, intermittierte.

Die aus Ver Sacrum bekannten geometrischen Motive dekorierten den altarartigen, in Rauhverputz ausgeführten Aufbau für Arnold Böcklins »Meeresidylle«, die das Unterrichtsministerium für die Moderne Galerie erworben hatte. Moser, der den Saal arrangierte, plazierte das Gemälde gegenüber dem Eingang auf einem Sockel und flankierte es mit einem Pfeilerpaar. Die Wände des Hauptsaales ließ er durch Holzleisten in Felder gliedern, die mit einfärbigem Stoff bespannt und mit kleinen Quadratbändern akzentuiert wurden.

Als Deckenblende wählte er ein niedriges, flach gespanntes Velum, das den Wölbungsansatz der Hoffmannschen Architektur, wie schon auf der 12. Ausstellung, verhüllte. Die Abdeckplatten der Pfeiler und die Treppenanlagen, die die zwischen Haupt- und Seitensälen bestehenden Niveauunterschiede ausglichen, dekorierte er mit geometrischen Motiven. Gleich einem Geländer stellte er neben die Treppen große Quadratgitter, die alternierend ein Dreiecksornament trugen oder leer waren. Im hinteren Abschnitt der Treppenanlage deuteten zwei mit einer Supraporte verbundene Pfosten eine Pforte an. In den Ecken der von Dreiecken und Quadraten flächig bedeckten Supraporte fügte Moser die aus jenen des Hauptsaales bekannten, langgestreckten Figuren ein. Die fließenden, weichen Linien, die die Figuren formten und umfingen, waren in ausgeprägterer und komprimierterer Art auch im Entwurf eines Wandbehanges, den Moser in der »Quelle« publiziert hatte, anzutreffen. Darin darf man, berücksichtigt man seine späteren Entwürfe, eine direkte Verbindung mit der Ornamentierung der Mackintosh-Gruppe, besonders jener der in der 8. Ausstellung exponierten Paneele zu »Miß Cranstons Tearoom« von Margaret Macdonald-Mackintosh, sehen. Was diese Verbindung anbelangt, so bürgt dafür Hoffmann: »Die Freundschaft mit Mackintosh hat uns den Reiz bestimmter Farben und verträumter Stimmungen erkennen lassen und hat vor allem auch auf Moser gewirkt.«[8]

Da im Ausstellungskatalog wiederum der Grundriß fehlt und die erhaltenen Photos nur ein unzureichendes Bild der Räumlichkeiten vermitteln, kann über die genaue Verteilung und Gestaltung der Räume nur gemutmaßt werden. Im linken Seitensaal (Saal 2) wurde der Münchner Künstlerbund »Die Scholle« präsentiert. Den unteren

Wandabschnitt verdeckte eine dunkle, den Beethoven-Fries eine helle, geraffte Stoffbespannung. Für die Kollektion Franz von Stucks erzeugte Moser einen Nischenraum, indem er im vorderen Abschnitt eine Trennwand einstellte. In der im rechten Seitensaal analogen Nische war Alfonso Cancianis Grabfigur »Die Nachtwandlerin« plaziert. Die anderen Exponate stammten von den in der »Wiener Kunst im Hause«[9] organisierten Schülern der Kunstgewerbeschule. Im Ver-Sacrum-Zimmer, das erstmals eine Kollektion der Photographen Heinrich Kühn, Friedrich W. Spitzer und Hans Watzek zeigte, blieb, wie schon auf der 12. Ausstellung, die Kaminverkleidung Bauers sichtbar.

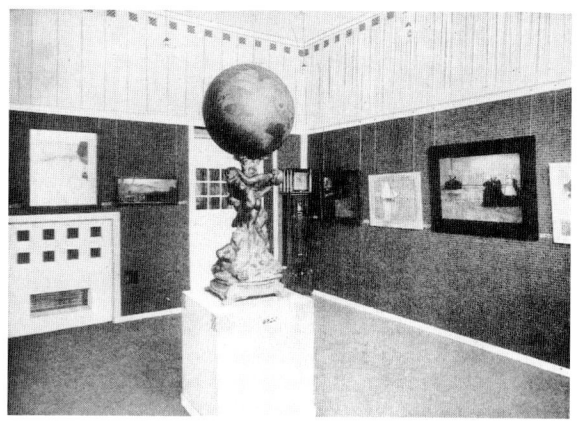

Wenn auch zu resümieren ist, daß die eingeschobenen zwei Ausstellungen keine nennenswerten Fortschritte in der Verwirklichung der in Aussicht gestellten neuen raumkünstlerischen Konzeption erbrachten – mit Sicherheit aufgrund dessen, daß sie unter der Konditionierung der präparierten 14. Ausstellung standen –, so ist doch festzuhalten, daß mit den improvisierten Arrangements dem Kunstbetrieb Genüge getan worden war. Die Secessionisten hatten es, wie so oft, verstanden, einige der hervorragendsten Werke zeitgenössischer Kunst dem Wiener Publikum vorzustellen; das wußte auch die Presse entsprechend zu würdigen: »Der Clou (...) ist Böcklins Meeresidylle.«[10]

Als Anfang Februar Isidora Duncan eine Tanzvorführung in der Secession gab, zu der 150 ausgewählte Gäste, darunter auch der Minister Hartel, geladen waren, monierte Hevesi das Unbehagen, das sowohl aus der Behandlung des Arrangements während der Tanzaufführung wie auch aus der allzulangen, provisorisch überbrückten Wartezeit resultierte: »Der große Saal war halb ausgeräumt,

der Böcklin dicht vertan, und ihm gegenüber in aller Hast, nach Ausstellungsschluß, eine Bühne mit terracottafarbenem Vorhang aufgeschlagen.«[11] Seine leise Bemäntelung gab zu verstehen, daß die Secession einigen Nachdruck auf das Gelingen der 14. Ausstellung zu legen hatte, wollte sie den Kredit an Wohlgesonnenheit beim schon verwöhnten Publikum, zu dem auch der Kaiser[12] gezählt werden durfte, nicht riskieren. Der Bogen der Neugierde, der aus vielerlei – zum Teil in Ver Sacrum, zum Teil in der Presse lancierten – Andeutungen, seine Spannung bezog, sollte nach der zweimaligen Verschiebung nicht überdehnt werden.

DIE BEETHOVEN-AUSSTELLUNG
(15. 4. – 15. 6. 1902)

Die nach fünfzehnjähriger Arbeit am 25. 3. 1902 fertiggestellte Beethoven-Skulptur wurde Anfang April in Paris, dem Ort der Herstellung, in fünf Teile zerlegt, verladen und nach Wien gesandt, wo sie am 11. 4. 1902 zu ihrer ersten öffentlichen Ausstellung eintraf. Unter der persönlichen Leitung Klingers und mit Hilfe eines »Krahnenwerks«[13] wurde sie zusammengesetzt. In dem nach Schluß der 13. bis zur Eröffnung der 14. Ausstellung noch verbleibenden Zeitraum, ungefähr ein Monat, tätigten die Künstler letzte Handgriffe an der größtenteils bereits vorhandenen Innenraumgestaltung.[14]

Noch ehe aber die Eröffnung stattfand, verankerte die Vereinigung am 5. 3. 1902 die formale Idee aller künftigen Ausstellungen statutenmäßig: Fortan sollten sie entweder »einen Galerie- oder Raumkunstcharakter«[15] haben. Wie sich herausstellen wird, brachte diese Alternierung, statt einer Lösung des zwischen reinen Malern und Raumkünstlern in der Phase der Purifizierung aufkommenden Konfliktes, eine – nunmehr auch programmatisch zugrunde liegende – Zuspitzung. Am 15. 4. 1902 eröffnete endlich die so erwartete 14. Secessionsausstellung.

Zum Vorschein kam eine streng komponierte dreischiffige Raumanlage, die ganz unter der Visualisierung des von Klinger propagierten und in der Skulptur realisierten Gesamtkunstwerks konzipiert worden war. »Die anstrengende Arbeit der Raumgestaltung und die künstlerische Gesamtleitung hatten Hoffmann und ein engeres Comitee übernommen.«[16] Roller, der damals den Vorsitz in der Vereinigung innehatte, dürfte sich um die »Koordination des Gedanklichen« verdient gemacht haben. Er, der aufgrund der Zusammenarbeit mit Gustav Mahler zum Bühnenbildner werden wird, »war für das Konzept der bühnenartigen Gestaltung der Ausstellung mitverantwortlich, in die auch der psychologische Eindruck auf die Zuschauer miteinbezogen wurde.«[17]

Schon die Vorhalle, die, wie beschrieben, im Sommer 1901 für die nunmehrige 14. Ausstellung adaptiert worden war, unterstand völlig der programmatischen Konzeption, derzufolge »die Teile der Wirkung des Ganzen«[18] sich unterzuordnen hatten. Je zwei niedrige Pfeiler, die in weiße Rahmen eingelassene Schmuckplatten trugen, flankierten den Haupteingang sowie den Eingang zum Hauptsaal, der, wie während der vergangenen Ausstellungen, nicht direkt begehbar war. Die Besucher hatten das Arrangement in einem vorgegebenen Rundgang zu besichtigen. Von der Vorhalle gelangten sie durch einen neu errichteten Vorbau, den eine halbhohe Mauer vom Hauptsaal trennte, über einige Stufen in den um ca. 60 cm erhöhten linken Seitensaal.

Die zu den Eintretenden linke Schmalwand war im oberen Bereich von drei emporenartigen Öffnungen gegliedert, vor die man niedrige, vergoldete Brüstungsgitter eingezogen hatte. Wie Aufnahmen der 18. Secessionsausstellung – bis zu der die Raumgestaltung dieses Seitensaales fast gleichbelassen wurde – deutlicher zeigen als die der 14. Ausstellung, trugen die an die Decke stoßenden Emporenpfeiler plastische Ovalornamente. An den anderen Wandflächen war der heute so berühmte Beethoven-Fries appliziert. Hatte der Fries die Besucher, gleich einem Präludium, auf das Thema oder Leitmotiv eingestimmt, so wurden sie mit diesem doch zugleich auf direkte Art konfrontiert, wenn sie die im Mittelsaal aufgestellte Skulptur durch die großen, rechteckigen Wandöffnungen erblickten. Daraufhin konnten sie den per Distanz erhaltenen Eindruck der Skulptur sowie die Assoziation des Klimtfrieses in sich zur Auswirkung kommen lassen, um, wenn sie erst das dunkle Stiegenhaus mit den schmalen Türöffnungen von Bauer passiert hatten, in die Unmittelbarkeit des Leitmotivs, also der Skulptur, zu treten.

Hoffmann bediente sich hier derselben Konzeption wie Moser beim Arrangement der 10. Ausstellung, in welchem die »Medizin« erst nach dem Durchschreiten des linken Seitensaales sowie des dunklen Verbindungsraumes an der Rückwand des

J. Hoffmann, 14. Secessionsausstellung 1902, linker Seitensaal

Korridorraumes sichtbar geworden war. Der Vorzug dieser Art der Raumgestaltung bestand ganz offensichtlich darin, daß sie das gesamte Gebäude zentral strukturierte, dies jedoch in einem vergleichsweise raffinierten Aufbau. Für die Betrachter, die das Hauptwerk bereits aus dem Seitensaal erblickt hatten, wurde die Spannung nicht verringert, sondern konkretisiert: Sie trugen gewissermaßen die Impressionen des Frieses durch das dunkle Stiegenhaus mit sich, um sie im Anblick der Statue loszulassen und gegen die staunende Unmittelbarkeit einzutauschen, mit der sie die Skulptur, auf einer niedrigen oktogonalen Sockelplatte ruhte, umschritten. Da selbige ein rundes Geländer umgab, blieb sie selbst aus der allernächsten Nähe von der Unnahbarkeit, die seit jeher ein Merkmal kultischer oder monumentaler Werke ist – auch

J. Hoffmann, 14. Secessionsausstellung 1902, Eingangshalle (oben) und Hauptsaal mit M. Klingers »Beethoven« und A. Rollers Wandbild »Die sinkende Nacht« (unten)

J. Hoffmann, 14. Secessionsausstellung 1902, rechter
Seitensaal

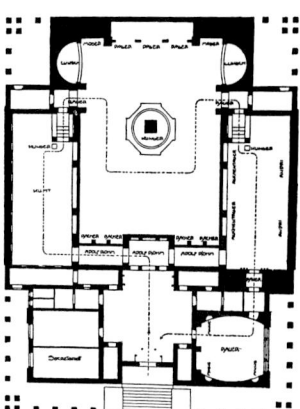

J. Hoffmann, 14. Secessionsausstellung 1902, Grundriß

wenn es nicht immer eines dergestalt gegenständli-
chen Mittels wie des Geländers zur jedermann ein-
dringlichen Erzeugung der Unantastbarkeit be-
durft hatte.

Der weitere Weg führte den Besucherstrom wiederum durch ein Stiegenhaus in den rechten Seitensaal. Seine rechte obere Wandfläche hatte Andri
mit einem Fries gestaltet, der unter dem Titel
»Mannesmut und Kampfesfreude« dem Leitmotiv
jene allgemeine und ausklingende Variation widmete, die ihm der auf der zum Mittelsaal gegenüberliegenden Wand gemalte Fries Auchentallers
mit dem Titel »Freude schöner Götterfunke« konkret und gleichsam als Rezitativ zuteil werden ließ.
Durch die symmetrisch zum linken Seitensaal auch
im rechten angebrachten Öffnungen konnte man
die aus dem Durchqueren des Arrangements sich
ergeben habende Gesamtwirkung nochmals am
Leitmotiv zur Abstimmung bringen. Die Besucher
verließen den Seitensaal entweder durch eine seitliche Öffnung, die in den Vorbau führte, oder durch
einen schmalen, von länglichen Platten Königs eingefaßten Zwischenraum, der noch in das von
Bauer zu einem Lesezimmer umgestaltete Ver-
Sacrum-Zimmer leitete.

ZWEI MODELLE DER REZEPTION

Die Schwierigkeit der Rezeption bestand vornehmlich darin, die Einheit und Ganzheit der Ausstellung, die selbst die Details reflektierten, nicht zu
verletzen und andererseits nicht in eine bloß additive Beschreibung zu verfallen, die, entsprechend
der traditionellen Hierarchie der Künste, zunächst
die Skulptur bewertet, sodann die Friese, schließlich die dekorativen Details und relativ unvermittelt dazu die Raumgestaltung.

Aus der Literatur kann man zwei Deutungen ex-
trapolieren, die einander oftmals überlagern oder
ergänzen: Eine, die von Lux inspiriert ist und auf
den architektonischen Gedanken abhebt, greift
auch Sekler auf, wenn er das Arrangement als
»Landschaft« beschreibt. Seiner Auffassung nach
bestand Hoffmanns »Hauptproblem« darin, »eine
Formensprache und Ikonographie für seine Architektur zu finden, die dem geistigen Anspruch des
Ausstellungsthemas gerecht würden.«[19] Im Unterschied zu Klimt, der sich nicht nur mit der Person
und dem Werk Beethovens vertraut gemacht hatte,
sondern auch mit Richard Wagners Deutung der
Neunten Symphonie, hatte Hoffmann kaum
Kenntnis der diesbezüglichen Gedankengänge.[20]
Allerdings war er, wie Sekler anführt, »aus den
Diskussionen im Secessionskreis mit der entsprechenden Geisteshaltung vertraut« und konnte daher einen »ihr stimmungsmäßig angemessenen architektonischen Rahmen« gestalten.[21]

Hoffmanns »Lösung ging dahin, ein Architek-
turinterieur mit Pfeilern und Wölbung zu schaffen, zugleich aber eine Landschaft anzudeuten, der
die Malerei transzendentale Bezüge aufprägte. Die
Stirnwand mit ihren skulpturbekrönten Pfeilern
und die Pfeilerstellungen zwischen Hauptsaal und
Nebensälen bedienen sich einer Formensprache,
die – ebenso wie der weiße Putz – an mediterrane
Bauten erinnert, und die dekorativen, in die Wände eingelassenen Plaketten wirken wie Fenster,
durch die man in einen von Fabelwesen bevölker-
ten Garten schauen kann. Auch die großen Tages-
zeitenbilder im Hauptsaal sind sinngemäß etwas
hinter die Putzflucht zurückgesetzt, so, als blickte
man über eine Mauer in eine mythische Landschaft, die ebenso der Welt der Antike angehört
wie die Beethovenplastik selbst.«[22] Indem Sekler
die Skulptur in einen historischen Konnex stellt,
legt er den Schluß nahe, daß die Hoffmannsche
Gestaltung die Aktualisierung archaischer und antiker Momente einerseits, die Verkünstlichung na-

türlicher Dinge andererseits zum Motiv hatte; beide Tendenzen konvergieren in einem modernen Monumentalismus, der erlaubt, das Arrangement als im Zeichen einer historisch gewordenen raumkünstlerischen Idee »kristallisiert« zu denken.[23] Wenn Sekler die zitierte raumkünstlerische Korrelation von Beethoven-Skulptur und Arrangement dennoch nicht weiter explizierte, so deshalb, weil seine Themenstellung nicht dem Raumkünstler, sondern dem Architekten Hoffmann galt.

Die andere Deutung, die beständig mitassoziiert wird, wenn davon die Rede ist, daß die Ausstellungsgestaltung ein »Thema« einlöse, bezieht ihre Begrifflichkeit aus der Sphäre der Musik. Für Lux z. B. lag es nahe, die Skulptur als das zu betrachten, »was Beethovens Kompositionen für das Ohr sind: Sichtbare Musik«.[24] Auch Hevesi griff dieses Paradigma auf. Das Werk Klingers sei »durchtränkt« mit »höchster Musik. Der Beethoven ist die Neunte Symphonie Max Klingers«.[25] Allerdings unterließ er es in seinen Beschreibungen, die Korrelation Skulptur – Arrangement auf Basis der Musik bzw. der Symphonie aufzudröseln. In seiner überschwenglichen Begeisterung ging er sofort dazu über, die Aporien dieses Deutungsansatzes als vom Werk her gestiftete Mysterien zu verbalisieren: »Vielleicht kommt einmal ein deutscher Musikgelehrter der jede Einzelheit dieses idealen Beethoven-Denkmals mit Notenbelegen aus der Missa sollemnis, der Siebenten und der Neunten, aus Fidelio und vielleicht sogar aus den 33 Variationen zum Diabelli-Walzer belegt (...) Max Klinger hat nicht so mit dem Gehirn der Notenköpfe gedacht. Er ist ganz und gar auf Beethoven gestimmt, ist aber der Mensch der Gesteine und der Erze, die denn seine Stimmungen weiterklingen. In seinen ›Metallen‹ ist Musik, sie klingen nach Beethoven.«[26] Wie wenig er die Musik oder ein Werk Beethovens zum tertium comperationis von Skulptur und Raumgestaltung gemacht hat, geht im übrigen schon daraus hervor, daß er beide in separaten Berichten besprochen hat. Wahrscheinlich, so steht zu vermuten, taugt das Paradigma der Musik, ja, das der Symphonie – selbst, wenn Marian Bisanz-Prakken mittlerweile die Relevanz der Neunten Symphonie für den Beethoven-Fries gezeigt hat – nur beschränkt zur Aufschlüsselung des ganzen Arrangements.

Es mag an der mit der Ausstellung als Gesamtkunstwerk erstrebten Synthese liegen, daß jedes Paradigma (auch) im Recht ist, sein Gutes hat. Doch kann man, erkennt man erst eine Entwick-

lung der Raumkunst an, nicht umhin, die aus der Erkenntnis dieser Entwicklung resultierenden raumkünstlerischen Prinzipien aufzusuchen und weiters zu analysieren, inwiefern die Moderne Raumkunst ihrerseits durch diese »ganz andere« Ausstellung die prätendierte qualitative Neubestimmung erfährt.

KLINGERS BEETHOVEN-SKULPTUR ALS RAUMIDEE

Zunächst sei daran erinnert, daß es die primäre Bestimmung der Modernen Raumkunst war, ephemer und durch die Zusammenarbeit einer Gruppe von Künstlern eine authentisch gestaltete Einheit von auszustellenden Kunstwerken, Bildern und Skulpturen, von kunsthandwerklichen Gegenständen sowie dem Raum der Ausstellung zu erzeugen. Dieser Ausstellung schienen nun all die Prämissen so optimal zugrunde zu liegen, daß die gestalterische Absicht zum Unbedingten werden konnte. In der Tat galten die Prämissen, wie Lux in seinem Aufsatz »Klingers Beethoven und die Moderne Raum-Kunst« ausgeführt hat, für realisiert: »Die Einheit war gegeben, die Raum-Idee und der malerische und plastische Schmuck traten in ihren Dienst.« Die Raumidee aber »ergab sich«, auch

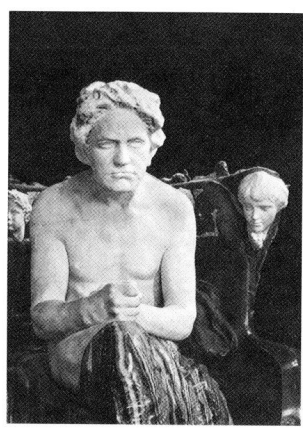

M. Klinger, Beethoven-Skulptur,
Frontalansicht (oben), Seiten-
ansichten (unten)

M. Klinger, Beethoven-Skulptur,
Gesamtansicht (rechts)

wenn dies etwas eigenartig anmutet, da doch die Idee üblicherweise das Normative, das Unsichtbare ist, an dem die Manifestation in verschiedenem Maße Anteil hat, »aus dem Hauptwerk«[27], also der Klingerschen Skulptur.

Der »Beethoven« wurde bereits des öfteren beschrieben.[28] Um ihn als das raumkünstlerische Leitmotiv, das das Arrangement in »Dienst« nehmen konnte, vorzustellen, genügen einige skizzierende Hinweise. Die Skulptur galt als Sensation. Indem sie mit der seit der Renaissance vorherrschenden Tradition des hellen Marmors brach, weckte sie Assoziationen zu antiken Plastiken, vor allem zur legendenumwobenen Gold-Elfenbein-Statue des Zeus, als deren Schöpfer Phidias überliefert ist. Merkwürdig nur, daß weder aus der Skulptur noch aus der Gestaltung des Thrones ikonographische Hinweise auf die Person des Dargestellten zu entnehmen sind. Formal wäre der kauernde Mann nicht untypisch für eine repräsentative, monumentale Herrscherplastik; freilich, aufgrund des Fehlens der signifikanten Insignien wie Zepter, Krone, Reichsapfel u. a. m. wäre sie historisch schwer einzuordnen. Der Grund ist denkbar einfach: Beethoven stand in keiner traditionell zu referierenden säkularen Repräsentanz. Finden sich dennoch – wie zur Legitimierung der im Dargestellten repräsentierten oder vergegenwärtigten Macht – Attribute wie der Mantel, ein symbolisches Tier, biblische Motive u. dgl. m., vor allem am Sockel und am Thron, so weist der inhaltliche und funktionale Anspruch dieser Symbole darauf hin, daß die Skulptur keinen weltlichen Monarchen darstellt, sondern einen geistigen Potentaten. Wenn dessen Identität dennoch prima vista zu erkennen war und ist, so aufgrund der portraitähnlichen Ausführung des Gesichtes.

»Beethoven« schaut, den Kopf ein wenig geduckt, wie in Konzentration, die rechte Hand geschlossen, als hielte sie gleich einem imaginären Zepter einen Taktstock, auf etwas, das ihn packt, inspiriert, innehalten läßt, also auf etwas, das seinen Blick nach innen versenkt. Er ist »ganz Ohr«. Sein Blicken und Hören ist, gleich der Anschauung in der Metaphysik, keine bloß sinnliche Wahrnehmung, sondern: Vernehmen, Theorie. Gesicht und Körperhaltung sind im Momente der Ergriffenheit, des beseligenden Innehaltens, gestaltet.

So opportun es sein mag, den Moment der Ergriffenheit, die Einlösung eines geistigen Anspruchs unter Verzicht auf jegliche Muskelapotheose zum Ansatz der Interpretation zu machen, na-

heliegender und im Zusammenhang einer raumkünstlerischen Sicht zielführender ist es, sich zunächst der Inhalte, etwa der an der Rückseite des Thrones sich befindlichen Reliefs, zu vergewissern. Dort nämlich hat Klinger einen direkten Konnex zur Schöpfung, ein Kontinuum von Adam und Eva zum Mysterium der Kreuzigung entworfen. Und es war dies nicht das erste Mal, daß er um eine allegorische Lösung der zwischen Hellenismus und Christentum existiert habenden Problematik bemüht war (man erinnere sich nur des Gemäldes »Christus im Olymp«). Offen ist allerdings, ob in einer solch extensiven Rückblende der Kontext nicht ausufert, der konkrete Anspruch mit Bezug auf die Skulptur und deren historische Person nicht unauslotbar und mythologisch wird. Jedenfalls kann es nicht verwundern, daß viele der Kunstkritiker in Betrachtung der Skulptur hymnisch wurden und von einer »Apotheose« Beethovens schrieben. Hevesi sei zitiert: »Es ist Schicksal darin, aber mit Trotz und Sieg gesellt. Märtyrer und Überwinder; Versteinerung und Erlösung. Doch wer könnte dem Meister diesen Beethoven nachfühlen? Seinen eigenen, an sich selbst erlebten Beethoven. Dieses menschenförmige Gefäß voll Lebensinhalt, voll Schmerz und Lust, Sturm und Drang, Fieber und Genesung. Es ist daraus eine monumentale Allego-

künstlerischen Bewegung als über die faktische Einlösung dieses ihres Anspruches im Arrangement. Denn die Verwirklichung dieser Programmatik, sosehr sie sich auch vom Leitmotiv der Ausstellung herleiten läßt, war an viele Bedingungen geknüpft und, ob der schier unerschöpflichen historischen Konnotationen, von vornherein nur symbolisch, allegorisch oder rhapsodisch vorstellbar.[30] Anderes wäre nicht zu erwarten, wenn gilt, daß einer Idee immer nur graduell, approximativ, teilhaftig zu werden ist. Ein Umstand, der sich angesichts der Tatsache, daß die Raumidee hier materialisiert oder inkorporiert vorgelegen hat, ohnedies von selbst noch genügend verkompliziert. Anstatt also vorschnell auf die Hermetik, Ahnungen oder Andeutungen abzustellen, seien die raumkünstlerischen Korrelationen, gleichsam die attributiven Bestimmungen dieser »Raum-Idee« (Lux), im einzelnen, der Raumanlage nach, erforscht.

VERWIRKLICHUNG DER RAUMIDEE IM ARRANGEMENT

rie geworden, nämlich etwas an sich höchst Verständliches, hinter dem Tiefen von Ahnung liegen, Abgründe von Geheimnis. Andeutung davon ist alles. Anspielungen daran sind auch die wundersamen Reliefs, welche die Rückseite des Thrones schmücken.«[29]

Bei aller Poetisierung rekurriert Hevesis Beschreibung auf den Gehalt der Reliefs, darauf, daß mit der für die Raumidee maßgeblichen Beethoven-Skulptur tatsächlich nichts Geringeres ikonographisch zur Auflösung oder zum Angebot kam als ein für die Schöpfung, für die Natur und die Geschichte der Menschheit relevantes, individuelles Drama oder Martyrium: Beethoven, der Künstler-Erlöser. Unter diesem Aspekt – der durch den damaligen Beethoven-Kult zusätzlichen Auftrieb erhielt – mußte es die allgemeinste raumkünstlerische Aufgabe gewesen sein, dem Monument einen kongenialen Monumentalraum zu schaffen; einen, der diese Idee der in der Klingerschen Skulptur historisch zur Aufgipfelung und Manifestation gelangenden Verschränkung von individuellem Martyrium und universeller Erlösungsfunktion zur Veranschaulichung bringen werde.

Freilich besagt dieser Gedankengang vorerst mehr über die ideologische Konzeption der raum-

Ein schmaler Durchgang geleitete die Besucher in den *linken Seitensaal,* den sogenannten Klimtsaal. Prägend für seine Gestaltung waren erstens die schon genannten loggiaartigen Öffnungen, durch die die Besucher einen Blick auf die Skulptur werfen konnten, zweitens die gelbliche Grundtönung des Saales, weshalb die »Durchblicke«, wie Hevesi schrieb, »perspektivischer«[31] gerieten, und, drittens, die formale und inhaltliche Disposition des Klimtfrieses, durch die eine verdichtete Beziehung zur Skulptur entstand.

Die drei Wände des Frieses bilden, wie es im Katalog heißt, eine »zusammenhängende Folge«.[32] Die schwebenden Figuren eingangs der linken Längswand, Ausdruck der Sehnsucht der Menschheit nach Glück, das stehende Mädchen und das kniende Paar, Symbol des leidenden, schwachen Menschengeschlechts, hat Klimt gebärdenhaft auf die in der Mitte der Wand befindliche heroische Figur des Ritters bezogen. In ihm wird das Selbstverständnis des Künstlers veranschaulicht, der gleichsam gut gewappnet und zugerüstet scheint gegen die im zweiten Teil dargestellte Verworfenheit der Welt. Diese schmale, mittlere Wandfläche demonstriert die feindlichen Gewalten, den Giganten Typhoeus und seine Töchter, die drei Gorgonen

den Künstler, der durch die Gabe der Poesie Zugang zu jenem Reich hat.

Vor allem diese dritte Wand macht die raumkünstlerische Regieführung, mehr noch die inhaltliche Disposition des Frieses in bezug auf die Skulptur deutlich. Die allegorisierte Poesie steht genau oberhalb des Pfeilers zu seiten des Ausgangs. Der zweite Abschnitt, in dem in der Gestaltung des Frieses ein Moment der Stille und der Leere herrscht, korrespondiert dem mittleren, dem größten Wandausschnitt, durch den die Skulptur unmittelbar ansichtig wurde. Das Leitmotiv, das der Fries von Anbeginn sehr präzis aufgenommen und entwickelt hat, kommt nun, nach der Position der inspirierenden und verwandelnden Poesie, nicht bloß aus der Fläche, sondern aus der Tiefe des Raumes zur Vergegenwärtigung. Sein Anblick ist dergestalt intermittiert, daß die über dem rechten Pfeiler gemalten fünf Frauenfiguren, deren obere drei auf das Finale verweisen, als Gedanken der Skulptur oder als allegorische Bilder vexiert werden konnten. In einer letzten Steigerung verweisen die Frauen auf den Chor der Engel, der, in Analogie zum symphonischen Schlußgedanken, die die Menschheit beseligende Freude, die Glückseligkeit, illuminiert. In einer reichlich mit Gold durchwirkten Glocke sieht man ein innig umschlungenes Paar, über dem, als Symbol der Geschlechter, Sonne und Mond prangen. Die ornamentale Ummantelung gleicht den esoterischen Darstellungen einer Aura.

– , sowie Krankheit, Tod und Wahnsinn zu seiner Linken, Wollust, Unkeuschheit und Unmäßigkeit zur Rechten. Die Allegorie des nagenden Kummers figuriert vor dem eingerollten Schlangenleib. Der Ritter, so die gängigen Interpretationen, greift die Leiden auf und verwandelt sie unter der Zuversicht des ihm gleich einer Verheißung gegenwärtigen Gedankens der Erlösung. Darum ist als Pendant des Ritters an der gegenüberliegenden Längswand die Poesie symbolisiert. Nach der auch farblich ungleich dunkler gestalteten Chaotik und Verworfenheit der Welt auf der Schmalseite, hebt auf der rechten Längswand das Eingangsmotiv erneut an: Es sind dieselben schwebenden Figuren, deren Sehnsucht in dem von der Poesie inspirierten Wirken des Ritters Stillung findet. In der Folge wird der schlechten und korrupten Welt das ideale Reich der Künste gegenübergestellt. Vermittlung erfährt die menschheitliche Sehnsucht allein durch

Die in sich geschlossene Komposition hat also eine Thematik zum Gegenstand, die in etwa auch an den Reliefs des Klingerschen Thrones zur An-

immergleichen Stoffe historisch bedeutsamer Gegenden zur Verwendung gelangten. Klimts Beethoven-Fries, der mit Kaseinfarbe, Gold und Silber gearbeitet und mit Halbedelstein- und Perlmutteinlagen geschmückt war, erfüllte zum einen das Postulat der experimentellen Kombination verschiedener Materialien, zum anderen aber die Funktion einer petrologischen Erinnerung; vor allem darauf basieren die häufig genannten Assoziationen zur griechischen, zur ägyptischen und assyrischen sowie zur byzantinischen Kunst.

Wird nun die quasi-soteriologische Funktion als ikonographisches Prinzip des Klingerschen »Tonheroen« akzeptiert, so impliziert das die Anerkenntnis folgender raumkünstlerischer Verdichtung: Inhaltlich tritt ein Wechselspiel in Kraft, weil die Idee, der »Beethoven«, den Fries zwar motiviert, dieser aber jene, also die Skulptur, bestimmt, konkretisiert oder veranschaulicht; der »Tondichter« ist jener gewappnete Ritter, dem vermittels der Poesie die erlösungsträchtige Wirkung zuteil wird. Zweitens wird die soteriologische Funktion universalisiert, und zwar in einer Weise, daß der biblisch-konfessionelle Geschichtsraum (Schöpfung, Adam und Eva, Kreuzigung) allegorisch-mythologisch überholt wird; Adam und Eva in den seitlichen Thronreliefs erfahren ihre Überhöhung in jenem Paar, das Klimt gleichsam als erneuertes Urpaar, als wieder schuldlos gewordenes, an das Ende seiner Allegorie gestellt hat. Insbesondere die Überlieferung der erlösenden Funktion, wie sie dem Ritter kraft der Poesie zukommt, erwächst aus der Tradition eines romantisch verbrämten Humanismus, der den Zugriff auf die Mythologie nicht scheut.[34] Drittens erfährt die allegorisch-mythologische Verdichtung eine spezielle raumkünstlerische Konkretisierung. Indem der Fries einerseits Phantasien darzustellen scheint, eine allegorische Einlösung des Leitmotivs, andererseits aber, hat man die Skulptur durch die Wanddurchbrüche erblickt, gleichsam Projektionsflächen der Bildgedanken »Beethovens«, wird man einer doppelten Vermittlung inne: Klimt ließ sich von der Beethoven-Skulptur Klingers motivieren, dieser durch den »Tonheroen«, dem seinerseits Bestimmung widerfuhr durch Klimts Fries. Beider Kunstwerke Fluchtpunkt bildete der historische Komponist, dessen Idealisierung raumkünstlerisch umgesetzt ward.

Die raumkünstlerische Einlösung der Thematik passierte, wenn durch die Raumöffnungen die Klingersche Skulptur sich jeweils vexierend in die Bildfolgen des Frieses intermittierte. Dies wie-

sicht gelangte: Klinger bezog die heilbringende Funktion der Kunst stärker auf das biblische Geschehen, das er durch zwei Motive, nämlich das von Adam und Eva und das der Kreuzigung, versinnbildlicht hatte. Wenn in einem weiteren Thronrelief der von der Kreuzigung herkommende Johannes zornig auf Venus zeigt, dann räumt Klinger zumindest eine Spannung ein, die einer synkretistischen Harmonisierung widersteht. Die heidnische Göttin mag in diesem Zusammenhang die in eitler Verblendung befindliche Welt symbolisieren, der Klinger das Kreuzigungs- und Erlösungsmysterium ebenso gegenüber gesetzt hat wie Klimt der korrupten Welt die erlösende Funktion der Poesie. Klimt, als gelernter Historienmaler in der Allegorisierung geschult, hat mit dem Fries zweifellos eine monumentale Allegorie geschaffen, in der, gleich einer reichen, aber dennoch strengen Komposition, das Leitmotiv in seiner größten Allgemeinheit Konkretisierung gefunden hat. Der Analogie nach mußte den Betrachtern die Skulptur als das gelten, was den sehnsuchtsvoll Schwebenden die Poesie und der Ritter – was den Gläubigen der Messias ist: Nicht Fleisch, aber Kunstwerk gewordenes Unterpfand der Erlösung. Ein Eindruck der noch gestärkt wird, wenn man erinnert, daß ursprünglich Hodlers Bild »Der Auserwählte« exponiert werden sollte.

Der heroische Anspruch der Klingerschen Skulptur erfuhr aber nicht nur eine formelle und thematische, nicht nur eine individuelle und universelle Korrelation, sondern auch eine materialtechnische. Hevesi erwähnt, daß alle Maler »ad hoc zu Bildhauern«[33] wurden. Damit bezog er sich vor allem auf die fast experimentelle Kombination echter Materialien sowie auf die Maxime der materialgerechten Bearbeitung. Schon Klingers Auswahl der Materialien läßt erkennen, daß in der Skulptur die

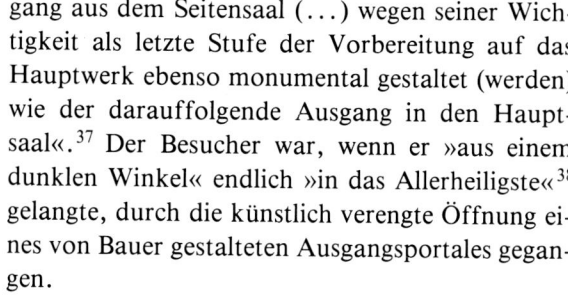

derum muß als Ergebnis einer sorgfältigen, raumkünstlerischen Planung verstanden werden. Denn schon der Katalog führt an, daß selbst im Hinblick auf den Beethoven-Fries das »dekorative Prinzip: Rücksicht auf die Saalanlage« gegolten habe.[35] So war das Verhältnis von Leitmotiv und raumkünstlerischer Gestaltung in einer kongenialen Weise gestaltet und verwirklicht: Formal, materiell und inhaltlich durch den Fries von Klimt, raumkünstlerisch durch das Arrangement des Saales und die Wandöffnungen von Hoffmann. Bezugnehmend auf den Fries ist Bisanz-Prakken daher zuzustimmen, wenn sie von »einer bis in die letzten Details durchdachten Raumbezogenheit« schreibt.[36]

Da man beide Seitensäle erhöhte hatte, waren *Treppenanlagen* auch nach deren Ausgängen notwendig, um die Niveaudifferenz zum Hauptsaal auszugleichen. Den Ansatz der Treppe markierte ein eigener Raumbau: Indem aus der rechten Trennwand ein Mauerpfeiler herausragte, dem in der Saalmitte im Abstand der Treppen ein freier Pfeiler korrespondierte, wurde gleichsam ein Vorbau eingezogen, der zusätzlich daraus Geschlossenheit gewann, daß er nach oben hin durch je zwei horizontal auf den Pfeilern aufliegende Holzbalken verbunden war. Der Pfeiler wurde ebenso wie der Mauerpfeiler und die übrige Wand in Rauhverputz ausgeführt. Sekler zufolge mußte »der Ab-

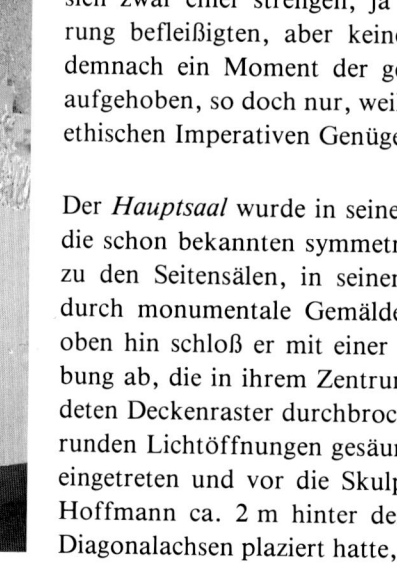

gang aus dem Seitensaal (...) wegen seiner Wichtigkeit als letzte Stufe der Vorbereitung auf das Hauptwerk ebenso monumental gestaltet (werden) wie der darauffolgende Ausgang in den Hauptsaal«.[37] Der Besucher war, wenn er »aus einem dunklen Winkel« endlich »in das Allerheiligste«[38] gelangte, durch die künstlich verengte Öffnung eines von Bauer gestalteten Ausgangsportales gegangen.

Bauer führte Hoffmanns protokubistische Haltung, die beispielsweise an den über den Stiegenabgängen applizierten geometrischen Reliefs zum Ausdruck kam, nicht gleichermaßen konsequent aus. Wie in seiner Graphik, in der bei aller geometrischen Ornamentierung die fließenden und bewegten Linien dominant blieben, so ließ er, in Devianz zu der rein aus Kuben und Quadraten zusammengesetzten Ornamentierung, die Kanneluren der Türpfeiler leicht ausschwingen. Zierte die Deckplatte des Portals noch ein plastisch strukturierter Quadratfries, so erhoben sich von ihr aus Aufsätze, die, aufgetürmten Brunnenschalen ähnlich, an die Formschöpfungen Hermann Obrists gemahnen. Hingegen waren die Bekrönungen der von Hoffmann vor dem Wandbild Rollers aufgestellten Säulen die plastische Umsetzung dessen, was dieser in graphischer Form (vgl. Katalog der 10. Secessionsausstellung 1901), aber auch schon in Glas (vgl. die Deckenbeleuchtung der Halle in der Villa Spitzer 1901/1902) ausgeführt hatte: Pyramidal angeordnete Würfel. In den Durchgängen demonstrierten die Künstler, daß bzw. wie abstrakte und eher lässig gekurvte Kompositionen einander ergänzen und stimulieren konnten. Bauers wiederholtes Mitwirken beweist, daß die Secessionisten sich zwar einer strengen, ja puristischen Stilisierung befleißigten, aber keiner kleinlichen. Wird demnach ein Moment der gekurvten Stilisierung aufgehoben, so doch nur, weil Bauer den materialethischen Imperativen Genüge leistete.

Der *Hauptsaal* wurde in seinen Längsseiten durch die schon bekannten symmetrischen Durchbrüche zu den Seitensälen, in seinen Schmalseiten aber durch monumentale Gemälde strukturiert. Nach oben hin schloß er mit einer flachen Tonnenwölbung ab, die in ihrem Zentrum von einem vergoldeten Deckenraster durchbrochen und von kleinen runden Lichtöffnungen gesäumt wurde. War man eingetreten und vor die Skulptur geschritten, die Hoffmann ca. 2 m hinter dem Schnittpunkt der Diagonalachsen plaziert hatte, so erblickte man sie vor dem Hintergrund des an der Rückwand angebrachten Gemäldes von Roller, »Die Sinkende Nacht« genannt.

Das Bild, von Roller in einer ähnlichen Materialkombination wie der Klimt-Fries gefertigt, setzte sich aus der kompositorischen Verknüpfung zweier Motive zusammen: Dem eines stilisierten Vogels und dem einer nach vor gebeugten, eine goldene Kugel haltenden Frauenfigur, die Roller – so wie den Vogel früher – bereits für Plakat und Titelblatt des Kataloges herangezogen hatte. Rollers Frauenfigur verursachte damals mehr Verwunderung als z. B. Hoffmanns geometrische Reliefs, die so gut wie niemand außer Hevesi beachtete. In der Charakteristik als »kegelscheibende Jungfrau«[39] oder als »Engel« von »fratzenhafter Lächerlichkeit«[40] bot das Motiv auch Anlaß für Spott und Karikatur. Das Wandbild klaffte in der Mitte trichterförmig auseinander, um, gemäß dem raumkünstlerischen Prinzip, daß die Teile sich der Wirkung des Ganzen unterzuordnen haben, dem frontal angeblickten »Beethoven« ein mäßig dekoriertes, fast neutrales Segment als Hintergrund zu gewähren. Der untere Wandabschnitt wurde von einem breiten Zick-Zackband eingefaßt, der noch verbleibende Ausschnitt bis zum Boden mit Vorhängen verdeckt.

An beiden Längsseiten, aber noch vor den Eingangs- bzw. Ausgangsportalen, also noch innerhalb des hinteren Seitensaales, befanden sich zwei apsidiale Brunnennischen mit jeweils vier hieratischen Figuren von Luksch. Zwischen den Figuren verlief in Kopfhöhe ein Fries langgezogener, tropfenförmig herabfließender Ornamente. Die graublauen Figuren hoben sich gegen die in einem dunklen Blau kolorierten Brunnenbecken, in denen nach Auskunft von Servaes einige Goldfische ihre Kreise gezogen haben sollen, ab.[41] Beleuchtet wurden die Nischen durch einen ihrer Halbkreisform angepaßten Holzraster. Der Eindruck muß ein kontemplativer gewesen sein: »Sie bilden zwei schattige Grotten, (...) aus tiefblauem Wasser springen weiße Wasserstrahlen, deren Geplätscher einen Naturlaut in das Schweigen des Saales« brachte.[42] Wenn es ein äußeres Korrelat zu der, wie interpretiert wurde, von »Beethoven« in seinem Innehalten wahrgenommenen Klangfolge gab, dann das Geräusch der in sich zurückplätschernden Wasserstrahlen, die am ehesten die Quelle nicht versiegender Inspiration symbolisierten.

Von diesem rückwärtigen Part des Hauptsaales aus nahmen die Besucher den Thron wahr, diesen

J. Hoffmann, 14. Secessionsausstellung 1902, Hauptsaal mit einer Brunnennische von R. Luksch

jedoch vor dem Hintergrund des »Werdenden Tages« von Böhm. Auf der ob der Tonnenwölbung halbrunden Stirnwand erblickten sie einen von zwei schwerttragenden Engeln flankierten Flammenregen, dessen Feuerzungen sich direkt über dem Kopf der Skulptur erhoben und verbreiteten. Böhm bediente sich hier fast des Linien- und Kurvenreichtums früherer secessionistischer Jahre;

Hoffmann, 14. Secessionsausstellung 1902, Hauptsaal, Blick auf A. Böhms Wandgemälde »Der werdende Tag«

dies scheint am ehestens inhaltlich gerechtfertigt: So wie die unteren Partien eine archaische, erdhafte Statik vorstellten, präsentierten die oberen eine der geistigen Dynamik gemäße formale und inhaltliche Bewegtheit.

Betrachtete man die Skulptur von vorne, so nahm man die streng stilisierten Motivreihen der »Sinkenden Nacht« im Hintergrund wahr. Das ausgesparte hellere Segment, durch das die von Frauenfiguren symbolisierte Nacht gleichsam zurückgedrängt schien, hatte ihr inhaltliches Pendant in dem Feuerregen des Böhm-Gemäldes. Man wird kaum fehlgehen in der Ansicht, daß die »Sinkende Nacht« den »Untergang des Alten«[43] zur Assoziation brachte, der »Werdende Tag« aber einen Advent. Damit verdeutlichten auch Böhm und Roller, wenngleich ohne die selbe programmatische Fülle, die besondere Funktion, die schon der Beethoven-Fries dem Künstler auferlegte. Sein Schaffen wurde verstanden als Erlösungswerk, das die Sehnsucht der Menschen in sich aufnimmt, um sie von der irdischen Schwere und Korruption zu befreien. Die Wandbilder gaben dem bipolaren Bezug solchen Wirkens plakativen Ausdruck.

Besondere Verwunderung und auch unterschiedlichste Interpretationen erregte die Gestaltung der unterhalb des Böhm-Gemäldes sich befindenden Eingangspartie. Sie war zu beiden Seiten des Eingangsbaues durch halbhohe, von jeweils zwei Pfeilern durchbrochenen Mauern, mittels welcher der Weg vom Vorraum zu den Seitensälen führte, gegliedert. In die Mauerflächen zwischen den Pfeilern hatte Hoffmann die Kupferplatten von Lenz eingelassen. »Als Kontrast zum zeitlosen und sakralen Charakter der oberen Wandpartie mit dem ›Werdenden Tag‹ versinnbildlichten« sie, so Bisanz-Prakken, »das Diesseitige«.[44] Lenz mag hier tatsächlich die schon von Bisanz-Prakken in Rede gestellte mythisch-archaische Welt der Nixen, Faune u. a. fast dämonischer Wesen in Beziehung etwa zu der im Thronrelief dargestellten Venus gesetzt haben. Auf den Pfeilerplateaus befanden sich die knienden Kranzträgerinnen, von Bacher in pyramidaler Statuarik gestaltet. Mochte man den »archaistischen Zug des Ganzen«, so wie Zuckerkandl, auch als »fremdartig« empfinden, so wäre diesem Eindruck im Hinblick auf die antike Größe der Skulptur doch dasselbe zugute zu halten wie etwa der »Toneinförmigkeit der Wände«: Letzterer konzedierte sie immerhin, daß sie »im Hinblick auf die Farbigkeit der den Raum beherrschenden Skulptur logisch«[45] begründet war.

Vor dem Wechsel der angesprochenen Bildhintergründe entwickelte die Beethoven-Skulptur die ihr zugedachte Monumentalität in den Maßen eines Weiheraumes, der außer der Unnahbarkeit auch die Ahnung von Zeitlosigkeit zur Empfindung brachte, so als hätte sich die überzeitige Kunst in diesem Ereignis manifestiert. Die Simulation von Zeitlosigkeit resultierte erstens aus der subtilen Konkretion einer die Nacht durch den Tag aufhebenden Gleichzeitigkeit, zweitens aus dem sowohl im Fries wie in der Skulptur manifesten Anspruch des Künstler-Erlösers, alle Zeiten, archaische, biblische und moderne zu umfangen sowie drittens aus einer Art stilistischer Gleichzeitigkeit, einem latenten Synkretismus. Das raumkünstlerische Ambiente tat dem Anspruch Genüge, an längst versunkene Traditionen sowohl zu erinnern wie auch anzuknüpfen: So wie die Polychromie der Skulptur an Pausanias' Beschreibung der Zeusstatue gemahnte, ließ die Gestaltung des zentralen Raumes antike, mykenische oder assyrische Tempelbauten zur Assoziation kommen, Kulturen, die im 19. Jahrhundert erst wieder entdeckt worden waren. Der Beschauer hatte sich auf die Ursprünge der Kunst im Kult zurückzubesinnen. Sowohl die Erhabenheit der Skulptur wie auch die majestätische Schlichtheit des sie umgebenden

Raumes determinierten die Betrachter zu einer stimmungsmässigen Anamnese des Ursprungs von Kunst und Zivilisation.

Der *rechte Seitensaal* war – analog dem linken – von Andri und Auchentaller gemeinsam konzipiert worden. Der oberhalb der Wandöffnungen angebrachte Fries von Auchentaller spielte, schon ob seines Titels »Freude schöner Götterfunken«, unmißverständlich auf Beethovens Neunte Symphonie an. An der äußeren Längswand, die nach Verlassen des loggiaartigen Vorbaues zur Ansicht kam, hatte Andri seinen Fries »Mannesmut und Kampfesfreude« appliziert. Er stellte eine subjektive Einlösung des im Titel angesprochenen Inhalts dar und bildete den wahrscheinlich schwächsten Punkt des gesamten Arrangements. Bei Hevesi findet Andri sowohl herbe Kritik wie Verständnis. »Andri versucht sich zum ersten Male in diesem dem bedruckten Kattun so fern liegenden Stil. Aber er macht Eindruck. Die drei Kraftmänner, die so breitbeinig hingepflanzt die heransprengenden Feinde erwarten, (...) geben ein bewegtes Bild mit guten Einzelheiten. Trotzdem bleibt es ein Zufallsspiel, ohne erprobtes stilistisches Programm.«[46] Am ehesten dürfte der Fries einem Appell geglichen haben, den die Betrachter, hatten sie in sich eine Analogie zum Heroismus des Künstlers entdeckt, sowohl in ihrer Bildung als auch in ihren Taten zur Verwirklichung bringen mochten.

Auchentaller bekannte in einem Brief, daß er sich bei der Gestaltung seines Frieses an »die zweite Strophe des Gedichtes ›An die Freude‹ von Schiller gehalten« habe.[47] Allerdings löste er das Thema nicht ähnlich programmatisch ein wie Klimt, sondern eher zusammenfassend, mehr illustrierend denn allegorisierend. Zwei der Paare gehen auf die Zeile »Wer ein holdes Weib errungen, / Mische seinen Jubel ein!« zurück, die zwischen ihnen jubilierende weibliche Gestalt mag, nicht zuletzt aufgrund der golddurchsetzten Färbigkeit, direkt an den Titel der Ode erinnern, also die »Freude« sym-

bolisieren. Während das links außerhalb der geschwungenen Gewänder der übrigen sich befindende Paar auf den Schluß der zweiten Strophe »Und, wer's nie gekonnt, Der stehle / Weinend sich aus diesem Bund« sich referiert, spielt der rechte Teil des Frieses auf die Schlußzeile der ersten Strophe an: Vor linearisierten Wolkenbänden sind hohe, engelgleiche Figuren zu sehen, die – in Kontinuität zu den schwebenden Figuren des Klimtfrieses – die erfüllte Sehnsucht und das Glück zum Ausdruck bringen. Der solenne Vers dazu: »Alle Menschen werden Brüder, / Wo dein sanfter Flügel weilt.«

Einer Anfang August 1901 an den Ausschuß gesandten Skizze zum Wandbild ist zu entnehmen, daß sich die Künstler in der Farbabstimmung untereinander besprachen und ihre Friese auf das Leitmotiv abstimmten. So etwa, wenn Auchentaller anfragte, ob »mit Rücksicht auf die neben befindlichen Arbeiten der Herrn König und Stöhr ein so ausgesprochen heller Grund in Weiß und Gold, wozu noch ein zartes Grau kommt, möglich« sei, und er fortsetzte, »in der Gruppe selbst wird nur die Figur der Freude goldig und farbig«.[48] Die im Fries dargestellten Figurenpaare, in deren Zentrum sich die »Freude« befand, waren durch ein geschwungenes Lineament eingestreuter Blüten und Kreise verbunden. Die innere Konsequenz dieser stilisierten, wogenden Bewegung, die auf die rechte

Gruppe der Engel hinzielt, dürfte einen Vers der dritten Strophe veranschaulichen: »Freude trinken alle Wesen / An den Brüsten der Natur; / Alle Guten, alle Bösen / Folgen ihrer Rosenspur. / Küsse gab sie uns und Reben«. Bezeichnenderweise finden sich innerhalb des wogenden Lineaments stilisierte Weinreben ebenso wie ein Paar, in dem der Mann die Frau umarmt hält, um an ihrer Brust zu saugen.

Erwähnt sei ferner, daß die wogende Ornamentation Reminiszenzen an die von Auchentaller gestaltete Titelseite von Ver Sacrum erweckte.[49] Dergestalt war der Fries im Rückblick auf die durch die Öffnungen[50] sichtbare Skulptur zum Schlußmotiv sowohl der im Beethoven-Saal angeklungenen Thematik wie auch des im Mittelsaal thronenden Leitmotivs geworden.

In dem von Bauer gestalteten *Leseraum* konnten die Besucher die auf den Pulten aufgelegten Ver-Sacrum-Hefte durchblättern. Die Wände, in deren Diagonalachsen Rundnischen eingelassen waren, schwangen konkav zurück. Die Aufstellung der

vier kleinen Gipsfiguren Minnes in den Nischen gemahnte ein wenig an Mosers Arrangement für den berühmten Brunnen (8. Ausstellung). Abermals war eines der erfolgreichen Raumargumente gleichsam rezitiert worden. In dem gegenüber dem Ausgang befindlichen Fenster hatte Moser sowohl durch die Glasverbleiung wie durch die geschliffenen Glasstücke eine weitgehend ungegenständliche ornamentale Komposition verwirklicht. Über der Kaminverkleidung, die mit ihrer rechteckigen Form und den quadratischen Öffnungen die Gestaltung des über der Durchgangsöffnung im Seitensaal angebrachten Schriftfeldes wiederholte, war eine rechteckige seichte Nische eingefügt. Wie alle anderen Räume hatte Bauer auch das Lesezimmer im Rauhverputz ausgeführt.

PRINZIPIEN DER RAUMGESTALTUNG

Vergegenwärtigt man sich das Arrangement der einzelnen Räume sowie das der ganzen Ausstellung, so wird man eines funktionalen Zusammenwirkens aller Teile zu einem Ganzen, aller Momente um eines Zieles willen, gewahr. Die Raumidee, die vorstellig zu machen sowohl Ziel wie auch Motiv der Gestaltung war, manifestierte sich in einem Reichtum von formalen und materiellen Korrespondenzen, in einer Vielfalt von Analogien. Gleichwohl verlor sich das Arrangement nicht in einer Summe vager Andeutungen; vielmehr war es durch und durch von einer künstlerischen Dynamik motiviert, in deren Diensten (a) die Raumaufteilung, (b) die Raumfolge, (c) die formale Bild- bzw. Friesanordnung sowie die inhaltliche Regieführung derselben stand und, schließlich (d), die experimentellen Komponenten, die dekorativen Details und der Raummantel. Inwiefern das Zusammenwirken dieser formalen und materiellen Prinzipien die Raumidee als einigendes Motiv konkretisierte, inwiefern das Arrangement Gestalt gewordene Entelechie der Modernen Raumkunst war, in der die früher latent entwickelten Positionen zur Erfüllung gelangten, sei nach Explikation der zugrundeliegenden Struktur beschrieben.

Folgende raumkünstlerische Prinzipien kamen im Zeichen der »unerbittlichen Logik«[51], von der der Katalog schreibt, daß sie, um eine »Veranstaltung anderer Art« zu verwirklichen, notwendig gewesen sei, zur Anwendung:

ad a) Die *Raumaufteilung* geriet formal vollkommen symmetrisch. Die Achse bildete die Blickrichtung der Beethoven-Skulptur.

ad b) Die *Raumfolge* war gleichfalls symmetrisch oder, wenn man so will, reziprok. Der Nullpunkt war wiederum die Skulptur. Da die Betrachter indessen keinen gleichzeitigen Eindruck des Arrangements erhalten konnten, war ein Weg vorgegeben, auf dem sie das Arrangement in drei Phasen durchschreiten konnten.

ad c) Die formale *Bild- und Friesanordnung* exemplifizierte eine distributive Hierarchie, auf die schon Lux aufmerksam gemacht hat: »Mit der räumlichen Entfernung vom Haupt-Werk wächst die selbständige Bedeutung der Kunstwerke. Und umgekehrt: je näher dem Haupt-Werk, desto größer die Unterordnung des malerischen und plastischen Schmuckes unter den führenden Gedanken.«[52] Was Lux hier beschrieben hat, ist nichts anderes, als das eingangs zitierte dekorative Prinzip. Es regelt die formale Fries- und Bildapplikation sowie deren inhaltliche Bezugnahme auf die Skulptur. Daraus erklärt sich, warum die Friese ausschließlich in den Seitensälen angebracht waren bzw. warum die zwei monumentalen Bilder des Hauptsaales keine ähnlich starke ikonographische Verdichtung vorstellten wie vor allem der Fries des linken, weniger jene des rechten Seitensaales. Daß das dekorative Prinzip so umgesetzt werden konnte, hatte natürlich zur Voraussetzung, daß die Gemälde und die Friese nicht für sich, sondern eigens mit Blick auf die Ausstellung erarbeitet worden waren. Schon erwähnt wurde, daß der formal gestalteten Einheit eine einheitliche Auffassung der Materialauswahl sowie der Materialbearbeitung entsprach. Beide referierten sich auf die Klingersche Skulptur, die auch in der Frage der Polychromie und in der des Materialethos zum Vorbild gereichte.

Die der Form nach und dem Material nach bereits auf das Leitmotiv bezogene Raumgestaltung wurde vollends zum Resonanzkörper desselben, betrachtete man die Funktion der Seitensäle im Hinblick auf den Hauptsaal, die der Friese und Wandgemälde im Hinblick auf die Skulptur, also die *inhaltliche Regieführung:* Die Ausgestaltung der Innenräume bezog sich dem Material und der Form nach aufs Äußere, dem Motiv nach aber auf die innere, die psychische Sphäre, wie sie die Skulptur, sei es biographisch oder kulturgeschichtlich, vermittelte. Die Stellung »Beethovens« als eines repräsentativen Mittlers zwischen der ungestillten Sehnsucht der auf Erlösung hoffenden Menschheit und deren Einlösung durch die dem Künstler zuteilwerdende poetische Inspiration, also der sinnbildhaften Verschränkung einer Biographie mit einem universellen Erlösungswerk, bestimmte die Programmatik des von Klimt gemalten Frieses; sie bestimmte in den wesentlichen Aspekten aber auch den Hauptsaal, der die Skulptur im Schnittpunkt der »Sinkenden Nacht« – die herkömmliche Kunst, die irdische Schwere oder den alten Äon bedeutend – und des »Werdenden Tags« – die im Vollzug dieses Gedankens ansichtig werdende erlösende Macht der Kunst, das ideale Reich der Künste, Harmonie und Glückseligkeit signalisierend – zeigte.

Der dekorativen Regel zufolge nahmen die allegorische oder illustrative Bestimmung des Leitmotivs mit der Entfernung zur Skulptur zu. Wie Form und Gehalt des raumkünstlerischen Dekors in Beziehung auf die Raumidee standen, an ihr partizipierten, wie also das dekorative Prinzip umgesetzt wurde, läßt sich formal mit der aus der Metaphysik bekannten »Arbor porphyriana« vergleichen: So wie mit der Allgemeinheit der Begriffe deren Gehalt abnimmt, sodaß der höchste, der des Seins, zugleich der leerste ist, so verloren die Elemente der Raumkunst mit der Nähe zum Leitmotiv an Eigensinn. Mit der Entfernung indessen gewannen sie an Bestimmtheit – wenn auch, in diesem Fall, mit Bezug auf die Raumidee. Nähe und Ferne stellten demnach raumkünstlerische Regulative dar; aber auch »oben« und »unten«. In seinen Gedanken zum Gesamtkunstwerk gab Klinger einmal den Vorsatz preis, wie Bild und Plastik in einem Raum zu plazieren seien: »Wir haben bei jedem Monumentalraum das Bedürfnis, an den rein architektonischen unteren einfachen Gliederungen plastische Werke zu suchen, die in Gestalt bekräftigender Charaktere, stimmender Gruppen die Vermittlung bilden zu den Phantasiewerken der höheren Raumteile.«[53] Klingers Diktum wurde im Arrangement der 9. Ausstellung ansatzweise, in dem der Beethoven-Ausstellung perfekt Folge geleistet; es bildet darum mehr als ein Aperçu zum dekorativen Prinzip in der Vertikale. Abschluß fand dieser thematische Aufbau in den beiden Friesen des rechten Seitensaales, die ein Rezitativ sowohl der Programmatik des Beethoven-Frieses von Klimt wie auch der monumentalen Thematisierung zweier Aspekte derselben im Hauptsaal darstellten.

Die raumkünstlerischen Lösungen, wie der Raummantel und die Bildflächen sowie die dekorativen Details in regelhafter Beziehung zum Leitmotiv stehen, erklären sich nicht nur aus der Anerkenntnis der formalen und materiellen raumkünstlerischen Prinzipien, als vielmehr aus der raumkünstlerischen Umsetzung der in die Skulptur bzw. in die Person des Tondichters introjezierten Gehalte und Funktionen. Wie der Titel des Aufsatzes »Raumkunst und Traumkunst«[54] darlegt, handelte es sich um die raumkünstlerische Ausdeutung von Träumen, individuellen wie solchen der Menschheit, die durch das Leitmotiv angezeigt wurden. Und es war die selbstgewählte Aufgabe, diesem erträumten Raum einen gemäßen äußeren Innenraum zu gestalten. Darum glichen die Friese und Schmuckplatten Fenstern, vermittels welcher die Raumflächen transzendiert wurden, die Kranzträgerinnen aber ahistorischen Figuren, vermittels welcher die verzauberten Besucher in einen Geschichtsraum blickten, der mit dem emphatischen Anspruch der Beethoven-Skulptur übereinstimmte und von gleicher Ursprünglichkeit war.

ad d) Wenn es Absicht der 14. Secessionsausstellung war, die Raumidee in einer Weise zur Darstellung zu bringen, daß dem in der Beethoven-Skulptur kulminierenden Anspruch, einem, wie gesagt, äußerst komplexen, ein ebenso komplexer Raum korrespondieren sollte, dann mußte auch der *Raumhülle* ein exemplarischer Wert zukommen. Dazu bedurfte es des Experiments, der Konkretisierung einiger Mittel: Unter der Bezeichnung »Kristallisation« waren sowohl die Mittel wie der ihrer Gestaltung inhärierende Zweck schon einmal angeführt worden. Diese Gestaltungsmittel bildeten gleichsam das spezifisch *raumkünstlerische Substrat:* Ihren Eigenwert erhielten sie ausschließlich aus der dekorativen Funktion, d. h. durch die Beziehung auf das Leitmotiv. Sie, gemeint sind die Schmuckplatten, die geometrischen Reliefs und der Rauhverputz, erlaubten einerseits Akzente zu setzen, andererseits Effekte hervorzurufen. Vor allem die Wirkung der weißen Wandflächen war ungemein, wenngleich für sich selbst kontraproduktiv: Sie kam den auf ihr applizierten Reliefs oder Friesen zugute, aber auch der Skulptur.

Erst vermöge der Dichtigkeit von Kalkbewurf, Flächengestaltung und dekorativen Schmuckplatten war die Vereinheitlichung der übrigen Raumelemente (Fries, Plastiken u. s. f.) in einer Weise möglich, daß von dem finalen Moment der Gestaltung als einer Kristallisation gesprochen werden konnte; ja, daß sich dieser moderne Raum in Vergleich zu archaischen stellen ließ, etwa wenn Sekler

eine mediterrane Landschaft assoziierte. Im Zusammenhang der Schmuckplatten sei im übrigen darauf hingewiesen, daß Alois Riegl dem Relief, insbesondere dem dekorativen, einen exzeptionellen Stellenwert deshalb eingeräumt hat, weil an ihm »(gleich wie an Werken der Architektur) das jeweilige Kunstwollen am ungetrübtesten zutage zu treten pflegt«.[55] An diesen Reliefs erreichte der purifizierte, gleichwohl durch analoge Bezugnahme angereicherte Gestaltungswille seine stilistische Konkretisierung. So wie Roller auf der 9. Ausstellung, einer Anregung Mackintosh's folgend, die Fresken Klingers in die Wände eingelassen hatte, geschah dies hier mit den Schmuckplatten, die in die Wände der Seitensäle, der Stiegenhäuser sowie an der Stirnwand des Hauptsaales eingesetzt wurden. Die stets quadratischen, nahezu ausnahmslos titellosen Platten waren »Träger der Gesamtstimmung« und auf die Themenkreise »Kampf und Überwindung« sowie »Sehnsucht und Erlösung«[56] bezogen. Unter den einzelnen Schmuckplatten waren (im Unterschied zu den zwei geometrischen Reliefs von J. Hoffmann[57]) Monogramme, die man ob der Stilisierung kaum lesen konnte, appliziert. Wenn Bisanz-Prakken schreibt, daß sie durch ihre »lapidaren Formen und ihren kryptischen Charakter (...) an symbolische Steinmetzzeichen mittelalterlicher Dombauhütten«[58] erinnern, so ist der Assoziation zuzustimmen, doch ist sie, was die Unlesbarkeit der Monogramme betrifft, noch allgemeiner zu halten: Ob der Anonymisierung der Urheberschaft machten sich die Platten absichtlich mit antiken, kultischen Reliefs gemein; so, als wollten sie anzeigen, nicht von einem historischen Auktor verfertigt worden zu sein, als vielmehr von der in ihm wirksam gewordenen Macht.

Eine ebenso wichtige Stellung nehmen die jeweils als Supraporten in den Seitensälen verwendeten geometrischen Reliefs von Josef Hoffmann ein. In ihnen kommt, wie in einem Mikroorganismus, die das gesamte Arrangement prägende gestalterische Energie rückhaltlos zum Ausdruck.[59] Die freie Komposition mit kubischen Formen, die innerhalb eines geometrischen Rahmens rhythmisch, d. i. in einer Spannung von vexierter Symmetrie zu faktischer Asymmetrie, aufeinanderstießen, erzeugte ein spezifisch raumkünstlerisches Mittel, das Hoffmann scherzhaft einmal »kristallisierter Putz«[60] nannte. Gegen die Ansicht, die geometrischen Reliefs antizipierten die spätere abstrakte Kunst, wäre zumindest relativierend einzuwenden, daß in ihnen der Art Nouveau bloß seine,

schen, der künstlichen, festhielt (vergegenwärtigte). Weil diese umfassende Sicht der Geschichte dem leitenden Aspekt, der Funktion der Beethoven-Skulptur, gerecht wurde und entsprach, deshalb mußte sich das Substrat dieser »RaumIdee« auch in einem dekorativen Detail wie den Reliefs offenbaren. Die Raumhülle vergegenwärtigt den Geschichtsraum, der den natürlichen zur Folie hat, und zwar so, daß er mit den Gehalten der Skulptur korrespondiert.

Was die stilistische Konsequenz betrifft, so stimmt hier Sekler tendenziell mit Riegl überein, wenn er schreibt: »Auf dem Gebiet der Ausstellungsgestaltung in der Secession stellte die 14. Ausstellung (...) den Höhepunkt in Hoffmanns puristischer Phase dar«[63] – und, wie anzufügen ist, auch den der puristischen Phase der Modernen Raumkunst im allgemeinen. Fast paradox mutet es an, daran zu erinnern, wie der stilistische Purismus sich entwickelte und nun als Arrangement »kristallisierte«: Stellt er nicht einen phantastischen Eklektizismus dar, einen, der bei keiner der im 19. Jahrhundert gängigen Neostilisierungen sich aufhielt, aber gleichwohl bei den Grundprinzipien epochaler, historischer Stile? Raumkünstlerischer Purismus, so scheint es, ist ein Charakteristikum dafür, daß eine stilistische Gleichzeitigkeit in einer Weise sich manifestiert, daß jede bestimmte Stilassoziation durch eine andere aufgewogen wird; solch abgeklärter »Synkretismus« war Ziel einer Raumkunst, die im Kunstraum die Negation des Naturraums ihrerseits aufzuheben trachtete.

J. Hoffmann, 14. Secessionsausstellung 1902, rechter Seitensaal, Treppenanlage mit dem geometrischen Relief (links) und Detailansicht (oben)

von Anbeginn auch vorhandene, spielerische Seite zeigt. Weder im Kontext der 14. Ausstellung noch im Gesamtschaffen Hoffmanns, noch in der Wiener Kunst der Jahrhundertwende nehmen sie eine Sonderstellung ein.[61] Zufolge der der Raumkunst immanenten Entwicklung wäre eher festzuhalten, daß hier, auf der 14. Ausstellung, die von Roller auf der 9. Ausstellung erfundenen abstrakten Kompositionen zu ihrer raumkünstlerisch vollendetsten Ausführung gelangten.

Die Kombination der beiden Brunnennischen mit den tropfenartigen Friesen und den Würfelpyramiden vor dem Rollerschen Gemälde macht verständlich, warum die Raumgestaltung insgesamt in manchen Momenten einem Naturraum zu gleichen schien.[62] Allein die Assoziation einer naturhaften Räumlichkeit verlieh dem Arrangement eine zusätzliche Qualität, machte die Raumhülle gleichsam zu einem Dekor innerhalb der (bzw. für die) Raumgestaltung. Denn das Arrangement konnte den dem Menschen überantworteten Prozeß der Kultivierung der Schöpfung im Moment seines aktuellen Augenblicks nur deshalb festhalten, die Raumidee nur deshalb in einer archaisch und modern anmutenden Weise kristallisieren, weil es gleichermaßen die Merkmale des ursprünglichen, des natürlichen Raumes und die der histori

Das synkretistische Moment, das das Arrangement der 14. Ausstellung verdeutlichte, sollte kein Amalgam diverser Raumvorstellungen sein, noch (wie im Historismus) ein Nebeneinander diverser Stile, sondern deren (und dessen) teleologische Erfüllung, eine aktuelle Manifestation, welche als Weiheraum oder »Tempel« zu bewundern war. Inwieweit diese Sicht der Raumkunst zutrifft, sei durch eine Stelle bei Lux erhärtet, an der er, Mißverständnisse abwehrend und den Sinn der Modernen Raumkunst darlegend, schreibt: »Den meisten gibt sie nur Anregungen zu archäologischen IdeenAssoziationen. Sie meinen zu verstehen, wo sie von Verbindungen mit assyrischen, ägyptischen, byzantinischen und, was weiss ich, welchen Vorbildern reden können. Wie thöricht! Wie unwahr! Nicht um die Ausgrabung eines alten Tempels handelt es sich, sondern um Abkehr von der Schablone, um rücksichtslose Bekenntnis und Sichtbarmachung der Grund-Prinzipien, welche im Zweck

Begriff und in der Material-Eigenschaft liegen, und die früheren hohen Kulturen bewusst waren. Der Zusammenhang ist somit nicht historisch, sondern teleologisch. Diese von allem Zeitlichen unabhängigen, immanenten Grund-Prinzipe, die in dem Versuch moderner Raum-Kunst wieder zu Ehren gebracht wurden, sind der begrabene Tempel, den wir nicht aus dem Schutt der Jahrtausende, sondern aus unserer eigenen Seele an das Tageslicht fördern müssen.«[64]

NATURRAUM, KUNSTRAUM UND RAUM DER ENTSCHEIDUNG

Das Telos, das in dem Zusammenwirken aller in (a) bis (d) genannten Prinzipien der Modernen Raumkunst sich manifestierte, konnte gewissermaßen in der Art einer erinnernden Betrachtung zur Reflexion gelangen. In Befolgung der bis jetzt rekonstruierten, von den Raumkünstlern intendierten und angewandten Lehre, einer raumkünstlerischen Anamnese, wurde die Raumidee (Skulptur) nur objektiv, nur in den statischen Korrelationen transparent bzw. kapabel: Nämlich in der Raumgestaltung und in der Raumfolge, die formal die Skulptur zum Mittelpunkt hatte; im dekorativen Prinzip, das formal die Anordnung der Friese und Plastiken, inhaltlich aber auch deren Regieführung bestimmte; und in der Raumhülle, die ein Äußerstes an Korrespondenz, an Teilhabe manifestierte, indem sie das komponierte Stilagglomerat vom Naturraum abhob, sodaß dem Anspruch des »Beethoven« ein architektonisch adäquater »Kosmos« zuteil wurde. Dahin steht, ob die Raumidee das Arrangement nur als formales, bestimmte Materialien nach Gesichtspunkten der Korrespondenz bedingendes Raumschema »kristallisierte«. Wurde die Antithese von Naturraum und zivilisatorischen Räumen nur statisch vor Augen geführt? Hatte dieser Werk gewordene »Beethoven« als Raumidee nicht auch ein subjektives Pendant, das durch das Arrangement, wie Lux schrieb, »in unserer Seele ans Tageslicht« befördert werden sollte?

Sowohl in den Thronreliefs wie in den Wandbildern, erst recht aber im Klimtschen Fries war allerdings eine Dynamik angezeigt, eine, die in der kristallisierten Antithese von Naturraum und Kunstraum aufgehoben, aber nicht vollends aufgegangen schien. Denn stand der »Tonheroe« nicht zwischen dem Untergang des Alten und der Heran-

kunft eines neuen Tages? Der Ritter, vermöge der Poesie, nicht im Schnittpunkt von gefallener Schöpfung und dem Reich der Schönheit und Freiheit? Dies vorausgesetzt, müßte zunächst einmal »Kristallisation« wieder verflüssigt werden, als naturhaftes Pendant, als Modus dem Tun, dem Handeln gegenübergestellt werden.

Wie in Befolgung dieses Gedankens, daß das Telos der Natur und jenes der Menschheit prozessual aufeinander zu beziehen sind, hat Lux einmal davon geschrieben, daß das Arrangement »Raum-Schöpfung«[65] sei. Das Schaffen der Künstler verstand er demnach als Umschöpfung, d. h. aus der Analogie zum Schöpfungswerk, das der Künstlerheroe auf sich zu nehmen hatte. Wenn dem so ist, dann war das Arrangement der Raumidee nach die objektive Kristallisation jener Gebärde, derer man beim Anblick der Skulptur inne wurde: Die Spannung zwischen dem geneigten Kopf und der zur Faust geschlossenen Hand, die Idee des inspirierten Schaffens anzeigend, geriet im Monumentalraum zur Gebärde der Modernen Raumkunst, machte diese als Raumschöpfung offenbar. Den Takt, mit dem dieser Prozeß dirigiert ward, entnahm man dem imaginären Zepter, das »Beethoven« hielt: Er hielt und konkretisierte das Arrangement – wie ein Gott seine Schöpfung. Wenn, wie Goethe einmal notierte, Architektur »verstummte Tonkunst« sei, dann hat diese Metapher selten besser getroffen als auf diese Raumschöpfung zu Ehren Beethovens.

Referierte sich das Arrangement symbolisch und allegorisch auf ein Weltendrama, in dessen Klimax, als Erlöser, der Künstlerheroe bzw. der Ritter auftreten, so hatte der Rezipient sich von der Regie des Arrangements dazu ermutigen und verführen zu lassen, daß er selbst seine Handlungen als in diesen *Entscheidungsraum* eingebunden verstand, daß er sich und seine Seele zum Schauplatz dieser Inszenierung machte. Die auferlegte raumgeschichtliche Erinnerung wollte als Selbstbestimmung aufgefaßt sein – nicht allein zwischen Natur- und Kunstraum, sondern zwischen Himmel und Hölle, dem Reich der Künste und der korrupten Welt. Für die Betrachter sollte, gleich dem Genie, dem Tonheroen, der poetisierte Weltraum, der Kosmos, sich in nuce modifizieren: Zum Raum der Entscheidung. Der rhetorische Aufwand, der die Besucher in den Bann schlug und überzeugen wollte, gab der Modernen Raumkunst die Qualität einer ars inveniendi. Sie regte an und stellte einen vor die Wahl. Sehr schön und einfach hat Lux diese teilende wie vereinigende Funktion, die zu jeder Räumlichkeit eine gegenteilige erinnern oder vergegenwärtigen ließ und die Alternative dreifach (in der Skulptur, in den Friesen und als Arrangement) vor Augen führte, beschrieben, wenn er mit Bezug auf die individuelle Rezeption wie die beanspruchte Effizienz der Modernen Raumkunst sagt: Die »einfachste Formel heißt Selbstbesinnung«.[66] Die Bewegung der Modernen Raumkunst war eine durch Selbstbesinnung vermittelte ästhetische Selbstbestimmung. Deren Telos lag in der Schönheit als einer zweckfreien, weshalb es in der vermittelnden Erinnerung wie in der realen Konkretisierung derselben zu sich kam. Der Prozeß der erinnernden oder real konkretisierenden Vermittlung von Raumkunst hatte darum unmittelbar Anteil am »Sinn«. Das ephemer zur Kristallisation gelangte Arrangement war insofern die konkretisierte Schönheit des Raumes, ein monumentales Raumdenkmal, aus Erinnerung gewoben und für die Erinnerung der Schönheit des Raumes bestimmt. Was so zauberhaft war, resultierte nicht allein daraus, daß die von Hoffmann in Rede gestellten »ewigen Gesetzes der Schönheit, die unbewusst« in einem Kunstwerk liegen, sowohl erinnert wie veräußerlicht wurden, sondern aus der Art, wie dies geschah: Die epochalen, zu kurzem Bestand aufgebotenen Stilisierungen, in Pappe, Kalkbewurf und Holzverbauen ausgeführt, demonstrierten, daß der sogenannte schöne Schein dort Triumphe feiern konnte, wo er ernst genommen wurde, mehr noch, zur Kompassion anhielt.

RAUMIDEE UND IDEE DER RAUMKUNST

Unter diesem der Modernen Raumkunst oder dem Arrangement ganz wesentlichen Aspekt, nämlich konkretisierte Erinnerung zu sein, die zum Erinnern auffordert, also unter dem funktionalen oder teleologischen, gelangte nun auch die zuvor beinahe abwertend genannte chronologische Art der Erinnerung zu ihrer raumkünstlerischen Rehabilitation. Lux: »So ergeben sich aus der betrachteten Schöpfung schöne Lehren, die zwar alten Kultur-Völkern, wie z. B. den Byzantinern, den Arabern u. a. ganz geläufig waren, die aber unserer Zeit abhanden gekommen sind. An sie wieder zu erinnern, sie neu zu beleben, an einem Beispiel sichtbar zu machen, ist der Zweck des nur zu kurzem Bestehen

unternommenen Versuches der Wiener Secession.«[67] Dergestalt aber war die 14. Secessionsausstellung nicht bloß eine Manifestation einer Raumidee, sondern: Die Entfaltung der Idee der Raumkunst selbst. Im möglichst vollkommenen Kunstraum wurde sie, eingedenk der natürlichen und der historischen Räume, eingedenk der antiken und des biblischen, offenbar.

Wenn eingangs die Skulptur nicht bloß als Leitmotiv, sondern direkt als »Raum-Idee« bestimmt worden war, so erklärt sich dies am ehesten daraus, daß die Idee des Raumes nur dem gegeben ist, der durch seine Sinne Räumlichkeit wahrzunehmen imstande ist. Freilich vermag die Erinnerung, auch die tiefste, die also, die aktuell den Raum so erinnert, wie er selbst den frühen Kulturen gegeben war, nicht so zu vergegenwärtigen, daß er an sich vorstellbar würde. Die Idee des Raumes gilt, wie die der Zeit, seit Kant als unvorstellbar, weil der Raum als Form der Sinnlichkeit nicht durch die kontingente menschliche Sinnlichkeit an sich wahrgenommen werden kann. Sie wird folglich nie »natürlich«, sondern immer nur vermittelt – so, wie der Raum jenen gegeben ist, die ihn bearbeiten, umschaffen und ihn im Maße der Zwecksetzung für sich wahrnehmen – erfaßt. Die Moderne Raumkunst lehrt, daß bzw. wie in oder an solch gestalteten Räumen die Idee des Raumes erfaßbar ist. Und der Weiheraum der 14. Ausstellung brachte die Vorstellung zur Verwirklichung, wie die durch viele Vermittlungen anklingende Idee des Raumes dem Künstler, dem heroischen Genie, gegeben ist: Als Spielraum und Raum der Entscheidung, als aufs individuelle Drama bezogener Schauplatz des Weltendramas, dem jede und jeder die eigene Psyche als Topos zur Disposition stelle. Man kann daher sagen, daß in der Plastizität der Skulptur die Raumidee manifest oder offenbar wurde, und daß die Inszenierung die ideenmäßige Ausgestaltung des der Skulptur immanenten Raumsinnes gewesen ist. Die Skulptur machte für die Betrachter den Raumsinn an sich zum Sinnesraum und insoferne als Raum der Erlösung oder Verdammnis anschaulich. Reziprok zur Unerkennbarkeit des Raumes an sich war dessen Symbol, die Beethoven-Skulptur und ihr Ambiente, ein sinnlich manifestiertes Rätsel. Und aus dessen Unausschöpfbarkeit resultierten die der Kunst gemäßen, dialektischen Bezugnahmen aufs Ansichsein der »Raum-Idee«: Symbolisch in der Skulptur, allegorisch mit dem Fries und, in summa, raumkünstlerisch, als Arrangement. Hier also – vermöge dieser implizierten Anamnese, die vom Stimmungsbau aufsteigt zum geometrischen Gefüge, zum Ursprung (arche) jeglicher Tektonik – hat die Raumkunst sich, wenn man so will, transzendental bestimmt und reflektiert, hat der Wiener Secessionismus als Moderne Raumkunst sich zu begründen verstanden.

Daß die Idee des Raumes gerade an einem Räumlichen, der Skulptur nämlich, offenbar werde, ist nicht unlogisch. Bedarf es doch des sinnlich wahrnehmbaren Gegenstandes, um der Raumidee anteilhaftig zu sein; und wenn dies in symbolisierender Funktion geschah, so deshalb, weil die Arrangements eben Raum*kunst* (und nicht Beispiele etwa der physikalischen Wissenschaften!) vorstellten. Allgemeinst gesprochen bedeutet »Raum-Idee« soviel, wie daß die Sinnlichkeit des Raumes an sich ebenso wenig wahrzunehmen ist wie die Idee, daß aber andererseits das Räumliche nur sinnlich begegnet, weil es im Lichte der Idee des Raumes ansichtig wird. Daher konnten die Secessionisten und Lux supponieren, vermittels der Beethoven-Skulptur werde die Raumidee sichtbar. Diese Umkehrung, derzufolge die Erkennbarkeit der Idee bedingt ist durch das nicht ganz so ideale Wirkliche, also eine antiplatonische Tendenz, war zu einer Zeit, die mit Nietzsche vom Künstler als dem Heroen oder Übermenschen sprach, nichts Ungewöhnliches; sie reflektiert nur, daß ein Kunstwerk, das den Namen verdient, gar nicht idealer sein könnte, als es ist. Man findet diese Umkehrung, daß nämlich die Raumidee aus einem gestalteten Raum bzw. einer Plastik folge, auch bei Hevesi, wenn er schreibt: Der »Pyrenäenmarmor für den Adler« (zu Füßen der Beethoven-Skulptur) »hat in einer großflächigen, polierten und oben an den Reflexstellen heller gravierten Weise etwas so ausnehmend Gefiederhaftes, die Form des Brockens selbst enthält so sehr den Ausklang der Bewegung, mit der der ›Adler-Aar‹ sich da nieder gelassen, daß man die Empfindung hat, der Sinn, die platonische Idee dieses Steines sei von jeher dieser Vogel gewesen.«[68] Ebensogut könnte es heißen, daß die Idee der 14. Ausstellung seit je der »Beethoven« war; und die der Modernen Raumkunst seit jeher die 14. Secessionsausstellung. Freilich, wann immer eine Entwicklung, eine Folge von Ursache und Wirkung, post festum als aufgegangene, erfüllte Teleologie beschrieben wird, so glättet solch eine Sichtweise; was nicht aufgegangen, nicht zum Ziel gelangt ist, was dissonant blieb, ist ihr fremd, wird vergessen. Zumal dann, wenn eine Totalität postuliert wird, fallen die dissonanten Mo-

mente der unterstellten Harmonie, der affirmativen Sicht allzuleicht zum Opfer. Indessen, war es nicht eingelöste Absicht, Konzept, »in enggezogenen Grenzen die Teile der Wirkung des Ganzen unterzuordnen«?

GESAMTKUNSTWERK

Der Begriff Gesamtkunstwerk hängt in seiner Bedeutung davon ab, welche Totalität gemeint ist und welche konkretisiert wird. Sekler konzediert, daß mit der 14. Ausstellung »für kurze Zeit das Ideal der Schaffung eines Gesamtkunstwerks erreicht«[69] wurde. Dennoch scheint der Gebrauch des Wortes Gesamtkunstwerk für die im Namen der Modernen Raumkunst erhobenen Ansprüche und realisierten monumentalen Räume unspezifisch und vage, weil im allgemeinen doch nicht klar wird, auf welche Gesamtheit oder auf welchen historischen Stand von Totalität sich der Begriff zu beziehen hat. Selbst zwischen den Ansprüchen Klingers und jenen der Secessionisten gab es Differenzen – auch wenn diese vom grandiosen Arrangement gleichsam egalisiert wurden und Klinger sich begeistert und befriedigt zeigte.

Lux bezog sich einmal auf diesen Umstand, als er schrieb: »In Wahrheit aber verhält es sich so: Gerade die ausgesprochene persönliche Eigenart der Raum-Gestaltung setzt sich gegen die Eigenart Klingers stark ab; zwei verschiedene Empfindungs-Sphären schwingen durcheinander, zweierlei Kulturen, hier zu einer verbunden. Es ist kein Widerspruch, aber es ist ein Unterschied. Freuen wir uns dessen.«[70] Wie der Secessionismus im allgemeinen, so war auch Lux an einer affirmativen, harmonisierenden Sicht zumindest interessiert. Die angesprochene Unterschiedlichkeit konnotiert zwar, daß Klinger negativer blieb, daß er in der Umschaffung der Natur zur Kultur noch einen weitaus persönlicheren Schaffensprozeß sah, innerhalb dessen dem Künstler sein Versöhnungs- bzw. Erlösungswirken nicht in gleichem Maße positiv vor Augen liegt, wie das der Deutung des Klimtfrieses und in toto der raumgestalterischen Harmonie zu entnehmen war. So wie er einen problematischen Keil bestehen läßt zwischen dem Kreuzesgeschehen und der hellenistischen Venus, so wenig will er in der Ganzheit des Kunstwerkes die Erinnerung an die Natur bzw. an deren Erlösungsbedürftigkeit anklingen lassen. Wenn er sich diesbezüglich bedeckter hielt, so vielleicht deshalb, weil er »seine« Bibel nicht in gleicher Weise zu einem Mittel der Künste sublimiert wissen wollte. Begegnen in der Deutung des Beethoven-Frieses alle Religionen nicht mehr bzw. nur noch durch ihre Kunstwerke, so daß deren Versöhnungsanspruch im Verlaufe der Säkularisierung direkt auf die Kunst, die Poesie im allgemeinen, übergegangen zu sein scheint, so wahrt der Beethoven Klingers einen Moment der Distanz: Wir wissen auch kaum etwas darüber, was Klinger der Beethoven-Kult bedeutete, denn für ihn war, wie Hevesi schrieb, etwas anderes maßgeblich: »Der an sich selbst erlebte Beethoven.«[71] Bei aller Apotheose, die dem Beethoven im Arrangement der Ausstellung zuteil wurde, Klinger, so scheint es, hat sich ihrer etwas enthalten und in dem Tondichter eher die Person seiner imitatio, also den Vergil im Verhältnis zu Dante, gesehen – und nicht den Künstler-Erlöser.

Dennoch stimmt er in vielen Punkten auch theoretisch mit der zur Realisierung gelangten Auffassung der Secessionisten von Raumkunst bzw. Gesamtkunstwerk überein. So heißt es etwa im Katalog: »Die Einheit des Raumes und die Eindringlichkeit seiner Bedeutung fordern geradezu auf, die sonst so streng einzuhaltenden Formen- und Farbengesetze der Natur aufzulösen zugunsten einer rein dichterischen Verwendung der Mittel. Die großartige Wirkung beruht gerade darauf, daß alles, was nicht in allererster Linie zu dem Gedanken gehört, nicht bloß weniger betont, sondern sogar prinzipiell umgemodelt wird, um jeden Nebengedanken abzuleiten, den Vergleich mit der lebendigen Natur auszuschließen und den Geist des Beschauers auf das Gesamtgewollte zu führen.«[72] Was schließlich das von ihm angesprochene »Gesamtgewollte« sei, teilte er nicht explizit mit, doch gab er einen im Kontext seiner Zeit verständlichen Hinweis, der die Konvergenz seiner Vorstellung mit jenen der Secessionisten wie die Maxime der Zusammenarbeit der Künstler etwas mehr zu erhellen in die Lage versetzt: »Dieses Gesamtwirken aller bildenden Künste entspricht dem, was Wagner in seinen musikalischen Dramen anstrebte und erreichte.«[73] Also auch hier wieder die Analogie: So, als wäre die Moderne Raumkunst eine Art Musiktheater der bildenden Künste.

Die Wirkung des Arrangements als einer Kultstätte wurde noch gesteigert und auf einen inhaltlich umfangreichen Begriff von Gesamtkunstwerk gebracht, als, anläßlich der Eröffnung, Gustav Mahler Motive aus dem Schlußchor der Neunten Symphonie dirigierte. Für die Musiker wurden eigens an der hinteren Schmalwand des Klimtsaales Emporenöffnungen eingebaut. Glaubt man den Kritikern, und es gibt wenig Grund zur Skepsis, so wurde die Idee, die raumkünstlerische Gestaltung durch ein Leitmotiv zu bestimmen bzw. bestimmt sein zu lassen, anerkannt und auch verstanden: »Das ganze Arrangement ordnet sich dem Kunstwerk unter (...) und auf die Geisteswelt dieses Tonheroen sind daher alle die eigens aus diesem Anlasse entstandenen Werke gestimmt...«,[74] schrieb die Neue Freie Presse. Franz Servaes indessen gewahrte eine andere Seite dieses Ereignis gewordenen Gesamtkunstwerkes: »Es ist fast mehr Theater als Tempel...«[75]

Wie aus der Rezeption, der Programmatik und der Gestaltung hervorgeht, wäre die 14. Ausstellung ohne das Hauptwerk ebensowenig denkbar wie dessen gesteigerte Bedeutung ohne die damalige Inszenierung. Erst das Zusammenwirken beider ermöglichte die glückliche, nicht wiederholbare Fügung: Es spricht nichts dagegen, dieses Ereignis Gesamtkunstwerk zu nennen. In ihm, also in der Modernen Raumkunst, schien die Relation von Mittel und Zweck zu einer Einheit und Ganzheit gelangt, die sich in jedem Detail des Arrangements in einer Weise sedimentierte, daß damit stets auf die Ganzheit verwiesen wurde. Das im Arrangement der 14. Ausstellung manifest gewordene Wesen der Modernen Raumkunst kann nach diesem Stand ihrer Entwicklung oder Transparenz nicht mehr ohne die »Raum-Idee« verstanden werden, bestenfalls gegen sie. Über sich hinaus wies das Ereignis, indem in ihm der Anspruch der Religion(en) sublimiert worden war zum l'art pour l'art. Das stand damals sinngemäß in der Presse: Um »einer Kunst ihre volle Wirkung zu verschaffen, wurde noch nie so viel Kunst verwendet«.[76]

EXKURS: KULTWERT UND AUSSTELLUNGSWERT

Wenn einleitend behauptet wurde, daß die Moderne Raumkunst ein Ausdruck des Selbstbehauptungswillens der Kunst sei, so bezog sich dies auf die Gefährdung sowohl der Originalität der Kunstwerke wie der echten Anschauung durch die Techniken der Reproduktion und durch den Kunstbetrieb, einer umfassenden Heteronomisierung. Wogegen der Secessionismus antrat, das war die vordergründige Verkommerzialisierung, aufgrund derer ein Kunstwerk zum bloßen Objekt einer Ausstellung geriet. Je mehr das Kunstwerk zu einer technisch produzierten Ware wurde, umso stärker entbehrte es des ihm ursprünglich eigenen, kultischen Gebrauchswertes. Als Objekt der auf Profit orientierten Ausstellungen, wie etwa jener im Künstlerhaus, konvergierte sein »Kultwert« mit seinem Tausch- oder »Ausstellungswert«[77]. Im Gebaren der bürgerlich-liberalen Tauschgesellschaft dominierte der Ausstellungswert die anderen Gebrauchsweisen des Kunstwerkes. Angesichts dieses Stadiums des Verfalls von Originalität – Walter Benjamin spricht vom Verfall der »Aura« –, muß die Moderne Raumkunst als der Versuch begriffen werden, den Kunstwerken durch die Gestaltung bzw. Inszenierung einer kultivierenden Umgebung wieder eine Sphäre umfassender Zugehörigkeit zu erzwingen, wieder einen gewollt ursprünglichen Gebrauch zukommen zu lassen. Darin liegt denn auch die seltsam rückwärts gewandte, auf Erinnerung fixierte Radikalität, mit der die Raumkunst als »Kunst für die Kunst« zu verstehen ist. Es wurde eine Synthese aller tradierten Kunst aufgeboten, um der modernen zur Souveränität zu verhelfen. Im Arrangement stiftet der moderne Kunstbetrieb einen den Kunstwerken ursprünglich eigentümlichen kultischen Gebrauch auf Zeit. Objektiv gesehen ist dies der dialektische Zusammenhang, weshalb die im Arrangement zu verbuchende Originalität den Werken wie eine Fetischisierung anhängt: Der Ausstellungswert schlägt um in einen neuen, modernen Kultwert, den Kulturbetriebswert.

Die Kunstwerke erhalten einen Hauch oder einen Glanz von origineller Zweideutigkeit: Sie sind nicht für etwas, sondern um ihrer selbst willen oder der Schönheit wegen produziert; und doch ist die behauptete Selbstzweckhaftigkeit nicht einfach zwanglos, sondern ihrerseits genötigt. Es wird nicht im Dunkeln einer Epoche die Überlieferung weitergetrieben, eine Stilgebung weitergereicht, sondern diese selbst werden Ziele des Schaffens. Ja, eigentlich erhalten die Gegenstände dergleichen wie eine aus allem Gewesenen restituierte künstliche Tradition. Auch darin erweist sich die Moderne Raumkunst als rückwärts gewandte Utopie. Heißt es im Katalog, daß die Werke eine »Weihe«[79] erhalten, so liegt das Scheinbare der mit der Weihe angezeigten Originalität darin, daß sie eben so voluntaristisch, so eminent künstlich (artifiziell) ist. So wie Klimt dem innig umschlungenen Paar am Ende seines Frieses eine auratische Um-

mantelung gab, so gaben die Raumkünstler den Werken, zumal der Beethoven-Skulptur, eine auratische Raumhülle. Die Moderne Raumkunst stellte also genau das dar, was im Verfall begriffen war, wenngleich auch, um es (so wie die in der Aufnahme verfallende Anschauung) zu retten. Sie schuf den Kunstwerken im planen Betrieb der Marktwirtschaft einen eigenen Raum, freilich – immanent.

Die Moderne Raumkunst war deshalb kein Beiwerk, sondern die sehr aktuelle Prüfung der Bedingungen der Möglichkeit von Kunst sowie der Versuch der aktuellen Realisierung. Die Arrangements waren Kunst in einem öffentlichen Raum und zugleich Öffentlichkeitsarbeit mit unterhaltenden Qualitäten. Ihr Gelingen schlug sich sowohl in der Ablehnung wie in der Akzeptanz nieder, die beide der Secession entgegenschlugen. Desgleichen auch in der Verkaufszahl der Exponate. Denn dermaßen überformt und ästhetisch purifiziert, ja fetischisiert – Kunstwerke, die für sich selbst Reklame in dem Sinn machten, daß sie die Öffentlichkeit, die Sensoren der Allgemeinheit, für sich reklamierten –, erhöhte sich zusehends und nur scheinbar widersprüchlich zu den Absichten der Künstler (und zum Motto »l'art pour l'art«), gleichsam ineins mit dem neu erlangten Kulturbetriebswert, auch deren Verkaufswert. Im Rahmen einer liberalen Marktordnung setzte die Elite ihr Kunstwollen auch kommerziell durch, beweisend, daß Leistung sich auch bezahlt machte.

Das bezog sich selbst auf die rein dekorativen Werke, die ursprünglich ebensowenig für den Verkauf gedacht waren wie gewisse Schmuckplatten alter Kirchen und sonstige Gegenstände kultischer Verehrung. Denn die von den Kunstkritikern hochgespielte Klage über den mit Ausstellungsschluß drohenden Verlust der dekorativen Friese und Schmuckplatten, die »mit der Architektonik zur unlöslichen Einheit«[79] verbunden waren, erwies sich als unbegründet. »Von den Wandmalereien und Plastiken, welche die Umrahmung (von) Klingers Beethoven bildeten« und die im Katalog zum Verkauf angepriesen wurden, »gingen 32 Werke, darunter Klingers Frauenkopf, in Privatbesitz über.«[80] Weiters vermerkt Hevesi über die Schmuckplatten und ähnliches, daß »das Publikum gerade diese Allotrien auffallend gern« kaufe.[81] Man darf demnach folgern, daß mit der Konstitution des neuen Kunstbetriebes nur eine überfällige Adaptierung des alten stattfand, eine unumgängliche Innovation des Warencharakters

M. Lenz, 14. Secessionsausstellung 1902, Schmuckplatte

der Kunstwerke, womit die Secessionisten von Anbeginn mindestens so rechneten wie der Hagenbund später, als er aus der Künstlergenossenschaft austrat. Und wie zum Beweis der These von der Aktualisierung folgten das Künstlerhaus und das Österreichische Museum für Kunst und Industrie eilends dem neuen Ausstellungsstil. Die Secessionisten hatten somit eine Art der Präsentation vorgeführt, die Kunst und Reklame gegeneinander indifferenzierte, die den öden Markthallencharakter der Ausstellungshäuser überwand, indem an ihre Stelle ein Konsumtionstempel trat, in dem Angebot, Bedürfnisweckung und Verkaufsstrategie nur mehr untergründig, wenn auch umso nachhaltiger, wirkten. Moderne Raumkunst war demnach kristallisierte Umschöpfung und, auf ihre Art, auch Wertschöpfung.

Zu erwähnen bleibt noch, daß der Klimtfries nach Schluß der Ausstellung nicht entfernt wurde, sondern bis zur Klimt-Kollektive, d. i. die 18. Ausstellung (1903), im linken Seitensaal verblieb. Allerdings dürfte er schon während bzw. kurz nach der 14. Ausstellung von Karl Reininghaus angekauft worden sein.[82] Derselbe Artikel berichtet, daß die von einem Mitglied der Secession gemachten Versuche, »Fresken« noch vor der nächsten Ausstellung abzulösen, ein »erfreuliches Resultat« gebracht haben. Um wen es sich dabei handelte, war ebensowenig zu eruieren wie etwa die Angaben über den Verbleib bzw. die Zerstörung der übrigen Wandbilder.

Weiters ist sowohl die Art wie auch die Begründung zu bedauern, mit der die Stadt Wien es damals ablehnte, Klingers Beethoven anzukaufen: Der Stadtrat, der am 25. 4. 1902 noch 25.000 Kronen zu seiner Erwerbung beigetragen hatte, beugte sich der antisemitischen Polemik beinahe aller seiner Mandatare, die sich an der »spezifisch jüdischen Kunstauffassung des Themas«[83] stießen. Zumal die auf dem Autonomiestatut der Kunst begründete Synthese antiker heidnischer und christlicher Motive, wie sie an den Thronreliefs, aber auch schon in Klingers »Christus im Olymp« zu vermerken war, führte dazu, von einer »jüdischen Effecthascherei«[84] zu sprechen. Die vorsichtig um Verständnis werbende Replik der Neuen Freien Presse, daß »die Raumanordnung vielleicht etwas zu raffiniert«[85] sei, mußte untergehen in einer Stadt, in der allein der Verdacht, daß Klinger Jude sei[86], genügte, um einen Konsens im Gemeinderat gegen den Ankauf seines Werkes zu erzielen. Am 23. 6. 1902 wurde der Ankauf des »Beethoven«, des Leitmotivs jenes Wiener Gesamtkunstwerkes, das die 14. Ausstellung war, aus Leipzig gemeldet.[87]

Gruppenaufnahme der Secessionisten anläßlich der 14. Secessionsausstellung 1902

VI
POLARISIERUNG VON RAUMKUNST
UND GALERIE, 1902–1907

Die knapp vor Eröffnung der 14. Secessionsausstellung vollzogene statutenmäßige Festlegung, daß alle künftigen Ausstellungen entweder Raumkunst- oder Galeriecharakter haben sollten, war der Versuch, einen schwelenden Konflikt zu regeln. Nicht ganz zu Unrecht wähnten sich die als reine Maler weniger bekannten Mitglieder unterrepräsentiert: Während die Mehrfachkünstler brillierten, konnten sie zur Raumgestaltung so gut wie nichts beitragen. Als Maler aber wurden sie und ihre Werke nicht ebenso gewürdigt oder geschätzt wie diejenigen Klimts oder der europäischen Moderne. Dementsprechend selten kamen sie zum Zug. Die statutarische Festlegung reglementierte zwar den latenten Konflikt – unter der Oberfläche aber glomm er weiter und führte, statt zu einer offenen Auseinandersetzung, zu einer fortschreitenden Entfremdung.

Im Vergleich zu den vorangegangenen Ausstellungen wirken die der folgenden Jahre blasser, mäßiger. Was die Ausstellungen mit Galeriecharakter betrifft, so erscheint dies verständlich; was hingegen die Arrangements angeht, so dürfte der Grund darin gelegen haben, daß ein so gelungenes Experiment wie die Beethoven-Ausstellung sich nicht wiederholen ließ. Zum einen, weil kein ähnlich qualifiziertes Leitmotiv zur Verfügung stand, zum anderen, weil der einmal erfolgreich aufgegangenen Idee der Modernen Raumkunst selbst durch eine Wiederholung nichts mehr hätte hinzugesetzt werden können. Überdies griff der interne Konflikt in die Beziehungen der Secessionisten in einer Weise ein, daß die Raumkünstler das Interesse an der Secession in dem Maße verloren, als die um Engelhart gescharten Maler[1] das ihre in vereinsmeierhafter Manier durchzusetzen begannen. Je mehr aber die Secession ihre frühere Vorreiterrolle zugunsten eines Galeriebetriebes preisgab, desto stärker konnten sich der Hagenbund und andere Vereinigungen in den Vordergrund schieben.

AUSSTELLUNGEN DES
HAGENBUNDES UND DER SECESSION

Während die Secession mit den Problemen der Umdisponierung und der improvisierten Veranstaltung der 12. und 13. Ausstellung konfrontiert war, hatte der Hagenbund die Zedlitzhalle adaptiert und das Programm der ersten drei Ausstellungen fixiert.

Die *1. Ausstellung des Hagenbundes (28. 1. – 3. 3. 1902)* präsentierte in mehreren aneinandergereihten polygonalen und rechteckigen Räumen ausschließlich österreichische Werke. Die breiten Durchgänge ermöglichten eine optische Erfassung der farblich (blau, gelb, rot, silber) stark kontrastierten Säle. Über den an den Wänden angebrachten kleinen Verdachungen spannte Urban einen weißen lichtdurchlässigen Stoff. Den beiden Interieurs in den Nischenräumen führte er von der seitlichen Fensterfront Licht zu, indem er in die Zwischenwände dekorativ gehaltene Fenster einsetzte. Die Ornamentierung der Wandbespannung nahm deutlich auf Ver Sacrum Bezug, vor allem ob der schachbrettartigen Musterung, die die Wände umzog. Ein- und Ausgänge sowie die Wandecken akzentuierte er mit vergoldeten Kranzornamenten, über dem Haupteingang malte er zusätzlich kleine

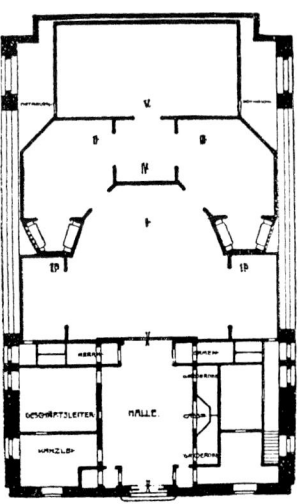

J. Urban, 1. Hagenbundausstellung 1902, Grundriß

J. Urban, 1. Hagenbundausstellung 1902, Blick gegen den Eingang

J. Urban, 2. Hagenbundausstellung 1902, Hauptsaal

H. Lefler, 3. Hagenbundausstellung 1902, Hauptsaal

J. Urban, 3. Hagenbundausstellung 1902, Blick vom Rundraum in das Kinderzimmer

J. Urban, 3. Hagenbundausstellung 1902, Kinderzimmer

Säulchen auf. Diese mehr als gewagte Kombination veranlaßte Zuckerkandl zu einem kritischen
Kommentar: »Den einfachsten Prinzipien der
Decor-Echtheit sprechen die gemalten Holzsäul-
chen, die ober der Tür angebracht sind, Hohn
(...) Alles durfte die Vereinigung bieten, nur nicht
jene Mode-Moderne mit dem fabricierten Stim-
mungsdusel.«[2]

Die 2. Ausstellung des Hagenbundes (4. 3. – 31.
3. 1902), den »Werken graphischen und illustra-
tiven Charakters, der Architektur, dem Kunstgewerbe und der Kleinplastik«[3] gewidmet, schloß
hinsichtlich der Raumaufteilung direkt an die erste
an. Neu war lediglich eine gemusterte Wandbespannung. Auf Anregung des Unterrichtsministeriums übernahm der Hagenbund auf seiner 3.
Ausstellung (21. 4. – 8. 6. 1902) die Wanderaus-
stellung des Leipziger Buchgewerbevereins, »Die
Kunst im Leben des Kindes« tituliert. Die zuvor in
Dresden, Nürnberg, München, Stuttgart und Berlin gezeigte Sammlung beinhaltete vor allem Bil-
derbücher, Buchschmuck und Kinderzeichnungen.
Urban arrangierte die Exponate und erweiterte die
Ausstellung um zwei Interieurs, ein Kinderschlaf-
und ein Spielzimmer, sowie um einen Saal für historisches Spielzeug. Während Heinrich Lefler die
Leipziger Exponate in einem sehr einfachen, polygonalen Raum präsentierte, verfuhr Urban im angrenzenden Rundraum, in dessen Annexen er die
zwei bis ins kleinste Detail durchgestalteten Kinderzimmer unterbrachte, kompromißlos und ei-
genwillig. So ließ er etwa in die Wandflächen goti-
sierende, spitzbogenartige Nischen ein, in die er
Puppen plazierte. Der den Rundraum nach oben
begrenzende Fries war von Spitzen und Rüschen
gesäumt und zeigte kleine Figuren auf blattartigen
Medaillons. Den Rezensionen zufolge erfreute sich
die Ausstellung großer Aufmerksamkeit. Wenn die
Wiener Bürger einige Sensibilität für dieses Thema
an den Tag legten, so vermutlich aufgrund des um
die kindliche Kreativität bemühten, langjährigen
Wirkens von Alfred Lichtwark und Franz Cizek.

An der Deutsch-Nationalen Kunstausstellung in
Düsseldorf (1. 5. – 20. 10. 1902) nahmen die Secession, der Hagenbund und die Künstlergenossenschaft teil. Die Arrangements wurden in dem 1898
geplanten und 1902 vom Architekten E. Rückgauer fertiggestellten neuen Ausstellungsgebäude
errichtet. Dem Olbrichschen System folgend,
konnten in den großen Hallen »durch verschiebbare Holzwände (...) kleinere Abteile geschaffen

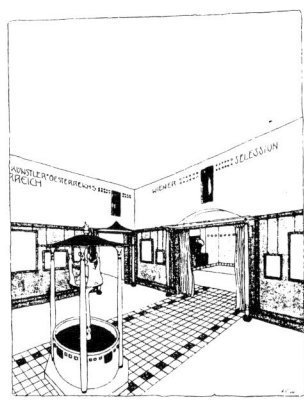

werden«, sodaß in jedem Saal eine »dekorative Raumgestaltung« möglich war.[4]

Die *Räume des Hagenbundes* arrangierte Urban. Während er den Saal 19 mit einer schon bekannten Stoffbespannung aus Kreis- und Ovalmustern überzog, entwarf er für den angrenzenden Raum 19a ein »Altwiener Interieur«, das auf allgemeine Wertschätzung stieß.[5] In jedes der grauen Wandfelder des oktogonalen Saales fügte er ein gelbes Seidenpanneau mit girlandenartigen Mustern ein, ein Motiv, das er am Katalog der Eröffnungsausstellung bereits verwendet hatte. Die acht Saalecken wurden durch überschlanke, aus poliertem Ahorn bestehende Säulen, die in versilberten Fußhüllen steckten und oben mit Kapitellen abschlossen, betont. Die Kunstzeitschriften lobten die »Geschlossenheit der Komposition, die diskrete Färbung« und »die ungewohnte Raumidee«;[6] stilistisch stuften sie die Raumgestaltung als »halb Empire, halb neuextravagant«[7] ein.

Hoffmann und Bauer gestalteten die *Räume der Secession* in Anlehnung an die in der 14. Ausstellung angewandten raumkünstlerischen Prinzipien. Allerdings fehlte ihnen jenes Hauptwerk, das alle anderen Exponate dominiert und dadurch ein einheitliches Arrangement erzwungen hätte. Die drei überaus hohen Räume wurden von Hoffmann ebenso wie der von Bauer gestaltete Teesaal durch eingezogene Decken, die in ihrer Mitte einen Holzraster aufwiesen, bis fast auf die halbe Höhe reduziert. Beiderseits jeweils der Ecken des Saales 20a ließ Hoffmann kleine geometrische Schmuckplatten, »quadratförmige Flecken«[8], ein, die er farblich auf die dunkelblaue Sockelleiste abstimmte. Das relativ wichtige Exponat dieses Raumes bildete der von Luksch und Hoffmann ausgeführte Zimmerbrunnen. Seine geschwungene Bekrönung korrespondierte mit den Wanddurchbrüchen über

den Durchgängen der Zimmerflucht. Mit den sich oben und unten verjüngenden Marmorsäulen des Brunnens – ähnliche ließ Hoffmann zu seiten der Durchgänge anbringen – variierte er einmal mehr das alte Pfeilermotiv und machte deutlich, wie leicht übertragbar die an kunstgewerblichen Objekten erarbeiteten konstruktiven Prinzipien auf die architektonische Gestaltung waren. In allen drei Sälen stellte er die weißen Säulen, die plastische Ornamente und bemalte Dreiecksmuster trugen, vor dunkle, gleichfalls mit geschwungenen Dreiecksornamenten bemalte Pilasterstreifen, sodaß die weißen Wände die Säulen nicht absorbierten. Die Wände des Saales 20, des Gemäldesaales, gliederte er mit dunklen Rahmen in Felder, die er mit einer Stoffbespannung überzog.

Auf Interesse stieß die dekorative Lösung des oberen Wandabschnittes. Alle Durchgangsöffnungen wurden von einer in einer Rechtecksform schematisierten frontalen Frauenfigur, »einer Malerei in Schwarz, Gold und etwas frischem Grün in archaisierend feierlichem Linienstil«[9], akzentuiert. Von dem rauhverputzen Untergrund hoben sich, wie schon auf der 14. Ausstellung, glatte, plastisch aufgesetzte Quadratfriese ab, die mit gehöhten Inschriften alternierten. Der von Hoffmann und Bauer auch in Düsseldorf verwendete weiße Kalkbewurf führte zu Mißverständnissen. Man glaubte, darin eine Selbstbeschränkung Hoffmanns erkennen zu müssen: »Die Verquickung klarer, kon-

J. Hoffmann, Deutsch-Nationale Kunstausstellung in Düsseldorf 1902, Blick vom Saal 20c in den Teesaal von L. Bauer (links) und Perspektivstudie (rechts)

struktiver Grundtendenzen mit einem oft seltsam archaistisch anmutenden Formengeschmack«, die »Schwenkung zur Schlichtheit«, schien »etwas verdächtig. Der Purismus hat gerade in Wien nie allzuviel Jünger gefunden.«[10] Gegen diese Behauptung wäre zumindest einzuwenden, daß der Rauhverputz ganz wesentlich zum erfolgreichen Arrangement der Beethoven-Ausstellung beigetragen hat.

Um die Kunstwerke, wie z. B. Mosers großen Glasschrank, günstig plazieren zu können, strukturierte Hoffmann die Kalkwände des angrenzenden Saales 20b mit einigen Nischen. Zusätzlich ließ er in die Wand Reihen stilisierter Skarabäen und Schmetterlinge aus glasiertem grünen Ton ein. Obwohl kritisiert wurde, seine Räume widersprächen

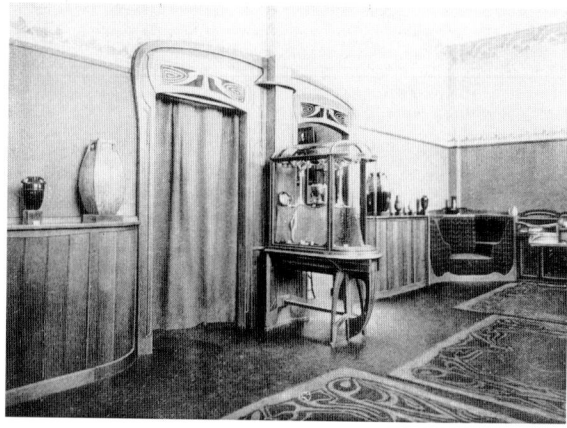

H. van de Velde, Deutsch-Nationale Kunstausstellung in Düsseldorf 1902, Ausstellungsraum »Beiträge zum modernen Stil«

jedem »Gebrauch«, da sie keine Zimmer wären, in denen »eine Familie ihr Mittagessen einnehmen könnte«[11], nahm Hoffmann speziell mit dieser dekorativen Lösung auf die Villa Henneberg Bezug. Dort waren Skarabäen und andere Stuckornamente gleichfalls in die Kalkwände der Halle und des Vestibüls eingelassen. Van de Velde, dessen Säle in Düsseldorf noch immer durch fließende, den Raum dynamisierende Linien charakterisiert wurden, hielt mit seiner Kritik am Arrangement der Secession nicht zurück. Er stieß sich an der »Derbheit« ihres Stiles, an »ihrem verdorbenen Erfingungsgeist« und an den »krankhaften und entarteten Versuchen der Wiener Künstler«, die »beständige Gefahren« für die Stilentwicklung wären.[12]

Von der in der Beethoven-Ausstellung erzielten einheitlichen Raumwirkung, die zwar in Düsseldorf noch vorhanden, aber doch schon merklich abgeklungen war, konnte man auf der *15. Secessionsausstellung (5. 11. – 28. 12. 1902)* so gut wie nichts mehr spüren. Die Gesamtdisposition wurde Leopold Bauer übertragen, die Gestaltung einzelner Säle seinen Kollegen überlassen. Da das Arrangement nicht eindeutig den Galeriecharakter hervorkehrte, verbuchten die Kritiker die im Verhältnis zur Beethoven-Ausstellung geringe Raumgestaltung als Defizit: »Sie«, die Secession, »hat nicht wie sonst eine Überzeugung ausgesprochen und dieselbe mit der ganzen Wucht einer einheitlichen Conzentrierung vertreten«.[13] Mangels eines leitenden Motivs sowie der erst in Anerkenntnis desselben sich ergebenden guten Zusammenarbeit hatten die Künstler die Möglichkeit einer kohärenten raumkünstlerischen Lösung von vornherein preisgegeben. Statt ihrer werden Vereinzelungstendenzen bemerkbar.

Bei der Disponierung einzelner Räume mußte Bauer auf den im linken Seitensaal beständig angebrachten Beethoven-Fries Rücksicht nehmen. Ob er aus Respekt vor Klimt blieb oder aufgrund der Schwierigkeit, ihn adäquat abzunehmen, ist sekundär; mit seiner Erhaltung machten sich die Secessionisten zu Gefangenen ihres Erfolges, eines Erfolges, der zu Lasten der ephemeren Gestaltungsmöglichkeiten ging. So blieb erstmals ein Teil der Secession quasi tabuisiert. Alle anderen Einbauten der 14. Ausstellung wurden über die Sommermonate entfernt, Niveauunterschiede beseitigt, die übrigen Fresken abgetragen und übertüncht. Die Wandöffnungen des linken Seitensaales ließ Bauer – bis auf eine, die vorerst als zentraler Durchgang fungierte – vermauern.

Die Idee eines zentralen Rundraumes für die Kollektion Leopold Kalckreuths entstand möglicherweise in Assoziation zum Arrangement für die Werke Segantinis. Wie einst Roller auf der 9. Ausstellung, so nutzte auch Bauer den von der Rundform des Mittelsaales ausgesparten Raum, um in den verbleibenden Zwickeln Nischen einzupassen. Da er es scheute, die Gemälde direkt vor die rauhverputzte Wand zu hängen, entwarf er eine integrierende Wandgestaltung. Wie Hoffmann im Düsseldorfer Gemäldesaal, so setzte auch er den weißen Kalkbewurf nur im oberen Bereich des zylindrischen Saales ein. Allerdings wählte er als Bildhintergrund ein exklusiveres Material: Eine dunkelrote, nach einem Entwurf Mosers gewebte

Seidendamastbespannung. Der Entwurf stellte eine Engelsfigur dar und ging am 15. 9. 1902, unter dem Kennwort »Damast für die Secession«[14], in Auftrag. Nach unten schloß den Rundraum ein breites Sockelband mit quadratischen Öffnungen ab. Im Raumzentrum plazierte er bequeme Fauteuils, die die Bildbetrachtung optimal gewährleisteten und zudem den einzigen farblichen Kontrast zum Verputz darstellten.[15]

Im Klimtsaal ließ Bauer eine zeltartige, rauhverputzte Wölbung mit einem zentralen, breiten Oberlichtstreifen einziehen, der die Friese und die rückwärtigen Emporenöffnungen verdeckte. Über einige Stufen, auf denen jeweils hohe Pfeiler mit vergoldeten Groteskenköpfen von Andri standen, gelangten die Besucher in einen durch niedrige Brüstungen abgeschiedenen Annex. Die bekannte irisierende, grüne Kachelverkleidung wurde für Bauers Zimmerbrunnen verwendet, in den drei getriebene Reliefs von König, Wasserträgerinnen darstellend, eingelassen waren. Der Idee Hoffmanns folgend, die weißen, rauhverputzten Wände mit dekorativen Elementen zu betonen, setzte Bauer quadratische, runde und gewölbte Kachelplättchen ein. Im tieferliegenden Seitensaal wurden zahlreiche Nischen, Vitrinen und Postamente für die vielen kunstgewerblichen Gegenstände, sowie ein Flügelaltar für den schon in Düsseldorf gezeigten Gobelin Rollers geschaffen. Durch eine Öffnung neben dem Flügelaltar gelangte das Publikum in den quergelagerten hinteren, um zwei Ni-

L. Bauer, 15. Secessionausstellung 1902, Wandbrunnen im Saal 2

L. Bauer, 15. Secessionsausstellung 1902, Zentralraum (links) und K. Moser, »Engel«, Damast für die Secession, 1902 (oben)

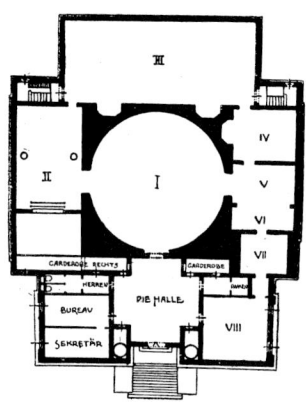

schen erweiterten und mit grauem Stoff bespann-
ten Saal, den Karl Tichy für die »Sztuka« arrangiert hatte.

Der Plečnik übertragene Saal 4, der erste des
viergeteilten rechten Seitensaales, bot eher das Beispiel eines Interieurs denn das eines Ausstellungsraumes. Plečnik, der sich von der »Rohheit und
Monotonie der Hoffmannräume«[16] enttäuscht
zeigte, setzte Gestaltungsmittel ein, die denjenigen
Bauers diametral entgegenstanden: Die Wände
zierten Vertäfelungen mit mehrfachen Rahmungen, die an der Fensterfront eine sich vorwölbende
Glasvitrine einschlossen. Einen anderen Beweis dafür, daß Plečnik jeglichen Purismus, den er mit
»Rohheit« gleichsetzte, abzuwenden trachtete, bildete der Schreibtisch, der zarte Bögen und Glas-
aufsätze trug. Die der Fensterwand gegenüberliegende Nische barg einen Wandbrunnen, der sich
aus mehreren, sich verjüngenden Pfeilern und Pilastern mit Querprofilierungen zusammensetzte.

Den anschließenden Saal 5 arrangierten Moser
und Bauer vermutlich gemeinsam.[17] Der Raum
wurde mit horizontalen Latten gegliedert und eingefaßt. Die neben dem Eingang plazierte Glasvitrine erinnerte – auch aufgrund ihrer quadratischen
Verspießung – sowohl an die von Moser für die
8. Ausstellung geschaffenen Vitrinen (des Velde-
Raumes) wie auch an Ausstellungsstände Mackintoshs.[18] Die Vitrine hatte ihr Pendant im Saal 6, in
welchem – von Franz Messner für die »Wiener
Kunst im Hause« arrangiert – sich ein durch ähnliche Verspießungen gestalteter Rahmen mit
Glaseinsätzen befand. Für die zahlreichen kunstgewerblichen Gegenstände kreierte Messner eine
eigene Vitrine, die sich einer im Grundriß nicht
verzeichneten Nische anschmiegte und über einem
stoffbezogenen Sockel mit schräg nach innen versetzten Glasflächen abschloß. Einem ihrer Mitglieder, Wilhelm Schmidt, wurde ein ganzer Raum,
der Saal 7, zum Einbau eines Speisezimmers überlassen. Er überzog die Decke und die Wände mit
glattem Mahagoniholz, in das er einen Kamin und
ein Büffet so flexibel einbaute, daß man »auf
Wunsch sämtliche Wände völlig glatt machen«
konnte.[19] Schmidt ging dabei vom hygienischen
Gesichtspunkt der Staubfreiheit und dem der
Zweckmäßigkeit von Einbaumöbeln aus und wollte zeigen, »daß man mit glatt polierten Flächen ohne jeden Dekor eine durchaus vornehme Wirkung
erzielen« könne.[20]

Mosers Raumgestaltung für die im Ver-Sacrum-
Zimmer versammelten Bilder des Secessionsmitbe-
gründers Rudolf von Alt griff auf bewährte Elemente früherer Arrangements zurück; so auf die
von der 14. Ausstellung bekannte Hellfärbigkeit,
weiters auf die materialgerechte Formgebung. Ein

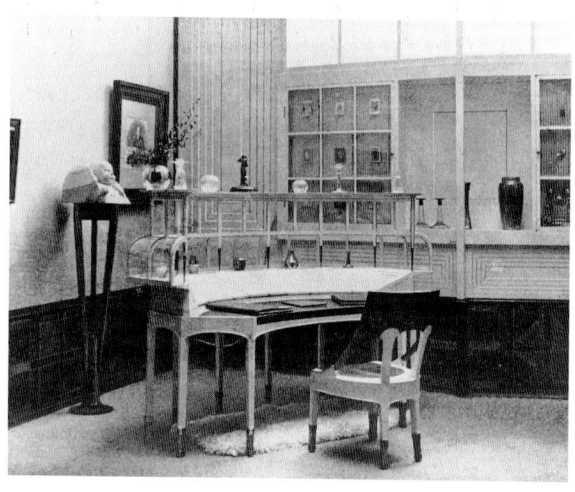

der einen Galeriecharakter oder einen Raumkunstcharakter aufweisen sollten, war es nur recht und
billig, daß die Protagonisten der Galerie das entwickelte Motiv des Wandfeldes aufgriffen: Der
neue Typus von Galerie blieb gewissermaßen ein
der Modernen Raumkunst verbundener, produkti-
ver Nebeneffekt.

Die von Bernatzik und Julius Meier-Graefe be-
treute *16. Secessionsausstellung (17. 1. – 1. 3. 1903),*
die den Titel »Die Entwicklung des Impressionismus in Malerei und Plastik« trug, wies erstmals
deutlich den geforderten Galeriecharakter auf.
Bernatziks Idee, einen Überblick über die Entwicklung des Impressionismus – von seinen Anfängen,
die die Secession bei Jacopo Tintoretto und Jan
Vermeer van Delft ansetzte, bis hin zur Gegenwart
– zu vermitteln, hatte bis dahin noch niemand
versucht. Die Ausstellung erfüllte deshalb eine
Vorbildfunktion für die nachfolgenden Impressio-
nismusausstellungen, etwa jener in Brüssel 1903,
die sich derselben Konzeption bediente. Die Zusammenstellung dieser – wie auch jeder anderen
Impressionismusschau – war von Schwierigkeiten
begleitet, da ein »einziger Kunsthändler«, Herr
Durand-Ruel (Paris), »die ganze Bewegung in der
Hand« hatte.[21] Aufgrund des organisatorischen
Aufwands begann das Komitee schon im April
1902 mit den Vorarbeiten und den Reisen in französische, deutsche, holländische, belgische und
tschechische Städte. Den mit der Ausstellung verbundenen pädagogischen Ansprüchen versuchte
die Vereinigung dadurch nachzukommen, daß sie
Richard Muther und Meier-Graefe zu Vorträgen
lud (7. 2. und 14. 2. 1903).

Wie stark auf dieser Ausstellung der Galeriecharakter im Vordergrund stand, läßt sich auch
daraus ermessen, daß für die Innenraumgestaltung
niemand verantwortlich zeichnete. Ja, es ist zu vermuten, daß die Säle nicht ausschließlich mit Beziehung auf die auszustellenden Bilder arrangiert
wurden – wenn es heißt: »Die gegenwärtige
Raumausgestaltung der Secession wurde schon im
Hinblick auf diese Vorträge derart eingerichtet,
daß sich die drei zentralen Säle zu einem einzigen
Vortragsraum umwandeln lassen.«[22] Indem der
verantwortliche Arrangeur den hinteren Saal durch
halbhohe Wände, die im Bedarfsfall rasch entfernt
werden konnten, abteilte, entstanden drei kleinere
Räume, deren mittlerer zum Hauptsaal hin offen
lag und diesen wie einen Annex erweiterte. Die
Ausstellung mobilisierte zumindest das übliche

elfenbeinfarbener Stoff drapierte bis in Türhöhe
die im übrigen rauhverputzten Wände, die in regelmäßigen Abständen von weißen Lattenständern,
welche im oberen Bereich kleine, gelbe Hoffmann-
Säulchen trugen, unterteilt wurden. Zwischen die
Säulchen plazierte Moser jeweils eine kleine Glas-
vase, in der orangegelbe Blüten steckten. Daß das
Arrangement in vielem an das »Rosa Boudoir«
Mackintoshs der Turiner Weltausstellung 1902 gemahnte, gibt Zeugnis für eine Auseinandersetzung,
im Verlaufe welcher die Wiener Moderne Raumkunst, eine vergleichbare Tradition auszubilden
begann.

DIE RAUMKÜNSTLERISCHE
GALERIE

Im Ansatz waren die ersten Schritte zu einem galeriemäßigen Arrangement bereits auf der Pariser
Weltausstellung (1900) gelegt worden, auf der die
Secessionisten die Ornamentierung soweit reduziert hatten, daß die Bilder in einem einfärbigen,
durch Holzlatten formierten Wandfeld hingen.
Dieses Motiv, gleichsam der erweiterte Rahmen
des in ihm aufbewahrten Bildes, war an sich noch
nicht spezifisch galeriemäßig, sondern konnte auch
bei aufwendigeren Arrangements zur Verwendung
kommen. Es eignete sich für interieurhafte Inszenierungen ebenso wie für eine eher museale, distanzierte Hängung. Dann trat anstelle eines zentralen dekorativen Schemas meist eine nach Räumen unterschiedliche Kolorierung der Wandfelder
oder Hängeflächen in Kraft. Im Zuge der geforderten Klärung, derzufolge die Ausstellungen entwe-

eine Mischkulanz anmuten mag, wird sich alsbald diversifizieren; denn im Maße, als die Galerie in ihre Rechte tritt, gelangt, retardierend und auf Kosten der »Raum-Idee«, auch die frühere Einrichtungskunst wieder zu Ehren.

Als ein Musterbeispiel solchen Kompromisses darf Hoffmanns Empfangsraum gelten: Im oblongen, in den Ecken abgeschrägten Raum hatte er sich bemüht – nicht so sehr um ihrer willen, als vielmehr trotz der Kunstwerke –, architektonische Akzente zu setzen. Bezugnehmend sowohl auf den inmitten des oblongen Raumes aufgestellten, um einige Details bereicherten Düsseldorfer Zierbrunnen wie auf den japanischen Fries Franz Hohenbergers[26], der eine rechteckige Raumanlage erforderte, zog er die Rasterdecke im Ausmaß des Frieses so weit herab, daß an den Schmalseiten zwei niedrige Nischen ausgespart blieben. In die eine integrierte Hoffmann die Eingangstür; die gegenüberliegende schlug er mit dem von ihm gelegentlich verwendeten »Schirmbäumchenstoff« aus. In den Diagonalen der unterhalb des Frieses mit mattblauen und mattgelben Brettern verkleideten Wand, die, weil sie den Fries stützte, auch eine funktionale Aufgabe erfüllte, setzte er weitere, hochrechteckige, eigenständig beleuchtete Nischen ein. Neu war eine rote rundköpfige Zierbenagelung, die die Bretterwände akzentuierte.

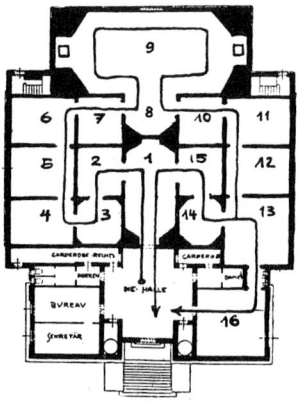

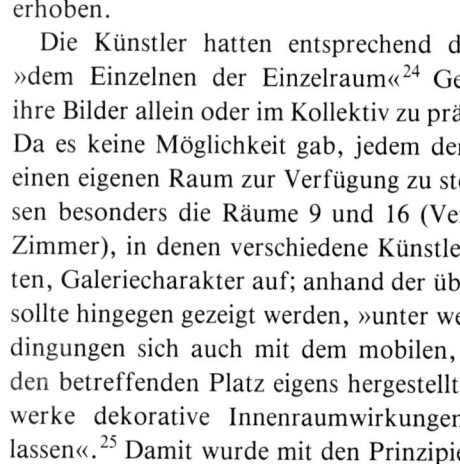

Maß an Interesse, da man ihr zugute hielt, daß »der Clou oder das Kunstereignis der Saison (...) wohl die in der Secession eröffnete Ausstellung des Impressionismus«[23] gewesen sei.

Die *17. Secessionsausstellung (26. 3. – 7. 6. 1903),* eine rein österreichische Ausstellung, stellte den Versuch eines Kompromisses zwischen Arrangement und Galerie dar. Der offene Innenraum der Secession wurde in 15 verschiedene Räume unterteilt. Da die Raumkünstler ein Leitmotiv weder auftrieben noch suchten, andererseits aber auch keine bloß additive Bildhängung vornehmen wollten, zogen sie sich damit aus der Verlegenheit, daß sie die Individualisierung zum allgemeinen Prinzip erhoben.

Die Künstler hatten entsprechend der Devise »dem Einzelnen der Einzelraum«[24] Gelegenheit, ihre Bilder allein oder im Kollektiv zu präsentieren. Da es keine Möglichkeit gab, jedem der Künstler einen eigenen Raum zur Verfügung zu stellen, wiesen besonders die Räume 9 und 16 (Ver-Sacrum-Zimmer), in denen verschiedene Künstler ausstellten, Galeriecharakter auf; anhand der übrigen Säle sollte hingegen gezeigt werden, »unter welchen Bedingungen sich auch mit dem mobilen, nicht für den betreffenden Platz eigens hergestellten Kunstwerke dekorative Innenraumwirkungen erzielen lassen«.[25] Damit wurde mit den Prinzipien der 14. Ausstellung gebrochen, ohne gänzlich auf die Raumwirkung zu verzichten. Was hier noch wie

Der Klimtsaal, in dem der Fries erneut verdeckt werden mußte, wurde dreigeteilt und der Zusammenarbeit Hoffmanns mit Moser übertragen, die, gemeinsam mit Engelhart, auch die künstlerische Gesamtleitung innehatten. Die Wandflächen des Moser anvertrauten Saales 4 waren einheitlich weiß und von dunklen Leisten gerahmt. Diesem Schema, einfärbige Wände mit einer schmalen kontrastierenden Rahmung zu versehen, folgte das Gros der Säle. Bemalte Pfeiler gliederten einen rechteckigen Vitrinenkasten in dreieckige Nischen, darin Zeichnungen für Martin Gerlachs Jugendbücherei und Spielsachen von Andri ausgestellt wurden. Für den angrenzenden Saal, den Hoffmann im Hinblick auf Rudolf Jettmars Bilder arrangierte, hatte er eine kirschrote Hintergrundfarbe und eine weiße Einfassung ausgewählt. Über den Türen befand sich eine weiße Wandvertäfelung, die bis zur Rasterdecke reichte. Die in der Mitte des Saales plazierten Stühle waren in einer Weise aufgestellt, daß die darauf Platz nehmenden Besucher je eines der vier Jettmarbilder ansahen. Der von Moser für die Kollektion Molls konzipierte Raum folgte gleichfalls dem üblichen, reduzierten Arrangement.

Die oblonge Form des Empfangsraumes transponierte Bauer für den im hinteren Saal eingefügten Galerieraum ins Querformat; an der Langseite erweiterte er den Raum um eine polygonale Nische, die er für die Bilder Engelharts mit Latten gliederte und mit »Engelsdamast« ausschlug. Rol-

ler exponierte in dem von ihm arrangierten Saal 12 eigene Landschaftsbilder, die ein und dasselbe Motiv bei verschiedenen Tages- und Jahreszeiten zeigten. Eine fast private Atmosphäre dürfte sich durch den Einbau eines hochrechteckigen Bücherschranks, der, wie die Türeinfassungen und die Sockelleiste, in Naturholz ausgeführt und mit Büchern bestückt war, ergeben haben. Besonders an diesem Raum ließ sich, so Lux, »leicht eine Gedankenbrücke ins Leben und in die Wohnverhältnisse, wo nicht das Kunstwerk im Mittelpunkt steht, sondern der Mensch«[27], schlagen. Auch hingen die Bilder nicht mehr raumkünstlerisch in dem Sinn, daß sie als »Kunstmittel« fungierten, sondern eher so, wie man sich ein geschmackvolles Lese- oder Studierzimmer vorstellte. Indem die Raumkunst nicht mehr um ihrer selbst willen, also zur Evozierung einer Raumidee, angewandt wurde, sondern zur Gestaltung quasi funktioneller Räume, mußte die bislang unterdrückte Verbindung zur Heimkunst in den Vordergrund treten.

Für die seit langem geplante und über den Sommer 1903 installierte Klimtkollektive, die *18. Secessionsausstellung (14. 11. 1903 – 6. 1. 1904)*, variierte Hoffmann den Empfangsraum der vorangegangenen Ausstellung. Durch das Ausscheiden des Hohenberger-Frieses und der seitlichen Türen entstand eine Oktogonalform. Die verbliebenen hohen Nischen wurden durch Kugellampen ausge-

leuchtet, die Wand mit schwarzen und weißen Brettern vertäfelt. Neu war die Rahmung der Bretter durch ein feines Zick-Zackmuster, das auch die seitlich angebrachten Spiegel umrandete. Vor den Spiegeln postierte Hoffmann Andris' Stühle der 14. Ausstellung. Die gerahmten Wandfelder – in ausgeprägter Form sind sie auch im Purkersdorfer Sanatorium oder im Palais Stoclet anzutreffen –

dominierten auch die übrigen, von Moser gestalteten Ausstellungsräume.

Die in den Vorraum eintretenden Besucher mußten von der Klimtschen »Pallas Athene«, die als Vignette auch den Katalog und das Plakat zierte, unmittelbar betroffen worden sein. Für das Gemälde, das in dem an den Vorraum Hoffmanns anschließenden, quergelagerten Galerieraum stand, wurde, wie für einzelne Bilder des linken Seitensaales, ein großer, am Boden stehender Rahmenbau mit eingestellten hellen Pfeilern geschaffen. »In sehr weiten Abständen, die«, wie es hieß, »jede einzelne Schöpfung zu isolierter Wirkung bringen, folg(t)en weitere Bilder«.[28] Mit Ausnahme des linken Seitensaales faßte Moser alle Säle mit schablonierten Bordüren aus grau-goldenen Kreis-, Quadrat- und Streifenmustern so ein, daß die Rahmungen in den Ecken im Paar liefen. Es kam dem neuen Galeriecharakter somit die raumkünstlerische Erfahrung zugute, die in Ablehnung der über und über behangenen Wände dazu anhielt, die Bilder, so sie sich schon nicht leitmotivisch ordnen ließen, zumindest nach anderen Gesichtspunkten in je eigene Wandfelder zu hängen. Nach einem, neben dem Vorraum errichteten, kleinen quadratischen Saal, dem auf der rechten Seite ein ebensolcher entsprochen haben dürfte, gelangten die Besucher durch eine Glastür in den seit der 12. Ausstellung mit dem Klimtfries geschmückten linken Seitensaal. Die seitlichen Öffnungen der 14. Ausstellung blieben weiterhin vermauert, Schmuckplatten und die Treppenanlagen fehlten. Ob der Fries der Retrospektive wegen hängen blieb oder umgekehrt, diese veranstaltet wurde, weil er noch immer nicht fachgerecht abgetragen werden konnte, ist nicht zu entscheiden.

Da es keinen Grundriß gibt, bleibt ungewiß, wie das Publikum vom Seitensaal in den großen quadratischen (14 × 14 m) Hauptsaal gelangte, in dem die drei Deckengemälde für die Aula der Universität (»Philosophie«, »Medizin«, »Jurisprudenz«) erstmals vereint ausgestellt wurden. Sie waren diesmal nicht in einen eigenen Holzrahmen eingefügt, sondern direkt in die Wand eingelassen. Die sparsame Verteilung der Bilder, das leergelassene Raumzentrum, in dem lediglich die kubischen (Purkersdorfer) Stühle Mosers standen, sowie der (mit Ausnahme der Bordüre) gänzliche Mangel an Dekor verhalfen zu dem Eindruck, daß der ehemalige »horror vacui« zu einem »amor vacui«[29] sich gewandelt habe: Die Secessionisten gaben zu verstehen, daß die weiße, einfach gefaßte Wand ein

möglich«[31] gestaltet war – doch nur ein secessionistisches Zwischenspiel bleiben sollte, wie die weitere Entwicklung zeigt.

ZUR ALTERNIERUNG VON RAUMKUNST UND GALERIE

Die österreichische Regierung wollte, aufgrund des finanziellen Mißerfolgs früherer Ausstellungen in Amerika, eine neuerliche Beteiligung österreichischer Künstlervereinigungen an der *Weltausstellung in St. Louis 1904 (30. 4. – 1. 12. 1904)* zunächst nicht subventionieren. Nach längerem Zögern – es hatte sich herausgestellt, daß außer Österreich nur die Türkei nicht teilnehmen würde – erging im September 1903 dann doch die Einladung an die Künstlergenossenschaft, den Hagenbund und die Secession. In dem abermals von Baumann entworfenen österreichischen Repräsentationshaus sollte den diversen Vereinigungen je ein »Raum zur völligen, ihrer besonderen Richtung angepaßten, künstlerischen und kunstgewerblichen Ausgestaltung überwiesen« werden, sodaß »der eigenartige Reiz des Gesamtbildes wesentlich gewinnen« und sich dennoch »von dem Typus der sonstigen Kunstabteilungen in dem Gebäude für die schönen Künste (...) unterscheiden« würde.[32]

Hoffmans Entwurf für das secessionistische Arrangement hatte sich den von Moser gestalteten Hauptsaal der Klimtkollektive zum Vorbild genommen. Er beabsichtigte, die Exponate auf eine Auswahl der Werke von Klimt, Franz Metzner und Andri zu beschränken und weiters diese Werke, ganz im Sinn der raumkünstlerischen Idee der 14. Ausstellung, »nur als Helfer und Ergänzer der architektonischen Absichten«[33] anzusehen. Seine Absichtserklärung bildete den offiziellen Anlaß für die Beanstandung des Projekts durch das Ministerium, aber auch die Ursache weiterer Unstimmigkeiten in der Vereinigung selbst. Die Secession zog, nachdem sie ob des Vorhabens in der Öffentlichkeit diffamiert wurde, am 3. 2. 1904 ihre Teilnahme ebenso zurück wie dies schon alle anderen, mittlerweile im »Deutschen Künstlerbund« zusammengeschlossenen, deutschen Secessionisten getan hatten. Ihre Beweggründe legte sie in einem im März 1904 erschienenen Sonderheft von Ver Sacrum dar. Hoffmanns Vorstellung von Raumkunst, die er, gemäß der Alternation von Arrangement

Bild mitunter bestens präsentiert. Der Rauhverputz bzw. die weiße Wand waren demnach nicht, wie vorgeworfen wurde, Koketterie mit dem Purismus, sondern eine Nebenentwicklung zugunsten einer raumkünstlerisch optimalen Hängung. Im Verhältnis zum überbordenden Lineament früherer Jahre erschien die nunmehr schlichte Raumgestaltung wie »eine königliche Raumverschwendung«.[30] Kurz nachdem die Moderne Raumkunst synthetisch das Arrangement auf ein Gesamtkunstwerk hin entwickelt hatte, erfolgte unter Verwendung derselben Gestaltungsmittel die Produktion eines puristischen Galerietyps, der – indem »die Umgebung so still und zurücktretend als

K. Moser, 18. Secessionsausstellung 1903, linker Seitensaal, Blick auf die Emporen und G. Klimts Beethoven-Fries

K. Moser, 18. Secessionsausstellung 1903, Hauptraum

und Galerie, nun gerade auf der Weltausstellung durchsetzen wollte, war für die auf die Verkäuflichkeit ihrer Werke bedachten (bildenden) Künstler zunehmend unannehmbar geworden.[34] Dies scheint auf den ersten Blick nicht ganz verständlich, da er doch den Arrangements dieser Zeit einen schlichten Galeriecharakter zu geben wußte. Dem stand freilich entgegen, daß er, als Arrangeur, für die Mehrzahl der Maler die ebenso bedeutende wie ungewöhnliche Rolle des Galeristen, der auswählt, was gezeigt wird, eingenommen haben mußte. Und sogar die Bilder der wenigen von ihm eingeladenen, favorisierten Künstler hatten sich in ihrem Eigenwert zu reduzieren, um als nur integrierte Bestandteile des gesamten Arrangements von – dann oft größerer – Bedeutung zu sein. Was für die 14. Ausstellung gegolten hatte, machte Hoffmann auch für das Entwurf gebliebene Projekt zur Bedingung: »Der Plan entsprang tiefer künstlerischer Notwendigkeit, keine Verkaufshalle, sondern (...) einen wirklichen Weihetempel«, der sich von Ausstellungen der anderen Vereinigungen gewiß unterschieden hätte, zu schaffen.[35] Daher fürchteten die Maler der Secession zu Recht, von den Raumkünstlern majorisiert und übervorteilt zu werden. In der Tat galt Hoffmanns Engagement erneut Klimt.

Klimts Deckengemälde, schräg in die Wände des 10,7 × 10,2 m groß geplanten Raumes eingelassen, sollten im Verein mit der Verwendung des Rauhverputzes wiederum den Charakter der schlichten Monumentalität erzeugen. Hoffmann hatte, indem

J. Hoffmann, Entwurf für den Raum der Secession auf der Weltausstellung in St. Louis, 1904

er die Wände mit weißer, grauer und mattschwarzer Majolika einzurahmen plante, sowohl auf Ideen Mosers wie auch auf eigene zurückgegriffen, etwa, wenn er mit Andris Supraportenrelief Dekorationsstücke in die Rahmung einbezog. Dasselbe wollte er mit den schwarzen, die Podeste integrierenden und einrahmenden Sockelkacheln verfolgen. Zur Bildaufhängung gebrauchte er, wie schon in den Villen Henneberg und Moser, Ziernägel. Auffallend im Entwurf war, daß die in Schwarz und zartem Rot geplanten Steingutfliesen des Bodens und der mit mattschwarzen Alpakaeinlagen versetzte und mit Milchglasplatten ausgelegte Deckenraster korrespondierten.

Der als dekorativer Empfangssaal eingeplante Raum der Secession wurde schließlich an polnische Künstler vergeben. Die übrigen Säle des österreichischen Pavillons teilten sich der Hagenbund, die Künstlergenossenschaft, die Wiener Kunstgewerbeschule, böhmische Künstler u. a. Obwohl das Hoffmannsche Secessionsprojekt abgelehnt und zurückgezogen worden war, beteiligten sich doch einige Secessionisten – eher solche, die der Engelhartgruppe nahestanden – an der Gestaltung des österreichischen Pavillons. Bauer entwarf einen Bibliotheksraum, den figurale Friese Engelharts zierten, Plečnik ein Empfangszimmer. Andri bemalte die Fassade des von Baumann gestalteten Pavillons mit Fresken (240 m²), die Landmädchen verschiedener Volksstämme darstellten; das Eingangsportal wurde von Plastiken Schimkowitz' gesäumt. Zwar blieb es Hoffmann vorbehalten, den Raum der Kunstgewerbeschule, wie schon auf der Weltausstellung 1900, zu installieren; doch hatten er, Klimt und Moser einen ersten Rückzug angetreten, der symptomatisch war: Die Raumkünstler wollten sich offensichtlich nicht weiter in die institutionellen Auseinandersetzungen einlassen.

Während der Auseinandersetzung um das Projekt für St. Louis unternahm es Moser, die *19. Secessionsausstellung (15. 1. – 6. 3. 1904),* die im besonderen Hodler, Cuno Amiet, Axel Gallén, Ludwig v. Hofmann, Wilhelm Laage, Hans v. Marées, Edvard Munch u. a. gewidmet war, nach den auf der Klimtkollektive erarbeiteten Prinzipien eines einfachen Galerieraumes auszugestalten. Im Urteil der Kritikerin Zuckerkandl stellte die 19. Ausstellung eine der »künstlerisch strengsten« dar, »welche uns diese Vereinigung bisher geboten hat«.[36] Die Vorbereitungsarbeiten, d. h. die Entlehnung der Exponate und die damit verbundenen Reisen

Mosers und Molls, begannen bereits im Sommer 1903. Bei der Innenraumgestaltung dürfte Moser auf die bewährte Saalanordnung der Klimtkollektive zurückgegriffen haben. Der neu erfolgte Einbau eines großen, quadratischen Hauptsaals im hinteren Teilabschnitt der Secession blieb auch für die 20. Ausstellung erhalten. Da im Katalog (wie auf der 18. Ausstellung) der übliche Orientierungsplan fehlte, lassen sich über die Verteilung der neun Säle nur Mutmaßungen anstellen. Mangels einer Photographie ist nicht zu eruieren, ob der Klimtfries im linken Seitensaal noch belassen wurde oder ob man ihn während der Sommermonate abnahm.

Der Katalog berichtet von einem Vorraum, der, in Verbindung mit dem Hauptsaal (Saal 1), ausschließlich Werke Hodlers präsentierte. Allerdings handelte es sich dabei nicht um die von Hoffmann für die 17. Ausstellung errichtete und auf der 18. Ausstellung unter leichten Variationen beibehaltene Vorhallengestaltung. Von wem dieser Umbau stammte, bleibt unklar; wahrscheinlich aber von Moser, der ja das Arrangement verantwortete. Hoffmann trug zur Ausstellung nur mit einigen Möbelstücken bei; nach der 20. Ausstellung beteiligte er sich weder als Arrangeur noch als Aussteller, auch nahm er im Ausschuß der Secession keine Funktionen mehr wahr. Signifikant für den Niedergang der Secession als dem Zentrum der Wiener Moderne war auch, daß die programmatische Zeitschrift der Secession, Ver Sacrum, mit Dezember 1903 eingestellt wurde. Moser und Hoffmann konzentrierten ihre Kräfte immer stärker auf die am 19. 5. 1903 gegründete Wiener Werkstätte sowie auf das für 1904 geplante Debüt derselben in Berlin.

Der niedrige, breite Durchgang zwischen dem Vorraum und dem Hauptsaal ergab sich aus der Aufstellung des großen, halbrunden Bildes von Hodler, »Der Rückzug aus Marignano«, das auf einem Sockel von quergestellten Holzbrettern ruhte und von zwei Pfeilern eingefaßt wurde. Im Ausmaß der Pfeiler führte Moser zwei schablonierte Leisten mit geometrischen Motiven bis zur Decke hinauf, sodaß sie das Bild optisch einrahmten. Im Hauptsaal dominierte wiederum die weiße, von Zierleisten eingefaßte Wand.

Die wenigen Bilder wurden, wie Moser dies erstmals auf der 12. Ausstellung mit Hodlers »Der Auserwählte« und später dann auch auf der Klimtkollektive unternommen hatte, entweder direkt auf den Boden gestellt oder knapp darüber gehängt. Die oberen Wandflächen wiesen bloß zwei halbrunde Bilder auf, die er als Supraporten über den

K. Moser, 18. Secessionsausstellung 1904, Hauptsaal, Blick gegen den Vorraum

Türen zu den Seitensälen angebracht hatte. Da der obere Teil, in dem sich die Supraporten befanden, vorgezogen und verstärkt wurde, mußten die breitformatigen Bilder zurückversetzt werden. Die Abstufung der Wände erzeugte den Eindruck, als seien Hodlers Bilder eine »echte Wandmalerei, die, gleich der Puvisschen, aus der gemauerten Fläche« herauswachse.[37] Mosers Arrangement, das direkt gegen das dekorative Prinzip in der Vertikale verstieß, trug dazu bei, daß die Ausstellung für Hodler zu einem Sprungbrett seiner künstlerischen Karriere wurde. Daran ist zu ermessen, daß die Secessionisten die wenigen Künstler, denen sie ganze oder Teile von Arrangements widmeten, nach strengen, ja elitären Grundsätzen auswählten, es

K. Moser, 18. Secessionsausstellung 1904, Hauptsaal

103

aber nicht scheuten, noch unbekannten Meistern zum internationalen Durchbruch zu verhelfen.

Die anderen Künstler wurden »in geschlossenen Kollektionen, die »ihre Persönlichkeit und Eigenart umfassend zur Geltung«[38] brachten, präsentiert. Erstmals entwarf das Ausstellungsplakat nicht ein ordentliches Secessionsmitglied, sondern der exponierende Künstler selbst.

Sowohl die Raumdisposition wie auch die auf ein Minimum reduzierte Dekoration der *20. Secessionsausstellung (26. 3. – 12. 6. 1904)* standen in einer Kontinuität mit den beiden vorangegangenen, ebenfalls von Moser arrangierten Ausstellungen. Die eintretenden Besucher wurden in einem Vorraum empfangen und wandten sich hierauf den Ausstellungsräumen zu. »Das Atrium von Metzner« bildete »gleichsam die stimmungsvolle Einleitung der ganzen Ausstellung.«[39] Neben dem niedrigen, nahezu gruftartigen Eingang standen jeweils vier identische kleine Jünglingsfiguren auf hohen, untereinander verbundenen Podesten. Der erste Blick mußte auf die frontal angebrachte kauernde Gestalt, Metzners »Erde«, fallen. Sie bildete das einzige Exponat des weißen, rauhverputzten kuppelartigen Rundraumes; denn die acht Karyatidenfiguren, die die Decke stützten, zählten zu den integrierten Bestandteilen der Innenarchitektur. Zur Manifestation kam ein Monumentalraum, ein »Weiheraum«, der »das Gefühl des Eintretenden emporriß und für außergewöhnliche Offenbarungen empfänglich machte.«[40] Maria Pötzl-Malikova meint, daß die Metznersche Raumgestaltung »im Einklang mit dem Streben nach einem Gesamtkunstwerk in der Ausstellungspraxis der Wiener Secession«[41] gestanden habe. Dieses Streben nach einer totalen Raumkomposition konnte jeweils

K. Moser, 20. Secessionsausstellung 1904, Blick vom Vorraum in das Atrium (unten) mit F. Metzners »Erde« (oben)

dann zum Durchbruch kommen, wenn ein Künstler einen Raum mit Beziehung auf ein Exponat zu gestalten hatte. Im Vergleich zum Schema der 14. Ausstellung nahm sich diese Raumanlage jedoch nur wie ein Aufbäumen der früheren raumkünstlerischen Ambitionen aus.

Durch die in der Querachse des Rundraumes eingeschnittene rechteckige Öffnung gelangten die Besucher in eine an die Klimtkollektive gemahnende Zwischengalerie, die diesmal allerdings die volle Breite des Secessionsgebäudes für sich beanspruchte und daher als sicheres Zeichen dafür gewertet werden kann, daß man den Beethoven-Fries mittlerweile entfernt hatte. Die Decke der Zwischengalerie wurde relativ weit herabgezogen, sodaß der obere Abschluß des Kuppelraumes verdeckt war. Auf ihre weißen Wände applizierte Moser einfache schwarze Leisten. Diese bildeten auch den einzigen dekorativen Schmuck des Hauptsaales, der damit einen für die Secession nunmehr typischen Galerieraum darstellte.

Moser nützte den vorhandenen Raum optimal. Selbst die schmalen Kabinette, die im hinteren Saal daraus resultierten, daß der Hauptsaal auf der 18. Ausstellung bis in diesen hinein erweitert und seither nicht mehr verändert worden war, selbst diese Räume ließ er adaptieren. Das linke Kabinett arrangierte Victor Schufinsky, den rechten Raum gestaltete Maximilian Liebenwein. Von den übrigen vier Sälen, die er, an die Zwischengalerie anschließend, in den beiden Seitensälen errichtet hatte, vermochte besonders das »gelbe Kabinett« Bernatziks zu interessieren. Die in einem an Whistler gemahnenden, hellen Gelb gehaltenen Wände kontrastierten mit den Violettönen des Triptychons »Der Eingang zum Paradies«, das er einem Holzverbau eingefügt hatte. Von oben erhielt der Saal durch einen großen Holzraster ausreichend Licht.

Für die Vielzahl der unterschiedlichen Exponate »wurde das Haus in eine Anzahl durcheinandergesteckter Zimmer und Säle zerlegt. Eine monumentale Raumwirkung, wie sie etwa die jüngst geschlossene Ausstellung bot, konnte daher nicht angestrebt werden«.[42] Das Defizit eines kohärenten raumkünstlerischen Konzeptes versuchte Moser durch eine inhaltliche Themenstellung zu kompensieren. Schon im Frühjahr 1903 hatte die »Klimtgruppe« die Forderung erhoben, daß jedes Mitglied ein Aktbild exponieren sollte, um dadurch den einheitlichen Charakter der Ausstellung zu gewährleisten. Der Versuch, die Raumgestaltung unter eine inhaltliche Devise zu stellen, war nach ei-

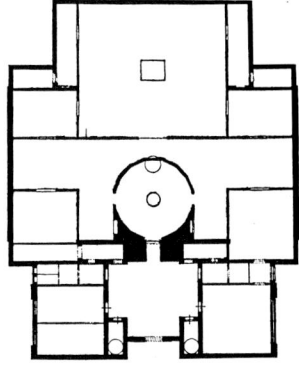

K. Moser, 20. Secessionsausstellung 1904, Grundriß (oben)
und Hauptsaal (links)

ner Reihe von ähnlichen der letzte, einen minima-
len Konsens, der sowohl raumkünstlerisch tragbar
wie auch möglichst demokratisch gewesen wäre, zu
begründen. Da sich die um Engelhart scharenden
Maler durch die thematische Auflage in ihrer individuellen Entfaltungsmöglichkeit eingeschränkt
fühlten und, wenn auch zu Unrecht, bei Aktbil-
dern eine schlechtere Absatzmöglichkeit befürchteten, kam es neuerlich zu Konflikten. Die Alternation wich einer immer offeneren Polarisierung, als
Folge welcher die Klimtgruppe den Malern schließlich die Chance einräumte, ein eigenes Programm

zu verwirklichen. Mit der Generalversammlung
vom 6. 5. 1904 stellte die Engelhartgruppe alle Mitglieder des Arbeitsausschusses für die Periode
1904/1905. Unter dem gewählten Präsidenten Rudolf Bacher traten nun die bis dahin im Abseits ge-
standenen Secessionisten an.

WIENER WERKSTÄTTE UND
GALERIE MIETHKE

Wenn sich Hoffmann und Moser in der Secession
als Arrangeure auch rar machten, so heißt das
nicht, daß sie ihre alte Umtriebigkeit verloren hätten, im Gegenteil. Mit einer Reihe junger, in der
Wiener Werkstätte vereinter Künstler traten sie in
Berlin auf der *Sonderausstellung im Hohen-
zollern-Kunstgewerbehaus (1. 10. 1904 – 1. 1.
1905),* das seit 1899 von van de Velde geleitet wurde, an die Öffentlichkeit. In der Gestaltung des oktogonalen, rauhverputzten Raumes griffen sie
nicht nur die Idee der selbstleuchtenden Nischen,
sondern auch die der Zierbenagelung, die sie schon
auf der 17. und 18. Secessionsausstellung verwendet hatten, wieder auf. Um den vielen kunstgewerblichen Gegenständen zu einer respektablen

W. Bernatzik, 20. Secessionsausstellung 1904, »Gelbes Kabinett«

K. Moser, J. Hoffmann, Ausstellung der Wiener Werkstätte, Berlin 1904

denn insgeheim spekulierte sie seit längerem damit, ihren Ausstellungsbetrieb auch auf die Räume der nun von Moll geleiteten Galerie Miethke auszudehnen. Zwischen Sommer und Herbst 1904 adaptierte Moser den großen Hofraum der 1895 im Palais Nako eingebauten Galerie Miethke, Dorotheergasse 11. Er gestaltete die Wände des bis dahin »in braunroth-goldenen Renaissance-Halbdunkel« gehaltenen Saales mit weißem Mörtel, ließ einige »weiß-schwarze Carreaus (...), einen Fries aus schweren schwarzen Eisenknöpfen zum Hängen der Bilder sowie schwarze Fensterrahmen und Thüren«[47] anbringen und zog ein weißes Velum über dem Glasdach ein. In dem im November 1904 mit einer Waldmüller-Ausstellung eröffneten Saal wird die Klimtgruppe tatsächlich schon einige Tage nach der Spaltung der Secession ausstellen.

Raumwirkung zu verhelfen, wurden in die Wände des mit einer Tonne überwölbten Ganges Vitrinen eingearbeitet. Der in allen Räumen verwendete Bodenbelag mit quadratischer Musterung, die vereinzelt aufgestellten Stühle und die Blumenständer komplettierten das Arrangement, das für die Wiener Werkstätte ein finanzieller Erfolg wurde und ihr diverse Aufträge einbrachte.[43] Schon die erste Ausstellung der Wiener Werkstätte machte klar, daß die produktivsten Arrangeure, denen die Secession ihren Ruf verdankte, nunmehr in dieser Vereinigung wirkten. Außerdem wurde deutlich, daß die früheren stilistischen Differenzen mit van de Velde obsolet waren, seitdem sich Hoffmann wieder einer freieren Dekorierung befleißigte.

Im Sommer 1904 hatte der Secessionist Moll[44] die künstlerische Leitung der (auf Betreiben Klimts) von Paul Bacher gekauften Galerie Miethke übernommen. Aus diesem Grund soll sich Moll schon im März 1905 mit der Absicht getragen haben, aus der Secession auszutreten.[45] Dies und die öffentlich gewordene Polemik der »Nur-Maler« gegen die »Raumkünstler« führte im Winter 1904/1905 zu der Überlegung, die Secession nicht länger – wie die Statuten vorsahen – einmal raumkünstlerisch und hierauf galeriemäßig zu drapieren; vielmehr sollte sie jeweils von den Exponenten alternierend benützt werden.[46] Offenbar ließ die Polarisierung keine freundlichere Lösung zu. Wiederum taktierte die Klimtgruppe geschickt,

DIE ENGELHARTGRUPPE IN DER SECESSION

Der Versuch der Secession, den Ausstellungen entweder einen Raumkunstcharakter oder einen Galeriecharakter zu geben, schien unter der Dominanz der bekannten Secessionisten zum Scheitern verurteilt. Hoffmann und Moser legten auch den galeriemäßigen Arrangements Maßstäbe zugrunde, die den Malern als zu hoch gegriffen erschienen. Selbst die einzelnen Devisen, wie die Distribuierung der Räume an einzelne Maler oder die Vorgabe eines generellen Themas, zu dem alle geladen waren, vermochten den Unmut der um Engelhart gruppierten Maler nicht mehr zu dämpfen. Eine erste Folge dieser Auseinandersetzung war, daß sich die Klimtgruppe zurückzog. Zu vermuten ist, daß ihr die Auseinandersetzungen mit der Mehrzahl der Künstler zuwider waren, ja, daß sie einem Mehrheitsentscheid, der ihre raumkünstlerischen Aktivitäten eingeschränkt hätte, zuvorzukommen suchte.

Auf der *21. Secessionsausstellung (10. 11. – 28. 12. 1904)* konnte die Engelhartgruppe ihre Vorschläge und Vorstellungen erstmals ungehindert verwirklichen. Sie brachte, wie erwartet, ausschließlich Gemälde zur Präsentation. »Der ganze Raum« ist »im Sinne der äußersten Übersichtlichkeit gestaltet« und, wie Hevesi weiter vermerkte, »ganz enthaltsam, ohne dekorative Zwischenrufe«.[48] Bezeichnenderweise haben sich von dieser Ausstellung keine Photos erhalten; vielleicht wurden auch gar keine angefertigt. Der Grund lag wohl darin, daß es, sieht man von den Gemälden der heute allerdings kaum mehr bekannten ausländischen Maler ab, nichts besonderes zu photographieren gab. Man wird hier wieder des Effektes gewahr, daß die Anzahl der Lichtbilder in proportionalem Verhältnis steht zu der Aufnahme, die ein Arrangement beim Publikum und, als Folge dieser Resonanz, in der Geschichte der Raumkunst gefunden hat.

Paradoxerweise stellte der schlichte Galeriecharakter, dessen sich die Engelhartgruppe bediente, das Ergebnis jahrelanger Arbeit der secessionistischen Raumkünstler dar. Indem diese sich deren Erfahrungen ohne weitere raumkünstlerische Auseinandersetzung aneigneten, unterlief sie einerseits die Gefahr, einen allzu anstößigen Rückfall zu begehen, andererseits setzte sie doch ein nur allzugerne wahrgenommenes Signal: Die konservative Presse konstatierte mit Genugtuung, daß die Secession unter dem »zahmen« Vorstand »zum Geschmack und zur Vernunft« zurückgekehrt sei; »kaum jemand wird die weiß-schwarzen Quadratornamente, die Mörtelschnitte und dergleichen schmerzlich vermissen.«[49]

Das Programm der *22. Ausstellung (14. 1. – 28. 2. 1905)* war inhaltlich, vor allem was die Auswahl der Plastiken betraf, ebenso gemäßigt wie das der vorangegangenen. Einzig Klingers »Drama« konnte etwas überraschen. Bauer stimmte die Raumdisposition auf Hellmers große Brunnenfigur »Kastalia« ab, die in vierjähriger Arbeit im Auftrag des Unterrichtsministeriums für den Arkadenhof der Wiener Universität angefertigt worden war. Ihretwegen errichtete er eine Apsis, die die gesamte Breite des hinteren Saales einnahm und sich in den übrigen einheitlichen Raum öffnete. Die feststehenden Stützen zwischen Hauptsaal und den Seitensälen wurden durch stoffüberzogene

Pfeiler ummantelt. Beleuchtung erfuhr die »Kastalia« durch eine polygonale Deckenöffnung. Lobend äußerte sich wiederum die konservative Seite. Seligmann empfand die »ganze Raumausstattung, ohne im geringsten aufdringlich zu sein (diesen Punkt scheinen wir ja schon glücklich überwunden zu haben), höchst angenehm«.[50] Kritik kam hingegen aus den eigenen Reihen, was die ohnehin angespannte Situation zwischen den beiden rivalisierenden Gruppen noch verschärft haben dürfte.

Die *23. Secessionsausstellung (24. 3. – 14. 6. 1905)* stellt das letzte gemeinsame Unternehmen der bereits fraktionierten Secession dar. Die von Plečnik vorgenommene Raumdisposition war geschickt durchdacht, die dekorative Ausgestaltung schlicht und einfach. Die Präsentation des interessantesten Exponates, Otto Wagners Modell für die Kirche Am Steinhof, erinnerte in ihrer Originalität an die Inszenierungen seiner Objekte auf den ersten zwei Secessionsausstellungen. Durch einen schmalen Korridor in der Breite des Haupteinganges wurden die Interessierten, ohne abgelenkt zu werden, direkt in den mittleren Raum des hinteren dreigeteilten Saales geführt, worin sich das Architekturmodell befand. Um dem Besucher eine Vorstellung von der künftigen Disposition der Kirche, die auf einem Hügel an der Stadtgrenze stehen sollte, zu geben, hatte Plečnik das Modell dergestalt auf einem Podest plaziert, daß es mit dem Park und den hinter der Secession gelegenen Grünflächen, die man durch ein in die rückwärtige Tür eingesetztes Glasfenster sehen konnte, eine optisch zu vexierende, reizvolle Einheit bildete.

Für den zentralen langen Gang mußte Plečnik die Seitenwände soweit vorziehen, daß die Stützen, wie in dem von ihm arrangierten Zimmer der 10. Ausstellung, frei im Raum standen. Auf den Stützen im rechten Seitensaal waren die letzten, von

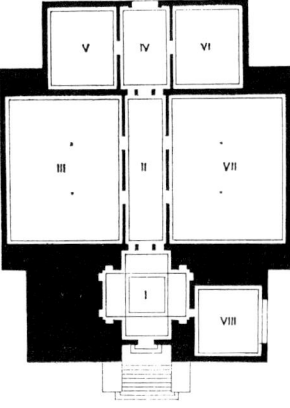

J. Plečnik, 23. Secessionsausstellung 1905, Grundriß

L. Bauer, 22. Secessionsausstellung 1905, Blick vom Seitensaal auf E. Hellmers »Kastalia« (links). J. Plečnik, 23. Secessionsausstellung 1905, rechter Seitensaal (rechts)

Lorbeerkränzen eingefaßten Bilder des am 12. 3. 1905 verstorbenen Ehrenpräsidenten der Secession, Rudolf von Alt, angebracht. Ein Memento von symbolhafter Bedeutung.

DIE SPALTUNG DER SECESSION

Es ist nicht eindeutig zu beurteilen, ob der zwischen den Raumkünstlern und den Malern der Secession schwärende Konflikt die Ursache der mäßigen Fortentwicklung der Modernen Raumkunst war oder die Folge, insofern in den Ausstellungen bis hin zur 14. eine breite Palette der raumkünstlerischen Gestaltungen entwickelt und die Gestaltungsmöglichkeiten daher weitgehend ausgereizt worden waren. Zumindest das nachlassende Interesse der in der Klimtgruppe zusammenarbeitenden Raumkünstler an dem für Arrangements optimalen Secessionsgebäude indiziert, daß in der Folge eines unsicherer und schwächer vorgetragenen stilistischen Impetus der konstitutive Konsens der Secessionisten, der maßgeblich die Erfolge und die eindeutig konstruktive Entwicklung bis 1902 gezeitigt hatte, überholt war. Wenn sie die Auseinandersetzung um »ihr« Haus nicht offensiver führten, so wahrscheinlich auch deshalb, weil sie erstens keine weiteren Energien derart unproduktiv vergeuden wollten und zweitens, weil offen schien, ob und auf welcher Basis ein raumkünstlerischer Ausstellungsbetrieb sich erneuern lassen würde.

Im Juni 1905 nahm die Öffentlichkeit von dem internen Konflikt Notiz. Dies trug zu einer Beschleunigung des Bruchs der Secession bei, der, wie Zeitungsmeldungen vom 14. 6. 1905 zu entnehmen ist, auf einer der vorangegangenen Sitzungen offiziell vollzogen worden sein mußte.[51] In einem Zirkularbrief an die Stifter der Secession wurde die »Affäre Moll« als ursächlicher Grund angeführt. Groteskerweise wehrten sich gerade die »Nur-Maler«, die ungleich vordergründiger auf die Verkäuflichkeit ihrer Werke bedacht waren, gegen eine Verbindung mit der kommerziellen Galerie Miethke. Wahrscheinlich fürchteten sie, und zwar mit Recht, daß sie der Konkurrenz mit den von Hoffmann und Moser eingeladenen Malern wie Klimt u. a., die es sich leisten konnten, auf die Verkäuflichkeit weniger Wert zu legen, nicht hätten standgehalten. Für den Zusammenschluß der Secession mit der Galerie Miethke gab es ein Vergleichsbeispiel, nämlich die Berliner Secession, die

mit der 1898 von van de Velde eingerichteten Galerie Bruno & Paul Cassirer kooperierte, welches Beispiel aber von Engelhart und seinen Kollegen als negativ empfunden und mit zum Teil inferioren Gründen abgelehnt wurde.[52] Bei Kenntnis sowohl der künstlerisch programmatischen wie der persönlichen Differenzen ergibt sich allerdings der Eindruck, daß die Übernahme der Leitung der Galerie Miethke durch Moll der Engelhartgruppe gewissermaßen gelegen kam; hatte sie nun doch einen offiziellen plausiblen Grund, nach der »schon seit mehreren Jahren zutage getretenen Sonderung in der Vereinigung«[53] die endgültige Spaltung anzustreben und zu vollziehen.

Damit wurde ein Konflikt beendet, der mit Meinungsverschiedenheiten anläßlich der 14. Ausstellung erstmals aufgetreten und in der Folge, besonders bei Hoffmanns Projekt für St. Louis und schließlich anläßlich der 20. Ausstellung, verschärft worden war. Ordneten sich die Maler, so sie das Komitee überhaupt geladen hatte, einem raumkünstlerischen und zumeist von einem Mitglied der Klimtgruppe erstellten Konzept unter, so wurde ihnen dies mit dem Prädikat der »Opferwilligkeit«[54] vergolten. Ihre Opferbereitschaft wurde aber nicht mit einer stärkeren Präsentation aufgewogen oder gewürdigt, sondern als selbstverständlicher Verzicht, als Tribut an die Raumkunst, aufgefaßt. Nunmehr wollten und brauchten die Maler nicht mehr länger anzuerkennen, daß die Raumkunst das Mittel wie das Ziel der Darstellung von Kunst überhaupt sei oder, wie stellvertretend Zuckerkandl formulierte, daß »die Kunst als ein Ganzes« verstanden werden müsse und es daher das schlechthinnige Ziel sei, »die Raumkunst in innigster Verbindung mit den architektonischen Forderungen«[55] anzustreben. Außer dieser programmatischen Opposition mußte auch das Engagement Hoffmanns und Mosers für die mit den Intentionen der Secession konkurrierende Wiener Werkstätte, aber auch der Tod des um Vermittlung bemühten Ehrenpräsidenten Rudolf von Alt am 12. 3. 1905, desgleichen die Affären um die Deckengemälde Klimts, konfliktverschärfend gewirkt haben. Nachdem Klimt schon 1904 von dem Auftrag, die Zwickelbilder der Universitätsaula zu malen, zurückgetreten war, eine (sogar nur probeweise) Anbringung seiner Deckengemälde von der Kunstkommission des Ministeriums dessenungeachtet abgelehnt wurde, bat der Künstler im April 1905 um die Annullierung seines Vertrages sowie um die Rücknahme bereits geleisteter Zahlungen an ihn. Nach einigem Hinundher kam man im Mai 1905 diesem Akt der Autonomie, mit dem Klimt die Würde seines Werkes und seiner Person wahren wollte, nach. Eine Reihe von Gründen gibt zu der Vermutung Anlaß, daß die Engelhartgruppe in den Konflikt nicht hineingezogen sein wollte – der offensichtlichste: Sie stand den konservativen Kritikern Klimts ideell und politisch nahe. Eine weitere Unsicherheit mag dadurch in die Vereinigung gekommen sein, daß die Frage der Pachtverlängerung für das Secessionsgebäude, das von der Gemeinde vorerst nur bis 1908 der Vereinigung überlassen worden war, unklar schien. Da sich die Klimtgruppe mit der Galerie Miethke und der Wiener Werkstätte schon neue Ausstellungsmöglichkeiten gesichert hatte, wird klar, daß vor allem die Engelhartgruppe um den Fortbestand der Secession bangen mußte. Das wiederum erklärt auch deren geringe Ambition, sich in öffentlichen Auseinandersetzungen zu exponieren.

In Konsequenz des Bruchs hatte die Klimtgruppe den für die Raumkunst ungleich geeigneteren Secessionsraum preisgegeben; dafür konnte sie in der Galerie Miethke[56], in den Galerieräumen der Wiener Werkstätte und anderswo, insbesondere im Ausland, die Entwicklung ihrer Konzeption von Raumkunst widerspruchsloser betreiben. Die folgenden Jahre kennzeichnet, daß die ursprüngliche Synthese von Exponaten, Kunstgewerbe und ihrer ephemeren raumkünstlerischen Inszenierung zerfällt. Während die Secession allein auf die Exponate bzw. die Gestaltung schlichter Ausstellungsräume Wert legte, wandten sich die maßgeblichen Raumkünstler verstärkt dem Kunstgewerbe und

der Erzeugung einheitlicher Interieurs zu, was angesichts dessen, daß ihnen erstens kein der Modernen Raumkunst geeignetes Lokal zur Verfügung stand, und zweitens, sieht man von Klimt ab, kein bedeutender Maler angehörte, nur logisch war.

AUSTRITTE AUS DEM HAGENBUND

Wie eine raumkünstlerische Wahlverwandtschaft mutet es an, daß es fast gleichzeitig mit der Abspaltung der Klimtgruppe von der Secession auch im Hagenbund zu Austritten kam. Bemerkenswerterweise erfolgten diese aus dem umgekehrten Motiv, dem nämlich, daß die Vereinigung den raumkünstlerischen Anforderungen nicht habe gerecht werden können. Da der Hagenbund nicht wie die Secession von Arrangeuren, sondern von Malern dominiert wurde, lag es an diesen selbst, sich gegen die ihrer Ansicht nach überzogenen raumkünstlerischen Ansprüche zu verwahren, zumal deren Realisierung stets der umstrittene Urban besorgte. In den Jahren 1902 bis 1904, während welcher die Secession in immer lähmendere Turbulenzen geriet, entbot der Hagenbund einen gefälligen Ausstellungsbetrieb. Da er in seinen Darbietungen nur selten aufwendige Raumgestaltungen präsentierte und diese oft wiederholte oder variierte, seien sie nur kursorisch zusammengefaßt.

Die *4. Ausstellung des Hagenbundes (11. 10. – 16. 11. 1902),* von der keine Abbildungen existieren, war der tschechischen Künstlervereinigung »Manes« gewidmet. Auf der *5. Ausstellung (27. 11. – 28. 12. 1902)* wurde der Grundriß der vorangegangenen nur unwesentlich verändert. Urban unterteilte die Zedlitzhalle in drei quergelagerte Säle, von denen der mittlere seitlich polygonale Nischen aufwies, während der hintere sein schon in Düsseldorf gezeigtes Polygon einschloß. Präsentiert wurden, so Servaes, »lauter Nettigkeiten, man erregt sich über nichts, begeistert sich für nichts, bleibt aber durchwegs in einer angenehmen und angeregten Stimmung«.[57] Zuckerkandl reagierte auf das Arrangement wie auf die gezeigten Exponate weniger freundlich. Sie kritisierte, daß sich Urban allzu opportun der Moderne ergab, d. h. sich die akzeptierten Errungenschaften der Secession zunutze machte. So griff er beispielsweise nur drei Wochen nach Eröffnung der 15. Secessionsausstellung »die neuartigen Lambrisgliederungen und die Beleuchtungskörper des Moserschen Altzimmers« auf. Sei-

J. Hoffmann, K. Moser, Galerie Miethke 1905, Graben

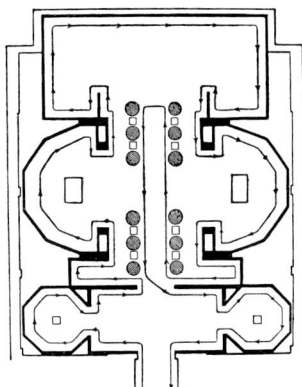

4. Hagenbundausstellung 1904, Grundriß

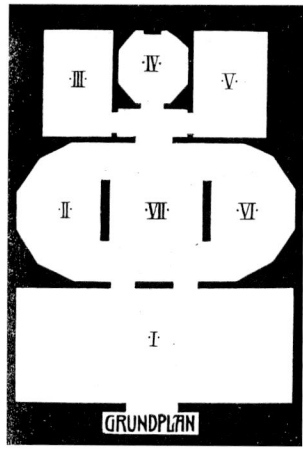

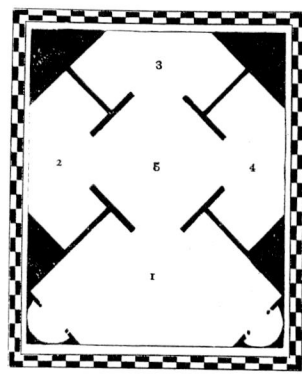

ne Tische und Stühle, deren hohe steile Lehnen jenen von Mackintosh nachempfunden waren,
schimpfte Zuckerkandl seien »Stilcopie«, die überdies »entstellt und in ihrem Wesen (...) durch die
Zugabe jener sich oben und unten verjüngenden
Säulchenmotive, die der Wiener Stil durch Josef
Hoffmann erhalten hat«, verfälscht sei.[58]

Auf der *6. Ausstellung des Hagenbundes (6. 1. –
25. 1. 1903)* wurden 19, in Wien noch unbekannte
Werke Arnold Böcklins gezeigt. Für die drei
Hauptwerke entwarf Urban einen apsidialen
Raum, den er um eine niedrige, ebenfalls kreis-
förmige Brüstung ergänzte. Die Art, in der Urban
die Gemälde vor figurale Gobelins hängen ließ,
darf als ein (negatives) Beispiel dafür angesehen
werden, wie Gemälde durch eine Präsentationsform an Aussagekraft verlieren.

Von der *7. Ausstellung (1. 2. – 8. 3. 1903),* Karl
Mediz und Emilie Mediz-Pelikan gewidmet, konnten keine Aufnahmen gefunden werden. Für die
8. Ausstellung des Hagenbundes (2. 4. – 7. 6. 1903)
ersann Urban eine auf Weitläufigkeit und Durch-
sichtigkeit bedachte Innenraumgestaltung. Vermittels zweier sich überschneidender Quadrate erlangte er eine dynamische Raumform, deren optisches
Zentrum ein Oktogon bildete. Die darin aufgestellte Großplastik, »Die Befreiung der Quelle« von
Josef Heu, konnte aufgrund der in den Kreuzachsen des Achtecks fehlenden Wände von allen Seiten erblickt werden. Die quergestellten Wände trugen eine großblumige Stoffbespannung und waren
zwischen den mit flachen Abdeckplatten bekrön-
ten gedrungenen äußeren Pfeilerendungen leicht
abgeschrägt. Servaes nannte die raumkünstlerische

Lösung das »Ideal einer kleinen Ausstellung« und
bedauerte, ausnahmsweise einmal in Ansehung einer Hagenbundausstellung, die Vergänglichkeit
der Ausstellungsbauten, die nirgendwo »als deco-
rative Raumschöpfungen auch nur annähernd so
feinfühlig und wohlgefällig durchgebildet wären
als bei uns in Wien«.[59]

Die *9. (13. 11. – 27. 12. 1903)* und die *10. Ausstellung (2. 1. – 14. 2. 1904),* die der Kollektion Leopold
Burgers gewidmet war, variierten den Grundriß der
8. Ausstellung nur geringfügig. Fast gleichzeitig mit
der 20. Secessionsausstellung wurde die *11. Ausstellung des Hagenbundes (24. 3. – 5. 6. 1904)* eröffnet. Urban verzichtete, wie Moser in der Secession,
auf größere Umbauten. Die seit der 8. Ausstellung
immer wieder vorkommende Raumgliederung, in
der jeweils polygonale Säle einen zentralen ummantelten, variierte Urban einmal mehr. In der
Raummitte stießen zwei halbkreisförmige Säle in
einer Weise aufeinander, daß nur zwei schmale
Öffnungen frei blieben. Der vordere Saal lief in eine niedrige Balustrade aus, an deren Innenseiten
jeweils eine Sitzbank anschloß; die Balustrade
stellte ein von der Böcklinausstellung übernomme-
nes, neu adaptiertes Requisit dar. Flankiert wurde
sie von den Skulpturen Hans Rathauskys. Die
Wandbespannung des Rundraumes zeigte, wie
schon die des quergelagerten Eingangssaales, die
Urbansche Kreis-Ovalmusterung. Vor den weiß gerahmten Wandfeldern des vorderen Saales standen
helle Säulen, die ein vorkragendes, den halbkreis-
förmigen Saal polygonal umlaufendes Brett stützten. Auch der zweite Halbkreis-Raum war architektonisch und optisch gegliedert. Hohe gemusterte Säulen, die in hellen Hülsen steckten, trugen eine den Raum abdeckende Platte. Unter dem bal-
dachinartigen Aufbau befanden sich Urbans
Stühle.

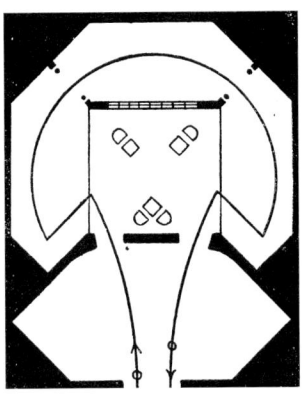

Anfang April 1905 erbaten acht Mitglieder des Hagenbundes um Wiederaufnahme in die Künstlergenossenschaft, weil sich ihrer Meinung nach das vom Hagenbund erstellte – und an der Secession orientierte – Programm als undurchführbar herausgestellt hatte. Erstens, so argumentierte Max Suppantschitsch, sei es organisatorisch unmöglich, jährlich drei Ausstellungen der österreichischen Kunst zu widmen; und zweitens lege »das moderne Arrangement Lasten auf, denen ein kleiner Verein, der nichts Sensationelles zu bieten hat und nicht nach Sensation haschen will, auf die Dauer kaum gewachsen« sei.[60] Demnach hatte auch der Hagenbund erkannt, daß die Ausstellungsgestaltung kein Beiwerk war, sondern einer eigenen Anstrengung bedurfte. So besann sich die Vereinigung – just zu dem Zeitpunkt, als die Secession daran ging, keine ähnlich einmaligen Raumgestaltungen mehr zu wagen – der eigenen Absichten und respektierte den bis dahin zweifellos bestehenden Abstand zwischen der eigenen und der früheren secessionistischen Raumkunst. Die Intentionen der Modernen Raumkunst, einen Ausstellungsraum motivisch zu gestalten und die Exponate dem Thema zu subordinieren, mußte den im Hagenbund organisierten Malern, die ja immer nur auf Urban als Dekorateur zurückgreifen konnten, widerstrebt haben, ja wie eine paradoxe Verpflichtung auf ein für sie unerreichbares Ideal erschienen sein.

Nicht zuletzt stellte Urban selbst – ob seiner Fähigkeiten – die Notwendigkeit und den Erfolg raumkünstlerischer Gestaltung in der Zedlitzhalle in Frage. Eine dieser Fähigkeiten war, daß der Umgang mit ihm überdurchschnittlich oft Intrigen, Streitereien und persönliche Zerwürfnisse nach sich zog. Verfolgt man die Geschichte des Hagenbundes, die von Gerichtsverhandlungen und Ehrenbeleidigungsklagen reichlich durchsetzt ist, so

scheint der Vorwurf Hans Rathauskys, der Urban »keinen moralisch integren Charakter«[61] nannte, nicht ganz unbegründet. Vor allem verstand er sich bzw. seine Produktionen zu verkaufen; unvorsichtigerweise allzu offen gegen die Interessen einer Mehrheit der Hagenbündler, wenn es etwa heißt: »Die wertvollen Elemente des Bundes, die Landschafter Ameseder, Bamberger, Konopa, Ranzoni, Suppantschitsch, Wilt u. a. verloren immer auffälliger an Einfluß, je geheimnisvoller die Macht des Architekten Urban wuchs.«[62] Urban, der immerhin einzelne interessante Arrangements geschaffen hatte, zog die vernichtendsten Urteile auf sich. Hugo Haberfeld etwa schrieb: »Fragt man, was aus Urban ohne dem Hagenbund geworden wäre, dann ist es gerecht zu sagen: nichts. Die für die Ausstellungen nötige Raumgestaltung hätte dem Hagenbund jeder andere moderne Architekt diskreter geschaffen. Und wahrscheinlich billiger. Denn der Hagenbund bezahlte Herrn Urbans Dekorateurdienste.«[63] Angefügt sei, daß die secessionistischen Arrangeure keinerlei Anspruch auf Entgeltung ihrer Tätigkeiten im Rahmen der Ausstellungen hegten. Da jedoch Urbans Gegner vorzogen, auszutreten, blieb er dem Hagenbund als Dekorateur vorerst erhalten. Konsequenterweise wechselten die Ausgetretenen ins Künstlerhaus zurück, das von jeher die raumkünstlerische Aufmachung nur widerstrebend akzeptiert und auch bald wieder reduziert hatte. Indem aber der Hagenbund die raumkünstlerische Ambition verringerte, wurde er, paradoxerweise, zum erfolgreichen Konkurrenten der Secession.

Anläßlich der *17. Ausstellung des Hagenbundes (17. 11. 1905 – 7. 1. 1906)* trat neben Urban zum ersten Mal ein weiterer Architekt in Erscheinung. Oskar Laske, von 1899 – 1901 Schüler Otto Wagners, arrangierte den Saal des »Jungbundes«[64], der von 1902 an dem Künstlerhaus als Verein angehörte. Zwei Drittel der unteren Wandfläche überzog Laske mit einer dunklen, von zarten Quadratreihen eingefaßten Stoffbespannung, die ihrerseits von weißen Sockelstreifen, die vor den quergestellten Scherwänden in hohe, rechteckige Podeste ausliefen, eingefaßt wurde. Der sparsame Einsatz dekorativer Elemente und die Einbeziehung von Korbstühlen und Tischen (Prag-Rudniker) erinnerten an die »Galeriesäle« der Secession.

Auf der Ausstellung wurde außerdem Urbans Arrangement für den Raum des Hagenbundes auf der Weltausstellung von St. Louis gezeigt. Es stell-

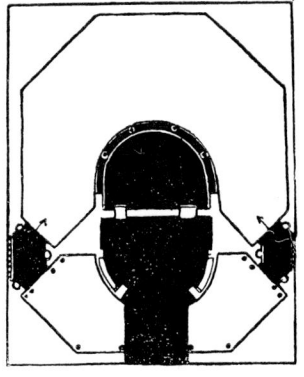

O. Laske, 17. Hagenbundausstellung 1905/06, Saal des
»Jungbundes«

te weniger einen Ausstellungsraum dar, wie beispielsweise Hoffmann einen zu zeigen beabsichtigt hätte, sondern einen behaglichen Wohnraum. Die mit den grau und rotbraunen Kreisovalstoffen überzogenen Wände faßte Urban mit schmalen Leisten ein, die von einem Blumenmuster geziert und von jeweils zwei Medaillons unterbrochen wurden. Dieselben Medaillons brachte er auch in der Holzvertäfelung über den breiten, aus schwarzem, feinprofilierten Erlenholz bestehenden Türen an. Auf einem Teppich, der eine geometrische Musterung trug, ließ er einen niedrigen Tisch mit vier Stühlen aufstellen. Deren betont kubische Form, die abgeschrägten aufrechten Lehnen sowie die an ihnen und den Armlehnen eingefügten dreieckigen Muster, Intarsien aus Perlmutt und Silber, stellten weniger eine Variation der Moserschen Ornamentierung dar als eine gelungene Imitation. Die Nachschöpfung dieser Stühle gelang so perfekt, daß man sie 1971, als sie das Museum für angewandte Kunst erwarb, für Stühle Mosers hielt.[65] Aber allein das Faktum, daß diese Stühle auf einer Hagenbundausstellung, noch dazu in einem von Urban

J. Urban, 17. Hagenbundausstellung 1905/06, Interieur von der Weltausstellung in St. Louis, 1904

völlig durchgestalteten Interieur gezeigt wurden, spricht gegen diese Zuschreibung. Moser hätte seine Stühle zu dieser Zeit dem Hagenbund gewiß nicht zur Verfügung gestellt.

DER NIEDERGANG DER MODERNEN RAUMKUNST IN DER SECESSION

Vor allem im Hinblick auf die raumkünstlerischen Gestaltungen der Secession während der vorangegangenen Jahre erscheinen die nun folgenden eher matt, ja unbedeutend. Aus der Bewegung, die zur Gründung der Secession geführt hatte, war eine Institution geworden, die einen routinemäßigen Ausstellungsbetrieb fortsetzte. Der Engelhartgruppe war die Secession allzu leicht in die Hand gefallen, als daß sie von der Last der berühmten jüngsten Vergangenheit nicht hätte bedrückt sein müssen.

Die *24. Secessionsausstellung (9. 11. – 27. 12. 1905),* die erste nach der Spaltung, unterlag, insofern »das künstlerische Verdienst, das die Secession in den früheren Jahren erworben hat, jeder neuen Leitung eine ungeheure Verantwortungspflicht«[66] auferlegt, einem besonderen Leistungs- und Erfolgsdruck. Groteskerweise sollte die vom Industriellen Johann E. Zacherl[67] finanziell unterstützte Ausstellung raumkünstlerisch gestaltet werden. Die Vorbereitungen für die der religiösen Kunst gewidmete Ausstellung begannen noch im Frühjahr 1905. Entsprechend der Thematik errichtete Plečnik im hinteren Saal des Secessionsgebäudes die Apsis eines Baptisteriums. Ins Zentrum der Apsis stellte er auf eine sich konvex vorwölbende Stufenestrade aus Ziegelsteinen ein in dunkelgrünem Marmor gefertigtes Taufbecken, über dessen Deckel die vergoldete Holzfigur des Hl. Johannes von Andri aufragte. Das Baptisterium hatte ein Glasfenster Karl Ederers, das durch die rückwärtige Türöffnung der Secession erhellt wurde, zum Hintergrund; durchsetzt war es von vier Säulen mit hohen, reich dekorierten Kapitellen, die das monumentale Apsisgemälde von Andri stützten. Dieses Gemälde wie auch die anderen auf (mit Mörtel verputzten) Korksteinplatten gemalten Bilder, deren Themen sich allesamt auf die Taufe bezogen, gingen auf eine ideelle Disposition des Prälaten Heinrich Swoboda zurück. Die links außen plazierten Bilder (Erschaffung des Wassers, Erbsünde) entstammten der Werkstatt der Beuroner Mönche, die 1868 an der Oberen Donau ein Kunstkloster gegründet hatten. Links an das Taufbecken anschließend befand sich eine Arbeit von Jettmar (Rotes Meer), auf der rechten Seite waren Arbeiten von Lenz (Taufe des Äthiopiers), Engelhart (Kindermord, Bluttaufe) und König (Begiertaufe) plaziert. Die Apsiswölbung zeigte Andris' Hl. Dreifaltigkeit sowie einige über das hellblaue Firmament schwebende Engel.

An den Eingangs- und Seitenwänden des Hauptraumes waren zahlreiche Kartons für die Glasfenster Mehoffers exponiert, im linken Seitensaal Bilder österreichischer, deutscher und französischer Maler; im rechten Seitensaal installierte die Deutsche Gesellschaft für christliche Kunst, die auch das Ver-Sacrum-Zimmer für sich beanspruchen konnte, einen kapellenartigen Raum.

In der Rezeption der Ausstellung ist der polemische Ton, den Lux in einer Besprechung anschlug, nicht zu überhören. »Es war zu erwarten, daß die Künstler ihre raumkünstlerischen Erfahrungen nun benützen würden, um die Idee eines Gotteshauses, eines Weiheraumes, eines Ortes der seelischen Erhebung und Andacht mit rein künstlerischen Mitteln hinzustellen, soweit es in einem Ausstellungsgebäude möglich ist. Der Grundriß des Secessionsgebäudes läßt sogar eine dreischiffige Anlage sehr gut möglich erscheinen, wie aus der Beethoven-Ausstellung bekannt ist.«[68] Die Kritik wandte sich eingedenk des Umstandes, daß besonders die Gestaltung der 14. Ausstellung, die tatsächlich eklektisch-monumental war und die man darum der Raffinesse, ja, was die Skulptur betrifft, auch der Effekthascherei bezichtigt hatte – dagegen, daß nunmehr die Secession in einen richtigen und nicht nur in einen symbolischen Weihe-

raum verwandelt wurde. Eine ähnliche offensive Beziehung der Kunst im Dienste der Religion hatten die Secessionisten während der Jahre 1898 – 1905 zwar intendiert, aber in der Art einer Aufhebung der Religion in Kunst, in Ästhetizismus. Wenngleich die Secessionisten die Kunst für eine »heilige Sache« hielten, hätten sie sich dagegen verwahrt, dies mit katholisch gleichzusetzen. Was mit der Engelhartgruppe zum Zug kam, war eine ihrem Illiberalismus entsprechende, massive Provinzialisierung.

Am Beispiel der Ausstellung wurde nur allzu deutlich, daß es für die religiöse Monumentalkunst am Beginn des 20. Jahrhunderts kaum Ausdrucksmöglichkeiten gab, die sowohl den konfessionellen Anforderungen wie auch den ästhetischen genügt hätten. Der Rückgriff auf die stilnachahmenden Beuroner Mönche minderte die Verlegenheit nicht, weil ihre naiv antikisierenden Nachempfindungen die Inhalte der christlichen Lehre auf eine ebenfalls angreifbare Weise verbrämten. Daß auf der Ausstellung moderne religiöse Kunst nicht gezeigt wurde – und nicht hätte gezeigt werden können, da doch in der Secession gerade die Kunst die Religion sich zum Medium der Selbstbehauptung auserkoren hatte –, war der anerkannte Tenor: »Eine solche Ausstellung mit strenger künstlerischer Konsequenz wie bisher durchzuführen, hat die Secession in ihrer heutigen Verfassung leider nicht die Kraft gehabt.«[69] Die Raumgestaltung der *26. Secessionsausstellung (18. 3. – 10. 6. 1906)*, österreichischen Künstlern und der polnischen Künstlervereinigung »Sztuka« gewidmet, fiel so bescheiden aus, daß gar niemand für sie verantwortlich zeichnete.

J. Plečnik, 24. Secessionsausstellung 1905, Apsis eines Baptisteriums

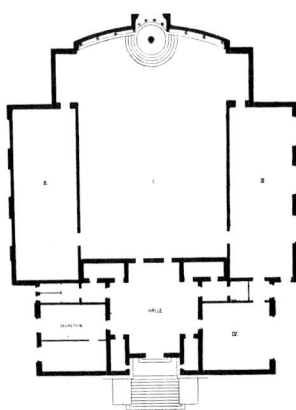

J. Plečnik, 24. Secessionsausstellung 1905, Grundriß (oben) und M. Lenz, J. Engelhart und F. König beim Malen ihrer Apsisbilder (links)

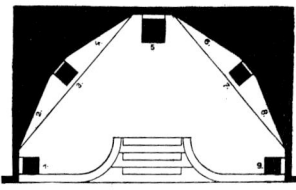

DAS DENKMAL DER ARBEIT.

J. Urban, 21. Hagenbundausstellung 1906, Grundriß für
C. Meuniers »Denkmal der
Arbeit« (oben) und Blick gegen
den Eingang (rechts)

J. Urban, 21. Hagenbundaus-
stellung 1906, Arrangement für
C. Meuniers »Denkmal der
Arbeit«

Die *20. Ausstellung des Hagenbundes (5. 10. –
18. 11. 1906):* Mit der Übernahme der Meunier-
Gedächtniskollektive präsentierte der Hagenbund,
der im März 1906, wie Seligmann etwas beschwich-
tigend festhielt, »durch allerlei innere Unruhen
und Streitigkeiten erheblich zusammengeschmol-
zen«[70] war, eine bereits als publikumswirksam bekannt gewordene Ausstellung in Wien. Selbstverständlich wurde sie anders arrangiert. »Die Zusammenstellung im Hagenbund« ging auf Mitteilungen
Fernand Khnopffs zurück, der, wie es heißt, »die
weiteren Absichten Meuniers gekannt habe«.[71] Für
das Hauptexponat, das aus vier großen Reliefplatten und fünf Figuren zusammengesetzte »Denkmal
der Arbeit«, schuf Urban im rückwärtigen Trakt
der Zedlitzhalle einen architektonischen Rahmenbau. Über einige Stufen gelangte das Publikum zu
einem dreieckigen, in der Mitte gerade abschlie-
ßenden Podium, in dessen Begrenzungswände sich
dem Grundriß nach gleiche, wenn auch kleinere
und flachere Nischen befanden. In die Wände der
Nischen ließ Urban Reliefplatten (zu den Themen
Industrie, Bergbau, Handel und Verkehr, Land-
wirtschaft) ein. Alternierend zu den Nischen wurden auf hohen Würfelpodesten die fünf Skulpturen (der Schmied, der Ahn, der Bergmann, der Sä-
mann und die Mutterliebe) aufgestellt. Es handelte
sich hierbei um die größte architektonische, also
nicht bloß dekorative Umgestaltung, die der Hagenbund je für Skulpturen realisiert hat. Wenn-

gleich Urban darauf verzichtete, seiner Raumgestaltung ein programmatisches Konzept zugrunde
zu legen, so bediente er sich doch einiger raumkünstlerischer Prinzipien in bester Manier. In der
schrägen Verbindungswand zwischen dem »Denkmal der Arbeit« und der geraden Seitenwand wurden fünf kleine Nischenräume für weitere Büsten
geschaffen. Über dem Eingang befand sich ein
rechteckiger Rahmenverbau, in den Urban Reliefplatten integrierte. Vor dem Eingang ließ er niedrige, gegen die Saalmitte gewandte, lange Podeste
aufstellen, darauf er Kleinplastiken plazierte. Die
übrigen Großskulpturen verteilte er frei im Raum.
Indem der Hagenbund einmal – mehr den Intentionen der Secession als seiner eigenen Absichtserklärung folgend – Werke ausländischer Künstler
in Wien vorstellte, gelang es ihm, das allgemeine
Interesse auf sich zu ziehen und der immer geringer
experimentierfreudigen Secession den Rang abzu-
laufen.

Auf der *27. Secessionsausstellung (4. 11. – 27. 12.
1906)* legten die Architekten mehr Nachdruck auf
eine raumkünstlerische Präsentation. Bauer, der
auch die ausgestellten Möbel entwarf, und Plečnik
gestalteten die Räumlichkeiten. Die Raumaufteilung der Säle hielt sich weitgehend an die Olbrichschen Saalgrenzen. Der große Hauptsaal, der
Kollektion Eugène Carrières (†27. 3. 1906) gewidmet, trug als Bildhintergrund den immer wieder
verwendeten, roten »Engelsdamast« Mosers; vor
den Öffnungen zu den Seitensälen stellten die Dekorateure weiße, gedrungen kannelierte Säulen auf,
von der Decke hingegen zahlreiche Kugellampen.
Anhand der Abbildungen, die von dem rückwärtigen Saal Bauers erhalten sind, wird deutlich, daß
auch in der Secession die von der Wiener Werkstätte eingeleiteten neuen dekorativen Strömungen

Fuß faßten und sich gegen den früher offensiv vertretenen, dann einfach beibehaltenen Purismus der geometrischen Formen durchzusetzen begannen. Zum Ausdruck kam dies an dem gemusterten Bodenbelag, dem Wandteppich, dem Kamin Oerleys, aber auch an den Stühlen Bauers, deren Rückenlehnen weit ausschwangen. Für die in diesem Raum auszustellenden kunstgewerblichen Gegenstände von Ashbee und Messner ließ er in den Ecken Wände einstellen, in die er Vitrinen in Quadratrasterform integrierte.

Während der letzten Ausstellung hatte man von seiten der Secessionisten – und zwar nicht nur ob der Bemühungen um einen gelungenen, unanstößigen Ausstellungsbetrieb – alles daran gesetzt, den im kommenden Jahr ablaufenden Pachtvertrag zu verlängern. Am 1. 2. 1907 wurde die im Oktober 1908 auslaufende Vertragszeit der Secession vom Gemeinderat unter folgenden Bedingungen auf weitere 10 Jahre verlängert: Alljährlich sollte ein Bestandzins von 20 Kronen entrichtet werden, weiters durften »der Gemeinde keinerlei Kosten erwachsen...«, die Vereinigung hatte »das Gebäude auf ihre Kosten immer in gutem Zustand zu erhalten und sämtliche Steuern und Gebühren zu entrichten«.[72] Unter diesen Voraussetzungen, die nichts anderes bedeuteten, als daß ein Gebäude, das Wirkung und Ursache einer Bewegung geworden war, den ephemeren, provisorischen Charakter von sich abstreifte, – unter diesen Voraussetzungen konnten die Secessionisten beruhigt und voll Zuversicht einer neuerlichen Ausstellungsperiode entgegensehen.

Auch die *29. Ausstellung (23. 3. – 23. 6. 1907)* zählte wie viele andere (der nach der Secessions-

spaltung abgehaltenen) zu jenen, die nicht mehr so »verrückt...«, aber auch nicht mehr so originell und genial« waren. »An einem sensationellen Clou, der fast in jeder früheren Ausstellung vorhanden war (...), fehlte es gänzlich.«[73] Neben einzelnen Mitgliedern exponierten Max Slevogt und Charles Cottet, dessen Werke den gesamten Mittelsaal einnahmen. Im Mittelsaal hatte man eine große Rasterdecke eingezogen und die Wände bis zu zwei Drittel ihrer Höhe mit dem »Engelsdamast« Mosers ausgeschlagen. Weil sich die Ausstellungen und die Umarbeiten auf immer längere Zeiträume erstreckten, beschloß man auf der Versammlung vom 27. 4. 1907, »künstlerische Veranstaltungen nicht wie bisher periodisch wiederkehrend, sondern immer dann zu machen, wenn eine rein künstlerische Notwendigkeit hiezu vorliegt«.[74] War auch der stilbildende Impetus der ersten Secessionisten dahin, so bewahrte sich die Engelhartgruppe doch eine gewisse Distanz zu einem bloß routinemäßig abgeführten Ausstellungsbetrieb. Die nächste Ausstellung, die das genannte Kriterium erfüllte, die 30., fiel ins Kaiserjubiläumsjahr 1908. Aufgrund der erforderlichen Vorarbeiten und Renovierungen zog es die Vereinigung nun nicht vor, zu improvisieren – wie sie es etwa früher getan hätte –, vielmehr schloß sie für neun Monate.

In der Beurteilung der *22. Ausstellung des Hagenbundes (10. 3. – 2. 6. 1907),* die in der (für ihn ungewöhnlich langen) Vorbereitungszeit von sechs Wochen unter der Mitwirkung aller Mitglieder arrangiert wurde, stimmten die Kritiker überein, daß die »Originalität in der Raumgestaltung, durch die sich die Secession sonst auszuzeichnen pflegte, diesmal im Hagenbund zu finden«[75] sei. Aufgrund eines von Urban ausgearbeiteten Programmes wurden die Kunstwerke in die dekorative Ausstattung miteinbezogen und nicht bloß aneinandergereiht. Der Hagenbund – d. h. Urban als dessen Dekorateur – zeigte sich also bemüht, durch die Ausstellungspraxis die Argumente derer zu widerlegen, die 1905 unter Berufung darauf, daß der Hagenbund das raumkünstlerische Programm nicht habe einlösen können, ausgetreten waren. Da zur selben Zeit die Raumausstattungen der Secession nicht mehr das Kriterium der öffentlichen Beurteilung vorgaben, konnte er im Hagenbund freier, ungezwungener und weniger dem Verdacht der Imitation ausgesetzt, die Räumlichkeiten gestalten. »Ein sehr guter Gedanke war es dabei, den Totaleindruck ei-

115

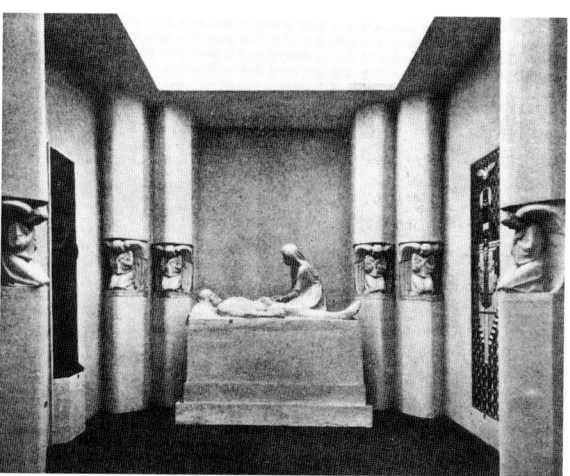

J. Urban, 22. Hagenbundausstellung 1907, Mausoläum für
J. Heus »Pietà«

J. Urban, 22. Hagenbundausstellung 1907, Majolikasaal mit
den Büsten von F. X. Messerschmidt

nes jedes Saales mit einem Schlagwort gleichsam zu haschen.«[76] Der Hagenbund knüpfte damit exakt dort an, wo Moser und Hoffmann vor Jahren kapituliert hatten, beim Versuch, ein Arrangement trotz individueller Gestaltungsfreiheit verbindlich zu halten. Um den Porträtsaal, ein zentrales Polygon, hatte Urban »fächerförmig ausstrahlende«[77] Räumlichkeiten angeordnet: Den Majolikaraum, den Vierjahreszeiten-Saal, einen von Josef Heu als Mausoleum adaptierten Raum, weiters die von Alfred Keller eingerichteten zwei »Schwarz-Weiß-Säle« und die vom Porträtsaal aus betretbaren zwei Zimmer »Varia«.

Als besondere Attraktion galt der Vorraum der Ausstellung, der Majolikasaal. Hier waren die (von Urban in der Staatsgewerbeschule) wiederentdeckten sechs Büsten von Franz Xaver Messerschmidt zu sehen. Vier davon plazierte er entlang der Seitenwand, die er mit »weißen Kacheln, Holzleisten und Rankverputz« dekoriert hatte.[78] Die Wandfelder hinter den Charakterköpfen waren dunkel, die dazwischenliegenden hell und von Wellenlinien dekorativ eingefaßt. In der Höhe der Köpfe, als optisches Pendant zu ihnen, ließ er dekorative Schmuckplatten aus Majolika (von Bertold Löffler und Michael Powolny) ein; die Schmuckplatten trugen, wie schon das Ausstellungsplakat von Rudolf Junk, zarte Kreis- und Spiralmuster. Mit den Schmuckplatten alternierten kleine, die Jahreszeiten darstellende Holzintarsien von Herbert Schaffgotsch. Wenn vom Saal behauptet wurde, daß er ein »Ausstellungsstück für sich«[79] bilde, so braucht es keiner weiteren Bemerkung mehr über die Güte des Arrangements. Denn das Prädi-

kat wurde seit jeher nur für die gelungensten Beispiele Moderner Raumkunst vergeben.

Auf der *23. Ausstellung des Hagenbundes (5. 10. – 1. 12. 1907)* exponierten einige Mitglieder, polnische Künstler und der ehemalige Secessionist Krämer. Anläßlich dieser Ausstellung resümierte Emmerich Schaffran eine Tendenz, die sich schon auf den letzten Ausstellungen zu erkennen gegeben hatte: »Es gibt jetzt schon in Wien recht viele kunstverständige Leute, welche behaupten, daß die in Form und Farbe beste Ausgestaltung des Ausstellungsinterieurs im Hagenbund zu finden sei. So stimmungsvoll in der Farbe und mit so prächtigem, ruhig flutenden Licht haben wir noch selten diese Räume gesehen.«[80] Auch wenn sich von dieser Ausstellung keine Aufnahmen erhalten haben und man also gänzlich der wohlmeinenden Rezeption vertrauen muß, ist eine Akzentverschiebung von der Secession auf die Zedlitzhalle unübersehbar. Freilich, in erster Linie verdankte der Hagenbund seine Erfolge nicht einem eigenen raumkünstlerischen Impetus; vielmehr profitierte er von der darniederliegenden secessionistischen Ausstellungskunst. Da es aber keiner der Vereinigungen gelang, neue Impulse zu setzen, trat eine eigenartige Disparierung in Kraft; sowohl die Secession wie auch der Hagenbund unternahmen Ausstellungsgestaltungen – gleichsam mit dem Idealbild der 14. Ausstellung im Rücken –, die doch vor allem eines zeigten, eine gewisse Ausweglosigkeit, eine Verlegenheit, die trotz der Spaltung bzw. Abspaltung nicht zu einer neuen Klärung führte. Selbst die Stilkopie brachte keine Differenzierung oder Absetzbewegung mehr in Gang. Was immer versucht wurde, gleich unter welcher Devise, wirkte im Vergleich zur rigorosen 14. Secessionsausstellung wie eine Anomalie. Im Verhältnis zu damals war vor allem eines verloren gegangen, der Gestus des Überzeugenwollens. Es scheint, als habe es nichts mehr zu beweisen gegeben, nichts mehr, das einer aufwendigen Rhetorik, also einer intensiven Dekoration, bedurfte. Anstelle des früheren Pathos traten Gleichmut, Gleichförmigkeit und eine gewisse Biederkeit, die den Drang zum Monumentalen ersetzte. Nicht einmal eine dezidierte Destruktion raumkünstlerischer Prinzipien war zu erkennen. Es brauchte offensichtlich eines äußeren Anstoßes, damit ein Neuansatz gewagt werde. Dieser ergab sich im Jahr 1908.

VII
DIE KUNSTSCHAU – EIN AUSSTELLUNGSMODELL, 1908

Selbstverständlich gereichte auch das 60. Regierungsjubiläum vielen Interessensgruppen zum Anlaß, mit Veranstaltungen jeglicher Art an die Öffentlichkeit zu treten. Die verschiedenen künstlerischen Erwartungen kamen im Plan einer repräsentativen *Kaiser-Jubiläumsausstellung im Prater* überein. Vom Niederösterreichischen Gewerbeverein initiiert, sollte die umfangreiche Schau folgende Bereiche umfassen: Bauwesen, Industrie und Gewerbe, Kunst, Wissenschaft, Erziehung und Unterricht, Land- und Forstwirtschaft, Heereswesen und Marine, Sport und temporäre Ausstellungen.

Zum Chefarchitekten wurde, wie schon 1898, Bressler bestellt. Auf einer Vorbesprechung im Dezember 1906 sicherte der Kaiser den Veranstaltern zu, »daß er das Unternehmen, soweit es in seiner Macht stehe, unter seinen besonderen Schutz nehmen wolle«.[1] Mit dem Plan einer 16.000 m² großen Maschinen- und Industriehalle wurde Emil Hoppe betraut, mit der Abteilung für Heereswesen und Marine sowie mit einem Teil des Generalplanes Urban. Hoffmann entwarf ein Ausstellungsgebäude für das österreichische Kunstgewerbe.

Weder dieses Projekt noch andere, die eigens des kaiserlichen Regierungsjubiläums wegen geplant worden waren, kamen zur Ausführung. Denn trotz der früheren Zusage entschied sich der Kaiser im Juni 1907 gegen die Ausstellung im Prater. Statt ihrer sollte ein Museum für Technik, Industrie und Gewerbe errichtet werden. Der diesbezügliche Wettbewerb wurde im Mai 1909 ausgeschrieben. Von den eingereichten Projekten – darunter auch die von Wagner, Loos, Oerley und Tropsch – erhielt dasjenige Hans Schneiders den Zuschlag. Die Entscheidung der Jury, von Zuckerkandl ein »Konkurrenzskandal«[2] genannt, rief zwischen den Künstlervereinigungen eine bis dahin unbekannte Solidarität hervor. Die Secession, der Hagenbund, die Klimtgruppe und die Wiener Bauhütte traten öffentlich gegen die Entscheidung auf, allerdings erfolglos. Daß der Kaiser anstelle einer Jubiläumsausstellung einen Museumsbau protegierte, mußte von den Vereini-

gungen, die seit langem im Kunstrat die Errichtung eines Museums der Stadt Wien und einer Modernen Galerie gefordert hatten, als Niederlage empfunden worden sein. Den einzelnen Interessensgruppen verblieb also nichts anderes, als mit üblichen Jubiläumsausstellungen hervorzutreten.

DIE JUBILÄUMSAUSSTELLUNGEN DER SECESSION UND DES HAGENBUNDES

Als erste der Jubiläumsausstellungen eröffnete die *30. Secessionsausstellung (3. 4. – 12. 7. 1908).* Die Künstler hatten das über neun Monate geschlossene Secessionsgebäude einer von Robert Oerley beaufsichtigten »durchgreifenden Renovierung« unterzogen.[3] Er ließ die Flügel der dreiteiligen Tür zwischen Vorhalle und Ausstellungssaal fixieren, die Stuckreliefs von Böhm, das Glasfenster sowie den Kranzträgerinnenfries von Moser auf der Rückseite des Gebäudes entfernen oder weiß übertünchen. »Dann«, vermerkte Hevesi polemisch, »modernisierte sich die Secession, indem sie etwas unmoderner wurde, und riß zu diesem Behufe auch alle störenden Inschriften ab; Ver Sacrum und dergleichen nicht mehr passende Redensarten«.[4] Er spielte damit auf seine mittlerweile berühmt gewordene Inschrift über dem Portal an, die die Secessionisten gleichfalls eliminiert hatten. In der Vorhalle brachten sie neue Inschriften an, darunter etliche zu Ehren des Kaisers. Die eigene Historie und die noch während Polemik machten es nur zu verständlich, daß die nun von der Engelhart-Gruppe geführte Secession alles daran setzte, die letzten Details, durch die sich eine Assoziation mit den ausgetretenen Secessionisten nahelegte, abzuwracken. Neben dem Treppenaufgang wurden, anläßlich der Ausstellungseröffnung, zwei monumentale Vasen Oerleys postiert, die an dieser Stelle bis heute verblieben sind.

R. Oerley, 30. Secessionsausstellung 1908, renovierte Eingangshalle

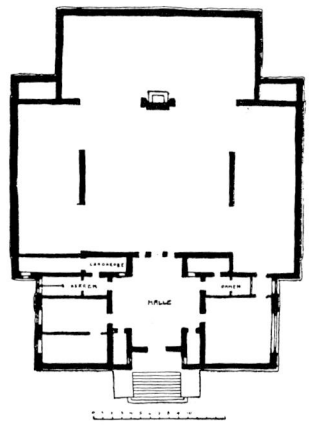

Bei der Innenraumgestaltung griff Oerley die Farben Weiß und Gold, die das Äußere der Secession bestimmten, wieder auf. Um optisch einen Einheitsraum zu erzeugen, ließ er zwischen den feststehenden Stützen der Seitensäle dünne Wände einziehen und in der Mitte, vor dem rückwärtigen Saal, einen mächtigen Pfeiler aufstellen. Dieser ummantelte eine Holzkonstruktion, die Andris' Skulptur des »Hl. Michael« abstützte. Die Wände des Hauptsaales färbte er einheitlich weiß, die der

Seitensäle ließ er bis zur halben Höhe mit Mattgold überziehen. Im hinteren und im Hauptsaal befanden sich Skulpturen von Andri, von Anton Hanak und Hellmer sowie von Josef Müllner und Engelhart. Den malerischen Hintergrund bildete eine an der Rückwand angebrachte, noch unvollendete Werkzeichnung Ederers für das Hochaltarbild von Steinhof. Moser, der ursprünglich diesen Auftrag erhalten hatte, strengte im Mai 1908 einen Prozeß an, in dem er Ederer des Plagiats beschuldigte. Das Publikum konnte sich bald selbst ein Urteil bilden, denn Moser exponierte seinen Entwurf auf der Kunstschau.

Der Hagenbund trat mit einer *Kaiser-Huldigungsausstellung (11. 4. – 4. 10. 1908)* hervor. Als Ehrenraum für den Monarchen fungierte der Hauptsaal, den vom Empfangsraum Laskes nur ein Ziergitter aus Messing trennte. Urban ließ den langgestreckten Ehrensaal in einem erhöhten, apsidialen Raum enden, auf dessen oberstem Plateau er die vergoldete Büste des Kaisers, flankiert von zwei Löwen Franz Barwigs, postierte. Die zwischen den Säulen der erhöhten Apsis angebrachten, in Gold-

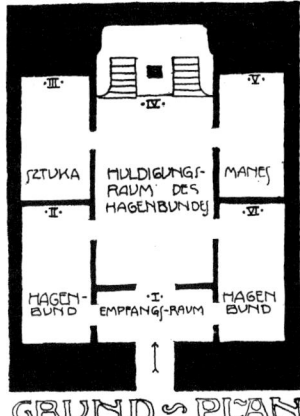

Jubiläumsausstellung des
Hagenbundes 1908, F. Polzer,
Saal 6 (links), J. Urban,
Huldigungsraum (Mitte) und
Grundriß (rechts)

und Rottönen gehaltenen Glasmosaiken Ludwig Ferdinand Grafs nahmen auf die Kaiserbüste Bezug und stellten allegorisch den Krieg und den Frieden dar. Seitlich begrenzten den Nischenraum die großen Sandsteinreliefs Karl Stemolaks. Beiderseits des großen Hauptsaales ordnete Urban je einen langgestreckten, zweigeteilten Ausstellungssaal an. Den zur Linken gestalteten Alfred Keller und Urban (für die »Sztuka«). Der rechte vordere Raum wurde von Franz Polzer, der hintere von Otakar Novotny (für die tschechische Künstlervereinigung »Manes«) entworfen. Mit der Wahl der geladenen Künstler wollte der Hagenbund nicht primär seine Internationalität unter Beweis stellen, als vielmehr eine symbolische Konkordanz der in der Krone recht und schlecht repräsentierten Völker und Nationen der Monarchie. Und beide, die Secession und der Hagenbund, ließen sich aus verständlichen Gründen von der Tradition, der Pflege der Staatsraison, nicht ungern in die Pflicht nehmen.

DIE KUNSTSCHAU
(1. 6. – 15. 11. 1908)

Auch die Klimtgruppe nahm das Jubiläumsjahr zum Anlaß, ein eigenes Gebäude zu entwerfen und dessen Subventionierung zu beantragen, dies, obwohl sie erst gar nicht versuchte, auch nur den Anschein eines inhaltlichen Bezugs zum Jubiläum herzustellen. Entgegen der in der Literatur des öfteren vertretenen Meinung[5] gründeten die Künstler auch keine neue Vereinigung, um das Projekt zu realisieren. Die Gruppe wollte, wie Klimt formulierte, nicht »wieder den schweren Ballast einer kompli-

zierten Organisation«[6] auf sich nehmen. Theoretisch konnte an der beabsichtigten »Kunstschau« daher jeder österreichische Künstler, jede Firma und jeder Verein teilnehmen; praktisch aber mußten unter Verweis auf die Begrenztheit des Raumes viele zurückgewiesen werden.

Das Projekt wurde auf einer konstituierenden Versammlung (30. 10. 1907) der Öffentlichkeit vorgestellt. Ein zugleich entstandenes Exekutivkomitee, dem Hoffmann, Löffler, Moll, Moser, Roller und Klimt als Präsident angehörten, hatte sich insbesondere um die Beschaffung eines Baugrundes zu kümmern. In die engere Wahl kamen der Karlsplatz, ein Baugrund neben dem Eislaufverein sowie der für das zu errichtende Kriegsministerium. Diverse Subventionen dürften im Oktober 1907 bereits gesichert gewesen sein. Das Exekutivkomitee sollte nach Ausstellungsschluß aufgelöst, das Gebäude abgerissen werden, da, wie Klimt bekannte, die Künstler »nur eine einmalige Aussprache anstreben. Gleichsam eine Uraufführung, die keine Wiederholung erfährt«.[7] Am 16. 11. 1907 wurde eine Unterteilung des Kunstschauprogrammes in verschiedene Haupt- und Subsektionen unternommen. Für die Sektion 1, die der Raumkunst, waren Schönthal, Schmidt und wiederum Hoffmann verantwortlich, die Leitung der Sektion 2, Malerei und kleinere Plastik, übernahmen Löffler, Moll und Moser. Protokollarisch wurde außerdem festgehalten, daß »für die Zubilligung eines Raumes in der Ausstellung nur eine ausgesprochen künstlerische Absicht entscheidend sei, nicht jedoch ein bloßer technischer oder Materialgedanke, ein Gebrauchszweck oder andere äußere Momente«.[8]

Nach der befristeten Übereignung des für den Konzerthausbau reservierten Baugrundes (zwischen Eislaufplatz, Schwarzenbergplatz und Heumarkt) durch das k. u. k. Ministerium des Inneren,

J. Hoffmann, Kunstschau 1908,
Eingangspavillon

Wien den Antrag auf Errichtung einer modernen Gartenanlage erst Ende Mai positiv beschied, waren die 4.000 m² großen Gartenanlagen, die ein Freilufttheater einschlossen, anläßlich der Eröffnung der Kunstschau am 1. 6. 1908 noch nicht fertiggestellt; erst ab dem 20. 6. 1908 konnten sie besichtigt werden. Dann aber dürfte »die stetige Wechselwirkung von Innenraum und Freiraum«, für Zuckerkandl das »Leitmotiv«[11] der Ausstellung, besonders reizvoll gewesen sein. Tatsächlich bezog sich der Begriff von Gesamtkunstwerk, wie ihn die Kunstschau exemplifizierte, real auf eine ungleich größere Totalität als auf der 14. Ausstellung. Inhaltlich oder der Intensität nach stellte sie indessen keine Steigerung dar.

Sowohl aus den Einreichplänen Hoffmanns, die vom 17. 4. 1908 datieren, wie auch aus dem endgültigen Ausstellungsplan geht hervor, daß sich das Kunstschauareal in drei Komplexe gliederte: In einen quadratischen Baukörper (34,8 × 37,6 m), der in seinen Kreuzachsen von Galeriesälen durchdrungen wurde, sodaß vier Höfe entstanden; in einen rechts daran anschließenden Gebäudekomplex, der den quadratischen Hof Schönthals (25 × 25 m) umgab; und drittens in eine trapezförmige Gartenanlage, die, an die beiden Komplexe direkt anschließend, sich gegen den Heumarkt erstreckte.

Der Eingangspavillon überragte die gegen die Lothringerstraße gerichtete (72,69 m lange) Front aus Holzgebäuden, die mit weißem Putz beworfen waren. An der Hauptfassade beiderseits des Eingangspavillons alternierten niedrige, flachgedeckte Trakte mit quergestellten Baukörpern, die Giebel-

nach Gewährung von Subventionen durch das k. u. k. Ministerium für Kultus und Unterricht (30.000 Kronen auf Initiative von Prof. Josef Sturm), den Niederösterreichischen Landesausschuß und die Gemeindevertretung der Stadt Wien (zusammen 40.000 Kronen) sowie nach Erstellung eines Garantiefonds (von 100.000 Kronen) seitens privater Förderer begannen Anfang April 1908 die Bauarbeiten. Die effektiven Baukosten beliefen sich dann auf 130.000 Kronen.[9] Die organisatorische Leitung der Kunstschau übernahm die Galerie Miethke in der Dorotheergasse 11.

DIE VERBAUUNG DES AREALS

Der Rohbau stand binnen vierzehn Tagen. Hoffmann, in dessen Händen die Gesamtdisposition lag, delegierte die Innenraum- und Hofgestaltung an seine und Otto Wagners Schüler. Die Devise, der alle sich unterstellten, ging dahin, alle Bereiche der Kunst in einem raumkünstlerischen Zusammenhang darzustellen. Man wollte, wie Zuckerkandl schrieb »im weitesten Sinn des Wortes Gesamtkunst bringen, d. h. es soll(te) eine Bilder-, Architektur-, eine Skulptur- und eine Kunstgewerbeausstellung werden. Wenn möglich mit einem Anhang von Gartenkunst, wenn der verfügbare Platz es gestatten sollte«.[10] Da die Gemeinde

J. Hoffmann, Kunstschau 1908,
Grundriß, Einreichplan

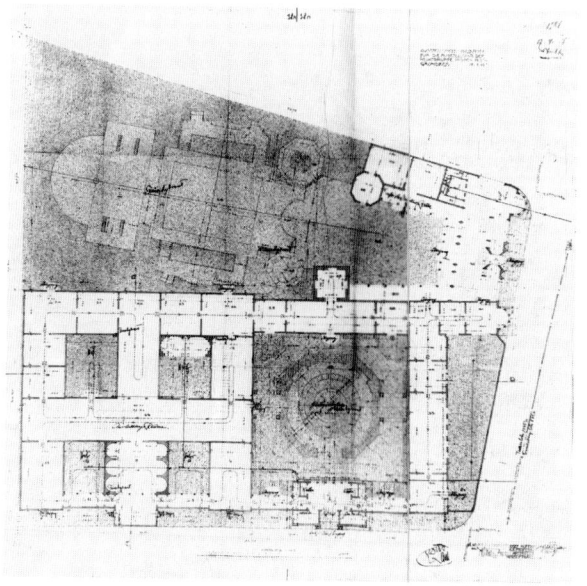

dächer trugen. Das geschwungene, in zwei Knäufen endende Dach des Eingangspavillons machte die fließenden Grenzen zwischen Kunstgewerbe und Architektur abermals deutlich. Formal hatte Hoffmann einen in Glasflächen und Stützen aufgelösten Rechteckskörper bereits in kleinerem Maßstab ausgeführt: Als Blumenbehälter (1905), in Gestalt einer Laterne für die Gartenmauer des Palais Stoclet (ebenfalls um 1905) und auch in einem Entwurf für ein Grabdenkmal (1906). All diese Transpositionen kennzeichneten die secessionistische Produktion von Beginn an. Daniele Baroni hat solche Objekte als »Mikroarchitektur« bezeichnet und umgekehrt die Gebäude, die auf derselben formalen Idee gründeten, »Objekte ohne Maßeinheit«.[12] Der Eingangspavillon barg entlang der Straßenseite drei tiefe apsidiale Nischen, in die Hoffmann drei vergoldete Skulpturen von Milena Simandl einstellte. Im unteren Teil der Fassade ließ er in Entsprechung zum Umfang der Nischen Wandfelder ein. Im mittleren Feld befand sich die Eingangstür, die linke und die rechte Wandfläche komponierte Hoffmann aus übereinandergelegten Pilasterstreifen, die sich nach innen zu abstuften und ein Längsfeld einschlossen. Bei der genannten Komposition handelt es sich um ein von ihm des öfteren verwendetes architektonisches Motiv. Es begegnet z. B. an der gartenseitigen Veranda der Villa Ast (1909–1911) oder, in monumentalisierter Form, an der Fassade des Wohnhauses Skywa-Primavesi. Gleich der Kunstschau fallen auch die genannten Villen in die Zeit des Wandels von der puristischen zur sogenannten klassizistischen Phase im Schaffen Hoffmanns. Über der Eingangstür prangte wie ein Bekenntnis der wenige Monate zu-

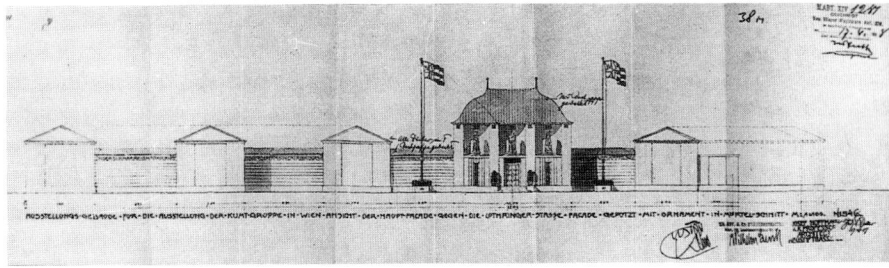

J. Hoffmann, Kunstschau 1908, Hoffassade des Eingangspavillons (oben) und Fassade gegen die Lothringerstraße, Einreichplan (unten)

vor am Secessionsgebäude entfernte Spruch Hevesis. Die sonstigen Schriftbänder, die an der Fassadenfront die niedrigen Verbindungstrakte zwischen den einzelnen Höfen markierten, präsentierten Zitate von John Ruskin, Khnopff, Oscar Wilde, Lux u. a.

J. Hoffmann, Kunstschau 1908, Fassade gegen die Lothringerstraße

J. Hoffmann, Kunstschau 1908,
Eingangspavillon, Innenansicht
mit den dekorativen Malereien
von A. Kling (links) und
E. Hoppe, Studie zu einem Hof,
1908 (rechts)

RÄUME, HÖFE UND DIE GARTENANLAGE

Die Besucher traten den Rundgang durch die 54 Räume und die einzelnen Höfe auf einem vorgezeichneten Weg an. Das Innere des Eingangspavillons (1) hatte Anton Kling mit dekorativen Wandbildern bemalt. Aufgrund der tiefen Fassadennischen mußte die Decke der Sekretariats- und Garderoberäume relativ weit herabgesetzt werden. Die zwischen den Nischen und den Wandfeldern der Fassade durchgehenden Pfeiler zog Hoffmann

in den Innenraum, den sie wie eine Wand abteilten, hinein. Dadurch schmückten sie die rückwärtige Wand der Verwaltungsräume pilasterartig, ehe sie, gleich den seitlichen zwei freistehenden Pfeilern, unvermittelt an die Decke stießen. Die freie Halle, in der sich das Publikum nach dem Verlassen der Garderoberäume befand, hatte zwei weitere Türen, welche als Ein- und Ausgänge fungierten. Linkerhand führte ein kurzer Übergang (2), von dem man auch in den Hof Schönthals gelangen konnte, in den Galerietrakt, der die Säle 3 – 24 umfaßte.

In dem der Kunst des Kindes gewidmeten Saal (3) arrangierte Cizek Bilder und Zeichnungen von Kindern und Jugendlichen im Alter zwischen 9 bis 15 Jahren. Der daran anschließende Verbindungsraum (4) war gegen den Brunnenhof Hoppes (5) als offene Loggia konzipiert. Vier Pfeiler, deren äußere an den Mauerverband angrenzten, markierten den Übergang zum Hof. Am Ende des schmalen Bassins erhoben sich gleichfalls vier Pfeiler mit mehrfach verkröpften Kapitellen; die äußeren schlossen wiederum an die seitlichen Wände an, die freistehenden flankierten eine am Rand des Wasserbeckens postierte Betonvase. Aus einem erhaltenen, detaillierten Grundriß[13] der Kunstschau geht hervor, daß der in Beton ausgeführte Brunnenhof Hoppes ursprünglich den Platz des gleichgroßen, von Hoffmann ausgeführten Hofes

J. Hoffmann, Kunstschau 1908, Grundriß

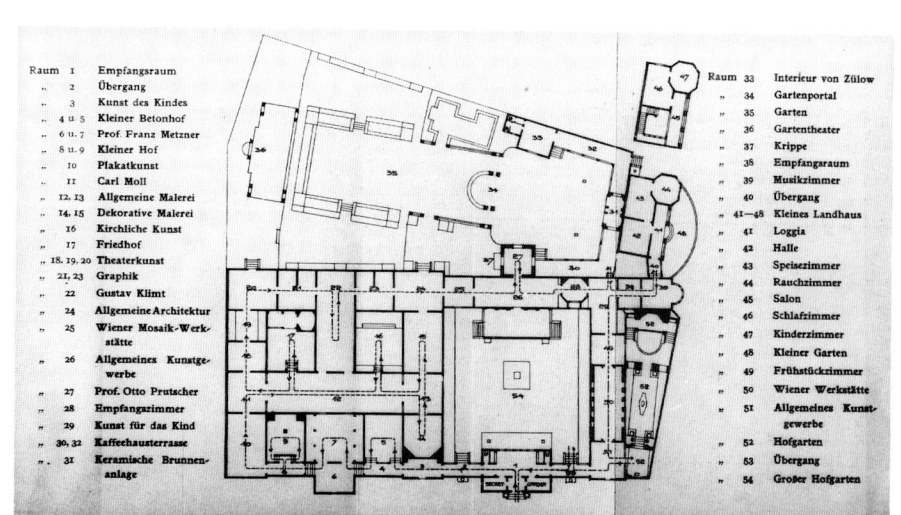

Raum	1	Empfangaraum
	2	Übergang
	3	Kunst des Kindes
	4 u. 5	Kleiner Betonhof
	6 u. 7	Prof. Franz Metzner
	8 u. 9	Kleiner Hof
	10	Plakatkunst
	11	Carl Moll
	12. 13	Allgemeine Malerei
	14. 15	Dekorative Malerei
	16	Kirchliche Kunst
	17	Friedhof
	18. 19. 20	Theaterkunst
	21. 23	Graphik
	22	Gustav Klimt
	24	Allgemeine Architektur
	25	Wiener Mosaik-Werkstätte
	26	Allgemeines Kunstgewerbe
	27	Prof. Otto Prutscher
	28	Empfangzimmer
	29	Kunst für das Kind
	30. 32	Kaffeehausterrasse
	31	Keramische Brunnenanlage

Raum	33	Interieur von Zülow
	34	Gartenportal
	35	Garten
	36	Gartentheater
	37	Krippe
	38	Empfangaraum
	39	Musikzimmer
	40	Übergang
	41—48	Kleines Landhaus
	41	Loggia
	42	Halle
	43	Speisezimmer
	44	Rauchzimmer
	45	Salon
	46	Schlafzimmer
	47	Kinderzimmer
	48	Kleiner Garten
	49	Frühstückzimmer
	50	Wiener Werkstätte
	51	Allgemeines Kunstgewerbe
	52	Hofgarten
	53	Übergang
	54	Großer Hofgarten

(8 m × 6,5 m) hätte einnehmen sollen. Hoppe hatte sich sehr intensiv mit der Hofgestaltung, die er anfänglich viel aufwendiger auszuführen gedachte, beschäftigt. Die erhaltenen Entwürfe verdeutlichen, wie er nach und nach von den reich ornamentierten farbigen Säulen, Nischen und Wänden Abstand nahm und der rohen, ungeschmückten Betonkonstruktion den Vorzug gab.

Der angrenzende Raum (6), der gleich dem Eingangspavillon die Fassadenfront durchbrach, war ebenso wie der Raum 7 dem Bildhauer Metzner gewidmet. Wie aus dem Einreichplan hervorgeht, hatte Hoffmann für den größeren Saal seitliche apsidiale Nischen vorgesehen. In der Ausführung

beschränkte er sich dann darauf, seichte, seitliche Annexe durch Pfeilerstellungen auszusondern. An dem zur Hofseite loggiaartig offenen Übergang (8) variierte er die vierteilige Pfeilerkonstruktion. Über eine doppelläufige Treppe, die sich gegen die Loggia hin wie eine Brüstung ausnahm, gelangten die Besucher nun in Hoffmanns kleinen Hof (9). Ein Schriftband mit einem Zitat Francis Bacons umlief die von schlichten Lisenen dekorierten Wände. Zwei Reliefs von Löffler (Abend/Morgen) flankierten eine kleine Wandvertiefung mit Gartenmöbeln. Dies und eine kleine Figur Powolnys, ein Blumen tragender Putto, ergaben einen leichten, fast mediterranen Eindruck.

Die Wände des anschließenden Ecksaales in der Hauptfront wurden entsprechend der Auflage, einen Plakatsaal zu gestalten, nach Vorgaben Löfflers von oben bis unten mit Plakaten tapeziert (10). Die Räume 11, 12 und 13, der Malerei gewidmet, befanden sich in der großen und hell erleuchteten Quergalerie. Der Raum 11, der Bilder von Moll beherbergte, und der Raum 13 waren durch je zwei freistehende Pfeiler und je eine zwischen ihnen aufgestellten, halbhohen Trennwand von der Hauptgalerie (12) abgesondert. Die dekorative Gestaltung dieser galerieartigen Räume verantwortete Moser. Er schmückte die Säulen, die Laibungen der Rundbogenöffnungen sowie den Sockel und die Abschlußleisten mit einem blau-weißen Wellenmuster. Vom hinteren Annex (13) aus waren die

der dekorativen Malerei zugeeigneten Säle 14 und 15 betretbar. Weder die Gestaltung des Saales 14, der Oskar Kokoschkas Entwürfe zu den »Traumtragenden« und andere Studien beinhaltete, noch die des Saales 15, der vor allem Bilder von Emil Orlik enthielt, sind durch Abbildungen überliefert.

Im Saal für kirchliche Kunst (16) konnte man Mosers Werkzeichnung der für Steinhof gedachten Bleiverglasungen betrachten. Deren großzügige Aufstellung muß als ein Zeichen des Protestes gegen den auf der Jubiläumsausstellung der Secession gezeigten Entwurf Ederers gewertet werden. Da dieser Saal ursprünglich als Hof projektiert worden war, hatte Karl Bräuer (auf der anderen, der linken Seite des Klimtsaales) eine kleine Friedhofsanlage (17) als Pendant errichten lassen, die

nun dieselben Ausmaße aufwies wie der schließlich ausgeführte Raum für kirchliche Kunst. Die Friedhofsanlage wirkte realistisch, weil Bräuer Grabkreuze aus Schmiedeeisen und aus Beton, beide nach Entwürfen Prutschers gefertigt, aufgestellt hatte. Außerdem befand sich in dem Hof eine kleine Kapelle mit einem von Hans Kalmsteiner bemalten Arkadenvorbau. Ergänzt wurde die dekorative Malerei durch ein Mosaik von Jutta Sika (Hl. Leonhard) und eine Temperamalerei von Josef von Diveky (Hl. Christophorus). Der Arkadenvorbau stellte wiederum eine Variation der schon bekannten Loggiagestaltung dar. Weitere Grabmäler stammten von Kling, Forstner, Hilde Exner und Bräuer.

Die Säle 18, 19 und 20, von Roller für die Theaterkunst arrangiert, waren an der gegen den Eislaufverein gerichteten Front hintereinandergereiht. In den Saal 18 ließ er seitliche Vitrinen einbauen, die Kostüme beinhalteten. Zarte Leisten mit Wellenmusterung, die auch die neben der Öffnung zum Saal 19 angebrachten Figurinen Carl Otto Czeschkas (Tristan und Isolde) einfaßten, führte er bis zur Decke empor. Die von den Leisten umgrenzten oberen Wandfelder wurden durch kleine geschwungene Rauten betont. Die Heranziehung der Exponate zur dekorativen Raumgestaltung sowie die Reduzierung des ornamentalen Schmuckes auf ein Minimum kennzeichnete nicht nur die Säle Rollers, sondern die Mehrzahl der galerieartigen Räume. Im Saal 20 schließlich exponierte Roller seine eigenen Bühnenentwürfe.

Das Arrangement der nächsten drei Säle ging wiederum auf Moser zurück. Zwei identisch gestaltete Räume für Graphik (21, 23) schlossen einen größeren, den Klimtsaal, ein. Moser unterteilte die Säle der Graphiken zusätzlich durch halbhohe Ein-

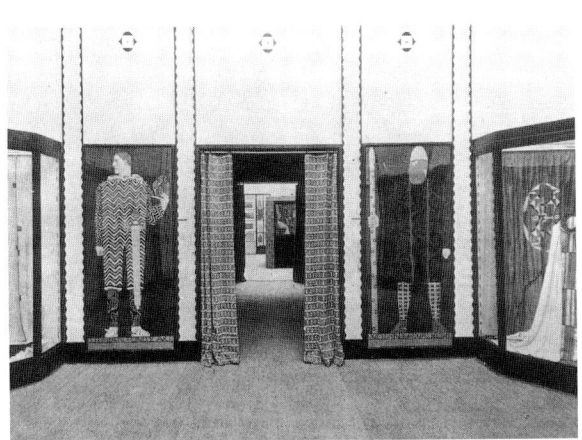

schubwände. Bis zur Höhe der Vitrinenkästen bemalte er die freien unteren Wandflächen mit dem häufig verwendeten Motiv der mehrfachen Rahmung. Auch die oberen Wandflächen mit den zahlreichen, eng aneinandergehängten und einheitlich gerahmten Graphiken dekorierte er mit zarten Linien. Das über der Türöffnung aufgemalte Rahmenfeld wurde im Klimtsaal (22) variiert. Die schmalen Rautenbordüren, die die Wände des Saales einfaßten, enthielten Klimts Monogramm. Statt der einheitlich weißen Wand, die Moser noch auf der Klimtkollektive (1903) verwendet hatte, applizierte er eine differenzierte Quadratmusterung. Klimts Werke standen mit jenen von Metzner in einer direkten Beziehung, weil Hoffmann ihre Säle in der Mittelachse des Galerietraktes angelegt hatte. Obwohl sie durch die Quergalerie voneinander getrennt waren, bildeten sie – ob der Rundbögen derselben – die füreinander offenen Attraktionen dieses Traktes. Die Idee, die beiden Künstler in Beziehung zu setzen, dürfte en vogue gewesen sein: Metzner, nicht das erste Mal als »Gegengewicht zu Klimt«[14] aufgebaut, wirkte dennoch nicht annähernd so überzeugend wie Klinger in früheren Jahren. Daß der Klimtsaal von Peter Altenberg als »Gustav Klimtkirche der modernen Kunst«[15] bezeichnet werden konnte und somit die aus secessionistischen Zeiten bekannte sakrale Note einheimste, mag sich daraus erklären, daß der Klimtsaal zwischen dem Hof Bräuers, der die kleine Friedhofsanlage beinhaltete, und Mosers

125

Raum für kirchliche Kunst situiert war. Er bildete gleichsam deren sakrales Zentrum. Lux nannte die Ausstellung rundweg ein »Festkleid um Klimt«.[16] Der Saal für allgemeine Architektur (24) bildete die letzte Station des Galerietraktes. Die Plazierung der von Luksch für die Wiener Handelsakademie gestalteten Skulpturen hatte Hoffmann an Robert Farsky delegiert.

Der Saal 25, den Marcell Kammerer für die Wiener Mosaikwerkstätte adaptierte, war der erste Saal des langen, an der Rückseite des großen Hofes von Schönthal gelegenen Traktes (25 – 28), in dem die angewandten Künste auf Kosten der bildenden in den Vordergrund traten. War es bei den secessionistischen Ausstellungen nicht bloß üblich, sondern die Regel, Stühle oder Kleinmöbel in eine Bilderausstellung zu integrieren, so fällt auf, daß die Kunstschau auf einer strikten Trennung zwischen Galeriesälen und kompletten Interieurs insistierte. Die frühere Polarisierung und Alternierung von Galerie und Arrangement in einem Neben- und Nacheinander zur Austragung zu bringen, lag der Kunstschau konzeptionell zugrunde. Neben dem Eingang des Saales 25 stellte Kammerer halbhohe

Säulen auf, die zur Bekrönung eine leuchtende Kugel trugen. Den Säulenschaft verzierte er mit einer durchgehenden Wellenlinie sowie plastischen, ovalen Ornamenten. In die Wände ließ er Mosaiken Forstners ein; die verbleibenden Wandflächen wurden, sofern sie nicht musivischen Schmuck trugen, von flachen Pilastern gegliedert.

Der Raum für allgemeines Kunstgewerbe (26) wirkte im Vergleich zu den Galeriesälen überfüllt. In der hohen, in der Raummitte plazierten Glasvitrine wurden Reformkleider gezeigt. Als oberen Wandabschluß ließ Hoffmann Stoffmuster anbringen, die er auf eine Quadratform zurechtschnitt. Damit stellte er unter Beweis, wie mit Stoffentwürfen, die bislang nur in Musterbüchern einsehbar waren, eine originelle, dekorative Wirkung erzielt werden konnte. Der Rückgriff auf Stoffe als Mittel der Wandverzierung steht im Zusammenhang derselben stilistischen Restitution, die auch die Rückkehr zu geschwungenem Mobiliar ermöglichte.

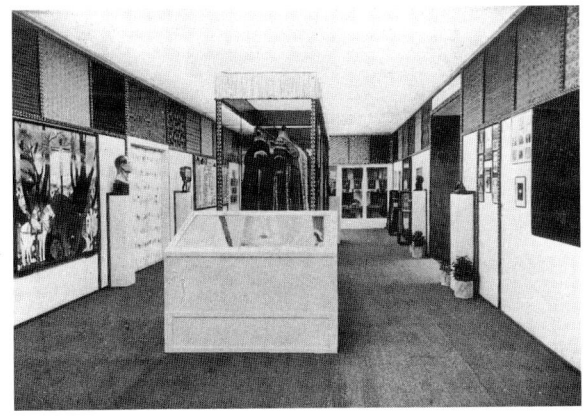

Von dem langgestreckten Saal aus gelangten die Leute über die Terrasse in den großen Hof Schönthals oder in Prutschers »Edelraum« (27), der seinen Namen nicht zuletzt der grauglänzenden Marmorverkleidung der Wände verdankte. Wie der Klimtsaal zum Pavillon Metzners, so stand dieser »Raum eines Kunstfreundes« in Beziehung zum Eingangspavillon − er lag in der Mittelachse des zentralen Ausstellungskomplexes, an der Rückseite von Schönthals Hof. An der dem Eingang gegenüberliegenden Wand, die ein Glasfenster Remigius Geylings aufwies, befand sich das wertvollste Exponat des Raumes, ein Salonschrank aus Leder mit Handstempelvergoldung. Die in die Seitenwände eingelassenen Vitrinen wurden von einem in Messing getriebenem Spiralenmuster umzogen.

O. Prutscher, Kunstschau 1908, Raum für einen Kunstliebhaber (27)

Nach den verschiedenen Räumen des Kunstgewerbes traten die Besucher in das erste Interieur, das bezeichnenderweise wieder einen Empfangsraum (28) darstellte. Der von Fritz Zeymer oktogonal gestaltete Raum war gegen den Hof um eine rechteckige Sitznische erweitert. Grüne geschnitzte Leisten, Blätter darstellend, betonten die Ecken und Kanten. Stammbäumen gleich, schlossen die Blätterleisten Medaillons mit kleinen bunten Figuren ein. In Umkehrung zur üblichen ornamentalen Abstraktion stellte diese Leiste eine Konkretisierung des Ranken- bzw. Girlandenmotivs dar. Ehe man in das Kaffeehaus und in den Garten gelangte, hatte man den von Böhm gestalteten Saal (29) der »Kunst für das Kind« zu passieren. Im Unterschied zum Raum von Cizek, der Kunst von Kindern präsentierte, wählte Böhm die Gegenstände dieses Raumes so aus, daß sie das kindliche Interesse weckten und befriedigten. Während sich also die Eltern im Kaffeehaus labten oder einen Gang durch die Gartenanlage unternahmen, konnten sich die Kinder in dem Saal wie in einem Spielwarengeschäft umsehen. Sogar eine Krippe (37), die

Kunstschau 1908, Raum für allgemeines Kunstgewerbe (26)

A. Böhm, Kunstschau 1908, Kunst für das Kind (29)

O. Schönthal, Kunstschau 1908, Kaffeehausterrasse (30, 32) (links und rechts)

K. M. Kerndle, Kunstschau 1908, Gartenportal aus Eisenbeton (34) (links und rechts)

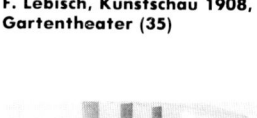

F. Lebisch, Kunstschau 1908, Gartentheater (35)

man, nach Ideen Schufinskys, auf der Rückseite des Prutschersaales (27) angebracht hatte, stand zur Beschäftigung der Kleinkinder bereit. Die Wände des Böhmschen Raumes überzog eine Punkttapete, die nach oben hin mit einem Fries, einer Laubsägearbeit, die Märchen- und Fabelwesen darstellte, abschloß.

Nur vom Böhm-Saal aus konnte die Kaffeehausterrasse (30,32) betreten werden, eine U-förmige Anlage, die im rechten Trakt in ein Interieur von Franz von Zülow (33) auslief; auf der linken Seite hatte das Interieur sein Pendant im Prutscher-Raum. Da der in den Einreichplänen noch vorgesehene große Speisesaal fallen gelassen wurde, stellte man in Zülows Raum, auf der Terrasse und im Freien Stühle und Tische für die Gäste auf. Die Außenmauern der beiden Pavillons markierten gleichsam die Grenze zwischen Hof und Gartenanlage. Das Zentrum des Kaffeehauskomplexes bildete die zwischen den beiden Seitenflügeln gelegene Brunnenanlage Fritz Dietls (31). Entgegen dem Ausstellungsplan führten von den beiden Pavillons nicht symmetrisch geschwungene, sondern geknickte Mauern zu dem in Eisenbeton ausgeführten Gartenportal Karl Maria Kerndles (34). Es gliederte sich in drei metallene rechteckige Rahmen, deren mittlerer zwar der höchste, zugleich aber als Torbogen praktisch untauglich war, weil Kerndle in ihn eine nach außen geschwungene Mauer eingesetzt hatte. In die Mauer waren Mosaiken Forstners eingelassen. An der Hinterseite des Portales befand sich das schwarz-weiße, vergitterte Gartenhäuschen Franz Tominscheks.

Rechteckige Rasenflächen faßten innerhalb des Gartens (35) eine längsrechteckige Fläche ein, die gegen das Gartentheater Franz Lebischs leicht absank, um den für den »Zuschauerraum« angemessenen Niveauunterschied zu erzeugen. Vor der ersten Bankreihe stieg das Gelände indessen wieder leicht bis zu der nach Entwürfen Lebischs aus einfachen Brettern gezimmerten Bühne an (36). Anstelle von Theaterkulissen hatte Lebisch Thujen aufgestellt. Rechts bis hin zum großen Galerietrakt, links bis zur Umgrenzungsmauer gegen den Heumarkt lief eine mit Reliefs von Metzner besetzte Bretterwand. Der ungewohnt einfachen Ausstattung des Theaters wegen, das auf Kulissen und andere Inszenierungskünste verzichtete, wurde es als »Simplizissimus unter den Bühnen Europas bezeichnet«[17]. Die abends bei Kerzenschein abgehaltenen Vorstellungen enthusiasmierten, weil sie die Künstler nicht nur selbst verfaßt, sondern auch selbst inszeniert hatten.

Nach dem Rundgang durch den Garten betraten die Besucher den rechten, an die Liststraße grenzenden Ausstellungstrakt. Ein in kostbaren Materialien ausgeführtes Empfangszimmer hieß sie willkommen (38). Mit dem daran schließenden, gleichfalls von Karl Witzmann entworfenen Musikzimmer (39), dessen halbrunder Erker Glasfenster aufwies, die von Spiralmustern und Vögeln verziert waren, hatten sie den am weitesten gegen die Liststraße vorragenden Saal erreicht.

Über einen kurzen Verbindungsgang (40) gelangten sie in die Vorhalle (41) des kleinen Hoffmannschen Landhauses (41–48), das relativ billig gewesen sein soll; seine Kosten beliefen sich auf 7.000 Kronen. Mit dem Landhaus versuchte Hoffmann, der (im übrigen geschätzten und beabsichtigten) Exklusivität der Kunstschau entgegenzutreten, um auch minder oder normal bemittelte Bürger anzusprechen. Über den Erfolg weiß man

J. Hoffmann, Kunstschau 1908, Kleines Landhaus (41–48) (oben) und Halle (42) (unten)

nichts — wäre er einer gewesen, so wüßten wir davon zweifellos. Immerhin war es nicht das erste Mal, daß ganze und zudem billige Häuser einer Wiener Ausstellung als Exponate eingegliedert wurden.[19] Indem Hoffmann ein mustergültiges Haus vorstellte, hatte er die Grenzen des Interieurs und des Arrangements definitiv durchbrochen. Die Loggia des Landhauses (41) resultierte aus vier Pfeilerstellungen, die bis zum Dach des einstöckigen Gebäudes auftragten, unter welchem Gebälk sie verglast weitergeführt wurden und eine »Salon« (45) genannte Veranda konfigurierten. Als tragende Bauglieder waren die Pfeiler durch ornamentale Bordüren eigens betont, während alle flächigen und füllenden Elemente lediglich gerahmt wurden. An der rechten Seite der Vorhalle schloß ein oktogonaler Turm an, der im Erdgeschoß ein Rauchzimmer (44) und im ersten Stock ein Kinderzimmer (47) beherbergte. Räumlichkeiten, die hohe Investitionen erforderten, wie Küche und Sanitäranlagen, berücksichtigte Hoffmann nicht. Über eine Treppenanlage gelangte man in das obere Geschoß. Wie die übrigen Räume, so hatte er auch das Speisezimmer (43) mit einer stark gemusterten Tapete, deren Ornamentik geometrisch geprägt war, ausgeschlagen.

Kehrte das Publikum durch die beiden Interieurs von Witzmann und den Saal für Kinderkunst in

F. Dietl, Kunstschau 1908, Keramische Brunnenanlage (31)

J. Hoffmann, Kunstschau 1908, Saal der Wiener Werkstätte (50)

verbleibenden Wandfeldern. Selbst die weiße Wand wurde mit zarten Schmetterlingen, graziösen Spiralen und etlichen Schwingungen verziert. All diese Ausschmückungen riefen Assoziationen an die kurvenreiche Phase früherer Jahre wach, im Vergleich zu welcher die nunmehrige Ornamentation aber ungezwungen und gemildert, im Voluntativen gleichsam ernüchtert und abgeklärt erschien durch die Jahre der strengen Geometrisierung. Der neue Trend im Schaffen Hoffmanns verriet sich auch dadurch, daß er (nach dem in der am vehementesten puristischen Phase erfolgten Bruch) wieder mit van de Velde, der weiterhin einem stark gekurvten und geschwungenem Art Nouveau anhing, zusammenarbeiten konnte. Sein neuer Trend blieb auch den Kritikern der Kunstschau nicht verborgen. Zuckerkandl etwa meinte, Hoffmann habe »mit ganz überraschenden Wendungen seiner bisherigen Stilart dem Raum einen graziösen, spielerisch beschwingten Dekor gegeben«.[19] Es entsprach dem Hoffmannschen Klassizismus, daß er nun die früher streng separierten Stilmomente und Raumargumente simultan, gleichsam integriert, verwendete.

den Ausstellungstrakt zurück, so passierte es das in Schwarz, Blau und Grün gehaltene Frühstückszimmer Adolf Holubs (49). Raumkünstlerisches Interesse vermochte der von Hoffmann für die Wiener Werkstätte adaptierte, lange Saal (50) auf sich zu ziehen. Die Exponate determinierten die Ausstattung (Vitrinen) in einem so hohen Maße, daß so gut wie nichts in einen Wohnraum hätte übernommen werden können. Der schmale Seitenlichtsaal ließ schon ob seiner Grundrißform, seiner Farblichkeit und aufgrund der durch Pfeiler akzentuierten Türpartien Erinnerungen an die Mannheimer Ausstellung der Wiener Werkstätte (1907) aufkommen. Neu war die Verwendung zarter Linienornamentik auf den zwischen den hohen Vitrinenkästen

Der abschließende Eckpavillon auf der rechten Seite der Fassadenfront war dem allgemeinen Kunstgewerbe (51) gewidmet. Vom Saal 51, der nicht photographisch festgehalten ist, traten die Leute über einen gepflasterten Vorplatz in den Hof Paul Rollers (52). Er hatte das unregelmäßige Grundstück in einen Hofgarten umgewandelt. Durch helle Steinbegrenzungen wurde innerhalb der trapezoiden Grundstücksform, die darin jener des großen Gartens vergleichbar ist, ein rechteckiger Platz markiert. Aufgrund der Steinbegrenzung wäre, so Sekler, eine perspektivische Verkürzung erreicht worden.[20] Durch den Saal 51 und einen weiteren schmalen Verbindungsgang (53) konnte

Kunstschau 1908, P. Roller, Blick in den kleinen Hofgarten (52) (links) und O. Schönthal, großer Hofgarten (54), Blick von der Terrasse auf den Eingangspavillon (1) (rechts)

man wiederum den großen Hof betreten, in dessen Mitte eine Skulptur von Nora Zumbusch-Exner stand. Gegenüber dem Eingangspavillon (1) hatte Schönthal eine Terrassenanlage errichten lassen. An der Außenmauer des Saales 26 wurden unter einem mehrfach verkröpften Gesims ornamentale, schwarz-goldene Mosaiken in regelmäßigen Abständen appliziert. Das Terrassengeländer und die seitlichen Hoffassaden waren mit mehrfachen Rahmungen akzentuiert. Für die großen figuralen Glasmosaiken Richard Teschners (Malerei, Plastik) hatte man zusätzlich Überdachungen geschaffen.

DIE KUNSTSCHAU, EINE KUNSTMESSE

Das nach außen hin eher abgeschlossene, weiße Ausstellungsgebäude entfaltete im Inneren eine künstlerische Vielfalt, die alle Themen − von der Kindheit bis zum Tod, sofern sie Material künstlerischer Aktivität waren − einschloß. Die beabsichtigte Totalästhetisierung des alltäglichen Lebens stieß besonders bei Loos, Kraus und dessen Mitstreitern auf Kritik. Vor allem beklagten sie den Showcharakter der Ausstellung. Im Unterschied zur Beethoven-Ausstellung fehlte dieser ein programmatischer Gedanke, der seinerseits in einem Kunstwerk exemplarisch geworden wäre. Bei der großen Anzahl von Ausstellern (179) wäre es von vornherein unmöglich gewesen, eine übergeordnete Idee in dem erforderlichen Maße durchzusetzen. Weiters kam hinzu, daß die Ausstellung (allein aufgrund der hohen Investitionen) auf die Verkäuflichkeit der Exponate hin konzipiert sein

mußte − allen Dementis und hehren Ansprüchen zum Trotz.

Die Kunstschau manifestierte daher kein der 14. Secessionsausstellung vergleichbares Gesamtkunstwerk, als vielmehr die versuchte Einheit einer Pluralität von Kunstwerken als Kunstwelt. Gemessen an der Homogenität und Strenge der Beethoven-Ausstellung, ist nicht zu übersehen, daß die einzelnen Werke die Ausstellung insgesamt splitterten, auflockerten und in viele Facetten unterbrachen. Ob der raumkünstlerische Pluralismus indessen als Indiz für eine Demokratisierung zu werten ist, eine, die, von der gesellschaftlichen Dynamik getragen, gleichsam die Moderne Raumkunst influenziert hätte, steht dahin. Zu bedenken wäre in diesem Zusammenhang, daß nach der Wahlrechtsreform von 1906 im Mai 1907 die ersten geheimen, dem Zensusgedanken kaum mehr verbundenen Wahlen zum Parlament stattfanden und mit einer Stärkung der Massenparteien endeten. Gegen die Annahme einer direkten Einwirkung des »Unterbaus« spricht aber, daß der neue Pluralismus sich eher dem Unvermögen verdankte, ein zentrales Raumschema zu realisieren, als einer Reflexion über die gesellschaftliche Funktion des Ausstellungswesens. Die Errungenschaften der Kunstschau wurden trotzdem vor dem Hintergrund der Demokratisierung denunziert. Otto Stössl prangerte die Diskontinuität in ihrem negativen Sinne, nämlich als Vereinzelung, an (die seiner Meinung nach das Gegenteil dessen darstellte, was von einer Demokratisierung zu erhoffen gewesen wäre). Die »Vereinzelung, Verfeinerung aller technischen Mittel, Atomisierung der Anschauung selbst walten vor und machen die Zusammenfassung immer seltener und schwieriger.«[21] Mit der Kennzeichnung als atomisierte Wahrnehmung trug Stössl der bereits eingangs erwähnten Veränderung der Sinnesreizung Rechnung. Zugestanden wurde damit nicht zuletzt, daß unter der Einwirkung der Medien nicht allein die Formen der Kunst, sondern auch die ihrer Darbietung und Wahrhabe sich veränderten. Die von den Secessionisten früher schon forcierte Sinnesreizung durch Überästhetisierung wurde vorangetrieben, indem die Stilisierung sich auf die Dinge des alltäglichen Gebrauchs erstreckte – und zwar in einem bis dahin ungeahnten Ausmaß. Stössl kritisierte die Expansion der geschönten Gebrauchsgüter, sah in dem Umfang, wie vergeistigte, ästhetisierte Gegenstände den Alltag zu durchdringen sich erbötig machten, eine gefährliche Kolonialisierung im Namen des guten Geschmacks (Stilgefühls): Die Würde und Anmut des einfachen, handwerklich gediegenen Geräts wäre durch diesen Fortgang ebenso in Frage gestellt wie der primitive Gebrauch, ein in der Regel privater, nicht auf Repräsentation bedachter.[22] Jedenfalls verstärkte die Kunstschau mit dem Anspruch auf Vielfältigkeit die Komponente der Abwechslung, Unterhaltung und Gefälligkeit auf Kosten der stilistischen Einheitlichkeit. Man möchte sagen, daß stilistische Widerspruchsfreiheit die Maxime war und nicht mehr die absolute Stilkohärenz. Hoffmann gelang es mit dem Kunstschauprojekt, einen, den technischen wie sozialen Wahrnehmungsbedingungen weiter entgegenkommenden, neuen Ausstellungstyp zu schaffen. Dieser neue Typus ist heute besser bekannt unter dem Terminus Messe.

Die Messe motiviert sich weniger aus dem stilistischen Impetus einiger Künstler, als vielmehr aus dem Interesse, den Gegebenheiten des Marktes zu entsprechen. Das Überangebot garantiert, daß gleichsam jede spezielle Nachfrage durch irgend etwas befriedigt wird. Der Weg von der früheren Modernen Raumkunst als einem Ensemblewerk zu einem Konglomerat verschiedener Arrangements war ja schon beschritten. Am Ende dieser Entwicklung, die maßgeblich als Intervention gegen den Kunstmarkt (des Künstlerhauses) entstanden war, einer Entwicklung, die gewissermaßen die Anbietungsmodalitäten und die der Nachfrage veränderte, stand eine mit der vormals beanspruchten Er- und Loslösung nicht mehr kompatible Indifferenz zum Markt. Es gelang, Angebot und Nachfrage, die einst auf ein gewissermaßen nacktes ökonomisches Verhältnis reduziert waren, dann aber, bis zur Beethoven-Ausstellung, selbst immer stärker der Verkünstlichung unterstellt wurden, sodaß der Marktmechanismus gleichsam nur in Form einer

ästhetischen Umwegrentabilität zur Geltung kam, – es gelang, dieses Verhältnis als einen Typus von Kunstbetrieb zu inszenieren, der die höchsten Ansprüche mit dem kommerziellen ephemer verband, der die Konsumation noch als ästhetisches Vergnügen definierte – und nicht die Betrachtung. Schaulust und Kauflust – was wäre da die Differenz gewesen? Daß die Möglichkeit der einen die andere steigert? Wie sehr auf die Brauchbarkeit und Benützbarkeit abgehoben wurde, bezeugten ja schon die Errichtung des Kaffeehauses und Böhms Kinderraum; beide provozierten Interaktionen, die üblicherweise als störend empfunden wären. Selbst wenn das Ausstellungskomitee jegliches Schielen auf Brauchbarkeit in Abrede stellte, war die Kunstschau der Versuch, einen neuen Gebrauch zu erzwingen, einen stilvollen Geschmack publikumswirksam zu vertreiben. Das wäre an sich kein Übel zu einer Zeit, in der sich die Kunst als freie am Markt behaupten mußte – stünde solchem Vorhaben nicht der solenne Anspruch entgegen. Das Wesen des Arrangements dieser Kunstschau offenbarte sich darum nicht als Raumidee, sondern im Charakter der *Kunst-Messe*. Im Verhältnis zum Arrangement der 14. Secessionsausstellung stellte die Kunstschau eine Säkularisierung der früheren Ansprüche dar – freilich innerhalb der Domäne der Kunst. War die 14. Ausstellung eine ästhetizistische Gegenwelt, ein aus der Erinnerung realisierter Entwurf, der zur Entscheidung aufforderte, so geriet die Kunstschau zu einer glitzernden Kunstwelt inmitten der Metropole. Die einzige Entscheidung, die sie dem Flaneur abverlangte, war die, was an Geschmackvollem er sich leisten wolle.

Überblickt man die Kunstschau, so wird der Eindruck, daß die früher in der Secession tätige künstlerische Arbeitskraft sich in der Gestaltung dieses Projektes manifestierte, nicht nur durch den vergleichsweise marginalen Umstand bestärkt, daß die Ex-Secessionisten den Wahlspruch Hevesis weiterhin für sich reklamierten. Vielmehr wird aus der Gestaltung des Gebäudekomplexes offensichtlich, daß diese nur in Auseinandersetzung mit den vorangegangenen Bauvorhaben und Arrangements so hatte entstehen können. Denn die Kunstschau griff in konstitutiver Hinsicht die Moderne Raumkunst bzw. die Kunst des Arrangements zugleich auf und an: Innenarchitektur und Außenarchitektur standen in einer einmaligen, gleichermaßen ephemeren Beziehung. Der Gebäudekomplex galt ausschließlich dieser Ausstellung, wohingegen sowohl die Secession wie die Zedlitzhalle die nur im Inneren flexiblen Konstanten waren. Innerhalb der Ausstellung beharrte man auf einer strikten Trennung zwischen Galerieräumen und Interieurs. Gleichfalls abgesetzt waren bestimmte funktionale Räumlichkeiten wie etwa die Höfe, das Landhaus oder die Gartenanlage. Besonders die Demonstration eines einzelnen Hauses sprengte die Dimensionen des bisherigen Arrangements. Möglich wurde diese Heteronomie, weil sowohl vom Standpunkt der Arbeitsorganisation wie auch von dem der stilistischen Homogenität Abstand genommen wurde, weil die Künstler von dem ihnen zugestandenen Spielraum einen stark individuell gefärbten Gebrauch machten.

Die Entwicklung von der Beethoven-Ausstellung zur Kunstschau verlief zu Lasten der das Arrangement einst konstituierenden Momente. Zustande kam keine stilistisch exemplarische Wirkung, wohl aber ein Modell, wie Verschiedenstes als ereignisreiche Mannigfaltigkeit zu präsentieren sei. Die Diskrepanzen erfuhren eine Integration durch den Umstand, daß es auf der Kunstschau nicht mehr um eine einheitliche Raumwirkung ging, sondern um das relativ harmonische Neben- und Nacheinander der bloß in sich selbst homogenen – ansonst aber, wären da nicht die vielen Übergänge und Zwischenräume gewesen, auch widerstreitenden – Raumgestaltungen; in diesem Sinne stellte die Kunstschau doch einen maßvollen Protest gegen das elitäre, voluntative Arrangement dar, welches sich am eindrucksvollsten in der 14. Secessionsausstellung manifestiert hatte. Was damals aus dem Kunstwillen entstanden war, konnte kein zweites Mal realisiert werden; so trat an die Stelle des impetuösen Kunstwollens die Kunstübung, eine Ausstellung ohne raumkünstlerische Programmatik, es sei denn die, pragmatisch zu sein. Man hatte auf organisatorischer und inhaltlicher Ebene gleichsam einen dem Verhältniswahlrecht entsprechenden Proporz gefunden: Die Leistungsträger zählten mehr, aber nicht uneingeschränkt mehr. Als Kunstmesse kam das dekorative Raumschema zu seiner strukturellen Veräußerlichung, hatte das Arrangement sich selbst depotenziert: Galerie und Interieur, Bilder, Skulpturen und Kunsthandwerk konnten nur mehr lose, vermittelt, zu einer Einheit gebracht werden, unter Berücksichtigung ihrer Eigentümlichkeiten.

Die Kunstschau stellte abbreviatorisch das Vermögen unter Beweis, die Welt nach dem in die Jahre gekommenen Art Nouveau zu gestalten. Sie war ein schnell errichteter und kurzlebiger Minimundus, der konkrete Vorschein der real existierenden Wiener Raumkunst anno 1908. Was an schönem Schein inszeniert ward, mußte dem größten Teil der Besuchermenge doch als unerreichbares »als ob« erschienen sein, in das sich zu versenken den Augenblick verlohnte, nicht aber die Investition – es sei denn für die Vermögenden. Nur ihrem Lebensstil gab der Art Nouveau einen adäquaten, stimmungsmäßigen Ausdruck, weshalb ihn Hermann Broch auch »künstlerisch legitim« nannte, wenngleich »sozusagen aus zweiter Hand«.[23] Wenn Jakob Burckhart einmal für das Festwesen ganz allgemein behauptete, es sei der »Übergang vom Leben zur Kunst«[24] so bildete die Kunstschau eher das Gegenteil, die künstlerische Anstrengung, einer Kunst zum Leben zu verhelfen. Schließlich bot der Ausstellungskomplex noch der Internationalen Kunstschau 1909 eine Unterkunft; ermöglicht wurde dies, weil sich der Baubeginn des Konzerthauses verzögerte.

DER KAISER-HULDIGUNGSFESTZUG 12. JUNI 1908

Im Gegensatz zur Jubiläumsausstellung im Prater ließ sich – auf Drängen des Festzugskomitees und nach längerem Zögern des Kaisers, der gewünscht hatte, »daß sein Jubiläum ausschließlich durch Akte der Wohltätigkeit und gemeinnützige Werke gefeiert werde«[25] – der Kaiser-Huldigungsfestzug doch durchsetzen. Allerdings wurde die offizielle Genehmigung erst zwei Monate vor dem angesetzten Termin erteilt. Die Aufbauten hatten mit der Ausstattung von Ausstellungen dies gemeinsam, daß es sich um temporär begrenzte Architektur handelte. Ein Festzug aus »lebendigen Bildern« mußte geschickt überlegt und arrangiert sein, wenn sich dem Publikum ein eindrucksvolles Gesamterlebnis, basierend auf dem Wechsel der einzelnen Bildkonfigurationen vor der eigens für den Festzug drapierten Umgebung, ergeben sollte. Die knappe Zeit erforderte daher eine konzentrierte Zusammenarbeit.

Die Ausschmückung der Ringstraße war einem Künstlerkomitee, dem als Autoritäten zwei so ungleiche Künstlernaturen wie Hoffmann und Urban vorstanden, übertragen worden. Wie einst beim Makartfestzug 1879, so sollte zwischen dem äußeren Burgtor und den beiden Hofmuseen der Kaiserfestplatz errichtet und die Ringstraße mit Tribünen versehen und dekoriert werden.[26] Die insgesamt 19 lebenden Bilder wurden nahezu ausschließlich von Malern, vorwiegend jenen des Hagenbundes, konfiguriert. Die Eröffnungsgruppe arrangierte Alfred Keller. Der historische Teil, der einen Zeitraum von Rudolf I. bis zu Feldmarschall Radetzky umspannte, wurde von Künstlern wie Karl Hollitzer, Heinrich Lefler, Bertold Löffler, Oskar Kokoschka, Remigius Geyling, Alexander Demeter Goltz, Alexander Wilke, Eduard Stella, Oswald Roux u. a. zusammengestellt. Den modernen Teil, der durch Herolde eingeleitet wurde, die das Wappen der Stadt Wien trugen, entwarf Raoul Frank. In der Summe aber überwogen die Gruppenbilder im historischen oder volkstümlichen Genre die »lebenden Bilder« bei weitem. Einer Zeitungsnotiz vom 19. 4. 1908, die über die Vorarbeiten zum Festzug informiert, ist zu entnehmen, daß die Ringstraße im Abschnitt zwischen dem Burgtor und den Hofmuseen durch riesige Triumphpforten verengt werden sollte. »Auf der Museumsseite der Ringstraße wird sich hier ein hoher, amphitheaterähnlicher Aufbau mit zahlreichen Logen und Sitzen für Würdenträger, ihm gegenüber wird sich das Prachtzelt von Josef Hoffmann erheben. Das Zelt wird eine Anzahl von Räumen enthalten, vor denen eine Terrasse mit den Sitzen für den Herrscher und die Mitglieder des Kaiserhauses angelegt sein wird.«[27] Wenige Wochen später heißt es je-

doch, daß Hoffmann seine Arbeiten zur Ausschmückung der Ringstraße niedergelegt hatte und daß seine Arbeiten – hier widersprechen einander die Meldungen –, entweder von dem Hagenbund-Architekten Alfred Keller[28] oder von Alfred Roller[29] übernommen wurden. Eine Begründung für Hoffmanns Ausscheiden ist den Zeitungsberichten nicht zu entnehmen. Fritz Wärndorfer schrieb an Carl Otto Czeschka am 6. 11. 1908: »Das Comite ist absolut unfähig, eine Mordsbagage. Daß Pepo (= Hoffmann) ausgetreten ist, nachdem sie ihm seine Tribünendekoration unmöglich machten, weißt Du wohl...«[30] Rückschlüsse, die auf Diskrepanzen bei der Bühnengestaltung hinauslaufen, haben ihre Bestätigung in einer Notiz von Lux, der von einer »Mißbilligung der künstlerisch qualifizierten Straßendekorationen eines Josef Hoffmann zugunsten einer minderwertigen Mache«[31] schreibt. Daß es sich um künstlerische Divergenzen nicht nur der beiden Exponenten, sondern quer durch das ganze Komitee gehandelt haben muß, geht aus einer anderen Pressemitteilung hervor, in welcher der zuständige Stadtrat sich entrüstet zeigte, »daß das Festzugskomitee eigenmächtig das ihm vorgelegte Projekt abgeändert« habe.[32]

Die Bauarbeiten zu dem von Urban arrangierten Festplatz, der arenaartig angelegt war, begannen am 1. Juni. Die Ringstraße wurde in dem schon genannten Abschnitt von zwei breiten, gedrungenen Pylonen flankiert, die, von mächtigen Löwen bekrönt, mit Reitern und Kränze tragenden Skulpturen Franz Barwigs dekoriert waren. Beiderseits dieser die Ringstraße verengenden Pylonen waren die

Tribünen leicht ansteigend montiert. Unter der hölzernen, vergoldeten Begrenzungsmauer befanden sich weitere Logenplätze. Die Logen wurden, wie schon bei Wagners Umfassungsmauer des Festplatzes des Makartfestzuges 1879, von hohen, abgerundeten Säulen betont. Ihre äußere Erscheinung erinnerte an das Akademieprojekt Wagners, dessen schlangenumwundene Säulen Urban mit den in grünen Girlanden eingebundenen, blauen Papierrosen nachgeahmt hatte. Der Kaiserpavillon Urbans, der sich über einem leicht erhöhten Podest erhob, bestand aus einem im Inneren runden Baukörper, der nach oben zu leicht eingeschwungen und über mehrere Gesimse abgetreppt war. Darauf ruhte ein monumentales, metallen schimmerndes Kaiserkronenimitat. Die Ecken des Pavillons wurden durch Pfeiler mit zarten, nach oben abgetreppten Lisenenstreifen, die eine stehende Figur einschlossen, betont. Ein schweres goldenes Velum spannte sich vom Ansatz der Krone bis zu einer gegen die Straße hin errichteten Brüstung. Das Velum bot dem Kaiser einerseits Schutz vor der sommerlichen Sonne, andererseits markierte es optisch die Andeutung eines Festzeltes.

Es soll nicht vorenthalten werden, daß Richard Muther, Hevesi und andere Journalisten die Konzeption des Festplatzes kritisierten. Ihrer Meinung nach war sie verfehlt, da, infolge der Verengung durch die Pylonen, der Festzug in seiner Gesamtheit nicht mehr wahrnehmbar gewesen wäre. »Urban hat sich mit seinem Festplatz verrechnet, indem er ihn zu einem geschlossenen Amphietheater umbaute, in dem der Zug keine Zugwirkung mehr machte, sondern die Gruppen bloß einzeln sichtbar wurden.«[33]

Das umstrittene Festzugsprojekt hatte noch ein größeres Nachspiel: Das Festzugskomitee strengte gegen den ersten sozialdemokratischen Gemeinderat Franz Schuhmeier einen Prozeß an, in dem dieser, da er sich gegen die Veranstaltung ausgesprochen hatte, für das finanzielle Desaster teilverantwortlich gemacht werden sollte.[34] Das Festzugskomitee verlor den Prozeß und wurde seinerseits verurteilt. In der Folge traten Urban, der Hauptverantwortliche, und Lefler im November 1909 aus dem Hagenbund aus. Da die Mehrzahl der Hagenbundmitglieder während des Prozesses Urban nicht den Rücken gestärkt hatte und gegen seinen Austritt sowie den Prozeßausgang keine weiteren Einwendungen zu erheben bereit gewesen war, traten aus Solidarität mit Urban auch Frank und Heu aus der Vereinigung aus.

J. Urban, Entwurf für den Kaiser-Pavillon 1908

Kaiser-Huldigungs-Festzug 1908 am Kaiser-Festplatz zwischen dem äußeren Burgtor und den beiden Hofmuseen

VIII
FESTDEKORATIONEN, INTERIEURS UND
VEREDELTE ARBEIT, 1909–1912

Im Jahre 1909 wurde das Österreichische Museum für Kunst und Industrie zum Forum der Wiener Moderne. Die Reform des Österreichischen Museums hatte personelle, inhaltliche und architektonische Neuerungen zur Voraussetzung. Doch all diese Faktoren – der Museumsbau durch Ludwig Baumann, die Pensionierung Arthur von Scalas und das damit verbundene Direktorat Eduard Leischings – hätten das Österreichische Museum nicht zum relativ bedeutendsten Wiener Ausstellungslokal gemacht, wäre, wenn auch aus unterschiedlichen Gründen, der Inszenierungsdrang der etablierten Häuser nicht zunehmend verflacht. Während die Secession noch versuchte, den routinemäßig abgeführten Ausstellungen durch die Veranstaltung von Festen aufzulockern, sah sich der Hagenbund mit dem Problem konfrontiert, daß der Mietvertrag für die Zedlitzhalle nicht mehr verlängert wurde. Selbst dann, wenn die Klimtgruppe den Umstand, daß die Bauten für die Kunstschau nicht gleich demoliert wurden, zu mehr als einer Ausstellung hätte nützen können, wäre die Krise der Modernen Raumkunst durch nichts mehr zu kaschieren gewesen.

Was von ihr blieb, war ein passables Modell à la Kunstschau, das auch international immer wieder angefordert wurde; und zweitens die wieder aufkommende Einrichtungskunst, eine Domäne der Wiener Werkstätte und neuerdings des Österreichischen Museums. Fast einen Schlußpunkt dieser durch kein stilistisches Kriterium zu spezifizierenden Phase stellte das Ansinnen Klimts dar, die zeitgenössischen Künstler durch die Gründung des Bundes österreichischer Künstler noch einmal, wenn auch vergebens, zu organisieren.

DIE INTERNATIONALE
KUNSTSCHAU (22. 4. – 4. 7. 1909)

Das Ausstellungsgebäude Hoffmanns wurde nach der am 15. 11. 1908 erfolgten Schließung der Kunstschau nicht, wie ursprünglich geplant, sogleich abgerissen, sondern für eine weitere Ausstellung, die »Internationale Kunstschau« adaptiert. Es »reifte, als sicher schien, daß dem Kunstschaugebäude noch einige Monate Gnadenfrist gewährt würden, die Idee, nach der Heimausstellung einmal zu zeigen, was über unseren Grenzen hinaus in der Welt, die bildet, vorgeht«.[1] An der Anlage der Kunstschau wurde nichts umgebaut, auch die Hofgestaltungen übernahm man nahezu unverändert; nur die in den Höfen befindlichen beweglichen Kunstwerke wurden ausgetauscht. Die Raumaufteilung und der vorgezeichnete Weg durch den Gebäudekomplex variierten leicht. Die nach Mosers Entwurf an die große Quergalerie seitlich angrenzenden Räume teilte Hoffmann durch Einbauten und Stoffe ab.

Wie aus den wenigen erhaltenden Abbildungen hervorgeht, hatte man auch die Mehrzahl der Innenräume architektonisch nicht verändert, sondern bloß neu bemalt oder dekoriert. Vielfacher Anwendung erfreute sich die einfärbige weiße Wand, die entweder pur belassen oder mittels zarter, aus einfachen Linien bestehender Zierleisten gerahmt wurde. Vom Klimtsaal, der diesmal in einem kleineren Saal mit abgeschrägten Ecken untergebracht war, heißt

J. Hoffmann, Internationale
Kunstschau 1909, Grundriß

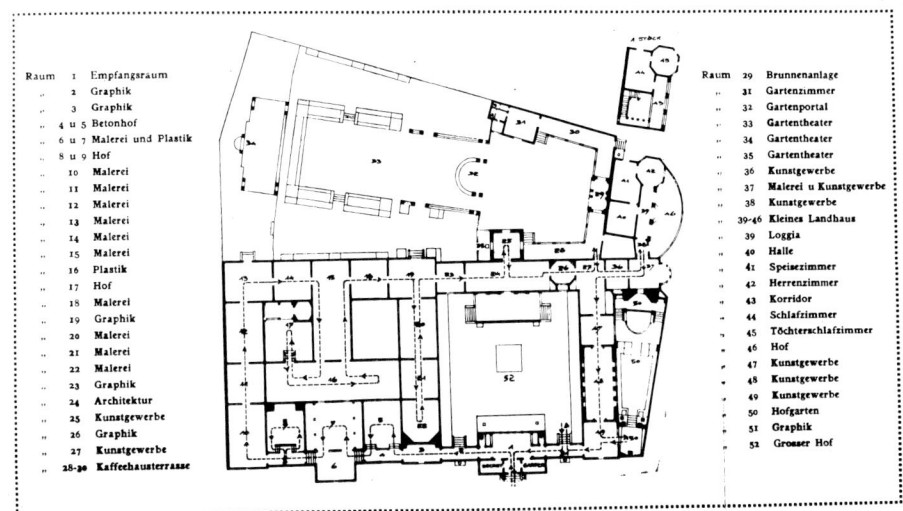

Raum	1	Empfangsraum
	2	Graphik
	3	Graphik
	4 u 5	Betonhof
	6 u 7	Malerei und Plastik
	8 u 9	Hof
	10	Malerei
	11	Malerei
	12	Malerei
	13	Malerei
	14	Malerei
	15	Malerei
	16	Plastik
	17	Hof
	18	Malerei
	19	Graphik
	20	Malerei
	21	Malerei
	22	Malerei
	23	Graphik
	24	Architektur
	25	Kunstgewerbe
	26	Graphik
	27	Kunstgewerbe
	28-30	Kaffeehausterrasse

Raum	29	Brunnenanlage
	31	Gartenzimmer
	32	Gartenportal
	33	Gartentheater
	34	Gartentheater
	35	Gartentheater
	36	Kunstgewerbe
	37	Malerei u Kunstgewerbe
	38	Kunstgewerbe
	39-46	Kleines Landhaus
	39	Loggia
	40	Halle
	41	Speisezimmer
	42	Herrenzimmer
	43	Korridor
	44	Schlafzimmer
	45	Töchterschlafzimmer
	46	Hof
	47	Kunstgewerbe
	48	Kunstgewerbe
	49	Kunstgewerbe
	50	Hofgarten
	51	Graphik
	52	Grosser Hof

J. Hoffmann, Internationale
Kunstschau 1909, Saal 17

ständnis hervor. Davon betroffen waren besonders die französischen Künstler, Vertreter der Fauves und der Nabis, deren Gemälde als »Schmieragen verwegenster Sorte«[4] bezeichnet wurden. Für Seligmann markierten schon die Bilder Vincent van Goghs und Paul Gauguins, die beide bereits in der Secession und in der Galerie Miethke ausgestellt worden waren, »die Grenze des Dilettantismus nach unten«. Durch den Saal 6, den sich Jan Toorop und Oskar Kokoschka teilten, empfahl er, »wenn möglich, mit geschlossenen Augen« zu gehen.[5] Egon Schiele, der zum ersten Male im Rahmen der Klimtgruppe ausstellte, wurde in der Presse ebenso verrissen wie Kokoschka 1908. Besser vertraut zeigten sich die Wiener Kritiker mit den deutschen Impressionisten, den Engländern und den Schotten. Von den österreichischen Künstlern waren neben den bekannten Malern und Plastikern der Klimtgruppe wiederum Metzner und Hugo Lederer vertreten. Die Gedächtnisausstellung für Olbrich, die nach Bekanntwerden seines Ablebens schon der Kunstschau 1908 eingereiht worden war, zeigte man erneut.

Die Ausstellung endete mit der skandalisierten Theateraufführung von Kokoschkas »Mörder, Hoffnung der Frauen« am 4. 7. 1909, die den Schlußpunkt der im Juni wiederaufgenommenen Aufführungen bildete. Daraufhin wurde das Kunstschaugebäude abgerissen, denn im Sommer sollte mit dem Konzerthausbau begonnen werden.

es, er sei ganz in Weiß und Gold gehalten gewesen.[2] Er bildete die Hauptattraktion auch dieser Ausstellung. Überhaupt lag der Schwerpunkt der Internationalen Kunstschau 1909 auf der Malerei. Der Schluß, daß »ein gewisses sich Breitmachen des Kunstgewerbes auf Kosten des übrigen«, wie die Österreichische Volkszeitung schrieb, »eingedämmt«[3] worden sei, ist allerdings nur bedingt gültig; er geht von der falschen Annahme aus, schon diese eine Bilderschau hätte die massive Tendenz zum Kunsthandwerk korrigiert.

Die Ausstellung stand in der Bedeutung jener der Kunstschau von 1908 in nichts nach. Die Konfrontation mit internationaler, kontemporärer Kunst rief beim Publikum und bei den Kritikern überwiegend abweisende Reaktionen oder Unver-

AUSSTELLUNGEN UND REDOUTEN IN DER SECESSION

Die bedeutende Stellung Engelharts in der »nachsecessionistischen Ära« innerhalb der Vereinigung manifestierte sich darin, daß ihm 1909 eine Kollektive, die *34. Secessionsausstellung (22. 10. 1909-2. 1. 1910)*, gewidmet wurde. Die von Plečnik arrangierte Ausstellung erregte durch die technisch vollendete Ausstattung allgemeines Aufsehen. Um der Fülle der Exponate (233) wegen nicht in Raumnot zu gelangen, baute er im rechten Seitensaal, links vom Durchgang zum Ver-Sacrum-Zimmer, eine kleinere Wendeltreppe ein, die in den 1. Stock führte. Der Saal im 1. Stock wurde mit Mosers »Engelsdamast« ausgeschlagen. Große Vorhangwände trennten die Seitensäle und den hinteren Saal vom zentralen Hauptraum. Die Wände des linken Seitensaales überzog Plečnik mit einer hel-

J. Hoffmann, Internationale
Kunstschau 1909, Saal 18

len Holzverschalung, die in abgeschrägte Vitrinen
auslief. Einzelne größere Bilder integrierte er in die
Vertäfelung, in die er, zwecks Erlangung einer aus-
gewogenen Verteilung von Wandfläche und Kunstwerken, rechteckige dunkle Öffnungen eingefügt
hatte.

Die *35. Secessionsausstellung (15. 1. – 13. 3.
1910)* war der Plastik gewidmet. Die Anordnung
von Ivan Meštrovićs Skulpturen, deren zwei – um
die Passanten neugierig zu machen – auf den
Treppenwangen vor dem Eingang der Secession
standen, hatte Oerley vorgenommen. Im Mittelsaal, gegenüber dem Eingang, plazierte er doppel-
reihig zwölf Karyatiden aus Gips, »Fragmente eines Tempels«. Der zwischen den Skulpturenreihen
verbleibende schmale Gang geleitete direkt vor die
große Sphinx, die an der Rückwand von einem feinen, spinnenwebartigen Liniennetz hinterfangen
wurde. Um der Funktion der Karyatiden gerecht

zu werden, fügte Oerley eine tiefliegende, über
dem Gebälk seitlich vorragende große Rasterdecke
ein. Die Türöffnungen und Laibungen zu den
Seitensälen wurden wie die Podeste durch helle,
mit dunklen Mustern gerahmte, Bordüren hervorgehoben, die auch das Gebälk über den Karyatiden
verzierten.

Zwischen der 37. und der 38. Ausstellung veranstaltete die Secession erstmals ein Faschingsfest,
die sogenannte *Bänderredoute (18. 1. 1911)*. Veranstaltungen und Feste, deren Dekoration von
Künstlern entworfen wurden, fanden alljährlich im
Künstlerhaus und in diversen Konzertsälen statt.
Nun wollte die Secession, wie Engelhart formulierte, unter Beweis stellen, daß »ein solches Fest vom
rein künstlerischen Standpunkt aus veranstaltet
werden«[6] könne. Oerley, dem die Vereinigung die
Raumgestaltung übertrug, baute in die Seitensäle
kleine, verschiedenfarbige Séparées und Logen ein,
die er untereinander und vom Hauptsaal durch
senkrecht herabhängende Bänder schied. In einzelnen Logen hingen eigens angefertigte Bilder acht-
eckigen Formates. Über dem großen Mittelsaal,
dem »eigentlichen Redoutensaal«, in welchem lediglich eine Brunnenfigur Engelharts Aufstellung
fand, »wölbte sich konvex (...) eine Decke von
Bändern«[7], die an einem zentralen Deckenraster
befestigt war. An vielen der ca. 40.000 bunten Sei-
denbänder hingen nicht nur kleine Schellen, sondern – »wie Steine, die im Fallen begriffen waren
– viele Glühlichter«.[8] Das Zusammenwirken des

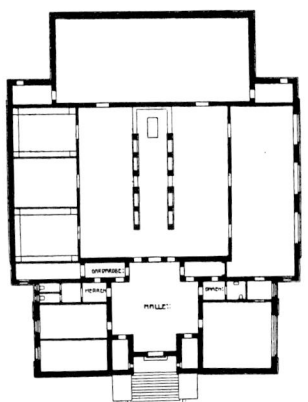

R. Oerley, Silhouettenredoute
1911 in der Secession

L. R. Bakieau, »Ein Zukunftsbild
von der Silhouettenredoute«,
Zeitungskarikatur 1911

akustischen Effektes der Schellen mit dem optischen, der entstand, weil der Baldachin von oben beleuchtet wurde, dürfte einen glamourösen Eindruck ergeben haben.

Vor dem Hintergrund der *40. Ausstellung,* der Plakatausstellung, veranstaltete die Secession das 2. Faschingsfest, die sogenannte *Silhouettenredoute (22. 2. 1912).* Das Festkomitee hatte sich vorgenommen, vor allem mit der Wirkung visueller Effekte zu arbeiten. Zu diesem Zweck wurden im Mittelsaal, der wiederum als Ballsaal diente, »vier große grüne Riesenlampions mit lustigen Schattenbildern vom Maler Eck« angebracht. »Von der Decke hing ein Kreis von vielen Glühlichtern herab und die schlanke Architektur des Saales wurde durch Glühlichterstreifen wirksam hervorgehoben. Wer über diese Galerie promenierte, erschien den Zuschauern im Saal drunten als Schattenbild.«[9] Demnach hatte man vor der Mauer zwischen Vorhalle und Hauptsaal eine Galerie errichtet, die in den oberen Saal, in dem ein »kleines, intimes Restaurant eingerichtet war«, führte; außerdem konnte man in die Galerie auch über eine normale Stiege hinauf – sowie über eine »Rutschbahn« heruntergelangen. Die dekorative Ausschmückung bestand hauptsächlich aus Lampions, die je nach Anbringung und Ornamentierung ihre Schatten warfen.

Aus der Entwicklung der letzten Ausstellungen mußte klar geworden sein, daß von der Secession keine wichtigen raumkünstlerischen Impulse mehr ausgehen würden. Wie die immer rarer werdenden Photos beweisen, war sie zu einer Galeriegemeinschaft mutiert, die den Kontakt zur internationalen Avantgarde mied; andererseits steht fest, daß sich das Publikum nur allzu bereitwillig an den Banketten und Bällen schadlos hielt. Die Secession, einst gegen das philiströse Künstlerhaus angetreten, gefiel sich zunehmend darin, dem Wiener Establishment anzugehören und den Dekor abzugeben für den Selbstgenuß und die Selbstdarstellung der sogenannten besseren Gesellschaft.

DIE LETZTEN AUSSTELLUNGEN DES HAGENBUNDES IN DER ZEDLITZHALLE

Auf der *27. Ausstellung des Hagenbundes (29. 11. 1908 – 3. 1. 1909)* lag erstmals das Gesamtarrangement in den Händen Oskar Laskes. Urban war nach der Jubiläumsausstellung und nach den im Zusammenhang mit der Affäre um den Festzug gegen ihn erhobenen Anschuldigungen bis zu seiner Abreise in die USA (1911)[10] nur mehr einmal als Gestalter in der Zedlitzhalle tätig (29. Ausstellung).

Da die architektonische Raumgliederung noch von Urbans Jubiläumsausstellung herrührte, mußte Laske vorerst sein Geschick als Raumdekorateur beweisen. Er adaptierte die einzelnen Räume mit verschiedenfarbigen (grün, blau, gelb), leicht gemusterten Stoffbespannungen. Anstelle des Ziergitters zwischen dem Vorraum und dem langgestreckten Hauptsaal der 25. Ausstellung fügte er einen großen Rahmen ein, sodaß die optische

O. Laske, 27. Hagenbundausstellung 1909, Hauptsaal

Verbindung der beiden Räume gewahrt blieb. Die obere Wandverschalung des Hauptsaales färbte er dunkel ein und integrierte zierliche Ornamente. Obwohl das »Ehrenpodium« entfernt wurde, verblieben die großen Sandsteinreliefs Karl Stemolaks an Ort und Stelle. Die Öffnungen zu den Seitensälen verengte Laske durch halbhohe Vergitterungen. In der Hauptachse plazierte er die auch von den Secessionisten oft verwendeten Korbmöbel. Neben den Exponaten der Mitglieder wurden eine Kollektion des Münchners Karl Haider und eine von Emmerich Karl Simay (Budapest) gezeigt.

Laskes Tätigkeit im Rahmen der *29. Ausstellung (3. 4. – 15. 8. 1909)* beschränkte sich nun nicht mehr auf die Dekoration der vorgesehenen Räumlichkeiten, diese Aufgabe oblag diesmal Urban; vielmehr konnte er die Zedlitzhalle erstmals nach seinem Konzept, das er auf Heus Brunnenanlage »Frühlingserwachen« abgestimmt hatte, gestalten. Übersichtlichkeit, gewährleistet durch breite Durchgänge und Durchblicke, bildete das Kennzeichen seiner Raumgestaltung. Im rückwärtigen Abschnitt des langgestreckten Saales stand die Brunnenanlage Heus, die von einer im Halbrund aufgestellten Pfeilerreihe hinterfangen wurde und einen unregelmäßig durchbrochenen Deckenraster trug. Hinter der Anlage befand sich noch ein weiterer, polygonal erweiterter Quersaal, dessen Wände helle Leisten rahmten. Der Hauptsaal sowie die ihn begleitenden Langsäle trugen eine helle Stoffbespannung mit zarten, dekorativen Längsmustern. In zwei vom übrigen Ausstellungsraum relativ abgeschlossenen Räumen seitlich des Einganges betätigte sich Urban vorwiegend als Arrangeur der Skulpturen Barwigs. Er strukturierte die von zart gemusterten Stoffen überzogenen Wände mit Holzleisten. Im rechten Rundsaal fügte er zwischen die Leisten kleine Querbretter ein, darauf die Holzfiguren Barwigs standen. Vergleicht man diese Raumausstattung mit jener der 3. Hagenbundausstellung, für die Urban noch spitzbogige Nischen und Säulchen geschaffen hatte, so wird deutlich, daß es ihm mit den Jahren gelungen war, eine größere Distanz sowohl gegenüber historisierenden Formen wie auch gegenüber der mimetischen Versuchung, aktuelle Stile zu kopieren, einzulegen.

Nach einer Ausstellung der ungarischen Künstlervereinigung »Keve« *(23. 1. – Februar 1910),* den »Modernisten« Ungarns, die den nicht durch die Kunstschau abgehärteten Besucher »gleich auf den

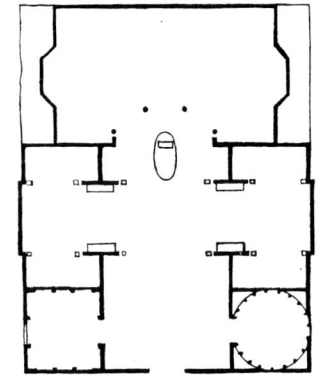

O. Laske, 29. Hagenbundausstellung 1909, Blick auf J. Heus Brunnenanlage »Frühlingserwachen« (links) und Grundriß (oben)

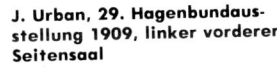

J. Urban, 29. Hagenbundausstellung 1909, linker vorderer Seitensaal

O. Laske, Frühjahrsausstellung des Hagenbundes 1910, Blick vom Hauptsaal gegen den Eingang

ersten Eindruck hin entsetzt die Flucht«[11] hätten ergreifen lassen, traten auf der *Frühjahrsausstellung (Eröffnung 18. 3. 1910)* wieder die Hagenbundmitglieder selbst als Aussteller auf. Die Gestaltung wurde der mittlerweile schon bewährten Zusammenarbeit Laskes, der die Raumgestaltung besorgte, mit Junk, der Plakat und Katalog entwarf, übertragen. In der Ausstellungsgestaltung befolgte Laske den von ihm eingeschlagenen Weg weiter. Übersichtlichkeit und großzügige Durchblicke gehörten zu seinen obersten Prinzipien. Eingestellte, z. T. freistehende Wände mit zarten Ornamentbändern schlossen mit weißen, aufgesetzten Rahmen ab, die zugleich als Auflager für die Oberlichtbespannung fungierten.

Auf Anregung des königlich norwegischen Vicekonsuls in Wien, Herrn Thorleif Paus, beschloß der Hagenbund eine *Ausstellung norwegischer Künstler (13. 1. – 3. 3. 1912)* zu veranstalten. Das Arrangement der Ausstellung nahm der Direktor der norwegischen Staatsgalerie in Christiana, Jens Thijs, vor. Die von den norwegischen Künstlern, insbesondere Edvard Munch, propagierte Moderne machte auf die Besucher einen starken Eindruck, der allerdings von wenig Verständnis(willen) begleitet war. Seligmann verglich die Norweger mit Schiele und Kokoschka, die »gegen diese freilich arme Schlucker«[12] seien. Die geänderte Haltung des Hagenbundes gegenüber den modernen Kunstströmungen blieb auch von der Gemeinde nicht unbemerkt und erregte Mißfallen. »Die norwegische Ausstellung im Hagenbund stimmt mit den Idealen neuzeitlicher Kunstrevolution der Stadtväter nicht überein.«[13] Dies war einer der Gründe, weshalb sich die Gemeinde am 15. 2. 1912 zur Aufkündigung des zwischen ihr und dem Hagenbund bestehenden Mietverhältnisses entschloß. Sie brauchte bloß an die zwischen ihr und Urban 1909 abgemachte und von den nunmehrigen Mitgliedern unbemerkt gebliebene vierteljährliche Kündigungsfrist zu pochen. Nach Ansicht des Hagenbundes waren eine aus dem Jahre 1908 herrührende, persönliche Verstimmung zwischen Urban und dem Stadtrat und Kulturreferenten Schwer[14], sowie die Sonderausstellung 1911, auf der insbesondere Kokoschka den Unmut von Erzherzog Franz Ferdinand[15] erregt hatte, die eigentlichen Ursachen der drohenden Delogierung. Zum weiteren »Sündenregister des Hagenbundes« zählte dessen »Eintreten für das Projekt Otto Wagners in einer Versammlung« im Jänner 1910, worunter die positive Stellungnahme zur Schablone Wagners für den am Karlsplatz zu tätigenden Museumsneubau zu verstehen ist.[16] Zwar gaben Stadtrat Schwer und Bürgermeister Josef Neumayer vor, dergleichen Vorurteile zu ignorieren, doch hinderte sie das nicht, festzuhalten, »daß der Hagenbund bei der Gemeinde alle Sympathien eingebüßt«[17] habe. Angelegentlich der eingetretenen Friktionen konnten sie es sich dann nicht verkneifen, mit einiger Süffisanz auch darauf hinzuweisen, daß die Gemeinde dem Hagenbund stets die ausstehenden Mietbeiträge habe erlassen müssen.

Im Juli 1911 faßte der Gemeinderat den Beschluß, die Zedlitzhalle dem Deutsch-Österreichischen Gewerbebund »zum Zwecke der Erbauung einer Gewerbeausstellungshalle zur Verfügung«[18] zu stellen. Die daraufhin vom Hagenbund getätigten Eingaben wurden abgewiesen. Die Vereinigung erhielt dafür von Bürgermeister Neumayer im Februar 1912 die Zusicherung, daß von einer Delogierung in der nächsten Zeit Abstand genommen werde. Allerdings stellte sich rasch heraus, daß die Gemeinde die am 15. 5. 1912 ablaufende Frist definitiv nur bis zum 31. 8. 1912 zu verlängern beabsichtigte. Das Komitee des im Herbst 1912 stattfindenden Eucharistischen Kongresses reflektierte nämlich seit Mai – und zwar unter wesentlich bindenderen Zusagen – auf die Zedlitzhalle zum Zwecke der Unterbringung einer Ausspeisungshalle, was ein weiteres, auch nur provisorisches Verbleiben des Hagenbundes ausschloß. Daraus konnten die Hagenbündler folgern, daß die folgende Frühjahrsausstellung die letzte sein werde.

Anläßlich der *Frühjahrsausstellung (Eröffnung 24. 3. 1912)* war gewiß, daß der Hagenbund des Jubiläum der zehnjährigen Ausstellungtätigkeit in der Zedlitzhalle nicht mehr erleben würde. Das programmatische Vorwort des Kataloges liest sich wie eine Rechtfertigung darüber, daß er sich »bei zunehmendem Alter nach der Richtung der Jugend hin«[19] entwickelt habe. Die Hagenbündler resümierten die vergangenen Ausstellungen und erklärten, um Mißverständnisse auszuräumen, daß die »neueren Ausstellungen« von der gegenwärtigen Leitung (Präsident Junk, Vertreter Stemolak) in »wohlüberlegter Absicht veranstaltet«[20] worden seien.

Aus eben diesem Grund machte der Hagenbund auf seiner letzten Ausstellung auch keine Konzessionen mehr an die erzürnte Gemeinde und die Vorstellungen des Erzherzogs Franz Ferdinand. In der von Laske arrangierten Ausstellung wurden Bilder von Schiele, Anton Faistauer, Albert Paris Gütersloh, Georg Merkel, Anton Kolig u. a. gezeigt. Obwohl das Programm der nächsten Ausstellung schon feststand – man plante, »Originalarbeiten und Entwürfe zum Leipziger Völkerschlachtsdenkmal Franz Metzners«[21] zu zeigen –, hatte sich der Hagenbund mit der Delogierung am 31. 8. 1912 abgefunden. Fortan war er wieder auf die Gastfreundschaft anderer Künstlervereinigungen angewiesen. Die Zedlitzhalle aber wurde weder sogleich demoliert, noch, wie Entwürfe Wagners (1913) vorsahen, für ein modernes Ausstellungslokal adaptiert. Während des Krieges diente sie als Ausstellungslokal des Wirtschaftsverbandes bildender Künstler Österreichs, anderen Meldungen zufolge auch als Kartoffellager.[22] 1919 konnte der Hagenbund, nach diversen Umbauten, in sein ehemaliges Ausstellungslokal wieder einziehen und es zum Zentrum der österreichischen Kunst der Zwischenkriegszeit machen. Endgültig abgerissen wurde die Zedlitzhalle im Jahr 1965.

Am 9. 12. 1912 erging an den mittlerweile delogierten Hagenbund eine Einladung der Künstlergenossenschaft, sich an der 38. Jahresausstellung des Künstlerhauses (15. 3. – 8. 6. 1913) zu beteiligen. Die Hagenbündler akzeptierten das Angebot, in einem Teil des Deutschen Saales auszustellen. So kam es, daß der Hagenbund, der 1900 aus dem Künstlerhaus ausgetreten war, dorthin wiederum zurückkehrte. Einzelne Mitglieder waren ja bereits 1905 wieder in die Künstlergenossenschaft eingetreten. Die Moderne Raumkunst aber, die einst so emphatisch in der Secession und in der Zedlitzhalle angehoben hatte, zehrte fortan bloß von ihrem Ruf; und während sie in Wien immer mehr verfiel, waren die Wiener Dekorateure im Ausland gefragter denn je.

DIE BETEILIGUNG AN INTERNATIONALEN AUSSTELLUNGEN

Die Installationsarbeiten für die österreichische Sonderausstellung auf der *Internationalen Photographischen Ausstellung in Dresden (1. 5. – Anfang Oktober 1909)* wurden Otto Prutscher übertragen. Für die österreichischen Exponate, die neben den deutschen quantitativ wie qualitativ hervorstachen, errichtete der Dresdner Architekt Oswin Hempel im nordwestlichen Flügel des Ausstellungspalastes ein österreichisches Sonderhaus. Als Aussteller fungierten die Wiener Amateurphotographen, der Wiener Photo- und Cameraclub, die Graphische Lehr- und Versuchsanstalt, an der Prutscher seit 1903 als Assistent beschäftigt war, sowie Grazer und Prager Amateure, die Berufsphotographen, die wissenschaftlichen Photographen u. a. m. Prutschers Aufgabe bestand darin, für eine Fülle gleichartiger, ausstellungstechnisch undankbarer und adekorativer Exponate eine einheitliche Raumgestaltung zu finden. Er mußte berücksichtigen, daß die Photographien nur in kleinen, geradezu intimen Räumen zur Geltung kommen, anderer-

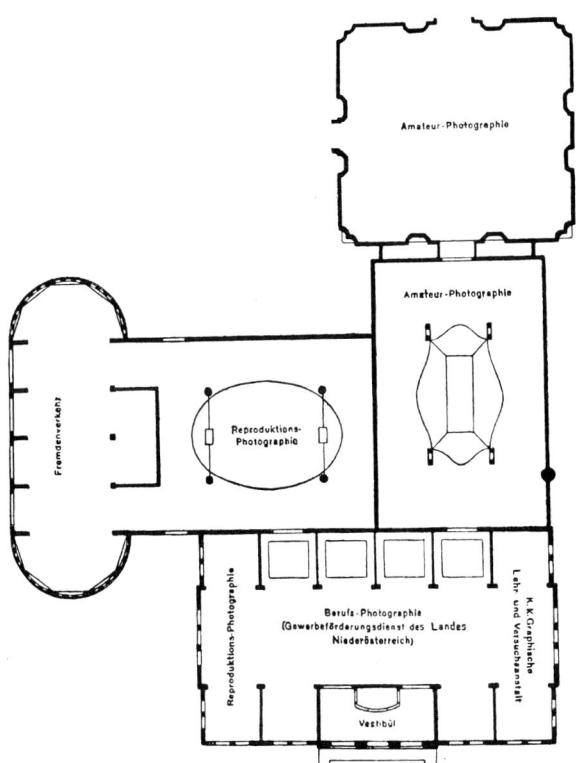

O. Prutscher, Photographische Ausstellung, Dresden 1909, Grundriß

seits aber, daß in Dresden hohe raumkünstlerische Erwartungen an die Wiener Künstler gestellt wurden. Er begegnete den Anforderungen, indem er seinem Konzept zwei Raumtypen zugrunde legte. Erstens sah er langgestreckte, an den Schmalseiten beleuchtete Säle vor, die an den Langseiten von kleinen Nischen oder Kojen begleitet wurden; zweitens solche Säle, deren Raumgestaltung durch die Oberlichtform und durch die Dekoration bestimmt war.

Mit der Beschränkung auf wenige, aber immer wiederkehrende Ornamente wie die Ellipse oder das Oval, die geschwungene Raute oder die Form eines stilisierten Auges, gab er den gegeneinander abgeschlossenen Sälen ein einheitliches Gepräge. Die leichten Schwingungen, die diesen Motiven zu eigen waren, sowie die damit zum Ausdruck kommende Abkehr vom Geometrismus früherer Jahre hatten schon das Kunstschaugebäude und das Palais Stoclet gekennzeichnet. Von diesem Entwicklungsstand aus war nur mehr ein kleiner Schritt vonnöten, um den historistischen Formen unbefangener gegenüber zu treten als zu Beginn des Secessionismus, um an die Vorbilder des Rokoko und des Barock, die im zweiten Jahrzehnt des 20. Jahrhunderts im allgemeinen, bei Prutscher im besonderen ab 1911/1912, stärker zum Ausdruck kamen, anzuknüpfen.

Bei der Gestaltung der Haupthalle, die von seitlichen Arkadenbögen begleitet wurde und an der

O. Prutscher, Photographische
Ausstellung, Dresden 1909,
Hauptsaal, Entwurf (links) und
Ansicht (rechts)

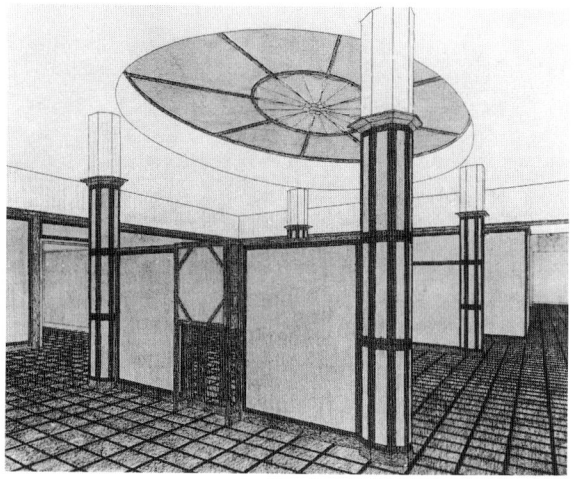

O. Prutscher, Photographische
Ausstellung, Dresden 1909,
Oberlichtsaal, Entwurf (links)
und Ansicht (rechts)

Schmalseite triumphbogenartig abschloß, griff
Prutscher auf basilikale Raumformen zurück.
Zwischen den einzelnen Bogenstellungen gliederten
Pilasterstreifen die Wände. Die verbleibenden
Wandflächen wurden, wie die zwei oberen Oval-
fenster, von Blattbordüren gerahmt, mit Reihen
kleiner Kreise gefüllt und in der Mitte mit einem
gemalten Blumenkorbmotiv betont. Von einer der
linken Kojen gegenüber dem Vestibül betrat man
jenen der beiden Oberlichtsäle, der an der Decke
ein großes Radfenster elliptischer Grundform aufwies. Um die Geschlossenheit dieses Saales, der an
der linken Schmalseite apsidiale Raumerweiterun-
gen besaß, nicht weiter zu strapazieren, wurde in
der Breite der eingeschobenen Wände eine U-förmige Koje mit dem Rücken zum Oberlichtsaal so
installiert, daß seitlich je eine Verbindungsöffnung
frei blieb. In der Koje arrangierte Prutscher eine
Sitzgruppe um einen zentralen Pfeiler.

Optisch anziehender geriet das Arrangement des
zweiten Saales. Als Oberlicht wählte Prutscher eine

geschweifte Rechtecksform mit einem zentralen
Radfenster. Gegliedert war die Oberlichte durch
Längs- und Quersprossen. Wiederum wurden an
den äußersten Ecken des Deckenfensters Stützen
aufgestellt; diesmal jedoch schmale Pfeiler, deren
Breitseite parallel so zur Längswand stand, daß die
Pfeiler bereits einen Teil der zwischen ihnen eingezogenen, halbhohen polygonalen Nische bildeten.
Die zwei mit dem Rücken zueinanderstehenden Nischen sparten an den beiden Längswänden wiederum zwei, wenn auch flache Nischen aus, sodaß sich
insgesamt vier kojenartige Einbauten unter der
Oberlichte befanden. Im Gegensatz zum ersten
Oberlichtsaal war das Raumzentrum des zweiten
nicht begehbar, sondern umbaut. Da die Einbauten den Saal gut proportionierten und da sie weiters gut ausgeleuchtet waren, kam kein Gefühl von
Raumenge auf.

Die *1. Internationale Jagdausstellung im Prater (7.
5. – 17. 10. 1910)* hatte sich zum Ziel gesetzt, die

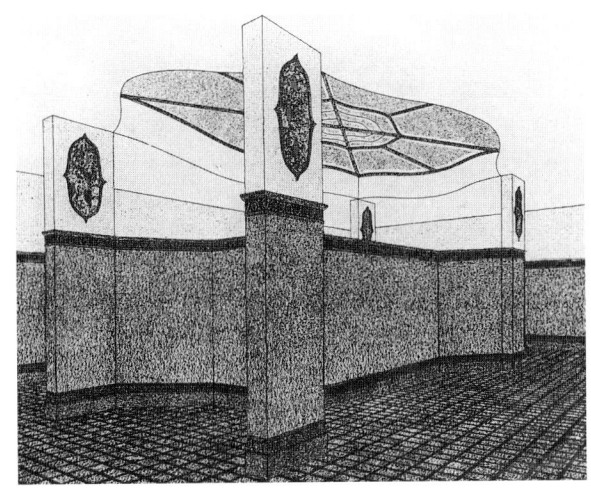

Jagd in allen ihren Aspekten darzustellen. Hinsichtlich der internationalen Beteiligung – sie war die größte Wiener Ausstellung seit 1873 – scheute man es nicht, sie eine »Weitausstellung für alles das« zu nennen, »was nur irgendwie auf den Begriff Jagd Bezug hat«.[23] Unter der Leitung des Chefarchitekten A. Descey wurden binnen dreier Monate ca. 60 Bauten errichtet, wovon der größte Teil schon im November 1909 fertiggestellt war; so etwa die Trophäenhalle, nationale Jagdschlösser, ein Kinematographentheater, ein Pavillon für Kunstgewerbe (Cäsar Poppovits), ein Pavillon für das Niederösterreichische Gewerbeförderungsamt (Prutscher), ein Kunstpavillon u. a. m. In den 17 Sälen und den zwei Höfen des Kunstpavillons fand eine vom Ministerium für Kultur und Unterricht sowie von privater Hand geförderte Kunstausstellung statt, an der sich zahlreiche Künstlervereinigungen beteiligten, die jeweils durch Delegierte im Komitee der Gruppe Kunst vertreten waren; die Klimtgruppe delegierte Hoffmann, der Hagenbund Laske und die Secession Oerley, der »Verein deutscher bildender Künstler in Böhmen« entsandte Teschner usw.

Für die Klimtgruppe installierte Hoffmann zwei Räume; die Vitrinen des kleineren enthielten Objekte der Wiener Keramik (Löffler und Powolny), dekorative Mosaiken Forstners, Holzschnitte Heinrich Ludwig Jungnickels und diverse Panneaux von Jutta Sika, Emanuel J. Margold, Minka Podhajska u. a. Im größeren Saal versuchte Hoffmann dadurch architektonische Wirkung zu erzielen, daß er den Malern, die sich durch das Ausstellungsprogramm ohnehin schon thematisch gebunden sahen, auch noch die Größe der Bildformate und die Rahmung diktierte. Die 20 Gemälde, unter denen sich

Werke von Schiele, Strnad, Löffler, Auchentaller, Teschner, Forstner, Ernst Lichtblau u. a. befanden, waren in der Regel titellos unter dem Namen »Dekoratives Panneau« subsumiert. Die vollzogene Entindividualisierung der Kunstwerke sowie die funktionelle Verwendung derselben zugunsten eines raumkünstlerischen Konzeptes rief Reminiszenzen an die Beethoven-Ausstellung und an die im Zuge ihrer Vorbereitung virulent gewordene Auseinandersetzung zwischen Raumkünstlern und Malern wach. Hoffmanns Intentionen verfehlten ihre Wirkung nicht. So veranlaßte die Saalgestaltung Josef Strzygowski – der, obwohl er Kunsthistoriker war, auch den Wert der ausgestellten Gemälde verkannte – zu folgendem Resümee: »Der Architekt der Klimtgruppe, Josef Hoffmann, ging nicht auf die Illusion eines in Wirklichkeit vollendeten Saalbaues ein, sondern baute einen Ausstellungsraum – leider!«[24]

Der Saal der Secession sollte mehr sein als bloß ein Ausstellungsraum. Oerley wandelte den langgestreckten Saal im Zeitraum von sechs Wochen in

die Halle eines Jagdschlosses um. »Eine braun auf
Naturgrund patronierte Spirale bildet in 1000-
facher Wiederholung das einzige Element der ganzen Dekoration«,[25] die Wände, Sockel und Rahmungen überzog. Die zart geschwungene Spirale
hatte in das »nachsecessionistische« Formenrepertoire Eingang gefunden; die Raumgestaltung der
Künstlergenossenschaft griff indessen, geläutert
durch die bahnbrechenden Ausstellungen der ehemaligen Secessionisten, auf die von diesen oftmals
verwendeten, geometrischen Schwarz-Weiß-Bor-
düren zurück. In die Wände der Jagdhalle hatten
die verschiedenen Maler der Secession (König, Liebenwein, Jettmar, Friedrich u. a.) die eigens »für
diesen Zweck gemalten Bilder«[26], die allesamt die
Jagd zum Thema hatten, eingelassen. Nach Ausstellungsschluß wurden alle Pavillons zum Verkauf
angeboten bzw. im November 1910 demoliert.

Für die *Internationale Kunstausstellung in Rom
1911* konstruierte Hoffmann seinen zweiten großen

Ausstellungspavillon. Die Voraussetzungen und Erwartungen unterschieden sich deutlich von jenen,
die er für das Kunstschaugebäude hatte berücksichtigen müssen. Denn für den Pavillon in Rom sollte
Hoffmann nicht bloß den Gebäudekomplex entwerfen, sondern auch die für die Künstlergruppierun-
gen reservierten Galerieräume. Der römische Kunstpavillon wurde, wie die Gebäude der Kunstschau,
nur für eine einzige Ausstellung errichtet, was eine
fixe, dem einmaligen Verwendungszweck angepaßte
Raumeinteilung erlaubte.

Den erhaltenen Vorstudien ist zu entnehmen,
daß Hoffmann das Ausstellungsgebäude vom Beginn an in einem U-förmigen Grundriß konzipierte. Entlang den Längsachsen des Hofes sah er jeweils eine Loggia aus kannelierten Pfeilern vor, deren Unterläufe in die Pilasterstreifen der Rückwand übergingen. Zwischen den Pilasterstreifen
gliederte er die Rückwand durch mehrfach gerahmte Felder. Eine ähnliche Korrespondenz von
Pfeilern und Pilasterstreifen war in den verschiedensten Variationen an den Loggien, Durchgängen
und auch an der Kaffeehausterrasse der Kunstschau zu beobachten gewesen. Die ebenfalls von
dort her bekannte, mehrfache U-förmige Rahmung wurde zum charakteristischen Motiv der
Fassadengestaltung des römischen Pavillons. Der
ausgeführte Entwurf des Grundrisses wich nur in
einem Punkt vom Vorentwurf ab. Ursprünglich
hatte Hoffmann im Zentrum der Saalfolge einen
oktogonalen Raum für die »Monumentalmalerei«,
d. h. für Klimts Bilder, vorgesehen. Nach einer
Planänderung hob er einen Raum mit demselben
Widmungszweck vermittels eines apsidialen An-
baues in der Mittelachse architektonisch hervor.
Analog zur Kunstschau bestand auch in Rom eine
ideelle Achse zwischen dem Klimtsaal und den im
Hof aufgestellten Monumentalplastiken, diesmal
vorwiegend Skulpturen von Anton Hanak. Die
von wenigen, sehr einfachen und zarten Elementen
strukturierte Architektur bildete die antithetische,
grazile Hintergrundfolie zu den vollplastischen,
monumentalen Skulpturen. Die schon auf der
Kunstschau angeklungene Idee, die Plastiken im
Freien aufzustellen und zu der Pfeilerarchitektur
des Pavillons in Beziehung zu setzen, verfolgte
Hoffmann auch in Rom. Damit wurde es fast
schon zur Regel, die der bisherigen Raumkunst
konstitutive Grenze, nämlich Innenraumgestaltung
zu sein, zu überschreiten.

Für die bedeutenderen Arbeiten am Pavillon
wurde jeweils ein Vertreter einer Wiener Künstler-

gruppe engagiert. Zwischen den flach kannelierten und sich zu Rahmungen schließenden Pilastern hing in der Mitte des Hofes Andris' Hl. Michael, vor dem ein von geschwungenen Einfassungen begrenztes Wasserbecken so angebracht war, daß dieser sich darin spiegelte. Barwig entwarf die Doppeladler der beiden Pylonen, Strnad verantwortete die an verschiedenen Stellen des Pavillons applizierten, kleinen dekorativen Wandeinsätze (aus bemaltem Stuck). Hinter der stützenden Bruchsteinmauer, die der erforderten Terrassierung wegen errichtet werden mußte, sowie zwischen den seitlichen, zu den Pfeilerportiken hinführenden Stufen, hatte man in einer apsidialen Nische eine von weitem sichtbare Großplastik, Hanaks »Österreich«, eingefügt. Die begeisterten Rezensenten charakterisierten Hoffmanns Pavillon als »prunklose Architektur und reinen Zweckbau«,[27] als »Nutzbau« und »kunstgewerbliches Meisterstück, wo vom Fauteuil bis zur Türschnalle alles mit einer unübertrefflichen Exaktheit und Gediegenheit gearbeitet ist«.[28]

In acht getrennten Sälen stellten tschechische und polnische Künstler, der Hagenbund, die Seces-

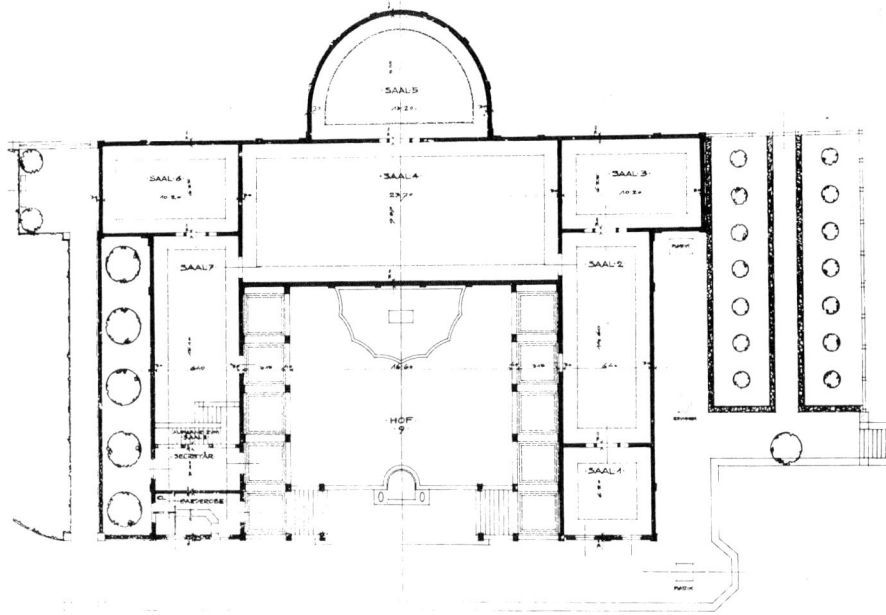

sion, die Wiener Künstlergenossenschaft und die Gruppe der Kunstschauleute (d. i. Klimtgruppe) aus. Eine beratende Funktion, auch was die Auswahl und Anordnung der Exponate betraf, fiel dem Direktor der Modernen Galerie, Friedrich Dörnhöffer zu. Die Beiziehung eines Kunsthistorikers für die Zusammenstellung einer Ausstellung moderner Kunst, wofür sonst üblicherweise nur »Maler oder andere kunstfreundliche Laien«[29] zuständig waren, muß als weitere Novität gewertet werden. Möglicherweise stammte auch die Anre-

J. Hoffmann, Österreichischer Pavillon, Internationale Kunstausstellung, Rom 1911, Grundriß (rechts oben), Ansicht (rechts unten) und Hofansichten (links oben und unten)

Pettenkofens im Biedermeierzimmer ausgestellt wurden, zum Ausdruck, sondern auch die Verwendung von Biedermeiermöbeln bei der Einrichtung moderner Wohnungen. Wie alle Oberlichtsäle in der Längsachse, so ging auch das Waldmüllerzimmer vermittels einer dreiteiligen Durchgangsöffnung in den angrenzenden Raum über. Der quergelagerte Saal 4 bereitete auf den Höhepunkt der Ausstellung, den Klimtsaal, vor. Mit abgetreppten Türstürzen wurde das Fassadenmotiv variiert. Die Begrenzungen der Türöffnungen und die in der zentralen, zum Klimtsaal führenden Öffnung eingestellten Pfeiler waren mit einem von Rauten durchsetzten Streifenmuster bemalt. Die Belebung der hellen Wände mittels kleiner eingestreuter Rauten erinnerte an die Ausführungen Mosers in der »Klimtkirche« der Kunstschau.

Der Saal 7, der graphischen und dekorativen Kunst vorbehalten, divergierte von den anderen Sälen zwangsläufig am stärksten, weil er mit dem Saal 8 eine zweigeschossige Einheit bildete. In der Saalkombination war die altbekannte Korrespondenz zwischen einem quadratischen Deckenraster und einem schachbrettartigen Bodenbelag wieder anzutreffen. Gegenüber der Eingangsöffnung wurde eine, in den Halbstock führende, gegenläufige Treppenanlage mit einem geschwungenen dunklen Geländer eingefügt. Drei breite Arkadenöffnungen aus Holz, die sich über der Brüstung erhoben, gewährten eine optische Verbindung der beiden Säle. Auch die Fassadengestaltung verriet die unterschiedlichen Saalniveaus.

gung, in die Ausstellung eine retrospektive Abteilung zu integrieren, von Dörnhöffer. In der Abteilung wurde ein Biedermeierzimmer vorgestellt, mithin ein Stil, zu dem sich die Secessionisten seit einem Dezennium bekannten. Schon 1901 hatten die jungen Architekten die Bestrebung erkennen lassen, an dieser sachlich-bürgerlichen Bewegung des 19. Jahrhunderts sowohl in stilistischer wie auch in erzieherischer Hinsicht anzuknüpfen. Dies brachte nicht nur die Anerkennung Ferdinand Georg Waldmüllers als »Ur-Secessionist«[30], dessen Bilder neben denjenigen Peter Fendis und August von

J. Hoffmann, Internationale Kunstausstellung, Rom 1911, Saal 4 (oben), Klimtsaal (Mitte) und Blick in den Biedermeier-Saal (Saal 1) (rechts)

Vor allem am Beispiel der Ausstellung in Rom wird deutlich, daß die innovative Kraft im Felde der Raumkunst weiterhin von den bekannten Arrangeuren ausging. Modell dieser wichtigen Ausstellung war nicht mehr die Beethoven-Ausstellung, sondern die Kunstschau. Ihr Typus, der ein offenes Nebeneinander heterogener künstlerischer Momente erlaubte, setzte sich international durch. Aufgrund der Embleme etc. wies die Ausstellung alle Voraussetzungen auf, den Wiener Dekorationsstil im Ausland zu einer Zeit zu repräsentieren, während der er dortselbst immer mehr verkam.

DAS ÖSTERREICHISCHE MUSEUM IN DER PERIODE LEISCHING

Nach der Pensionierung und dem bald darauf erfolgten Tod Arthur von Scalas (30. 9. 1909) wurde sein ehemaliger Vicedirektor, Eduard Leisching, zum Nachfolger als Direktor des Österreichischen Museums bestellt. Da im selben Jahr der ehemalige Professor der Kunstgewerbeschule, Roller, zum Direktor der Kunstgewerbeschule und Prutscher

sowie Strnad zu Professoren derselben ernannt wurden, konnte Leisching seine Arbeit unter günstigeren Bedingungen als Scala beginnen. Hinzu kam außerdem, daß man 1909 Ludwig Baumanns Museumszubau endlich fertiggestellt hatte. »Nach dreijähriger, durch den Raummangel bedingter Unterbrechung«[31] konnte ein Ausstellungsbetrieb wieder aufgenommen werden, der den Ferstel-Bau weniger belastete. Wiewohl der durch einen Korridor mit dem alten Museum verbundene Zubau in seinem Äußeren an historische Vorbilder der oberitalienischen Frührenaissance anknüpfte, verwandte Baumann einige Akkuratesse darauf, die von den Secessionisten erarbeiteten und für vorbildlich erkannten ausstellungstechnischen Neuerungen in die Konzeption der Ausstellungsräume miteinzubeziehen. In einer Besprechung des Erweiterungsbaues wurde darum auch hervorgehoben, daß die Ausstellungsräume »aus einem teils seitlich, teils durch Oberlichte beleuchteten großen Saal, welcher beliebige Einbauten gestattet«[32], bestehe. Insgesamt aber waren hier den Architekten doch ungleich engere Grenzen gesetzt als in der Secession oder der Zedlitzhalle. Denn der große zentrale Hauptraum war ringsum von Pfeilerstellungen markiert, besaß ein großes Oberlichtdach in der Höhe des ersten

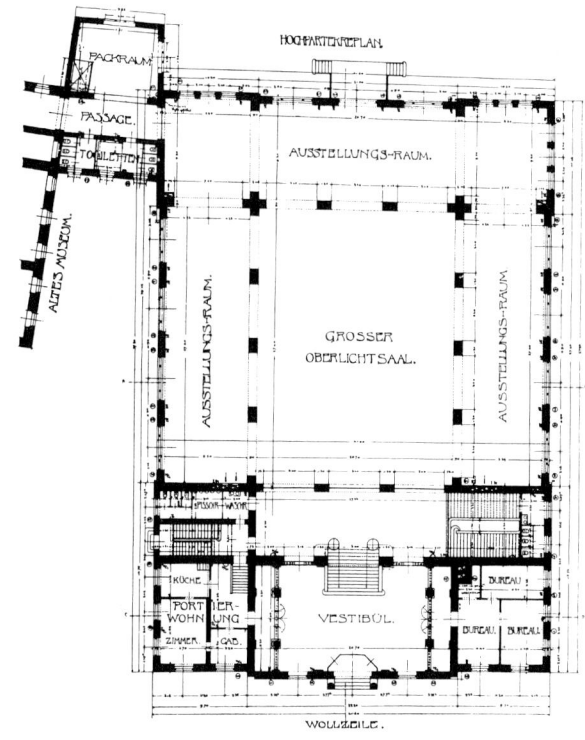

L. Baumann, Zubau des Österreichischen Museums für Kunst und Industrie, 1907–1909, Grundriß des Hochparterres

Stockes und war außerdem von seitlichen Sälen eingefaßt. Der vorderste, gegen das Vestibül hin geöffnete Saal ummantelte den Vorraum und den Verbindungssaal zu den seitlichen Treppenanlagen und fand häufig als Ausstellungssaal Verwendung. Somit wußte sich der raumgestaltende Architekt von vornherein an eine relativ feststehende Raumaufteilung und Beleuchtung gebunden. Zuckerkandl beschrieb den Erweiterungsbau Baumanns gar als »das traurigste Gegenbeispiel jenes Typus, den moderne Museumsleiter für die Aufgaben ihrer Institute fordern«.[33] Indessen, für Heimkunst und Interieurgestaltung besaß der Saal hinlänglich gute Voraussetzungen.

Mit dem Wechsel der Direktion ward zugleich einer in programmatischer und kulturpolitischer Hinsicht vollzogen. Unter Leisching fand die von den Secessionisten eingeleitete Reform des Ausstellungswesens, wenn auch mit einigen Abänderungen, so doch eine Fortsetzung. Und diese Veränderung entsprach durchaus dem Bemühen um einen eigenen Zugang zur Modernen Raumkunst. Neu für die Institution war, einzelnen Künstlern (Prutscher, Witzmann, Dagobert Peche u. a.) die Gestaltung der Ausstellung zu übertragen. Fortan fanden jährlich groß angelegte Ausstellungen des österreichischen Kunstgewerbes statt, das bis zur Spaltung in der Secession, dann in den Ausstellungen der Wiener Werkstätte und auf der Kunstschau,

Berücksichtigung gefunden hatte. Eine weitere Absicht stellte die Intensivierung der Beziehung zwischen Künstlern, Handwerkern und der Industrie, die verstärkte Einbeziehung der Kunstgewerbeschule und der Wiener Werkstätte dar. Dies, das gleichzeitige Abflauen der Ausstellungstätigkeit in der Secession und der Einstellung derselben in der Zedlitzhalle ergab Voraussetzungen, unter denen das Österreichische Museum zum Zentrum der Wiener Moderne werden konnte. Mit dem künstlerischen Aufschwung einher ging eine immer konsequentere Abkehr von der auch unter Scala wieder propagierten Stilkopie. Mit Genugtuung bemerkte Zuckerkandl, daß nach einer neunjährigen »Ära des Widerstandes eine Wandlung vollzogen« worden sei und »ein neuer Kurs«[34] eingesetzt habe. Die Moderne Raumkunst, dereinst entstanden aus der Aufhebung bzw. Durchdringung von alter Einrichtungskunst und Galerie, fand, nachdem sie auf ihrem Höhepunkt das Arrangement neu bestimmt hatte, zu ihrem Ausgangspunkt zurück: In kontinuierlicher Destruktion des Arrangements trat nun, nach der raumkünstlerischen Galerie, die Heimkunst, die nachsecessionistische Einrichtungskunst, in den Vordergrund.

Bei der ersten *Ausstellung österreichischer Kunstgewerbe (26. 10. 1909 – 16. 1. 1910)* ernannte Leisching Prutscher zum Chefarchitekten; Unterstützung erhielt er von Remigius Geyling. Beider Ziel war, das »Arrangement soweit als möglich nach einheitlichem Plane«[35] durchzuführen. Die Ausstellung, die »ein Austifteln des Grundplanes«[36] nötig machte, weil sie insgesamt 44 Interieurs präsentierte, eröffnete nach einer viermonatigen Vorbereitung. Die Interieurs befanden sich im Hochparterre, im 2. Stock des Neubaus im Säulenhof und in der Galerie des alten Traktes. Wahrscheinlich auch aufgrund der Quantität der Interieurs fehlte die in den folgenden Jahren charakteristische Ausstattung des Hauptsaales, zumeist das raumkünstlerische Zentrum der jeweiligen Ausstellung. So exponierten die Künstler und Architekten im Sinne einer Individualisierung der einzelnen Räume. Erstmals war die Wiener Werkstätte in einer Ausstellung des Österreichischen Museums vertreten; weiters stellten die Künstler der »Wiener Kunst im Hause«, die sich zu einer Produktivgenossenschaft zusammengeschlossen hatten, aus.

Mit der *2. Ausstellung österreichischer Kunstgewerbe (29. 10. 1910 – 2. 2. 1911)* wurde offensichtlich, daß Leisching und Roller das von ihnen erstellte Programm fortzusetzen und zugleich zu verbessern bestrebt waren. Auf der 1. Ausstellung hatten sie, wohl auch um einen breiten Konsens zu erreichen, keine besonderen qualitativen Ansprüche gestellt, sondern ein breites Sammelsurium von solid gearbeiteten Interieurs vorgestellt. Nunmehr versuchte Prutscher ein raumkünstlerisches Konzept durchzusetzen, in dessen Zentrum die Gestaltung des Mittelsaales stand. Die auf 26 reduzierten Interieurs hatten sich seiner Gestaltung anzupassen. Da vom mittleren, dem eigentlichen Ausstellungsraum keine Abbildungen aufgefunden werden konnten, kann man sich nur aus den schriftlichen Quellen ein Bild von ihm machen. »Zum rein ästhetischen Genuß ladet schon der Hauptsaal ein, den Otto Prutscher durch Einbauten achteckig gestaltet hat. Die großen weißen Felder der Wände werden durch Teppiche belebt, die Türen erscheinen in eine graugrünliche Stoffbespannung eingeschnitten, die ebenso wie die einsäumenden Borten auf den Sockeln der Vitrinen wiederkehrt.«[37] »So wurde der an sich verödend wirkende Raum verwandelt und außerdem noch Platz für die Einrichtung der kreisrunden Interieurs gewonnen.«[38] Indem Prutscher dem Ausstellungssaal ein Interieur integrierte, durchbrach er die seit Jahren bestehende Regel, Arrangement − in diesem Fall ein Interieur − und Galerie voneinander abzusetzen. Er löste diese Aufgabe mit einer früher als extravagant abgestempelten Stilisierung. Allerdings war sein Hang zum Überspitzten, Preziösen und Rokokohaften seit längerem bekannt. Zumal das weiß-gold-rosa-farbene Boudoir brachte eine gewagte »Rokokostimmung«[39] zum Ausdruck, die eine aufs intime Interieur abgezogene Fortentwicklung der ja bereits

auf der Photographischen Ausstellung in Dresden aufgetretenen Barockisierung darstellte.

Ein stilistisches Gegenteil stellte der von Strnad und Victor Lurje ausgeführte Gartensaal dar. Seine Gestaltung muß vor dem Hintergrund der, wie Sekler bemerkte, ab 1904 aufkommenden »folkloristischen und heimatbeschützerischen Bewegungen«, die ein starkes »Interesse an ländlichen Bauwerken und der Gartengestaltung«[40] an den Tag legten, gesehen werden. Strnad bekundete mehrfach seinen Hang zum Bodenständigen. Sein Interesse an der Kunst der Antike und der des Frühchristentums bezeugt unter anderem seine Dissertation »Das Prinzip der Dekoration in der frühchristlichen Kunst« (1904). Den teuren, exklusiven Stoffen zog Strnad aus Gründen der Naturbelassenheit bzw. aus dem einer Echtheit, die Natur und wahre Kultur gegen die Produkte der modernen Industrie vereint, einfache Materialien wie Ton, Ziegel, Holz oder Stuck vor. In der Mitte des Gartensaales stand ein mit Reliefs geschmückter Rundbrunnen, in dessen Zentrum sich eine von Strnad des öfteren auf Ausstellungen verwendete Skulptur erhob. Einer der Kritiker meinte, Strnad habe bei der Gestaltung des Gartensaales mit »archaistisch-archäologischen Erinnerungen«[41] gespielt. Genauer besehen realisierte die Gestaltung eine den bisherigen Haupttendenzen der Modernen Raumkunst zuwiderlaufende Forderung: Mit der Komposition der durch Tonplatten verzierten Decke, mit der Gestaltung der mit grünem Holzwerk vergitterten Wände, die eine marmorne Wandnische freiließen, sowie mit der einfachen Bodengestaltung führte Strnad praktisch vor Augen, was er seit längerem forderte und später auch theoretisch fundierte − nämlich die strikte Trennung von Wand, Decke und Boden, die als »Raumelemente klar durchgebildet«[42] sein mußten, damit sie zu der von ihm postulierten Klärung des Raumeindruckes beitragen konnten. Strnad verwahrte sich damit gegen die besonders von Hoffmann und einigen seiner Schüler vertretene Tendenz der raumkünstlerischen Vereinheitlichung von Raum, Mobiliar und Ornament. Für ihn waren das voneinander unabhängige Komponenten, die es in ihrer elementaren und funktionellen Differenz festzuhalten galt. Auf seine Art arbeitete also auch er die noch verbliebenen Grundfesten des Arrangements ab.

Auf der *Winterausstellung österreichischer Kunstgewerbe (7. 11. 1911 − 4. 2. 1912)* debütierte Witzmann als Ausstellungsarchitekt. Dem von Prut-

K. Witzmann, Ausstellung
österreichischer Kunstgewerbe
1911/12, Mittelsaal

J. Frank, H. George, V. Lurje,
O. Strnad, Ausstellung
österreichischer Kunstgewerbe,
1911/12, Raumgestaltung

scher eingeführten Konzept folgend, behielt Witzmann den zentralen Mittelraum den Einzelkollektionen vor, die Interieurs verbannte er in die seitlichen Ausstellungsräume. Auch der Säulenhof des alten Museumskomplexes wurde in die Exposition wieder einbezogen. Der an sich langgestreckte Hauptsaal war in den Querachsen im vorderen Bereich durch eine schmale Eingangshalle und im hinteren Abschnitt durch den Einbau von Interieurs so sehr verschmälert worden, daß er eine quadratische Grundrißform annahm. Zwischen den seitlichen Pfeilerstellungen zog Witzmann Wände vor, vor die er auf niedrigen Sockeln sich erhebende, nach Entwürfen Prutschers hochrechteckig ausgeführte, Glasvitrinen plazierte. Sie ragten wie raumgliedernde Elemente in den Saal hinein, verstellten ihn aber nicht, sondern gewährleisteten eine gute Übersichtlichkeit der Exponate. Mit den anderen Gestaltungsmitteln, die im Saal zur Anwendung gelangten, griff Witzmann eindeutig auf die von Hoffmann erarbeiteten Prinzipien zurück. So bediente er sich etwa des zeltartigen Velums, das Hoffmann für die 12. Secessionsausstellung deshalb als »Notlösung« kreiert hatte, weil es auf dieser und der 13. Ausstellung ja galt, die damals bereits vorhandene Tonnenwölbung der Beethoven-Ausstellung zu verdecken. Witzmann entwickelte eine Vorliebe für das Velum, welches er auf den späteren Ausstellungen immer wieder neu raffte und schließlich der Form eines Vorhangbogens annäherte. Für die rückwärtige niedrige Wandvertäfelung mit den farblich in Grau, Schwarz und Weiß alternierenden Brettern hatte er die Wandverkleidung des Hoffmannschen Vorraumes der 18. Ausstellung reaktiviert. Der breite hin-

tere Durchgang zu den Interieurs war von einem mehrfach abgestuften Rahmen eingefaßt und besaß, wie die Eingänge zu den seitlichen Einzelräumen, Vorhänge, die ein Rautenmuster zierte.

Die Besucher wurden in einer Eingangshalle, einer Pfeilerhalle mit einer niedrigen Deckenbespannung, empfangen. Die dunklen Pfeiler waren durch Unterläufe — Bretter, die sich von der hellen Decke abhoben — verbunden. Die bis zur Eingangshalle des Hauptsaales vorgezogenen Vitrinen sparten zwischen sich eine kleine Öffnung aus, durch die man zu den seitlichen, in einer Achse durchschreitbaren Interieurs gelangte. In der Anzahl der Interieurs hatte man sich wiederum auf eine Beschränkung verständigt. Die Einzelräume hingen thematisch mit dem Arrangement des Mittelsaales kaum zusammen; etwas anderes wäre auch nicht zu erwarten gewesen, wenn so verschiedene Arrangeure wie Witzmann, Prutscher und Strnad für die jeweiligen Raumgestaltungen verantwortlich zeichneten. Die Schwierigkeiten, die die Kunstkritiker hatten, als sie die in dieser Ausstellung anklingenden Stiltendenzen klassifizieren wollten, waren beträchtlich. Selten kamen derartig divergierende Raumcharaktere in einer Ausstellung vor. Das Arrangement wurde darum als ein »seltenes Experiment«[43] gewertet. Einhelligkeit herrschte indessen darüber, daß »ein sehr stark archaisierender Zug«[44] zum Ausdruck gelangt sei.

Hoffmann verwendete für die Wände seines in Schwarz und Weiß gehaltenen Empfangsraumes die schon von Fassadengestaltungen her bekannte Vertikalkannelierung sowie unruhige Musterungen, die nebeneinander bestanden oder einander ergänzten. An den gerafften Vorhängen, den Rüschen oder den Fauteuils, an den Mehrpaßbögen des Spiegels u. a. m. wurde nur allzu deutlich, daß er seine puristische Phase zugunsten einer mehr dekorativen überwunden hatte; freilich ging dies nicht auf Kosten des von ihm stets praktizierten Perfektionismus.

VEREDELTE ARBEIT

Nicht allein der Termin, sondern auch der Anlaß und die Präsentation der *Frühjahrsausstellung österreichischer Kunstgewerbe (1. 5. – Juni 1912)* waren außergewöhnlich. Wegen der seit langem für den Herbst projektierten »Ausstellung für kirchliche Kunst« wurde die alljährliche Exposition österreichischer Kunstgewerbe, in der Regel eine Winterausstellung, vorverlegt und mit der schon angesetzten 5. Tagung des »Deutschen Werkbundes« (6. – 9. 6. 1912) verbunden, auf welcher Tagung die erste konstituierende Sitzung des Österreichischen Werkbundes – Gründungstag war der 10. 6. 1912 – stattfand. Die eigentlich nur begleitende Ausstellung ging in ihrer Intention weit über das obligate Ziel, einen Rechenschaftsbericht über die kunstgewerblichen Tätigkeiten des vergangenen Jahres zu geben, hinaus und unterstellte sich mit ihrem umfassenden Anspruch deutlich jenem der Kunstschau 1908. »Sie sollte einen Markstein bilden für die kunstgewerbliche Produktion Österreichs, eine Generalprüfung und eine Siegesfeier zugleich.«[45]

Obgleich Max Eisler[46] die vergangene Winterausstellung im Museum als für den Werkbund vorbildlich hingestellt hatte, rangen die Österreicher erneut um ihr Verständnis von Werkkunst; eines, das sich von den Proklamationen des Deutschen Werkbundes unterscheiden sollte. Denn dieser forderte »die Veredelung der gewerblichen Arbeit im Zusammenwirken von Kunst, Industrie und Handwerk«[47] sowie nur Bestes und Vorbildliches zu schaffen. Eben diese Zielsetzungen hatte man im Österreichischen Museum nach 1909 angestrebt; dessen bedeutendste Exponenten waren aber seit längerem die Künstler der Wiener Werkstätte: »War sie es doch, die vor mehr als einem Jahrzehnt« – gemeint ist das Datum ihrer Gründung im Jahre 1903 – »schon Werkbund-Ideale schuf und betätigte.«[48] Die Forderungen allein führten daher in Österreich zu keiner Neuorientierung künstlerischer Praxis, wie das dem Werkbundgedanken entsprochen hätte. Die Differenz resultierte daraus, daß der Österreichische Werkbund die Akzente anders, der Wiener Tradition verbunden, setzte: Handwerkliches Können rangierte wie stets an erster Stelle, die industrielle Fertigung hingegen spielte, von der Bugholzindustrie einmal abgesehen, eine Nebenrolle. Das unter anderem vom Deutschen Werkbund beabsichtigte Eingehen auf die Bedürfnisse minder bemittelter Schichten fand in Österreich nur oberflächlich oder gar keine Berücksichtigung. Nur Franz Planer machte anhand des banalen und einprägsamen Beispieles der Preise darauf aufmerksam, daß die Ausstellung zwar »auf den Ton exklusiver Noblesse« abgestimmt worden sei, daß sie jedoch »nicht für die große Masse der Bürgerlichen und der noch größeren der Arbeiter, des Proletariats«[49], von Interesse, noch sonst irgend realitätsbezogen sei. Die vom Werk-

bund in den Vordergrund gestellte Absicht, auf die Masse erzieherisch zu wirken, wofür sich die Ausstellungen, die keinen Kaufzwang auferlegten, besonders gut eigneten, wurde in Wien nicht realisiert. Hier war die Affinität zum Jugendstil, obwohl er – theoretisch – vom Österreichischen Werkbund bekämpft und in sowohl geistiger wie praktischer Hinsicht als »Geschmacksverwilderung«[50] diskreditiert wurde, ungebrochen. Die stärker soziale Komponente der deutschen Werkbündler wurde in Wien überlagert von dem Ideal des die Entfremdung im kleinen Kreis, in isolierter Produktion aufhebenden Künstlers oder Kunsthandwerkers. Für Eisler illustrierten daher auch die Künstler der Wiener Werkstätte oder die der Kunstgewerbeschule das Ideal des Werkkünstlers, eines »Erzeuger(s) der zugleich sein eigener Entwerfer ist«.[51] Die Absicht traf sich gut mit der, lieber handwerkliche Qualitätsarbeit zu leisten, als sich um die industrielle Anfertigung der Produkte sowie die dazu nötige Arbeitsorganisation u. dgl. m. zu kümmern. Mit dem Zugeständnis, daß man den Werkkünstler nur in kleinen Betrieben antreffen könne, verzichtete Eisler auf die positive Überlegung, was die Umlegung dieses Ideals à la William Morris für einen Großbetrieb oder eine Fabrik, was dies für die Arbeit selbst, die Produkte und die »Kunsthandwerker« zur Folge gehabt hätte. Die Konsequenzen wären das Gegenteil dessen gewesen, was der Werkbund als Wunsch- und Idealbild vorzugeben bemüht war: Nämlich eine Spezialisierung, Arbeitsteilung und der Einsatz von Maschinen. Nun, dies hätte man unter Umständen sogar befürwortet, dann nämlich, wenn dadurch keine unnötige Konkurrenz aufgekommen wäre und die Produkte weiterhin unter den Begriff der »veredelten Arbeit«[52] sich hätten subsumieren lassen. Mit diesem Begriff suchte man auch dem Preisverfall zu entgehen, der seriellen Produkten unweigerlich deshalb anhängt, weil die maschinelle Verfertigung Lohnkosten einerseits einspart, zum anderen aber das Stigma der Reproduzierbarkeit einträgt. Daß sich Loos in seiner Polemik »nicht gegen den Werkbundgedanken, sondern gegen seine Verkünder«[53] wandte, scheint insoferne verständlich, als er an der Ernsthaftigkeit jener Idee einer humaneren Arbeit zwar nicht aus Erfahrung zweifelte, wohl aber aus der Erkenntnis der praktisch unmöglichen isolierten Durchführung derselben. Industrielle Werkkunst blieb im Wien dieser Jahre unterentwickelt, keineswegs aber das eher luxuriöse Kunsthandwerk.[54] Der Werkbund verharrte demnach, wie die Secessionisten und später — während der Kunstschau — die Klimtgruppe, in derselben Unfähigkeit, Anspruch und Realisierung zur Deckung zu bringen bzw. die gesellschaftlichen Widersprüche für die eigene Produktion maßgeblich zu machen. Wie die gesamte Tradition, so geriet auch sein Gebaren für sich gesehen widerspruchsfrei, weil er für die Elite schuf, zu der er selbst zählte.

Das Arrangement der in einer zweieinhalbmonatigen Vorbereitungszeit errichteten Ausstellung hatte man Witzmann übertragen. Die Ausstellung erstreckte sich über den Baumann-Zubau bis hin zu den seitlich des Wienflusses gelegenen Gärten; im Säulenhof des Ferstel-Baus arrangierte Franz Cizek Arbeiten aus dem Sonderkurs der Jugendkunst. Da man die Zahl der Interieurs wiederum — auf nunmehr acht — reduziert hatte, überwogen die allgemeinen Ausstellungsräume. So stand bald außer Zweifel, daß entsprechend der künstlerischen Praxis und »auf Grund des Planes des verfügbaren Gesamtraumes und dessen entsprechender Aufteilung gemäß den vorgelegten und durchbesprochenen Ideenskizzen« die »Aufmachung selbst ein Kunstwerk«[55] sein werde. Ob-

wohl Witzmann die Grundrißdisposition und die Gliederungselemente, d. h. die Vitrinen, von der vorangegangenen Ausstellung übernommen hatte, erhielt die Ausstellung ein völlig anderes Gepräge.

Die seitlichen, konkav geschwungenen Nischen des Hauptsaales waren beibehalten und die Vitrinen zwischen den Pfeilern der Länge nach so aufgestellt worden, daß eine Dreiteilung des zentralen Ausstellungssaales erreicht wurde. Aufgrund der Stellung der Vitrinen konnte nicht direkt wahrgenommen werden, daß eben dieser Abschnitt, in dessen hinteren Teil Interieurs, in dessen vorderen abgetreppte Nischen eingebaut waren, nahezu quadratisch ausfiel. Die Besucher sahen statt dessen einen langen, hohen und schmalen Gang, der im Hinblick auf den dahinterliegenden Garten konzipiert und in seinem hinteren Bereich von dem durch die Glastür einfallenden Licht beleuchtet wurde. Die Gestaltung des Mittelganges divergierte von der der seitlichen Hallen. Zwischen den hohen Pfeilern, die an der Decke mit Querbalken verbunden waren, schloß der Mittelgang mit einer hellen Rasterdecke ab, die Witzmann seitlich bis in Vitrinenhöhe herabgezogen hatte. Die Sockel der Vitrinen ließ er hell streichen und schwarz umranden. Im Verbund mit den Pfeilern erfüllten die Vitrinen eine zweifache Funktion: Einmal trennten sie den Saal wie eine Zwischenwand, zum anderen waren sie eine trotz allem ökonomische Präsentationsform, da doch gerade die vielen kleinen Exponate sich in diesen Schaukästen gut ausnahmen. Im hinteren Abschnitt des Ganges, der vom zentralen Oberlicht abgeschnitten war, variierte Witzmann die Gliederung, nicht jedoch die Dreiteilung. Die

K. Witzmann, Frühjahrsausstellung 1912, Mittelgang (II)

Garten.

1.—2. Terrasse mit Stiegenabgängen und Kolonnadengang.
3. Einfamilien Wohnhaus, nach dem patentierten System »Katona«.
4. Kaffeehaus, nach dem patentierten System »Katona«.
5. Parkhaus.
6. Wiener Friedhofskunst.

Raum   I: Modelle von Einfamilienhäusern etc.
  »   II: Allgemeines Kunstgewerbe und Einzelmöbel.
  »   III: Ausstellung von Prof. Kolo Moser.
  »   IV: Allgemeines Kunstgewerbe.
  »   V: Wiener Mosaikwerkstätte u. Arch. Poppovits.
  »   VI: Allgemeines Kunstgewerbe.
  »   VII: Wiener Keramik (Prof. Löffler u. Powolny).
  »   VIII: Wiener Werkstätte.
  »   IX: Ludwig Schmitt und Architekt Witzmann.
  »   X: Leopold Loevy und Architekt Wimmer.
  »   XI: J. Soulek und Architekt Hoffmann.
  »   XII: A. Knoblochs Nachf. und Arch. Prutscher.
  »   XIII: J. Müller und Architekt Dr. Frank.
  »   XIV: August Ungethüm und Architekt Holub.
  »   XV: Arthur Bittner und Architekt Orley.
  »   XVI: Carl Bamberger und Brüder Schwadron und Architekt Oskar Strnad.
  »   XVII—XXIII: K. k. Kunstgewerbeschule.
  »   XXIV: Kunstbuchdruck, Plakate etc.
  »   XXV: Wanderausstellungsobjekte.

K. Witzmann, Frühjahrsausstellung 1912, Grundriß

Frühjahrsausstellung 1912,
K. Witzmann, Saal IV (links) und
B. Löffler, Saal der Wiener
Keramik, VII (rechts)

Decken- und Zwischenwände ließ er einheitlich verputzen und in Vitrinenhöhe mit breiten, mehrfachen Rahmungen akzentuieren. Jede zweite dieser Rahmungen war durchbrochen und leitete entweder nach links in den Gartensaal Strnads, oder nach rechts in die Gartenhalle Oerleys, von wo aus auch der Mittelgang Licht erhielt. Die Höhe der seitlichen Gänge des Hauptsaales, die gleichfalls auf den Kontrast von Schwarz und Weiß abgestimmt waren, minderte ein niedriges, flach gespanntes Velum. Der Wandabschluß bildete ein Zick-Zackband.

Von den Nischenräumen aus gelangte man in die seitlichen Ausstellungsräume, deren linker Trakt der Kunstgewerbeschule, deren rechter der Wiener Werkstätte und den von Professoren der Kunstgewerbeschule und anderen renommierten Künstlern entworfenen Interieurs vorbehalten worden war. Gegenüber den abgetreppten Nischen, jeweils am Ende der Seitensäle, betrat man entweder links den Raum der Wiener Mosaikwerkstätte (Saal 5), darin im Rahmen einer von Poppovits entworfenen Raumgestaltung Mosaiken Forstners gezeigt wurden, oder rechts den Saal (7) der Wiener Keramik,

den Löffler mit phantastischen Malereien al fresco und in Tempera, Putten, Märchen, Fabelwesen und mythologische Gestalten darstellend, versah. All diese Wandmalereien waren wie jene der 14. Secessionsausstellung nur zu dem einmaligen Zweck geschaffen worden, einem Ausstellungsraum einen sowohl dekorativen wie thematisch bestimmten Charakter zu verleihen. Der Praxis Hoffmanns folgend, daß die Wandmalereien auf die Exponate Rücksicht zu nehmen haben, hatte man vor den dunklen, Keramikfiguren tragenden Podesten eigens weiße Wandfelder ausgespart. Die Oberlichtöffnung und die Türöffnungen wurden, wie die des hinteren Mittelganges, von mehrfachen Rahmungen eingefaßt.

Den Räumen der Kunstgewerbeschule war ein von Moser gestalteter Saal (3) vorgelagert. Moser, der sich schon seit mehreren Jahren von der Wiener Werkstätte getrennt hatte und kaum mehr Ausstellungen arrangierte, da er sich ganz der Malerei verschrieb, zog auf den Wänden Entwürfe für die Bühne und für die Heiligen-Geist-Kirche (Düsseldorf) auf. Er integrierte sie in eine Wandbemalung, deren Motiv, blaue Palmetten auf weißem

Frühjahrsausstellung 1912,
K. Witzmann, Nischenraum im
Saal IV oder VI (links) und
K. Moser, Saal III (rechts)

Grund, er seit 1904 – wenn auch oft in grazilerer Form – verwendet hatte. Von den Sälen der Kunstgewerbeschule war neben dem oktogonalen Saal (19), dessen Wände, dem Beispiel der Kunstschau folgend, von oben bis unten mit Plakaten und Dekorationsentwürfen bedeckt wurden, der angrenzende Ecksaal (20) von Interesse. Seitlich der Eingänge ragten breite Wandpfeiler bis zur Decke auf, wo sie ein vorkragendes, mit abgerundeten Querrillen profiliertes Gesims verband. Die Öffnungen selbst waren durch mehrfache Rahmungen betont und zusätzlich mit einem Wellenmuster bemalt. Gesims, Pfeiler sowie die von ihnen eingeschlossenen Flächen schmückte der Moserschüler Wilhelm Friedrich mit zarten, reich bewegten und ebenso dekorativen wie figuralen Malereien.

Im schon genannten Gartensaal (16) arbeitete Strnad mit den von ihm bevorzugten Materialien wie Ziegel und farbiger Terracotta, mit der er die Laibungen der Bogennischen verkleidete. Der Boden und die mit überkreuzten Holzbalken versehene Decke hoben sich, getreu seinen Forderungen, deutlich von der hellen verputzten Wand ab. Die Möbel stellte er frei im Raum auf. Der über der von Ziegeln eingefaßten Öffnung zum Raum der Wiener Mosaikwerkstätte aufgesetzte Giebelrah-

men erinnerte an ähnliche Kombinationen von Hoffmann.

Oerley arbeitete in der Strnad gegenüberliegenden Gartenhalle (15) mit anderen Materialien und Gestaltungsmitteln. Die Wände verkleidete er mit dunkelgrünen, mehrfach gerahmten genormten Betonplatten. Für die Einrichtung wählte er mächtige blaue Kugelvasen und schwarze Presstoffmöbel. Von den übrigen Interieurs, die von Hoffmann, Prutscher, Frank, Witzmann, Holub und anderen stammten, ist der Salon Wimmers hervorzuheben (10). Er stellte eine Kombination von

156

Privat- und Ausstellungsraum dar. Zur Dekoration der Wände verwendete Wimmer bunte Stickereien, die 23 Absolventinnen der Kunstgewerbeschule angefertigt hatten.

Die Ausstattung des Gartens erfolgte mit der Zustimmung des Stadt- und Gemeinderates nach den Entwürfen Poppovits' und wurde, wie für die Kunstschau, von F. Hybler ausgeführt. Man betrat die Anlage entweder von der Straßenseite her über einen langen, schmalen, von Holzvergitterungen gesäumten Weg, der entlang der Wien lief, oder vom Mittelgang des Ausstellungsgebäudes her, über die Terrasse. An sie schloß in der Breite des Museums ein halbkreisförmiger, tiefer gelegener Kolonnadengang an, in dem Skulpturen standen. In der verlängerten Achse des internen Mittelganges führte der Weg zu den verschiedenen Pavillons. Auf 55 m² Grundfläche errichtete Oerley ein billiges einstöckiges Einfamilienhaus. Die Baukosten betrugen 9.000 Kronen, 2.000 Kronen kostete die Einrichtung bestehend aus einer kleinen Loggia, dem Speisezimmer und dem Wohnzimmer, dem Schlafzimmer sowie einem Badezimmer. Das Haus war ebenso wie das Kaffeehaus nach dem »patentierten System Katona« errichtet worden. Darunter verstand man eine sparsame Konstruktionsweise, »bei der die auf die Schmalseite gestellten Ziegel Hohlwände und Pfeiler bildeten«.[56] Oerleys Kaffeehaus bestand aus einem rechteckigen Raum, der von einem flachen, weit vorkragenden und von Pfeilern gestützten Dach überdeckt wurde. Im hinteren linken Winkel des Gartens sonderte Poppovits durch Sträucher und Mauern eine kleine Friedhofsanlage ab, in der Denkmäler und Grabmonumente zur Schau gestellt wurden. All diese Ideen waren schon auf der Kunstschau präsentiert worden. Zusätzlich stellte man nach Entwürfen Ernst

C. Poppovits, Frühjahrsausstellung 1912, Kolonnadengang, Ansicht von der Terrasse (oben) und vom Garten (unten)

Lichtblaus ein kleines zierliches Parkhaus mit einem Uhrturm im Garten auf.

Versucht man anläßlich der Frühjahrsausstellung eine Zwischenbilanz über die vergangenen Ausstellungsjahre zu ziehen, so bedient man sich am besten der Worte Hartwig Fischels: »Die langjährige Wiener Schulung, welche von der Secession ausging und zur Kunstschau führte, entwickelte eine vortreffliche Ausstellungstechnik und erzog

Frühjahrsausstellung 1912, R. Oerley, Einfamilienhaus (links) und E. Lichtblau, Parkhaus (rechts)

R. Oerley, Frühjahrsausstellung 1912, Kaffeehaus

einen spezifisch wienerischen dekorativen Sinn sowohl in bezug auf Raumentwicklung als auch auf dekorative Flächenwirkung, der starke Farben harmonisch zusammenschließt, der monumentale Größe durch energisch betonte Proportion und einfachste Umrisse erzielt. Es ist sicher auf die suggestive Wirkung der ganzen Bewegung zurückzuführen, daß schon die Arbeiten der Jüngsten diesen Sinn für das Dekorative bestätigen.«[57] Sein freundliches Urteil hätten nicht alle Kritiker geteilt.

DIE GRÜNDUNG DES BUNDES ÖSTERREICHISCHER KÜNSTLER

Am 2. 4. 1912 gründete Klimt, »bedingt durch die Stagnation des Wiener Kunstlebens, das noch drückender als vor der Gründung der Secession«[58] empfunden wurde, einen neuen, überparteilichen Künstlerbund, den »Bund österreichischer Künst-

ler«. Unabhängig von Nationalität und der Mitgliedschaft bei einer anderen Künstlervereinigung – »ausgeschlossen bleibt aus diesem Verband als eigenes Genossenschaftsinstitut bloß das Künstlerhaus«[59] – traten die Künstler in einer losen Form, analog zur Kunstschaugruppe, der eine Vorbildfunktion zukam, zusammen. Mit der Öffnung des Bundes für Mitglieder des obdachlos werdenden Hagenbundes und die der ehemaligen Kunstschaugruppe, für die er gleichsam ein Auffanglager darstellte, sowie für Mitglieder der Secession, der Manes, der Sztuka oder gar für »Wilde«[60] wurde auf der breitesten Basis eine dem Zeitcharakter adäquate Form sowohl zur Belebung wie zur organisierten Vertretung der österreichischen Kunstszene angestrebt.[61] Wiewohl sich die Künstler, indem sie die Zeit mit jener vor Entstehung der Secession verglichen, des Umstandes bewußt waren, daß sich die Bewegung in mancher Hinsicht totgelaufen hatte, gaben sie die Zuversicht nicht auf, aus den mißlichen Erfahrungen lernen zu können. So versuchten sie weiterhin, obwohl sie sich auf kein eigenes Ausstellungsgebäude mehr fixierten, gemeinsame Ausstellungen zu arrangieren; weiters wollten sie ein solidarisches Vorgehen in aktuellen kunstpolitischen Fragen erreichen, dies jedoch, »ohne die Fesseln des Vereinswesens«[62] auf sich zu nehmen u. s. f. Der Bund, dem keine bedeutende Wirkung beschieden war, setzte sich aus ca. 30 Gründungsmitgliedern zusammen.

Eine weitere Mitgliederverbindung zwischen den Künstlervereinigungen war der am 29. 1. 1914 gegründete »Wirtschaftsverband bildender Künstler Österreichs«, der vor allem »auf die ökonomischen und rechtlichen Verhältnisse und Sicherungen der Künstler abzielte«, aber auch Ausstellungen veranstaltete.[63]

IX
INTERNATIONALISIERUNG UND INDIVIDUALISIERUNG, 1912–1914

Die Wiener Raumkunst wurde nicht in dem Sinne international, daß sich die Differenz zwischen ihr und der deutschen, der belgischen oder schottischen nivelliert hätte, als vielmehr dadurch, daß sie ein beachtliches Interesse fand, das sich u. a. in der Anzahl internationaler Beteiligungen und Aufträge niederschlug.

Das bezeugt etwa die *Große Kunstausstellung im Städtischen Ausstellungspalast zu Dresden (1. 5. – 15. 10. 1912)*, auf der die Mitglieder der Secession, des Hagenbundes, des Bundes österreichischer Künstler und die der Künstlergenossenschaft Österreich repräsentierten. Als besondere Attraktion war der Ausstellung eine Sonderabteilung für monumentale und dekorative Kunst angegliedert worden, innerhalb der sich auch ein von Hoffmann entworfener Saal für die Werke von Hanak und Klimt befand. Hoffmann griff beim Arrangement auf die in Rom erarbeiteten Prinzipien zurück, paßte sie aber den geänderten Raumbedingungen an. Wie in Rom, so sah er auch in Dresden für Klimts Werke ein Halbrund vor, an das er eine zwei Joch tiefe und fünf Joch breite Pfeilerhalle anschließen ließ. Er transponierte mithin die typische Präsentationsform, in der die Skulpturen Hanaks in Beziehung zur Pfeilerarchitektur des Ausstellungspavillons standen, in einen Innenraum. Durch die stete Wiederholung des Pfeilermotives, das jeweils mit einer der insgesamt 16 Skulpturen alternierte, wurde ein perspektivischer Raumsog erzielt, nicht unähnlich der Teilansicht von antiken Triumphstraßen. Die Kombination der Hoffmannschen Architektur mit den Werken Klimts und Hanaks erwies sich wiederum als sehr erfolgreich. Wie überhaupt anzumerken ist, daß der »Klimtsaal« gewissermaßen die Invariante der meisten von Hoffmann arrangierten Ausstellungen bildete.

Die wenigen, beachtenswerten Ausstellungen in Wien, nämlich die des Österreichischen Museums, folgten dem Trend zur Individualisierung. Darüberhinaus gelang es, die seit der puristischen Phase aus dem raumkünstlerischen Repertoire verbannten Gestaltungsmittel wie Tapete, Velum oder Stoffbespannung – nunmehr, wo die Intimität biedermeierlicher oder rokokohaft verspielter Interieurs über den Monumentalismus obsiegte – zu rehabilitieren.

DIE REHABILITATION DER STOFFE, TAPETEN UND DER BUNTEN MUSTER

Obgleich die *Ausstellung der Tapeten-, Linkrusta- und Linoleumindustrie im Österreichischen Museum (20. 5. – 27. 7. 1913)* nicht als Werkbundausstellung gekennzeichnet war, ließ sich aus ihrer Zielsetzung und aus ihrem Effekt weitaus eindeutiger der Werkbundgedanke herauslesen als aus dem Konzept der Frühjahrsausstellung 1912. Drei große Firmen, nämlich Julius Jaksch, P. Piette und Thausig & Co., gaben den Anstoß zur Ausstellung. Hoffmann und ein Komitee, das sich aus Roller, dem Hof-Tapetenlieferanten Max Schmidt

J. Hoffmann, Große Kunstausstellung, Dresden 1912, Pfeiferhalle mit den Skulpturen A. Hanaks

und Leisching zusammensetzte, griffen den Vorschlag mit Interesse auf und begrüßten den Zweck der Ausstellung, der da war: »Anbahnung eines regeren Zusammenarbeitens zwischen Österreichs Künstlerschaft und der Tapetenindustrie, Veredelung der Produktion. Belebung und Rettung dessen, was von einer guten alten Industrie noch vorhanden ist.«[1]

Seit dem Aufkommen raumkünstlerischer Neuerungsbestrebungen im Jahre 1898 war die Tapete sukzessive verdrängt worden. Zunächst hatte man sie durch schablonierte Malerei und Stoffe substituiert. Nur mittels dieser schien es möglich, den Exponaten einen adäquaten Hintergrund und der Raumkomposition eine dekorative Struktur zu geben. Auf die Wandmalereien und Stoffbespannungen folgte schließlich die weiße rauhverputzte Wand, bis man auch diese gegen die Vorzüge einer einfachen weißen Wand tauschte. Nicht nur auf dem Sektor der Ausstellungsbauten, auch in den Privathäusern war die Tapete so gut wie verschwunden. 1907 klagte darum Hans Schmidkunz, daß die Raumkunst der Ruin aller Einzelkünste sei, was inbesondere die Tapezierkunst betreffe, die doch noch 1873 mit der Wiener Weltausstellung einen enormen Aufschwung genommen habe. »Von Jahr zu Jahr nimmt auf unseren Ausstellungen die Behangkunst ab; und die Tapete sieht sich durch die Bespannungen verdrängt.«[2] Seltsamerweise bewirkte die neue secessionistische Ornamentik, die sich von Anbeginn in der Buchmalerei, in Vorsatzpapieren oder Stoffentwürfen durchgesetzt hatte, nicht ebenso eine Reform der Tapete. Erst ab der Gründung der Wiener Werkstätte unternahm man einige Ansätze in dieser Richtung. Bemerkenswert auch, daß Loos in seinem Kampf gegen das Ornament die Tapete ausnahm: »Ein gebrauchsgegenstand wie stoff oder tapete, dessen dauerhaftigkeit beschränkt ist, bleibt modedienstbar, daher ornamentiert.«[3] Mit der seit 1907/1908 einsetzenden dekorativen Strömung war jedoch gut konvenibel, daß die einstige distanzierte Haltung der gemusterten Tapete gegenüber überwunden wurde. Aufgrund von Witzmanns geschickter Präsentation revidierten die Besucher ihr Urteil. Er führte ihnen vor Augen, was einige Jahre zuvor noch verpönt war, daß nämlich »mit der Tapete geradezu Architektur getrieben« werden könne und sie »daher bei Aufnahme des Raumeindruckes als eine sehr schätzbare ›optische Hilfe‹«[4] anzusehen sei.

Witzmann hatte für die Tapetenausstellung eine (besonders von der in Deutschland geübten Praxis

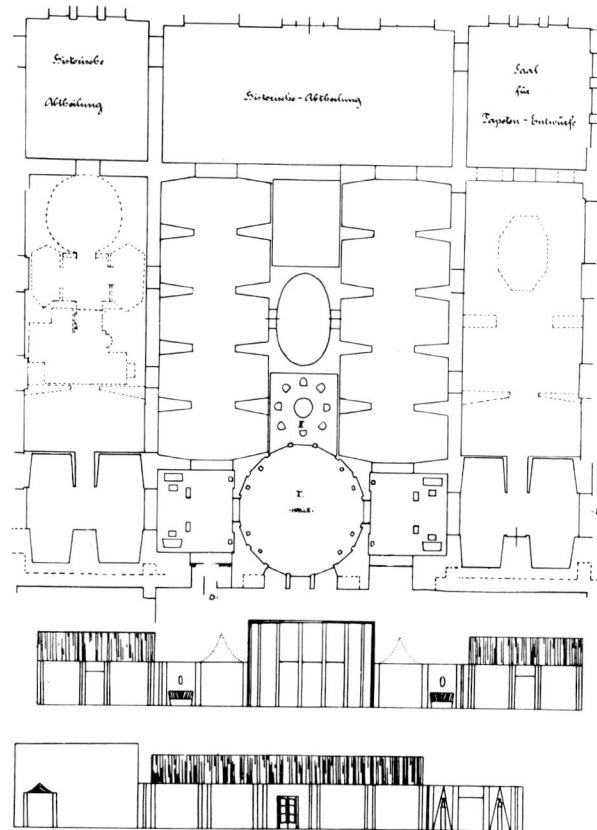

abweichende) Präsentation gefunden.[5] Die Tapeten wurden weder anhand von Musterbüchern noch als wirr oder zufällig nebeneinander gereihte Tapetenstreifen vorgeführt. Vielmehr machte er sich die – von der Industrie wohl erwarteten – raumkünstlerischen Erfahrungen zunutze und widmete jeder Tapete, da man sie nur »im geschlossenen Raume richtig einschätzen«[6] könne, einen eigenen Raum.

Die Ausstellung gliederte sich in vier Abteilungen. In der ersten wurden in sechs Sälen Raumgestaltungen unter der Benutzung der Tapete vorgenommen, die zweite Abteilung führte in 39 Kojen Tapeten-, Linoleum- und sieben Linkrustaentwürfe[7] vor. Die Abteilungen 3 und 4 teilten sich die Kunstgewerbeschule und eine retrospektive Sektion, innerhalb der alte Papiertapeten und Buntpapiere exponiert wurden. Während diese beiden Abteilungen im hinteren Abschnitt des großen Ausstellungssaales untergebracht waren, arrangierte Witzmann die 45 Kojen und Einzelräume der Abteilungen 1 und 2 im noch verbleibenden Platz.

Zunächst betraten die Besucher den kreisrunden Empfangsraum Lichtblaus, in dessen Längsachse ein zweiter, der weitaus niedrigere und rechteckige von Arnold Nechansky, anschloß. Lichtblaus Ta-

pete, »eine bewegt heitere Rokokovariante«[8], war mit weißen Längsstreifen gegliedert. In der verlängerten Achse dieser beiden Säle und zugleich in der Mitte des Oberlichtsaales hatte Peche einen ovalen, mit phantasievollen Möbeln ausgestatteten Damensalon installiert, den man nur von den seitlichen Kojengängen her betreten konnte. Die im linken und rechten äußeren Gang des Hauptraumes aufgestellten Kojen waren durch leicht abgeschrägte Scherwände der Breite nach unterteilt und jeweils mit einer anderen Tapete oder Linkrusta, die in Beziehung standen entweder zu den alten Möbeln oder zu jenen, die man nach Entwürfen Peches, Hoffmanns, Wimmers, Franks oder Prutschers gefertigt hatte, verkleidet. Zuckerkandl gewann deshalb den Eindruck, daß »aus der Tapetenausstellung eigentlich wieder eine Vorführung von Wohntypen geworden sei, die den Zusammenhang von Raumforderung und Dekoration nach österreichischer Art prägnant zum Ausdruck bringen«.[9]

Vom runden Saal Lichtblaus gelangte man aber auch in jeweils seitlich gelegene quadratische Räume, deren jeder, noch innerhalb des zentralen Hauptsaales errichtet, mit je zwei Pfeilern unterteilt und mit Linkrusta nach Entwürfen Hoffmanns ausgekleidet, zu einem weiteren, mit Kojen unterteilten und in der Querachse mit einem Velum überdachten Durchgangsraum führte. Exemplarisch kam in den verschiedensten Interieurs die Tapete zur Anwendung. So z. B. in einer Gartenkonditorei von Witzmann oder in dem Raum eines Gartenhauses, den Löffler mit einer so bunten, mit Putti gemusterten Tapete ausschlug, daß, wie Fischel vermerkte, der Raum noch »höchstens« die Aufstellung einer »weißen Plastik duldet«.[10] Hoffmann ließ schließlich für das Wohnzimmer eines Landhauses gleich zweierlei stark gemusterte Tapeten aufziehen. Die sogenannte Papageientapete stammte von Jungnickel, die andere, die ein Dorf zum Motiv hatte, von Zülow.

Für den im rechten Seitentrakt untergebrachten Gartensalon wählte Wimmer eine großzügige Raumgestaltung. Zwei Drittel der Wandfläche überzog er mit einer ebenfalls von Zülow stammenden Glockenblumentapete. Die im unteren Abschnitt der Vertäfelung kompakte Musterung

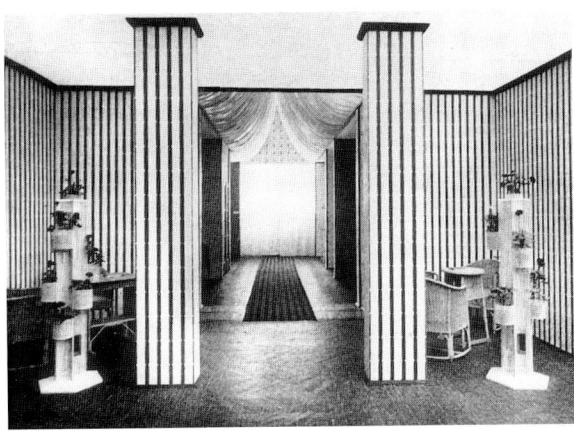

verlor gegen die Decke hin an Dichte, sodaß im obersten Abschnitt der Wände und auf der Decke selbst nur mehr vereinzelte Blüten wahrzunehmen waren. Im Hinblick auf eine optische Raumerweiterung hatte Wimmer noch große, halbrunde Spiegelfenster einfügen lassen. Einen hinter dem Gartensalon Wimmers gelegenen Raum entwarf Nechansky. Auf die Wände des etwas langgezogenen oktogonalen Raumes, ein Musikzimmer, applizierte er große, aus farbigen Papieren geschnittene, weibliche Figuren. Decke und Boden wiesen dagegen das bekannte schwarz-weiße Quadratmuster auf. Den den Einbau umgebenden Raum konzipierte Strnad, indem er »Ausschnitte von Tapeten in chinesischem und antikisierendem Charakter«[11] einfügte. Derart stark gemusterte Tapeten schlossen sowohl die Hängung von Bildern wie die Einstellung einfärbiger Möbel, aber auch das Anbringen von Vorhängen schlichtweg aus. Einzig Peche wagte es, nicht nur verschiedene Muster innerhalb eines Raumes zu tapezieren, sondern auch bemalte Möbelstücke zu exponieren. In der Folge kamen von ihm entscheidende Impulse zur Reform von Dekor und Ornament.

An der von der römischen Secession initiierten *Internationalen Kunstausstellung in Rom, Frühjahr 1914*, beteiligte sich der Bund österreichischer Künstler, dem »als einziger ausländischer Vereinigung ein Ehrenplatz eingeräumt wurde..., indem man ihm zwei besonders große, dem Eingang zunächst gelegene Säle« zuwies. Die Ausstattung der Säle wurde von Peche besorgt und fand, wie es heißt, »bei den Freunden moderner Kunst großen Beifall«.[12] Er arbeitete in beiden Sälen ausnahmslos mit der Wirkung dekorativer Stoffe, mit deren Hilfe er die Räume auch architektonisch gliederte. Damit präsentierte er sich als einer jener Vertreter

der Wiener Dekorationskunst, die das Tempo der zu Ende gehenden Epoche bestimmten und dabei auch eine dekadente Note nicht scheuten. Ohne die Moderne Raumkunst selbst negieren zu wollen, da er doch gleichsam mit deren auslaufenden Wellen emporkam, setzte er sie durch die Bevorzugung des Stoffes und anderer Präsentationsformen den eigenen Anfängen aus und entgegen.

Für den polygonalen Vorraum, in dem kunstgewerbliche Objekte gezeigt wurden, wählte er eine dunkle Stoffbespannung mit einem hellen, zackigen Blumenstraußmuster. Die Kleinkunstwerke kamen in niedrigen, hellen, halbrunden Vitrinen zur Exposition. Den angrenzenden ovalen Raum gliederte er mittels gemusterter Stoffe. Sie bildeten aber nicht wie bisher einen Hintergrund in der Art eines Wandfeldes, sondern wurden zwischen bzw. über den Bildern zusammengerafft, um dergestalt jedem Bild ein eigenes Wandfeld zuzuordnen. Eine ornamentierte Vorhangschiene bildete den Abschluß zur Decke hin. Für den Klimtsaal der Internationalen Kunstausstellung in Rom 1911 hatte Hoffmann eine ähnliche Raumgestaltung gewählt – mit dem Unterschied, daß er anstelle der Vorhänge und der gerafften Stoffe schablonierte

Wandmalereien hatte einfügen lassen, durch die die Wände des Saales in einzelne Wandfelder geteilt waren. Max Eisler meinte, die Ausstellungsräume Peches bis 1914 seien Ausdruck einer Auseinandersetzung zwischen dem Architekten und dem Kunsthandwerker, der den Sieg davongetragen habe. [13]

DIE INTERNATIONALE AUSSTELLUNG FÜR BUCHGEWERBE UND GRAPHIK (BUGRA), LEIPZIG (6. 5. – OKTOBER 1914)

Das Arrangement der österreichischen Ausstellung auf der BUGRA erging an Hoffmann. Er bemühte sich in dem anläßlich der Internationalen Baufachausstellung 1913 von Eduard Zotter errichteten und im Inneren von Otto Prutscher adaptierten österreichischen Haus, trotz der Auflage, viele Vitrinen und Einzelräume schaffen zu müssen, um eine einheitliche Lösung. »Selbst bei so eingeschränkter Bewegungsfreiheit kam hier die räumliche Einhelligkeit wenigstens im Inneren zustande.« [14] Die vom k. k. Ministerium für öffentliche Arbeiten subventionierte Ausstellung gliederte sich in verschiedene Ausstellungsgruppen, so in die der freien Graphik, deren Leitung Roller und Dörnhöffer innehatten; in die Larisch unterstellte Gruppe der angewandten Graphik und Buchkunst; in die Photographie unter Leisching und in eine Ausstellungsgruppe alter Handschriften.

Hoffmann unternahm im Inneren mehrere Ein- und Umbauten und gab den Räumen dadurch einen völlig anderen Charakter als Prutscher während der vorangegangenen Baufachausstellung. Durch das Einstellen verschiedenartigster Arkadenbögen in den drei Längsräumen sowie in den dahinter gelegenen, kleineren Räumen erzeugte er eine große Anzahl von Kabinetten. Das von ihm angewandte Prinzip hatte Prutscher auf der Photographischen Ausstellung in Dresden 1909, die ähnliche Anforderungen zur Bedingung hatte, eingeführt. Erscheinung und Proportion des auf der Baufachausstellung quergelagerten Empfangsraumes veränderte Hoffmann dadurch, daß er ihn erstens nach links und nach rechts bis an die inneren Begrenzungsmauern der Eckpavillons erweiterte, und daß er zweitens die seitlichen Arkaden zum Mittelsaal hin verschloß und dafür die Wand im Eingangsbereich für eine zusätzliche Öffnung

durchbrach. Die Trennwände in der Vorhalle wurden eliminiert und ein zentrales Vestibül mit abgetrennten Wänden eingefügt. Prutschers alte Wandgliederung verdeckte Hoffmann durch einen schwarzen Vitrinenverbau. In Abschlußhöhe der ehemaligen Pilastergliederung ließ er ein leicht vorspringendes Gesimsband ansetzen, das die halbbogenförmigen Vitrinenkästen, die dunklen geraden Verbindungsstücke sowie die Durchgangsbögen markierte. Die Fensteröffnungen über dem Eingangsbereich wurden verputzt und verschwanden in der weißen Wand. Den Oberlichtsaal schloß er mit einem »als stehende Welle profilierten, ornamentierten Gesims« [15] nach oben hin ab. Die Wände, in der von der Beethoven-Ausstellung her bekannten Farbkombination gehalten, nämlich in Schwarz-Weiß-Orange, einer Kombination, die auch den Katalogumschlag Junks [16] prägte, zeigten Hoffmanns Auseinandersetzung mit den neuen, stark dekorativen Strömungen.

Während auf die Wände des rechten vorderen Seitensaales Plakate und eine Tapete affichiert waren, hatte er den linken Seitensaal der Breite nach unterteilt und mit hohen Arkadenstellungen gegliedert. Niedrige, breite Rundbogenöffnungen

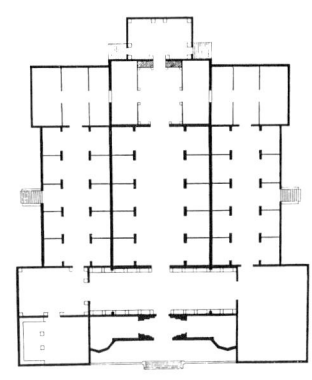

J. Hoffmann, BUGRA, Leipzig 1914, Grundriß

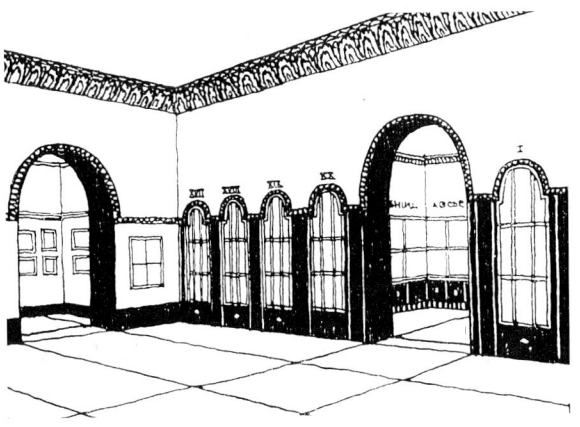

J. Hoffmann, BUGRA, Leipzig 1914, Empfangsraum, Entwurf

J. Hoffmann, BUGRA, Leipzig 1914, Empfangsraum, Ansicht

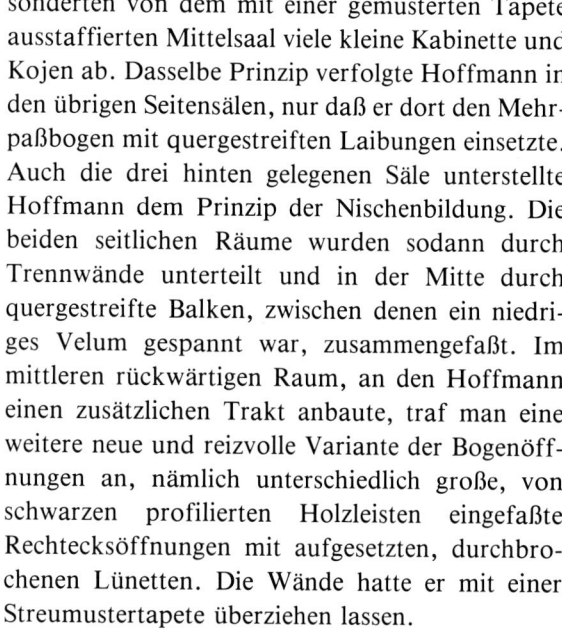

sonderten von dem mit einer gemusterten Tapete ausstaffierten Mittelsaal viele kleine Kabinette und Kojen ab. Dasselbe Prinzip verfolgte Hoffmann in den übrigen Seitensälen, nur daß er dort den Mehrpaßbogen mit quergestreiften Laibungen einsetzte. Auch die drei hinten gelegenen Säle unterstellte Hoffmann dem Prinzip der Nischenbildung. Die beiden seitlichen Räume wurden sodann durch Trennwände unterteilt und in der Mitte durch quergestreifte Balken, zwischen denen ein niedriges Velum gespannt war, zusammengefaßt. Im mittleren rückwärtigen Raum, an den Hoffmann einen zusätzlichen Trakt anbaute, traf man eine weitere neue und reizvolle Variante der Bogenöffnungen an, nämlich unterschiedlich große, von schwarzen profilierten Holzleisten eingefaßte Rechtecksöffnungen mit aufgesetzten, durchbrochenen Lünetten. Die Wände hatte er mit einer Streumustertapete überziehen lassen.

Ein ähnliches Formenrepertoire, das quadratische und rechteckige Formen mit Rundungen oder Bögen verband, wandte Hoffmann auf der nahezu gleichzeitig stattfindenden Werkbundausstellung in Köln an. Unterschiede gab es jedoch in der Umsetzung der Forderung, die Vielfalt der Interieurs u. s. f. unter eine Einheit zu stellen.

DIE WERKBUNDAUSSTELLUNG IN KÖLN 1914; JOSEF HOFFMANN, OSKAR STRNAD, DAGOBERT PECHE

Auf der Tagung des Werkbundes in Wien 1912 war die Werkbundausstellung in Köln als großangelegtes Unternehmen beschlossen worden. Sie sollte weniger eine Kunstschau sein, als vielmehr eine Leistungsschau des Gewerbes, darunter auch des österreichischen. Reichliche Subventionen der Stadt Köln ermöglichten die Errichtung zahlreicher Gebäude auf einem Gelände am rechten Rheinufer. Eine der Absichten des Unternehmens war, einen von den Weltausstellungen abweichenden Ausstellungstypus zu schaffen, der erlaubte, »statt der Ausstellungsarchitektur aus Papiermaché eine Revue über Baukunst im guten Sinne des Wortes«[17] vorzuführen. Neben dem Theater van de Veldes, den Büro- und Fabriksbauten von Walter Gropius, einem Glashaus von Bruno Taut, dem Festspielhaus von Peter Behrens u. a. m. sollte auch der Österreichische Werkbund, der am 30. 4. 1913 seine erste begründende Generalversammlung abgehalten hatte, mit einem eigenen Haus vertreten sein. Die entsprechenden Planungsarbeiten ergingen an Hoffmann; die Ausführung indessen hing von der erhofften (und dann auch gewährten) Subvention in der Höhe von 120.000 Kronen von seiten der österreichischen Regierung ab.

Auf einer Grundfläche von $62 \times 29,4$ m errichtete Hoffmann ein Gebäude U-förmigen Grundrisses aus körniger, grauer Terranova. Mächtige Pfeilerstellungen (ohne Basen und Kapitele) säumten die Fassade und die Seitenfronten. Zur Beleuchtung der Seitentrakte sparte Hoffmann jeweils zwischen den Pfeilern hohe Fensterschlitze aus. Aus den erhaltenen Vorstudien wird ersichtlich, daß er von Anbeginn eine U-förmige Anlage mit Pfeilerstellungen intendiert hatte. Ungelöst blieb vorerst die Frage der Gestaltung der Eingangspartie, die er als Säulen- oder Pfeilerportikus in halber oder dreiviertel Höhe der Seitenrisalite projektierte und in der Kapitellzone immer wieder veränderte. Fast scheint es, als habe Hoffmann den Gedanken einer einheitlichen und durchgehenden, von traditionellen Vorbildern und Motiven losgelösten Fassadenfront mit ausschließlich gleich hohen Pfeilerstellungen gescheut. Für die einfache Fassadenfront entschied er sich, als er eine Möglichkeit gefunden hatte, den Seitenrisaliten zusätzliche Akzente zu verleihen, um so der befürchteten Monotonie einer gleichförmigen Fassade zu entgehen. Mit dem Aufsetzen einer dreifach abgestuften Attika, die »in Beton erhaben geformte Buchstaben« (von Larisch) trug und das Haus »wie ein herbes und streng stilisiertes Ornament«[18] umschloß, war dieser Vorstellung Genüge getan. Das Motiv der dreifach abgetreppten Attika ist ebenso wie das der einfach kannelierten Säulen von verschiedenen

Möbelstücken Hoffmanns her bekannt. Bezüglich der Eingangsfassade hatte sich Hoffmann dahingehend entschieden, zwei kannelierte Pfeiler in Höhe der seitlichen Trakte einzufügen, sodaß sich das Interkolumnium vergrößerte. Mit der Hintereinanderreihung dreier weiterer Pfeiler gegen den Hof zu gelang es ihm, eine drei Joch tiefe und ebenso breite Eingangshalle zu schaffen, die er zum Zwecke der Lichtzufuhr mit einer Kassettendecke versah. Wie sehr Hoffmann dabei an die Dresdner Ausstellung von 1912 anknüpfte, geht nicht nur aus der Gleichheit der architektonischen Gestaltungsmittel hervor, sondern auch daraus, daß er erneut zwei weiße Sandsteinfiguren Hanaks, einen Mann und eine Frau, in Beziehung zur Pfeilerarchitektur setzte. Über der Attika ragten etwas schmälere Giebeldächer auf, die im selben Winkel wie das große und hohe, den gesamten rückwärtigen Trakt überspannende Satteldach anstiegen und in dieses übergingen. Ein kleiner Früchtekranz an der Giebelfront sowie noch kleinere Früchtekörbe zwischen den Pfeilern waren, nebst den Spruchbändern, der einzige Schmuck des monumentalen Pfeilerbaus. Sowohl durch diese Details wie durch die Einbeziehung der Skulpturen Hanaks stand das österreichische Haus in Köln in einer direkten Verbindung mit dem Wiener Wohnhaus Skywa-Primavesi. Auch trifft man dort auf den eigenwilligen Klassizismus Hoffmanns, der ihm erlaubte die kannelierten Pfeiler der Fassade oder der Pergola ohne Vermittlung an die Giebeldächer stoßen zu lassen. Dieser Klassizismus stellte die vorerst letzte Fortentwicklung dar, die Hoffmann in der Auseinandersetzung mit der Modernen Raumkunst und mit den Konzepten seiner Schüler genommen hatte. Der heroisch monumentale Eindruck, der dazu anhielt, Hoffmanns Stilgebung klassizistisch zu nennen, stand in einer Linie mit dem Archaismus eines Strnad, der Wendung zu historisierenden Formen bei Prutscher oder den manierierten, ja expressiven Gestaltungen bei Peche.

Ein Unterschied bestand freilich darin, daß in Hoffmanns jüngstem innovativen Bestreben, anders als bei seinen Schülern, die Auseinandersetzung mit den »Anfangsgründen« direkt und unvermittelt passierte, gewissermaßen an sich selbst, d. h. seinen Erfahrungen. Wohingegen die Vertreter der Schülergeneration das traditionelle Arrangement immer stärker in Frage stellten, wenngleich nie soweit, daß sie sich der Dekorationen rigoros begeben hätten. Die Einführung individuell vorgetragener Stilgebungen barg in sich den Unterschied

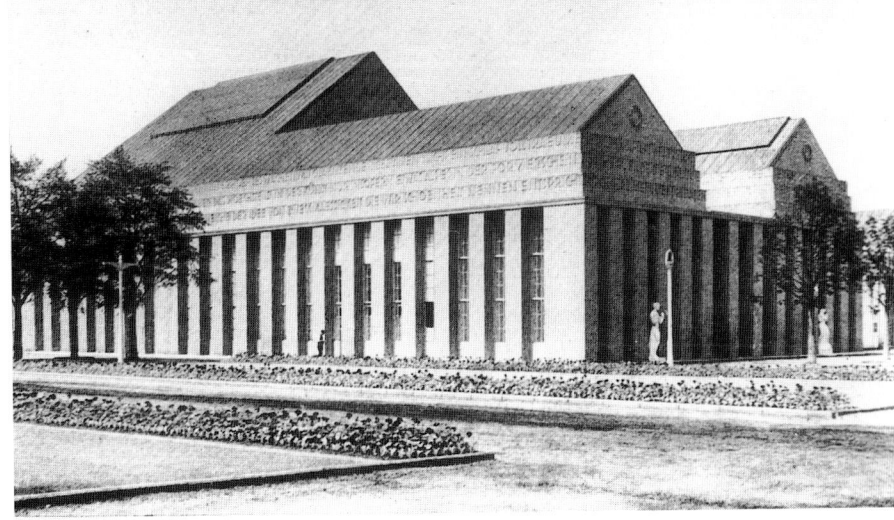

zum Anfang der raumkünstlerischen Bewegung, daß das, was dort an die Makart-Ära gemahnte, noch nicht verwandelter Epochenstil war; wohingegen Peches Extravaganzen, Prutschers Rokoko und Strnads Archaismus nur Varianten, Spätvarianten, jenes einen Secessionismus darstellten, dem Hoffmann durch seinen Klassizismus gleichsam einen der secessionistischen Stilbewegung eigenen Historizismus zuteil werden ließ; so, als hätte sich die einst überwundene Ära immanent, gleichsam retardierend, als letztes Strukturmoment des nunmehr ausgehenden Secessionismus, wiederholt.

Das österreichische Haus, dem ein Ehrenplatz gegenüber dem Festspielhaus von Behrens sowie zwischen dem Bierrestaurant Bruno Pauls und dem Sächsischen Pavillon zugeteilt worden war, übertraf jedwede Erwartung. »Das Ganze ist klar, einfach und groß, an Maßen und Verhältnissen von der unmittelbaren Sprache der Monumentalität.«[19]

J. Hoffmann, Werkbundausstellung, Köln 1914, Österreichisches Haus, Zeichnung der Fassade (oben) und Eckansicht (unten)

165

Wie sehr Hoffmann zu einer Kanonisierung seiner Formensprache gefunden hatte, ist einer Bemerkung Zuckerkandls zu entnehmen, die, womit sie das Klassizismusurteil bekräftigt, das österreichische Haus, wie einst die Secession, mit dem Prädikat »feierlich monumental wie ein Tempel der Kunstweihe«[20] belegt.

Analog zur Kunstschau überließ Hoffmann die Gestaltung der Ausstellungsräume verschiedenen, ihm nahestehenden Architekten, in der Mehrzahl Mitgliedern des Werkbundes. Die Hofgestaltung verantwortete Strnad, wie Sekler vermutet, in Absprache mit Hoffmann.[21] Die strenge graue Pfeilerarchitektur kontrastierend, säumte Strnad den langgestreckten Hof seitlich mit weißen Rundbogenarkaden. Die dadurch entstandenen zwei Gänge liefen an der hinteren Schmalseite in Nischen aus. Stuckverzierte Querbalken stützten die einzelnen Arkaden gegen die verschlossenen Seitenwände hin ab. Die Seitenwände waren zur Gliederung wie »Blendtüren« gestaltet, die dadurch erzeugt wurden, daß jeweils zwischen den Reihen quergestellter Ziegel ein Kreuzmuster freiblieb. Überfangen wurden die Blendtüren von einem mit ihnen unverbundenen Dreiecks- oder Rundbogengiebel. Nur die zwei äußeren Türen am rechten Gangende sowie die den Nischen gegenüberliegenden erfüll-

ten ihre Funktion und führten ins Innere des Gebäudes. Sie waren mit schwarzem Eisenblech und mit Reihen runder Messingknöpfe überzogen. An der Untersicht der Arkadengänge ließ Strnad ein dunkles, quergestelltes, gestempeltes Lattenwerk einfügen. »Anbringen von Raumwerten«[22] nannte er etwa die Strukturierung der Decke. Vorspringende Konsolen stützten ein den Hof umziehendes Gebälk, über dem sich die abgestufte Attika mit den Schriftbändern erhob. Der mit rotem Gödiger Ziegel ausgelegte Hof wurde der Länge nach von einem schmalen, in den Boden versenkten Wasserbassin unterteilt und von weißen, marmornen Randsteinen eingefaßt. Ins Bassin zurück plätscherten feine Wasserstrahlen von einer auf einer hohen, schwarz-goldenen Holzsäule montierten, gleichgefärbten Holzskulptur, ein die Hydra tötender Herkules, den Franz Barwig nach Entwürfen von Strnad ausgeführt hatte. Ein weiterer Brunnen befand sich in einer hochrechteckigen Nische gegenüber der Eingangshalle. Das kleine Brunnenbecken stand auf Pfeilerfüßen und wurde, wie die Nische selbst, durch die Ziegelsteine strukturiert. Mit dem am Bassinende aufgestellten Tisch, der — in Analogie zum »Taufbecken« — als »Altar« gedeutet werden könnte, verlieh Strnad seinem Hof eine religiöse Qualität, die an frühchristliche Bauten gemahnt hätte, wären da nicht der heidnische Herkules und die nackte weibliche Bronzefigur Jan Stursas gewesen. Obwohl der Hof »ganz eigene Charakterzüge« verriet, war er durch die »harmonischen Bestandteile seiner Raumglieder vollkommen in Einheit mit Hoffmanns Bau«.[23]

Die der Raumkunst gewidmeten Säle von Hoffmann, Strnad, Peche und Nechansky zeigten, ganz im Sinne einer Individualisierung, daß sich die unterschiedlichen Komponenten von Raumkunst nicht ausschlossen, sondern ergänzten. In dem großen Repräsentationsraum für Bildhauerei, Malerei und Architektur bestand Strnad auf seiner Vorliebe für Ziegelwerk und Stuckornament, desweiteren auf einer klaren Trennung von Boden, Wänden und Decke einerseits, von Mobiliar und Räumlichkeiten andererseits. Von dem mit Kehlheimer Platten bedeckten Fußboden hob sich ein niedriger, den Raum umziehender Sockel ab, der an der seitlichen, durchfensterten Pfeilerfront zu einem Stufenpodest ausgebildet war und zugleich Stellfläche für Skulpturen bot. Die Laibungen der großen Skulpturennische waren mit stuckiertem Rankenwerk, die übrigen Wände mit schwarzem Wachsfarbenanstrich bedeckt. Gemäß seiner Forderung

O. Strnad, Werkbundausstellung, Köln 1914, Hofansicht (links) und Blick vom Hof gegen den Eingang (rechts)

Werkbundausstellung, Köln
1914, O. Strnad, Repräsentationsraum für Malerei, Plastik
und Architektur (links) und
D. Peche, Damenboudoir (rechts)

hob sich die bemalte Holzdecke von den Wänden deutlich ab. Über der Türöffnung zur Eingangshalle und über der vis á vis der Fensternische liegenden setzte Strnad den von der Wiener Werkbundausstellung her bekannten Giebel ein. Da die Höhe eines der beiden Durchgänge auf die Proportionen des angrenzenden Raumes von Hoffmann abgestimmt werden mußte, füllte er die verbleibenden Wandflächen über dem Durchgang mit Stuckornamenten. Oberhalb des mit einer figuralen Stuckeinfassung Robert Obsiegers verzierten Kamins hing die »Erwartung« Klimts, ein Entwurf für den Stocletfries und eines der wenigen Bilder im Saal. Mit dieser Art von Hängung, die ein Bild nicht integriert, sondern als isoliertes Faktum präsentiert, wollte Strnad verdeutlichen, daß »Bilder im Raum Persönlichkeiten« seien und »nie als Raummittel verwendet werden dürfen«.[24] Seiner Absicht lag demnach eine zum Bemühen der Anfangsjahre konträre Auslegung der Einheit von Raum und Kunstwerk zugrunde.

Der angrenzende Empfangsraum Hoffmanns wurde von den schon bekannten Kontrasten in Schwarz-Weiß bestimmt. Die Strukturierung der Wände mittels schwarzer Leisten, das Liniennetz an der Decke sowie der Einbau von Glasvitrinen, all dies erweckte Assoziationen zu früheren Ausstellungen. Die schwarz eingefaßten Türöffnungen

mit den verschmälerten aufgesetzten Lünetten und den phantastischen Reliefs Leopold Blonders, aber auch die kleinen, in die Wand eingelassenen Glasvitrinen aus Mehrpaßbögen erinnerten an die gleichzeitig stattfindende BUGRA. Im ganzen Raum war nur ein Gegenstand von Farbe, Schieles Bild (»Die Häuser am Meer«).

Unterschiedlich sowohl zu Strnad wie auch zu Hoffmann versuchte der Ornamentiker Peche mit gemusterten Stoffen, Tapeten und Vorhängen architektonische Effekte zu erzielen. Durch extreme Kontraste, Disproportionen und expressionistische Details entfernte er sich beziehungsweise seine Arrangements von der sie umgebenden Nüchternheit. Indem er es, wie Eisler schrieb, zuwege brachte, daß der Repräsentationsraum für Malerei »unter seiner Hand zu einem Damenboudoir«[25] geriet, wurde nur allzu offensichtlich, daß in die Moderne Raumkunst eine satirische Note einkehrte. Gegenüber der Fensterwand fügte Löffler über einem Sockel das Bild der »Diana« ein, das mit der von der Tapetenausstellung 1913 bekannten Puttotapete eingefaßt war. Ein kapriziös gerraffter, grüner Vorhang mit bunten Stickereien verlieh dem Pecheraum noch zusätzliche Exklusivität. Den vierten der der Raumkunst gewidmeten Säle gestaltete Nechansky zu einem luxuriösen Empfangsraum um.

Allgemeines Aufsehen erregte der große, zentrale, nahezu quadratische Raum für allgemeines
Kunstgewerbe, in dem Witzmann seine auf den
Ausstellungen des Österreichischen Museums gesammelten Erfahrungen anwenden konnte. »Niemals noch aber«, lobte Zuckerkandl, »gelang ihm
eine gleich harmonische Lösung der schweren Aufgabe, den architektonischen und dekorativ zusam-
menfassenden Rahmen für das Tohuwabohu einer
allgemeinen Kunstgewerbeschau zu schaffen«.[26]
Oberhalb des mit einer stark gemusterten Tapete
Peches überzogenen Vitrinenverbaues erhob sich
ein zweimal gerafftes monumentales Velum, das
an dem zentralen, 12 m hohen Oberlichtraster befestigt war. Galt es im Österreichischen Museum
die Raumhöhe durch das Velum zu mindern, so
wurde es in Köln zur Erzielung des gegenteiligen
Effektes, nämlich zur Betonung der Höhe und Monumentalität, eingesetzt.

Der von Wimmer adaptierte Raum der Wiener
Werkstätte vermittelte eine noble und exquisite
Atmosphäre. Wie schon auf der Wiener Werkbundausstellung 1912, so verwendete er auch die-
mal Ausstellungsarbeiten – verschiedene, im Format aber gleichgroße Modeentwürfe – zum
Zwecke der Raumgestaltung. Die Entwürfe faßte

er mittels eines schwarzen Holzrasters ein, von
dem er jeweils ein Exemplar beiderseits des Einganges anbringen ließ. Das zarte Blütenmuster des
lichtdurchlässigen Stoffplafonds »setzt(e) sich an
den weißen Stuckwänden als Relief fort, welches
Motiv dann wieder als Hintergrund der schwarzen
Wandvitrinen der Stoffbespannung auflebt(e)«.[27]
Die gestreifte Bodenbespannung mit dem Blütenmuster fand auch bei der Bespannung der gemüt-
lich anmutenden Fauteuils Verwendung. Außer
dem von Heinrich Kathrein gestalteten Saal des
Gewerbeförderungsamtes, dem Saal der Kunstgewerbeschule, einer Abteilung »Kunst des Kindes«,
arrangiert von Cizek und Heinrich Tessonow, sowie einem von Hoffmann für das Stahlwerk Poldi-
hütte gestalteten Saal, gab es noch die vier äußeren
rechten Säle, die der Tschechische Werkbund be-
nützte. Ihr Eindruck wird mit »wild und unge-
stüm«[28] wiedergegeben, Eisler nannte sie eine
»Entgleisung«.[29] Die von Otakar Novotny arrangierten Säle waren aufsehenerregende Beispiele des
avantgardistischen »Prager Kubismus«[30], blieben
aber weitgehend unverstanden: »Sie wirken wie eine unfreiwillige Parodie auf den Geometrismus,
dessen Gefahren sie an dem eigenen Beispiel der
Ausartung erhellen.«[31] Eisler spielte damit u. a.

auf einen polygonalen Vitrinenbau an, der von gläsernen, auf die Spitze gestellten Dreieckskörpern gestützt wurde, die ihrerseits auf Dreiecken ruhten; und weiters auf einen Saal, der sich ob der zackigen Umrißlinien seiner Einrichtungsgegenstände wie ein Verstoß wider die ansonst gepflogenen Harmonisierungsbestrebungen ausnahm.

Die Kölner Ausstellung war eine der letzten, großen Unternehmungen des Werkbundes vor Ausbruch des 1. Weltkrieges, der allen Forderungen nach einem Zusammenwirken von Kunst und Industrie durch die Bedingungen der »Kriegswirt-

schaft« Einhalt gebot. Die in Köln aufgetretene Spaltung des Deutschen Werkbundes berührte die Wiener wenig, da sie ihre diesbezüglichen Entwicklungen schon durchlaufen hatten. Am Ende stand den Wiener Raumkünstlern die von van de Velde vertretene Position, im Künstler stets den Individualisten zu sehen, explizit gewiß näher als am überschwenglichen, vom Geist des Ensembles getragenen Anfang der Bewegung; dies impliziert zugleich, daß ihnen das von Hermann Muthesius eingeforderte Streben nach einer Typisierung der Formen und Materialien im Hinblick auf die ökonomische Nutzung relativ fern lag. Zu entnehmen ist dies auch einer Bemerkung von Eisler: »Das österreichische Kunstgewerbe hat auf der Kölner Werkbundausstellung neuerdings bewiesen, daß sein besonderer Nerv das Handwerk ist, die Industrie sein Nebengebiet, also etwa das gerade umgekehrte Verhältnis wie im Bezirke des reichsdeutschen Schaffens.«[32]

DIE MODE UND DIE MODERNE RAUMKUNST

Das Österreichische Museum war eines der wenigen Ausstellungsgebäude, die während des Krieges nicht zweckentfremdet wurden.[33] Trotzdem prägte das Kriegsgeschehen während der Jahre 1915 – 1918 seinen Ausstellungsbetrieb. Während der Kriegsjahre fanden im Österreichischen Museum Ausstellungen zum Thema »Kriegserinnerungsartikel« (1915), »Einfacher Hausrat für die kriegsbetroffenen Gebiete« (1916), »Kriegsgräber und Kriegerdenkmale« (1916/17) sowie zum Thema »Kriegsgraphik« (1917) statt, die meistens von Witzmann mit bescheidenem Aufwand arrangiert wurden. Außerhalb des prekären Rahmens dieser Kriegsausstellungen stand die *Modeausstellung (16. 12. 1915 – 27. 2. 1916)*, die Peche (unter der Leitung Hoffmanns) im Ferstelbau des Österreichischen Museums arrangierte. Das dekadent anmutende Thema schien angesichts der Zeitgeschehnisse nicht bloß unpassend, sondern geradezu provokativ zu sein. Doch wehrten die Ausstellungsmacher den Vorwurf dadurch ab, daß sie die Ausstellung zum Politikum hochspielten und sie als patriotische Manifestation gegenüber dem in Sachen Mode tonangebenden Kriegsgegner Frankreich deklarierten.

Damit war vollends die Dialektik der Autonomiebestrebungen der Modernen Raumkunst offenbar geworden. Nunmehr genügte es gerade nicht, die raumkünstlerischen Motive als aus dem achtbaren Selbstbehauptungswillen der Kunst entstanden zu wissen; vielmehr verband dieser sich zur eigenen Rechtfertigung dem herrschenden Zeitgeist auf opportunste Weise.[34]

Die Ausstellung, zu der die Vorarbeiten bereits im Herbst 1914 begannen, wurde vom Ministerium subventioniert; zudem stand sie unter dem Protektorat der Erzherzogin Isabelle. Im Zuge der Vorbereitungen fand im März 1915 der (auf eine Anregung Hoffmanns zurückgehende) Zusammenschluß verschiedener Wiener Firmen zu einer Wiener Modegesellschaft statt. Absicht der Modegesellschaft und somit auch der von ihr mitgetragenen Ausstellung war die Begründung einer Wiener Mode, deren Kennzeichen die Verschmelzung einer Mode internationalen Zuschnitts mit heimischen, nationalen Qualitäten sein sollte. Zur weiteren Absicht gehörten auch die »künstlerische Beeinflussung des Modegewerbes« und »die Herstellung eines unmittelbaren Verhältnisses zwischen Künstlern und gewerblichen Unternehmern«.[35] Damit wurde, wie ähnlich auf der Tapetenausstellung, kommerziellen Interessen eines Firmenkonsortiums zumindest der gleiche Wert wie den künstlerischen Motiven zuerkannt. Man darf darin eines der Indizien dafür sehen, wie sehr die raumkünstlerische Bewegung, indem man ihr konzedierte, daß sie zur Gestaltung der modischen Trends befähigt sei, daran beteiligt war, einen aktuellen Kunstbetrieb sowie zeitgemäße Verkaufsstrategien zu entwickeln und umzusetzen.

Schon 1910 hatte van de Velde in einem in Wien gehaltenen Vortrag konstatiert, daß »die Kleiderausstellung in die Kategorie der Kunstausstellung falle«.[36] Mit der 1910 erfolgten Angliederung einer eigenen Modeabteilung an die Wiener Werkstätte war es der Wiener Mode gelungen, sich raschest internationales Ansehen zu erwerben. Dies kam etwa auch im Besuch des renommierten Pariser Modeschöpfers Paul Poiret zum Ausdruck, der sich in Wien Anregungen für die Pariser Mode versprach. Die Wiener Werkstätte hatte schon vor dem Krieg verschiedene Modeausstellungen in zumeist deutschen Städten abgehalten, so 1912 und 1913 im Hohenzollernhaus in Berlin. Das Aufkommen der Mode im Zusammenhang mit der Modernen Raumkunst hat Hartwig Fischel eindeutig ausgelegt: Für ihn war die »stärkere künstlerische Beto-

nung unserer eigenen äußeren Erscheinung«, nun, da »die Baukunst, die Raumgestaltung und die Einrichtung unserer Behausung« der Reihe nach reformiert worden waren, ein »konsequentes Weiterschreiten«[37] und – aus heutiger Sicht – ein logischer Endpunkt der raumkünstlerischen Entwicklung. Erreicht ward dadurch, daß der Effekt bzw. der Schock, einstmals die Wirkung, als die die Arrangements in die mediale Aufmerksamkeit der Wiener Öffentlichkeit eingegangen waren, wiederum an den Ausgangsort, nämlich den teilnehmenden Privatier bzw. die geschmacksbewußte Gemeinde zurückkehrte. Die Mode, unter dem Aspekt der fortgeschrittenen Entwicklung der Raumkunst gesehen, ist der auf den Leib zugeschnittene Clou, die leibhaftige Überraschung, die nicht nur subjektiv vom Träger empfunden, sondern auch äußerlich, in Abstimmung mit dem raumkünstlerischen Ambiente, vorgetragen wird, und erst vermittels dessen, daß die modisch Gekleideten gesehen werden und sich erblickt wissen, so stimulierend wirkt. Über den modischen Habitus gelang es, die Merkmale des Dazugehörens zu einer durch Geschmack sich auszeichnenden Schicht zu einem Zeitpunkt durchzuhalten, an dem die raumkünstlerische Bewegung (noch in dem Maße, als sie durch äußere wie innere Umstände dazu gezwungen war, sich in Mode zu transferieren) ihrem Ende entgegenlief.

Peche, dem nach der Römischen Ausstellung 1914 erstmals die gesamte Raumgestaltung einer Ausstellung übertragen worden war, arrangierte die Modeausstellung unter schwierigen Voraussetzungen, für die er gleichwohl (aufgrund der von ihm entwickelten Raumkonzeption) der geeignetste gewesen sein dürfte. Mit dem Säulenhof Ferstels

stand ihm »nur ein karger, festverbauter Raum zur Verfügung«[38], der unter seinen Händen geschickt verschwand. Im Entwurf für die Gestaltung des Mittelraumes respektierte Peche noch die vorhandene Architektur. Er behielt die Säulenarkaden bei und wandelte sie zu kleinen, mit Karostoff ausgelegten Nischenräumen um, die untereinander mit nach oben spitz zulaufenden Durchgängen verbunden waren. Die Stirnseite der Arkaden sollten mit einer Blumentapete verdeckt, die Strenge der Arkadenöffnungen durch Vorhänge gemildert werden. Die eingezogene Decke wollte er vermittels zarter Rüschenbänder, die in der Mitte jeweils ein Ornament zierte, unterteilen.

Im endgültigen Raumkonzept löste sich Peche völlig von der vorhandenen Architektur und ging dazu über, die Ausstellung sowohl räumlich wie auch zeitlich zu gliedern. Während zunächst auf einer Materialschau »Möbelstoffe und Zubehör (...), leichte Kleider, Entwürfe, Schmucksachen etc.« vorgeführt werden sollten, war beabsichtigt, sich »in einem zweiten Abschnitt von Mitte Jänner an (...) mehr an die Käuferinnen zu wenden«.[39] Zu diesem Behufe gedachten die Modegesellschaft und Peche, »neuere Modelle von Frauenkleidern auf einer im Säulenhof geschaffenen Bühne« vorzuführen und den unteren Umgang des Säulenhofes zu einer Ausstellung der Herrenmode zu verwenden. Die Vorführungen wurden zugunsten der Kriegsfürsorge abgehalten.

Obwohl Peche in seiner Raumgestaltung immer weniger, dafür aber stets wiederkehrende, in Größe und Verwendungszweck neu modifizierte Elemente einsetzte, erzielte er überraschende, dekorative Wirkungen. Dazu zählten vor allem der geraffte Rüschenvorhang, die schwarze Tapete mit dem Blumenstraußmotiv sowie verschiedene Dreiecks- und Pyramidalformationen. Die Arkaden des Säulenhofes verschwanden hinter einer rosafarbenen Wand, die von weißen Pilastern gegliedert wurde. Eine lichtdurchlässige weiße Mattglasdecke verwehrte den Blick auf die Galerie, in der eine historische Abteilung von Modebildern des 18. und 19. Jahrhunderts untergebracht war. Da im erhöhten Hauptsaal die Modevorführungen stattzufinden hatten, blieb das Raumzentrum bis auf einige Vitrinen leer. Vor einer der Wände errichtete Peche einen niedrigen Laufsteg, auf bzw. vor dem er während der Zeit, in der keine Modevorführungen stattfanden, Kleinmöbel und Großplastiken gruppierte. Die übrigen Wände waren zwischen den Pilastern mit rechteckigen Öffnun-

D. Peche, Modeausstellung 1915/16, Hauptsaal

gen, die je einen winzigen, aufgesetzten Dreiecksgiebel trugen, durchbrochen. Die Öffnungen führten entweder in die Umgänge zu den tiefer gelegenen Einzelräumen, oder sie wurden in einer Weise verglast, daß sie sowohl vom Hauptsaal wie vom Umgang her, gleich künstlich beleuchteten Vitrinenkästen, eingesehen werden konnten. In einer der Ecken des Hauptsaales hatte Peche sein gelbgrünes überhohes Damenboudoir untergebracht. Es war durch mächtige Rüschenvorhänge, die ineinandergereiht auch eine der Wände gliederten, von den umliegenden Räumen getrennt. Vor eine der Wände hatte Peche einen eindrucksvollen Zierkasten postiert. Füße, Fächer und Laibungen des Schrankes waren mit einem schwarz-weißen bzw. einem gestreiften Blumenstraußmotiv, das in den niedrigen Umgängen und Einzelräumen wiederverwendet wurde, verkleidet. In den Umgängen wechselten jeweils rechteckige, etwas zurückversetzte Vitrinen mit den vom Blumenstraußmotiv verzierten dunklen Wandflächen. Gestreifte Leisten umliefen die Wandfelder im Sockelbereich und an der Decke, desweiteren fanden sie als Sprossengliederung der Vitrinenkästen Verwendung. Auch die pfeilerartigen Stützen eines am Ende des Umganges plazierten verglasten Pultes trugen diese schwarz-weißen Streifen. Allerdings

D. Peche, Modeausstellung
1915/16, Blick in den Umgang
(links) und in das Damen-
boudoir (rechts)

ist zu bemerken, daß Peche den von Hoffmann so geschätzten kannelierten Pfeiler nicht mehr als architektonisches, sondern rein als ästhetisches und markierendes Element einsetzte.

Mit der Ausstellung der Mode war eine gegenläufig fortschreitende Bewegung, die einerseits das Innere nach außen kehrte und es in der Gestaltung des Innenraumes oder des Interieurs manifestierte und andererseits das Äußere gleichsam nach innen wirken ließ, ein Interieur also zur habituellen Prägung verwendete, zu sich gelangt. Das Intimste wurde, wie man es (sich gegenseitig, d. h. öffentlich ab-) verlangte, verallgemeinert, stufenweise veräußert und dergestalt in seiner Sensationalität inflationiert; zugleich reagierten die raumkünstlerischen Gestaltungen in der Weise auf die Personen, daß letztere noch von deren jüngster Entwicklung, der des modischen Habitus, eine Individualisierung erfuhren. Das, was zwischen dem Körper und dem Raumkörper aktuell vermittelte, gleichsam als dekorierbare Oberfläche oder zweite Haut, war die Mode; sie verwandelt die Leiblichkeit seit jeher sowohl künstlerisch wie dem Warencharakter nach. War einst der Raumkörper in Analogie zu dem »Inneren« (etwa der Beethoven-Skulptur) entworfen worden, so ist es nun die Mode, die das Innere offeriert. Mit der Mode wird der Anspruch

der Modernen Raumkunst, eine ästhetische Negation der faktischen Welt zu sein – die Secession sei ein Zufluchtsort, hieß es einmal – , leibhaftig ausgetragen. Wird die Zweckwelt durch die Ästhetisierung verwandelt und darin zu einer, die als zweckfreie und schöne Sinn macht, so gilt das ebenso von der Mode: Sie ist als geschmückter Körper die erste Gebärde künstlerischen Wollens gewesen, in der Bewegung der Modernen Raumkunst war sie die letzte. Je weniger die Ausstellungslokale in Funktion standen, je weniger an Arrangements und dergleichen zu denken war, desto eher war es der Mode gegeben, raumkünstlerisch adäquater Dekor derer zu sein, die, analog dem »Beethoven« auf der 14. Ausstellung, zu Monumenten der Raumkunst während der Jahre des Krieges gerieten. Das aber, worauf der Vergleich basiert, die Analogie zwischen der Seele und dem Raum als architektonischer Hülle und Haut, war den Leuten damals durchaus geläufig.[40] Sie erinnerten zu einer Zeit, in der die Revolutionierung der Industrie ebenso schnell voranschritt wie die Uniformierung der Menschen, an das einmalige, mit Bezug auf die Entwicklung aber vergebliche Bemühen, der Raumidee bzw. dem Raumsinn einen zeitgemäßen Sinnesraum abzugestalten. In den »Reformkleidern«, wie die antikisierenden, weiten, auf Echtheit bedachten Gewänder hießen, gemahnten die noch raumkünstlerisch Bewegten an Sinnesträger, die aus einer weiten Ferne kamen, aber in der Gegenwart keinen entsprechenden Platz, keine Zuflucht, vorfanden – es sei denn ihr Heim.

MODERNE RAUMKUNST
ALS TRAUMKUNST

Die Moderne Raumkunst erstand als synthetisches Palliativ gegen den Historismus des ausgehenden 19. Jahrhunderts. Indem die Secessionisten aber vorgaben, einen totalen Bruch mit jeglicher Tradition zu inszenieren, war nur allzuschnell absehbar, wie unter der Hand ihrem eigenen Unternehmen eine Tradition zuwuchs, die sich in zumindest einem Punkt kaum unterschied von der entsunkenen: Der Dekoration. Der Secessionismus blieb dem dekorativen Gestus verhaftet, selbst dort, wo er in der Tat innovativ war; ja, er ist als dekorativer Stil eine Fortsetzung des Makart-Stils, mehr noch, dessen Überhöhung.

Die Ursache ist im nachhinein relativ einfach beschreibbar: Die Secessionisten wandten sich niemals gegen die Tradition, stets nur innerhalb der überkommenen Verbindlichkeiten gegen die abgestandenen Varianten derselben. Anders wäre ihr Vorhaben und das anderer Vereinigungen nicht auf die Protektion gestoßen, die ihnen immer wieder zuteil wurde. Wenn die Moderne Raumkunst nicht revolutionär war, ja nicht einmal avantgardistisch, so deshalb, weil sie ihrer Zeit in nichts und um nichts voraus war. Dies allerdings scheint gerechtfertigt für eine Art von Kunst, die okkasionell bedingt war und stets nur vom Verständnis des Tages leben und zehren konnte. So sehr ging sie in der Aufnahme auf, daß gleichsam nichts Beunruhigendes, kein unverstandener Rest ihre Manifestationen überdauerte; anders als zu ihrer Epoche miß- oder gar nicht verstandene Werke war sie gleichsam Ausdruck, Expression, der Umtriebe bzw. des künstlerisch sublimierten Wollens dieser Jahre.

Wollte man die Moderne Raumkunst in ihrer historischen Bedeutung bestimmen, so würde man ihr nicht gerecht, wenn man sie allein aus dem traditionellen Gegensatz zur Flächenkunst verstünde oder bloß aus ihrer Vorläuferfunktion für das Gesamtkunstwerk bzw. das spätere Environment. Schon eher ließe sie sich aus den Veränderungen, die sich infolge ihrer Entwicklung für das nach-

malige Ausstellungswesen ergaben, sowie aus der durch sie erneuerten Einrichtungskunst verstehen. Das sind, sieht man einmal von der gewaltigen Menge an erstklassigen Kunstwerken ab, die vermöge ihres grandiosen Gelingens in Wien präsentiert wurden, die direktesten und faktischen Ergebnisse der raumkünstlerischen Bewegung von der Jahrhundertwende bis zum Ausbruch des Weltkrieges.

Ungleich subtiler, wenn auch schwerer, läßt sich die Moderne Raumkunst aus all den in ihr partiell zur Realisation gelangenden Tendenzen, die naturgemäß einen hohen Grad an Nichterfüllung für sich und wider die im Laufe der Entwicklung erhobenen Ansprüche der Modernen Raumkunst behalten, verstehen: Dazu zählen der Versuch, einen kohärenten Stil, der zugleich Lebensstil sein sollte, zu erzeugen; der, einen monumentalen Kunstanspruch durch ephemere Raumgestaltung im Zeichen einer Raumidee einzulösen; weiters der, Bildern und Skulpturen einerseits ein künstlerisches Ambiente zu geben, andererseits das Kunsthandwerk zu fördern und zum Medium der Raumgestaltung zu machen. Zu erwähnen ist die allgemeine Tendenz, die damals – parallel der Handlung im Roman oder der Tonalität in der Musik – fraglich gewordene Gegenständlichkeit durch dekorierende und ornamentierende Überformung zu sichern und in einen künstlichen Raum zurückzunehmen, sowie das Verlangen, eine Art von Überkunst, der alle herkömmlichen Kunstsparten zuarbeiten sollten, nicht nur auszubilden, sondern auch als ästhetisch-soziales Unterscheidungsmerkmal in Geltung zu setzen.

All diese und noch andere Tendenzen inhärierten der Entwicklung der Wiener Modernen Raumkunst zu fast allen Momenten, den Höhepunkten wie dem Niedergang, weshalb sie zu einer der maßgeblichen Signaturen der um 1900 in ihr Äußerstes gelangenden privaten, bürgerlichen Ästhetik wurde. Werden einmal die künstlerische Produktivität und die Rezeption der Werke motiviert oder angetrieben von einem ahistorisch vorgetragenen, gleichwohl originell sein wollenden Bestreben, das zur Welt gelangt als ästhetisierte Differenz zur faktischen, als mit Absicht erzeugte Stilisierung, werden mithin Produktivität und Rezeption des Originellen zu Invarianten eines Kulturbetriebes, der – entsprechend der Art, wie er das Motto »l'art pour l'art« in Eigendynamik umsetzt – das Erlebnis der Schönheit in die Kategorie der Unterhaltung transferiert, so hat die Ästhetik der Innerlichkeit umgeschlagen und, ohne darum die Motive ganz preiszugeben, zur modisch-aktuellen Veräußerlichung ihrer selbst gefunden, als welche die Innenräume gleich Seelenräumen, die Interieurs gleich habituellen Eigenschaften und die monumentalen Arrangements gleich religiösen Sehnsüchten ebensosehr zur Ausstellung, zur Schaustellung und zur Konversation gelangten wie das Interesse an der Psyche damals allgemein.

Die zu verschiedenen Phasen stilistisch unterschiedliche Ästhetisierung der Gebrauchsgegenstände, der Räumlichkeiten wie derjenigen, die geschmacksbewußt sich zwischen Kunstwerken und Kunstgewerbe bewegten oder aufhielten, war die praktische Konsequenz, die in ihrer antizipierten Stimmigkeit, der Harmonie von Innen und Außen, wie eine Gebärde anmutet.[41] Sinn und Zweck dieser Gebärde war, eine gegenläufige Bewegung zu vollführen, in der das Innere einerseits nach außen wirkte und darum das Äußere als monumentale Landschaft, verträumter Raum oder zweckbezogenes Interieur gestaltbar wurde, andererseits aber das Äußere aufs Innere der Betrachter, worin denn die pädagogische, bisweilen sogar moralisierende Funktion der Modernen Raumkunst lag. Die Konsequenz, mit der das Innere und Innerste veräußerlicht wurde, war radikal, war gleichsam die Dialektik der Aufhebung des Privatiers, der sich ideell und ästhetisch durch seine Eigenheiten und Angewohnheiten zu definieren pflegte. Die sukzessive Preisgabe der Innerlichkeit wurde zum Ereignis, zur Sensation. Exemplarisch gelang diese Schaustellung des Inneren, wie sie die ästhetische Überformung des Äußeren, die poetische Verdichtung von Werk, Kunstgewerbe und Räumlichkeit im Zeichen einer Raumidee sinnfällig machte, nicht nur in der auf der 14. Ausstellung realisierten Korrespondenz eines inneren, psychisch erträumten Raumes mit der äußeren Gestaltung des Innenraumes der Secession, noch allein in dem, was Robert Schmutzler allgemein und unverblümt den »Exhibitionismus«[42] des Ausstellungsbetriebes nannte, oder in der Mode als körperlicher Raumkunst, sondern, weil dies unvermittelt sensationeller, überraschender und unverschämter war, in der Ausstellung der bis dahin privaten Wohnräume, also in der ästhetischen Depravierung gerade der Privatsphäre bzw. der Intimität, dem eigentlichen Refugium der bürgerlichen Leiblichkeit: Erinnert sei nur daran, daß Hoffmann und Moser Mobiliar, ehe sie es in privaten Besitz nahmen, exponierten, daß sich unter den Interieurs auch Kinderzimmer, Schlafzimmer u. s. f. befanden. Am

weitesten wagte sich Otto Wagner vor, der auf der Jubiläumsausstellung (1898) seine Badewanne bzw. das Badezimmer der Wiener Öffentlichkeit präsentierte.

Was das jeweils Schockierende einer Ausstellung ausmachte (etwa, daß die Badewanne aus Glas war) und womit die jeweils jüngste der vom allgemeinen Taktgefühl bestimmten Reizschwellen überboten wurde, kann nur als eine Folge von Momenten einer stufenweise vor sich gehenden Entäußerung der seit langem gleichsam aufgestauten und nun (nach Verlust historischer Sublimierungsschemata) kollektiv in Unsicherheit wie in Suche nach Gewißheit und Ausdruck stehenden Innerlichkeit begriffen werden. Durch ästhetische Veräußerlichung der gefährdeten Subjektivität, einer Gefährdung, die gewiß auch ökonomische und politische Ursachen hatte, trat die gutbürgerliche Gesellschaft die Flucht nach vorne an, erfuhr sie die ästhetisierte Ausgestaltung des Inneren, die Veräußerlichung des Eigenen, als Befreiung, ja als Erlebnis, indem das Zwangsmoment – privat ja nur zu sein als Komplement eines arbeitsteiligen, gesellschaftliche Wesens – untergegangen schien. Durch Selbstentäußerung versuchten Künstler und Bürgertum in einer letzten Radikalisierung, in der sich die Privatheit gleichsam selbst aufs Spiel setzte, um der Wahrhaftigkeit gegen die Lüge, der Echtheit gegen den Schein sowie der Leidenschaft gegen das hohle Pathos zum Durchbruch zu verhelfen und einen äußerlichen, raumkünstlerischen Ausdruck zu geben, den »Eigensinn«[43] zu retten. Dazu bedurfte es offensichtlich einer artifiziellen Anstrengung, der »Eigen-Schöpfung« (Lux), die periodisch nur durch den Kunstbetrieb, also das Zusammenwirken der Künstler, des Publikums, der Industrie, der Gewerbe, der Medien u. s. f., verwirklicht werden konnte. Dem Publikum war es möglich, an dem durch die Raumkunst offenbarten »Sinn« ebenso teilzuhaben wie an der durch sie vorgegebenen Stilisierung, sofern es diese zum Maß des eigenen Lebensstils machte. Durch alle Phasen der raumkünstlerischen Moderne wird die zur Gebärde, zum Ausdruck und zur Gestaltung drängende Kraft oder »künstlerische Energie« (Lux) sichtbar, die sich nicht in überdauernden Werken niederschlug, wohl aber in den uns zugänglichen reproduktiven Medien, eine Kraft, der es gegeben war, im Zeichen der Raumidee die Menschen zu fesseln und zu einem »Gesamtwirken« zu verführen, das den Anschein einer Aufhebung der Entfremdung mit sich trug.

Die Attraktion, deren man in der Überformung der Oberfläche, in der dekorativen, ornamentalen Verdichtung der Kunstwerke und der kunstgewerblichen Gegenstände mit den Raumelementen gewahr wird und von seiten des Publikums gewahr wurde, diese bald schwächere, bald stärkere Attraktion, ist wahrscheinlich von erotisierender Wirkung. Das gilt für Wagners Badewanne ebenso wie für die Hohlraumkonstruktionen allgemein, für die Ausstellung der Interieurs nicht weniger als für das Vorzeigen von Mode; man könnte meinen, daß mit der Bewegung der Modernen Raumkunst die Subjektivität oder Innerlichkeit, indem sie aufs Spiel gesetzt und ästhetisch veräußerlicht wurde, gleichsam ein Abenteuer eingegangen war. Daß dieses Abenteuer befriedigende Ergebnisse für die zeitigte, die sich durch die Moderne Raumkunst in die Untiefen der Seele führen ließen, versteht sich vom Ende her gesehen ebenso von selbst wie der Umstand, daß die für das Abenteuer notwendige Differenz von faktischer Welt und raumkünstlerischer Gegenwelt immer weniger aufgehoben werden konnte. Die raumkünstlerische Utopie ist deshalb rückwärtsgewandt, weil sie, in einer überkommenen, überlebten Situation ersonnen, all das, was sie geschichtlich für abgetan hielt, desto unmittelbarer zum Aufleben brachte. Was gelegentlich so barock (und hedonistisch) anmutet, ist, daß sie, wie dieser das Jenseits, die ästhetische Utopie so diesseitig, so reizvoll und sinnlich vor Augen führte. Wenn die Moderne Raumkunst also die Wiener Traumräume erforschte, so doch niemals wie die Psychoanalyse als latente Kulturkritik (sondern eher im Sinne einer Archetypentheorie).

Theodor W. Adorno nahm in einem der Briefe an Walter Benjamin einmal Stellung zu der den Briefwechsel unter anderen Themen beschäftigenden »Theorie des Jugendstils«. Mit seiner Formulierung zur primären psycho-sozialen Entstehungsbedingung des Jugendstils scheint es, als habe er, noch ungleich treffender als diese, auch die Quintessenz der Modernen Raumkunst für die Wiener Moderne angedeutet. Adorno schrieb: »Wenn ich mit Ihnen darüber übereinstimme, daß er (der Jugendstil, d. V.) eine entscheidende Erschütterung des Interieurs bedeutet, so schließt das für mich aus, daß er ›alle Kräfte der Innerlichkeit mobilisiert‹. Vielmehr suchte er sie durch ›Veräußerlichung‹ zu retten und zu verwirklichen. (...) Anstelle von Innerlichkeit steht in Jugendstil Sexus. Auf ihn wird rekurriert, gerade weil einzig in ihm das private Individuum sich nicht als innerlich,

sondern leibhaft begegnet.«[44] Die Ausstellungsstätten der Modernen Raumkunst, zuvorderst die Secession als »Kunsttempel«, dann aber auch die Zedlitzhalle, das Österreichische Museum sowie andere, inländische und ausländische, müssen als die quasi heiligen Orte einer gemeinschaftlichen Selbstbegegnung, in welcher die »teilnehmende Gemeinde« (Werner Hofmann) sich formte, begriffen werden. In der Begegnung, dem Ereignis einer Ausstellung, wurde man füreinander in der sinnlichen Dimension des Raumes offenbar, der kohärent zu den Stadien der, wie Bahr schrieb, »inneren Schönheit« gestaltet worden war: Die Seele, auf die als Sensorium des Körpers soviel Wert gelegt wurde, war in einem derartigen Raum, zwischen derartigen Möbeln und unter gemäßen Menschen in gewisser Weise gut aufgehoben, in anderer Weise in Resonanz zur empfundenen Schönheit. So wurde in den Ausstellungsstätten und in den Privattempeln der Wunschtraum wahr, daß sich in der Secession »Künstler und Kunstfreunde – schaffend und genießend, suchend und findend (...) zu einem gemeinsamen, heiligen Tempeldienste vereinigen«.[45]

Die vielzitierte Weihe, die den Dingen ebenso widerfuhr wie jenen, die sie benützten, rührte also erstens von der Herstellung her, die, so sehr sie auch institutionalisiert war, ihre Originalität und Einmaligkeit nicht bloß dem Zufall des technischen Gebrechens verdankte, als vielmehr dem organisierten Zusammenwirken vieler Künstler sowie einem flexiblen Spielraum, der die Variierbarkeit und Erneuerung des Arrangements erlaubte. Den Erzeugnissen haftete deshalb statt des Stigmas der Massenware eine auratische Originalität an. Zweitens aber entstand die Weihe durch das Arrangement selbst, mittels dessen die Dinge inszeniert wurden und innerhalb einer gestalteten Totalität ihren Wert erhielten. Die ephemeren Arrangements, der Vergänglichkeit nur abgerungen, um ihr sogleich wieder anheim zu fallen, garantierten für den neuen Kultwert, die künstliche Weihe. Den kunsthandwerklichen Dingen ebenso wie den Friesen, den Kunstwerken sowohl wie den »Allotrien« haftete die auf der ephemeren Ausstellung sich ergeben habende Konvergenz von Ausstellungswert und Kultwert in der Weise einer besonderen Gegenwart, einer, die an eine Erinnerung mythischer Geschichtlichkeit gemahnt, an: Es ist dies der Wert, dessen man gewahr wird, wenn man prüft, ob ein Gegenstand ident sei mit dem, der damals dort gestanden habe, dann von diesem gekauft und

175

von jenen geerbt worden ist. Jeder dieser Gegenstände, ob Bild oder Kunsthandwerk, hat seinen Wert von der in ihm zur Repräsentanz gelangenden Modernen Raumkunst, diese ihren Wert aber von der in ihr kurzfristig realisierten Tradition. Überlieferung, als Gegenstand der Kunst verstanden, müßte nicht notwendigerweise zur Musealität gereichen, aber im Wiener Fin-de-siècle war dies nur folgerichtig.

Statt mit den neuen und jeweils neuesten Errungenschaften der Technik zu gehen, versuchte die Wiener Künstlerschaft, antithetisch zu diesen, aber nichts desto trotz von ihnen bedingt, die Arbeit im kleinen Kreise zu humanisieren und folglich, weil dies den Bedingungen einer geringer verfremdeten Erzeugung entsprach, das Kunstgewerbe sowie andere alte Gewerbe (Tapetenindustrie, Textilindustrie u. s. f.) durch qualitative Innovation zu retten. Dialektisch zur industriellen Erneuerung stehend, mutet der durch die Moderne Raumkunst angeregte Kulturbetrieb wie eine konservative Revolutionierung an, die sich (um des echten Alten und Schönen willen) gegen das sich mit progressiver Dynamik entfaltende »Alte« richtet. Mit der stilistischen Negation der Welt durch die secessionistische Raumkunst, die eine partielle Negation der faktischen Arbeitsverhältnisse nach sich zog, wurde ein alle Lebensbereiche umfassender ästhetischer Weltzusammenhang – eine »Kunstwirklichkeit«, wie Werner Hofmann schrieb – supponiert. Innerhalb dieses finalen Zusammenhanges, der formal und inhaltlich in der auf der 14. Ausstellung zur Manifestation gelangten »Raum-Idee« gipfelte, eines Zusammenhanges also, der in jedem seiner Momente von der Zweckfreiheit der Schönheit durchsetzt war, erhielten die Dinge einen Gebrauchswert freilich nur für wenige, nur der Antizipation nach für eine Vielzahl von Menschen. Man möchte glauben, daß dies, und nicht der Eindruck, solches hätte zu sehr nach Werbung ausgesehen, der Grund war, warum nie auch nur eine Person auf all den publizierten Photos zu sehen ist.

Die Illusion der mit der Modernen Raumkunst paradox eingelösten Zweckhaftigkeit erwies sich als äußerst variabel, d. h. stabil: Das durch die Ästhetisierung sowohl auf dem Weg der Produktion wie auf dem der Reflexion erzielte Erlebnis, daß nämlich die an sich fraglich gewordene entfremdete Welt durch die stilistische Neugestaltung, ja Neuschöpfung, sinnhaft werde, begründete anfangs und affirmierte späterhin – wenngleich sie sich selber wandelte, gleichsam individualisierte bis

hin zum Raumsinn als dem modischen Kleid – den Erfolg der raumkünstlerischen Bewegung. Selbige hatte allerdings einen kontrafaktischen Bezug: Denn je ärger die realen gesellschaftlichen und politischen Antagonismen im Wien, ja im Europa der Vorkriegsjahre waren, desto notwendiger wurde die Ästhetisierung derselben, die Illuminierung und Ausgestaltung intakter Innenräume, das Beharren auf der Idee einer, wie Werner Hofmann einmal sagte, »heilen Welt«. Noch während der Kriegsjahre wurden die im Sinne der Raumkunst modisch Gekleideten zu Monumenten, zu inkorporierten Gebärden dieses Vorscheins von heiler Welt, die in eine ferne Zukunft entrückte. Auf solch gehobene Art mochten sie an sich selbst zum Ausdruck bringen, was das Arrangement als ästhetische Differenzierung seit je zu leisten bestrebt war; eine Differenz, ja, bestimmt, aber zugleich ein Sich-Abfinden, ein zutiefst österreichisches Sich-Arrangieren mit der subalternen Wirklichkeit.

Die historische Bedeutung der Modernen Raumkunst läßt sich mithin nicht bloß aus der Chronologie der Arrangements eruieren, sondern aus der – die Arrangements motivierenden – Konzeption der willentlichen Herstellbarkeit eines Stils, also der Realisierung eines Stil- oder Kunstwollens, das mehrere Phasen durchlief, sowie aus dem innerhalb dieser Konzeptionen verschieden vorgetragenen historischen Anspruch. Korrektiv dieses Kunstwollens bzw. auch des in den unterschiedlichen Phasen verschiedenen Stilwollens, Korrektiv also zur Freiheit von Kunst, von künstlerischem Willen und Nachfrage, war – worauf zu rekurrieren die methodische Maxime war – die gesellschaftliche Bedingtheit, die vielfältige Kontingenz des Wollens, das durch der Bewegung innere und äußere Umstände auch zu einem Müssen geriet, ein Moment des Zwangs, des Bedürfnisses, enthielt. Denn nur von heute aus und unter dem Aspekt des seinerseits bedingten Kunstwollens gesehen, scheint es, als habe sich die Moderne Raumkunst von 1898 bis 1914 nicht viel anders entwickeln können, als habe sie die utopisch ausholende Verdichtung von Bild, Kunstgewerbe und Architektur zu leisten gehabt – darin die Wiener Wirklichkeit poetisch transzendieren zu können. Zumindest scheint sicher, daß die Arrangements nicht bloß kurzfristige Manifestationen eines an sich unzugänglichen Reiches der Kunst waren, sondern die ephemeren Antizipationen einer ästhetischen Utopie, die während dieser Jahre ihre historische Auswirkung sowohl an den entsprechend gestalteten Räumlichkeiten hatte, als auch in jenen, die sich zu ihren Anhängern rechneten. Der Unterschied in der Beurteilung liegt, indem er in der Stellung zum Aspekt läge, ob die Arrangements nur Luftschlösser waren, die vor dem kunsthistorischen Interesse in ausschließlich traditionelle Gegenstände zerfallen, oder nicht doch der Versuch, eine bessere Welt mit zum Teil phantastischen, genialen, zum anderen mit inadäquaten Mitteln zu installieren – einzig in der gegenwärtigen Stellung zur historisch gewordenen Modernen Raumkunst.

Eine Kunstgeschichte, die es als ihre Aufgabe erachtet, nicht bloß die Durchsetzung der Teleologie oder des Kunstwollens zu verfolgen, sondern auch dem sich zu widmen, das in dessen Erfüllung zur Nebensache geriet oder weiterhin noch gerät, verliert sich auch dort noch ans Detail, wo nichts weiter vorhanden ist als reproduzierte Zeugnisse. Dies umso bestimmter angesichts einer Sache, die schon den Zeitgenossen als virtuell vergangene vor Augen stand, da sie die Unabgeschlossenheit, die Unvollendetheit und Kurzfristigkeit der Modernen Raumkunst erlebten. Bezeichnenderweise schrieb Lux: »Das Wort Versuch wird betont.«[46] Und es war der Versuchscharakter der Arrangements, aufgrund dessen es möglich war, daß sich in ihnen das Kunstwollen in all seiner Kraft, seiner Suche nach einer gemäßen Gebärde, seiner Lethargie und den Metamorphosen des Stils wahrscheinlich deutlicher und intensiver manifestierte als in den vergleichbaren Kunstsparten dieser Zeit. So gesehen führt die Moderne Raumkunst in das Selbstverständnis der Jahrhundertwende ein, indem sie – einer Urkunde gleich – Zeugnis gibt von den Traumräumen und dem Alpdruck der Wiener Moderne. Nur durch Erinnerung wird der Sinn der Arrangements sowie jener der Modernen Raumkunst insgesamt vergegenwärtigbar, nur durch Erinnerung wird auch der fatale Verdacht abgewendet, den Lux im besonderen für die 14. Ausstellung hegte: »Bald wird diese Raum-Schöpfung aus dem Reich der Wirklichkeit verschwunden sein. Dann lebt sie nur mehr ein papierenes Dasein in den vorhandenen Abbildungen, und ein Traum-Leben in der Erinnerung jener, die sie gesehen haben.«[47] Selbst in der Rekonstruktion dieser Erinnerung sowie in der Rezeption des vorhandenen Abbildungsmaterials wird klar, welch unsicheren Stand die Moderne Raumkunst im sogenannten Reich der Wirklichkeit hatte, weiters auch, warum auf die photographische Dokumentation dieser kurzzeiti-

gen Ereignisse soviel Wert gelegt wurde: Der Erinnerung wegen, die noch Traditionsbildung verhieß, als man der Arrangements nur mehr selten gedachte. Ihre Konstruktion war gleichsam die überschüssige Frucht der Willensanstrengung, der Kunst bzw. dem Verband ihrer Werte justament zu der Zeit Sicherheit, Einheitlichkeit und stilistische Kohärenz verleihen zu wollen, und folglich eine eigene harmonische, heile Welt zu erwirken, als der Zusammenbruch der tatsächlichen kaum mehr aufzuhalten (am wenigsten durch die bürgerliche Kunst, und eine proletarische konnte daran gerade kein Interesse haben), sondern nur noch zu manifestieren war. Für die Moderne Raumkunst ist daher zu befinden, daß sie, wie der Wiener Jugendstil insgesamt, indem sie das Bestehende ästhetisierte, den sich anbahnenden Zusammenbruch einer Epoche manifestierte, sich aber über die Analyse der Ursachen relativ erfolgreich hinwegtäuschte.[48]

Im Zusammenhang der Wiener Moderne kommt der Raumkunst gewiß ein konservativer Part zu; was sie bot, war nicht unverstandene oder hermetische Kunst, die einen Ansatz oder eine Aufgabe für spätere Generationen in sich trug, war keine der Psychoanalyse oder der Zwölftonmusik vergleichbare Avantgarde. Im Gegenteil: Sie exerzierte den Untergang, den unaufhaltsamen Verfall und machte jeden dieser Schritte als einzelnen sehenswert, unterhaltsam und aufbewahrenswert. Durch die Revolutionierung der Präsentationsformen von Kunst gelang es ihr immer wieder, das unerreichbare Schöne als Angenehmes, ja auch als Nettigkeit darzubieten. Wenn über ihren bezaubernden Schöpfungen dennoch ein melancholischer Schleier lag, so deshalb, weil sie nicht alle darüber betören konnte, daß solches Bemühen hoffnungslos war, maßlos – angesichts der paralysierten Wirklichkeit im Territorium der Donaumonarchie.

Vielleicht am besten kommt dieser der Raumkunst eingesenkte, auf Bewahrung des Vergänglichen bedachte Gestus im Konzept einer *Modernen Galerie für Werke der Kunst unserer Zeit* zum Ausdruck, die Otto Wagner, wie soviele Entwürfe, umsonst geplant und vorgelegt hat (1900). Während seine Studien über die Außengestaltung, insbesondere die der Fassade, schon sehr ins Detail gingen, hielt er sich in der Frage der dreigeschoßigen Innenraumgestaltung bedeckt – mit gutem Grund. Er wollte diesbezüglich an Olbrich und dessen Idee des flexiblen Innenraumes anknüpfen. Die Grundrisse der Geschoße wiesen darum auch keine definitiven

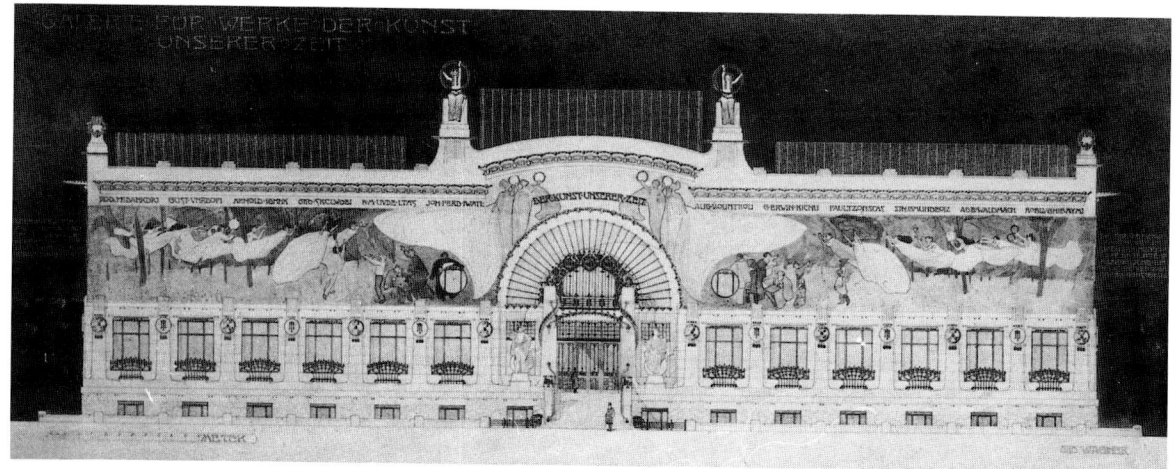

O. Wagner, Entwurf für eine
Moderne Galerie, 1900, Fassade

Raumgrenzen auf, sondern bloß eingestellte Trakte, die im Laufe des 20. Jahrhunderts sukzessiv hätten unterteilt werden sollen, »um so ein klares Bild des jeweiligen Kunstschaffens im kommenden Jahrhundert zu gewinnen«.[49] Auf diese Weise sollten im Laufe der Zeit Künstlergruppen oder einzelne Architekten die diversen Räume installieren, so daß sich, retrospektiv betrachtet, den späteren Generationen ein unverfälschtes Bild sowohl der vorherrschenden Kunstströmungen wie von deren Entwicklung überliefert hätte. Das Resultat wäre, indem eine ständige museale Ausstellung von fortlaufend hinzukommenden Arrangements entstanden wäre, dergleichen wie eine Revue der Modernen Raumkunst gewesen, oder, vom historischen Standpunkt aus gesehen, ein Arrangement als Museum, das sich selbst arrangierte nach den Bedingungen der Zeit. Was ein grandioses Dokument von an sich ephemeren Architekturen hätte werden können, fiel dem Trachten u. a. der Künstlergenossenschaft zum Opfer.[50] Wenn Hermann Broch einmal befand, daß das Museale Wien vorbehalten sei, »und zwar als Verfallszeichen, als österreichisches Verfallszeichen«[51], dann ist das Wagnersche Projekt ein wahrlich seltsam symbolisches Unding: Der Versuch, einen Überbau zu retten, wo der Unterbau ausläßt, der Beweis, daß ein noch so opulenter Verfall sich nicht dokumentieren läßt, wenn selbst das ihn fixieren wollende Dokument ihm inhäriert, anheimgegeben ist. Dessenungeachtet belegen die Interieurs, die Festdekorationen, die Beethoven-Ausstellung, die Kunstschau und die Summe der sonstigen Ausflüchte, daß unter dem Titel Moderne Raumkunst keine Phantasmagorie zu verstehen ist, sondern ein Kunsttraum, eine

fragmentierte Signatur der zu Ende gehenden Franzisko-Josephinischen Ära.

Die raumkünstlerische Bewegung fand während der ersten Jahre nach dem 1. Weltkrieg nicht einfach eine Fortsetzung, allerdings war ihr eine Nachwirkung beschieden, die zum Teil direkt im Art Deco auflebte. Die Ausstellungen nach dem Krieg rekrutierten ihre Materialien vorerst aus den Sammlungen der diversen Depots. Anläßlich der ersten Nachkriegsausstellung österreichischer Kunstgewerbe 1919/20, der eine Sonderausstellung Richard Teschners assoziiert war, resümierte Hans Tietze, daß die Ausstellung »zeitfremd und gespenstisch wirke«.[52] Eine andere zeitgenössische Rezension berichtet, daß »die zur Schau gestellten Dinge, die zumeist aus der Zeit vor dem Zusammenbruch stammten, den Eindruck ergaben, daß man es mit den letzten Trümmern eines Glanzes zu tun hat«.[53] Schon aus dem damaligen Abstand wurde deutlich, daß die raumkünstlerischen Nachwirkungen nicht mehr unter den Begriff der Modernen Raumkunst, wie er zwischen 1898 und 1905 bzw. 1914 zur Entfaltung gelangte, subsumierbar waren.[54] Als Begriff einer ephemeren Kunst gehörten beide, sie und der Begriff, einer Epoche an, die eigentlich schon versunken war, noch ehe sie zu Ende, die eigentlich nur eines war: Ein gesteigertes Zu-Ende-Gehen. Die Geschichte der Modernen Raumkunst mit all den hypertrophen Arrangements legt daher den Schluß nahe, daß der Wiener Jugendstil – dem Namen zum Trotz – ein Alters- und Verfallsstil war, verallgemeinert gesagt, daß die Wiener Moderne sich wesentlich durch die Vergänglichkeit definierte.

ANHANG

VERZEICHNIS DER ABKÜRZUNGEN

A .... Der Architekt, Wien

Bahr 1900 .... H. Bahr, Secession, Wien 1900, 2. Aufl.

Bisanz-Prakken 1980 M. Bisanz-Prakken, Gustav Klimt, Der Beethovenfries. Geschichte, Funktion und Bedeutung, München 1980

DK .... Dekorative Kunst, München

DKuD .... Deutsche Kunst und Dekoration, Darmstadt

Eisler 1916 .... M. Eisler, Österreichische Werkkultur, Wien 1916

Die Fackel .... K. Kraus, Die Fackel, Wien

Fliedl 1986 .... G. Fliedl, Kunst und Lehre am Beginn der Moderne. Die Wiener Kunstgewerbeschule 1867 – 1918, Salzburg/Wien 1986

Hevesi 1906 .... L. Hevesi, Acht Jahre Secession, Wien 1906

Hofmann 1983 .... W. Hofmann, Gesamtkunstwerk Wien, in: Der Hang zum Gesamtkunstwerk, Aarau/Fft. 1983, 2. Aufl., p. 84ff.

HW .... Hohe Warte, Wien/Leipzig

ID .... Innendekoration, Darmstadt

INT .... Das Interieur, Wien

KCH .... Kunstchronik, N. F., Leipzig

KuKhw .... Kunst und Kunsthandwerk, Wien

Kunst .... Die Kunst, München

Lux 1902 .... J. A. Lux, XIV. Kunst-Ausstellung der Vereinigung bildender Künstler Österreichs Secession 1902, Klingers Beethoven und die Moderne Raum-Kunst, in: DKuD X, 1902, p. 457ff.

MBF .... Moderne Bauformen, Stuttgart

NFP .... Neue Freie Presse

NWT .... Neues Wiener Tagblatt

Sekler 1982 .... E. F. Sekler, Josef Hoffmann, Das architektonische Werk, Salzburg/Wien 1982

Servaes 1902 .... F. Servaes, Secession (Ein Versuch in moderner Tempelkunst), in: NFP, 3. 5. 1902, p. 1 ff.

Studio .... The Studio, London

VBKÖ .... Vereinigung bildender Künstler Österreichs, Secession

VS .... Ver Sacrum, Wien

WAZ .... Wiener Allgemeine Zeitung

WBIZ .... Wiener Bauindustrie-Zeitung

WSoMz .... Wiener Sonn- und Montagszeitung

ANMERKUNGEN

KAPITEL I

1 M. Bisanz-Prakken, Gustav Klimt, Der Beethoven-fries, Geschichte, Funktion und Bedeutung, München 1980; E. F. Sekler, Josef Hoffmann, Das architektonische Werk, Salzburg/Wien, 1982. D. Bogner, Die geometrischen Reliefs von Josef Hoffmann, in: Alte und moderne Kunst, Nr. 184/5, Wien 1982, p. 24 ff. Herrn Dr. Bogner verdanke ich die Anregung zu dem Thema.

2 Vgl. vor allem J. A. Lux, XIV. Kunst-Ausstellung der Vereinigung bildender Künstler Österreichs Secession 1902, Klingers Beethoven und die Moderne Raum-Kunst, in: DKuD X, 1902, p. 475 ff.

3 H. Schmidkunz, Raumkunst und Traumkunst, in: A XIII, 1907, p. 17.

4 F. Borsi, E. Godoli, Wiener Bauten der Jahrhundert-wende, Stuttgart 1985, p. 73.

5 J. A. Lux, Das neue Kunstgewerbe in Deutschland, Leipzig 1908, p. 99.

6 J. A. Lux, Joseph Maria Olbrich, Berlin 1919, p. 29.

7 Das gilt sowohl im Hinblick auf die in der Modernen Raumkunst latenten Bewegung zum Gesamtkunst-werk wie auch auf die zum Heim, zum Einfamilien-haus. D. Sternberger schreibt, daß die für die Heim-kunst übliche Bezeichnung »Raumkunst« zuerst in Wien aufkam. – Über Jugendstil, Fft./M. 1977, p. 31.

8 F. Salten, Hagenbund, in: NFP, 6. 4. 1903, p. 1.

9 Hevesi 1906, p. 278.

10 H. Broch, Hugo von Hofmannsthal und seine Zeit, in: Schriften zur Literatur 1, Fft. 1986, 3. Aufl., p. 146.

11 Genannt seien etwa Heinrich Lefler, der an der k. k. Hofoper v. 1900 – 1903 wirkte; Alfred Roller, eben-dort v. 1903 – 1909; K. Moser, von 1908 ebenfalls an der k. k. Hofoper, zuvor schon am Jung Wiener Theater unter Felix Salten; Oskar Strnad arbeitete 1918 an der nunmehrigen Staatsoper und am Volks-theater; Oskar Laske wirkte am Theater in der Josef-stadt; Josef Urban an der Metropolitan Opera N. Y. v. 1918 – 1933.

12 Darauf beziehen sich auch die Begriffe »Mikroarchi-tektur« und »Makroarchitektur« v. D. Baroni und A. D'Auria, Joseph Hoffmann e la Wiener Werkstätte, Milano 1981, p. 82.

13 E. H. Gombrich, Ornament und Kunst, Stuttgart 1982, p. 70.

14 H. Wölfflin, Renaissance und Barock, München 1880, p. 64.

15 Auch A. Riegl ging von der Parität aller Kunstgattun-gen aus und postulierte daher, ähnlich wie Wölfflin und Semper, die Aufwertung des Kunstgewerbes. Selbst wenn er sich m. W. nie direkt auf den Jugend-stil bezog, sind einige Entsprechungen seiner kunsthi-storischen Methode mit den Gestaltungsprinzipien der Secessionisten unübersehbar. Beispielsweise negierten auch die Secessionisten den Unterschied von »hoher Kunst« und »Kleinkunst«. Vgl. VS I, 1898, H. 1, p. 6. Zum anderen unterstellte Riegl den früheren kunsthistorischen Stilepochen einen gestal-terischen Kunstwillen, der den Secessionisten aller-dings zu eigen war. Wie überhaupt – soferne stimmt, daß ein Theorem über den Ursprung zumindest etwas über die Zeit seiner Abfassung verrät – die These, daß der Ursprung der Kunst im Schmuckbedürfnis zu suchen sei, die Nähe zum Art Nouveau kenntlich macht. Vgl. dazu: A. Riegl, Stilfragen, Grundlegun-gen zu einer Geschichte der Ornamentik, Berlin 1893, p. 22.

16 Daß Riegls Schriften den Secessionisten nicht unbe-kannt waren, geht aus einem Brief der Malerin Bron-cia Koller-Pinell an ihren Mann Hugo Koller (vom 29. 2. 1916) hervor, in dem es heißt: »Gestern war ich bei Moser, er hat mir ein sehr interessantes Werk für dich empfohlen. Über spätrömische Kunst von Riegl...« Vgl. Nachlaß B. Koller-Pinell, Wien, Anti-quariat Löcker.

17 Der »Art Nouveau ist seinem Wesen nach ein Stil des Ornaments und der Dekoration«. R. Schmutzler, Art Nouveau – Jugendstil, Stuttgart 1977, p. 15.

18 O. Wagner, Moderne Architektur, Wien 1902, 3. Aufl., p. 64.

19 Vereinigung bildender Künstler Österreichs, Seces-sion, in: VS I, 1898, H. 1, p. 10.

20 Hevesi 1906, p. 59.

21 Hofmann 1983, p. 84.

22 »Die Kunst richtet sich in ihrer Zweckmäßigkeit a priori nach der Urteilskraft in Beziehung aufs Gefühl der Lust und Unlust.« Vgl. I. Kant, Einleitung in die Kritik der Urteilskraft, Erstfassung, Kant – Werke in 12 Bänden, hrsg. v. W. Weischedel, Bd. IX, Fft./M. 1968, p. 226.

23 G. Fliedl hat sowohl die Autonomisierung der sg. schönen Künste von den Gewerben beschrieben wie auch den antiindustriellen Impuls, der von den Reformern der k. k. Kunstgewerbeschule ausing und noch das Wiener Kunsthandwerk der Jahrhundertwende prägte. Vgl. Fliedl 1986, p. 48.

24 R. v. Eitelberger, Die Aufgaben des heutigen Zeichenunterrichts (Vorlesung, gehalten im Österreichischen Museum am 6. 11. 1873). »Dass wir in der antiken Kunst vor Allem bei den Griechen unsere Vorbilder zu suchen haben, darüber besteht bei keinem gebildeten Menschen kaum mehr ein Zweifel.« In: Gesammelte kunsthistorische Schriften, Bd. III, Wien 1884, p. 25.

25 Deutlich wird dies im »Werkbundgedanken«, insbesondere im Begriff der »Veredelung der gewerblichen Arbeit im Zusammenwirken von Kunst, Industrie und Handwerk durch Erziehung, Propaganda...«, m. a. W.: »Unedle Arbeit, das ist Arbeit, die den Arbeitenden entwertet, seinem Leibe oder seiner Seele Schaden bringt...« Vgl. A. Vetter, Die Bedeutung des Werkbundgedankens für Österreich, in: Katalog zur 5. Tagung des Deutschen Werkbundes, Wien 1912.

26 Hofmann 1983, p. 88, schrieb: »Der Konsument soll geschmacksbewußt leben.«

27 Die Periode von 1896–1914 kennzeichnet eine günstige wirtschaftliche Entwicklung, darunter auch einige Hochkonjunkturphasen. Vgl. H. Matis, Österreichs Wirtschaft 1848–1913. Konjunkturelle Dynamik und gesellschaftlicher Wandel im Zeitalter Franz Josephs I., Berlin/München 1972, p. 432.

28 M. E. kann die secessionistische Produktivität sowohl als »Rückzug auf die vorindustriellen Tugenden handwerklicher Arbeit« wie auch als der Versuch, »materielle und geistige Wertschöpfung zu versöhnen«, aufgefaßt werden. Vgl. Fliedl 1986, p. 91. Beide Tendenzen schließen einander nicht aus.

29 Katalog der 1. Secessionsausstellung 1898, Vorwort, p. 3.

30 Ebda.

31 Presseaussendung der VBKÖ, in: NFP, 28. 3. 1897, p. 5.

32 J. A. Lux , Das neue Kunstgewerbe in Deutschland, l. c., p. 99.

33 W. Benjamin, Das Kunsthandwerk im Zeitalter seiner technischen Reproduzierbarkeit, Fft./M. 1974, p. 18.

34 Nicht zufällig wird das Biedermeier zu einem stilistischen Vorbild. Vgl. dazu p. 148.

35 Hevesi 1906, l. c., p. 358.

36 »Indem man die kleinsten Geräte des alltäglichen Gebrauchs künstlerisch gestaltete, (...) drang die Kunst ins Alltagsleben. So ward Platz für die jüngste Spielart künstlerischen Schaffens für den ›Raumkünstler‹. Ihm liegt die künstlerische Zusammenfassung des zerstreut Geschaffenen ob, die organische Einordnung sämtlicher Einzelheiten in einen einheitlich empfundenen, zweckvoll erdachten Raum. Und wie die Einrichtung moderner Wohnungen, so hat man auch in der Anlage moderner Ausstellungen mehr und mehr dem Raumkünstler das führende Wort übertragen. Es ist das eine Parallelerscheinung zu gewissen Vorgängen die wir auf anderen Kunstgebieten beobachten können. Im Theater spricht man hauptsächlich vom Regisseur, im Musikleben vom Capellmeister.« Vgl. F. Servaes, Kunst im Handwerk, in: NFP, 10. 11. 1900, p. 1.

37 Auf die Verstehbarkeit des Jugendstils durch Gedanken Friedrich Nietzsches, insbesondere dem Bild der ewigen Wiederkunft des Gleichen, wurde schon von mehreren Autoren hingewiesen. Vgl. Bisanz-Prakken 1980, p. 52 und Hofmann 1983, p. 85.

38 H. Broch, Hugo von Hofmannsthal und seine Zeit, l. c., p. 124.

39 Vgl. dazu die Analyse des Begriffes Erlebnis durch H. G. Gadamer, in: Wahrheit und Methode, Tübingen 1975, 4. Auflage, p. 60 ff. O. Stössl schreibt in einer Besprechung der »Kunstschau« (1908) von einer »Atomisierung der Anschauung«. Vgl. Kunstschau, in: Die Fackel, Nr. 259–260, v. 13. 7. 1908, p. 26.

40 Vgl. dazu einen Brief A. Rollers an G. Klimt v. 19. 4. 1898, in: Ch. M. Nebehay, Ver Sacrum 1898–1903, München 1979, p. 182.

41 W. Schölermann, Ausstellungswesen, in: VS I, H. 2, 1898, p. 23.

42 Vgl. dazu F. Salten, Secession, in: WAZ, 17. 3. 1899, p. 4; oder zur 4. Secessionsausstellung in der NFP, 19. 3. 1901, p. 1 (F. Servaes).

43 Vgl. Anonym, Kunstschau 1909, in: Österreichische Volkszeitung, 9. 5. 1909, p. 13.

44 Anonym, Künstlerhaus und Secession, in: WAZ, 15. 3. 1901, p. 4, oder G. Biermann, Römische Ausstellungen, in: Der Cicerone III, Leipzig 1911, p. 421.

45 A. F. Seligmann, Kunst und Künstler von gestern und heute, Wien 1910, p. 230/231.

46 A. L(oos)., Ein Wiener Architekt, in: DK II, 1898, p. 227.

47 C. E. Schorske, Wien, Geist und Gesellschaft im Fin-de-siècle, Fft./M. 1982, p. 223.

48 W. Hofmann, Gustav Klimt und die Wiener Jahrhundertwende, Salzburg 1970, p. 13.

49 Anonym, in: NFP, 11. 3. 1898, p. 6.

50 C. E. Schorske, l. c., p. 240.

51 W. Schölermann, Secession, in: Der Kunstwart XII, München 1898/99, p. 253.

KAPITEL II

1 Bahr 1900, p. 2.

2 R. Muther, Wiener Kunstleben, in: Die Zeit, 30. 12. 1899, p. 202.

3 Vgl. den Brief Klimts an den leitenden Ausschuß der Genossenschaft, Künstlerhausarchiv, Mappe 44a/1897.

4 Fliedl 1986, p. 137 ff.

5 Weitere Galerien waren: Galerie Arnot, Kärntnerring 13. – Kunstsalon der Hellerschen Buchhandlung, Bauernmarkt 3. – Kunstsalon Pisko, Schwarzenbergplatz. – Kunsthandlung Artaria, Kohlmarkt 9 u. a.

6 Anonym, in: NFP, 3. 1. 1897, p. 7.

7 Hevesi 1906, p. 145.

8 Der Siebenerclub war neben der 1867 gegr. Hagengesellschaft der zweite Künstlerstammtisch von Bedeutung. Seine Mitglieder trafen sich im »Blauen Freihaus«, später im »Café Sperl«. Sie verständigten sich untereinander mit bemalten Korrespondenzkarten, auf die sie ihr Signum »C7« setzten. Zu seinen Mitgliedern zählten: J. Hoffmann, K. Moser, J. M. Olbrich, Max Fabiani, Max Kurzweil, Jan Kotěra, Josef Urban, Friedrich Pilz, Leo Kainradl, Arthur Kaan u. a.

9 Anonym, (C. Moll), WSoMz, 18. 2. 1895, p. 1.

10 1. Jahresbericht der VBKÖ, 1899, p. 5.

11 Ebda.

12 Bahr 1900, p. 2.

13 J. Engelhart, Ein Wiener Maler erzählt. Mein Leben und meine Modelle, Wien 1943, p. 79.

14 Anonym, in: NFP, 28. 3. 1897, p. 5.

15 Der Hagensellschaft gehörten an: R. Bacher, Adolf Böhm, J. Engelhart, Franz Hohenberger, Friedrich König, Johann V. Krämer, Maximilian Lenz, Karl Müller, Anton Nowak, A. Roller, Emil Stöhr, Othmar Schimkowitz, S. Walter Hampel, Maximilian Liebenwein, Max Suppantschitsch, Wilhelm Heyda, Robert Oerley u. a. m.

16 J. M. Olbrich, Studien für ein Ausstellungsgebäude der Vereinigung bildender Künstler Österreichs, in: A IV, 1898, p. 1.

17 Ebda.

18 Bericht über die Sitzung des Gemeindrats v. 9. 7. 1897, in: NFP, 10. 7. 1897, p. 6.

19 Eines der von R. Mayreder genannten Argumente für eine schnelle Verwirklichung bezog sich darauf, daß »der Pavillon nur dann einen Wert« habe, »wenn er im Jubiläumsjahr entsteht«. Vgl. Amtsblatt der k. k. Reichshaupt- und Residenzstadt Wien, v. 28. 9. 1897, p. 1926. Die Strategie der Secessionisten, im Jubiläumsjahr im eigenen Haus groß herauszukommen, wurde aufgrund dieser Eingabe durchkreuzt.

20 O. Matulla, Die Wiener Secession. Gründung und Entwicklung, in: Mitteilungen der Gesellschaft für Vergleichende Kunstforschung in Wien, XV. Jg., Wien 1963, Nr. 3, p. 87 (ohne Quellenangabe).

21 Aus einem Subventionsansuchen (1908) des damaligen Präsidenten der Secession, Franz Hohenberger, geht hervor, daß die Bausumme der Secession 148.000 Kronen betrug. »Hierzu haben Stifter 138.000 Kronen gegeben, der Rest wurde von Einnahmen aus den ersten Jahren durch die Vereinigung gezahlt. Bei der Bausumme kommt in Betracht, daß sowohl der Erbauer, Architekt Olbrich, wie alle an der Arbeit des Hauses beteiligten Geschäftsleute ohne Nutzen gearbeitet haben, so daß das Haus unter normalen Verhältnissen ungleich mehr gekostet hätte.« Vgl. Allgemeines Verwaltungsarchiv Wien, Ministerium für Cultus und Unterricht, 3357/10055/28. 2. 1908. – J. Hoffmann erwähnt in seiner Selbstbiographie als Stifter namentlich die Familien Mauthner und Wittgenstein (Karl Wittgenstein wurde am 22. 4. 1910 zum ersten Ehrenmitglied der Secession ernannt). Vgl. Ver Sacrum, Neue Hefte für Kunst und Literatur, Wien/Salzburg 1972, p. 110. – J. Shedel, der eine Subvention Karl Wittgensteins von 60.000 Gulden anführt, vermutet in Nikolaus Dumba einen weiteren, großzügigen Mäzen. Vgl. Art and Society. The New Art Movement in Vienna 1897 – 1914, Palo Alto (Cal.) 1981, p. 56/57. Die Gemeinde gewährte der Secession seine Subvention von 300 Gulden. Vgl. 1. Jahresbericht der VBKÖ, 1899, p. 11. – 1899 wurde in der Monarchie die Krone als offizielles Zahlungsmittel eingeführt. 1 Gulden (fl.) = 2 Kronen (Kr.).

22 J. A. Lux, Olbrich, l. c., p. 66.

23 Zu den architektonischen Vorbildern der Secession und der spezifischen Bedeutung der Blätterkuppel vgl. O. Kapfinger, Die Wiener Secession, Das Haus: Entstehung, Geschichte, Erneuerung, Wien/Köln/Graz 1986, p. 41 ff., 57 ff.

24 E. Pöschl, Der Ausstellungsraum der Genossenschaft Bildender Künstler (1873 – 1913). Ein Beitrag zur Erforschung der Innenraumgestaltung in Kunstausstellungen vom Historismus zur Moderne, Graz 1974, Diss., p. 30.

25 C. Schreder, Die 2. Kunstausstellung der Secession, in: Deutsches Volksblatt, 19. 11. 1898, p. 1.

26 Bahr 1900, p. 64.

27 L. Hevesi, Die Wiener Secession und ihr »Ver Sacrum«, in: Kunstgewerbeblatt N. F. X, Leipzig 1899, p. 147.

28 F. Arnold (Pseudonym f. Rosa Mayreder), Der Wiener Styl, in: NFP, 9. 11. 1898, p. 2.

29 J. Deininger, Beitrag zur Diskussion über: »Die Moderne in der Architektur und im Kunstgewerbe«, in: Zeitschrift des österreichischen Ingenieur- und Architektenvereins, Wien 1899, p. 163.

30 F. Arnold, Der Wiener Styl, l. c., p. 2.

31 Anonym, Die Eröffnung der Secession, in: Arbeiter-Zeitung, 12. 11. 1898, p. 5.

32 Es handelt sich dabei um den Bd. 13 der »Gesammelten Skizzen«, Wien o. Jg.

33 J. M. Olbrich, Das Haus der Secession, in: A V, 1899, p. 5.

34 Olbrich holte sich für die Fassade der Secession »beim Tempel zu Ägina Anregung«. Vgl. L. Abels, Joseph M. Olbrich, in: INT II, 1901, p. 163.

35 C. E. Schorske, l. c., p. 204.

36 Vorwort des 2. Ausstellungskataloges der Secession 1898, p. 6.

37 Bahr 1900, p. 63.

38 L. Hevesi, Das Haus der Secession, in: KuKhw I, 1898, p. 228.

39 Die Kenntnis dieses Details resultiert aus dem Umstand, daß W. Heyda, später Mitglied des Hagenbundes, aufgrund der Abschlagung seiner Masken so aufgebracht war, daß er in einem Brief v. 2. 4. 1900 von der Secession eine – ansonst unübliche – finanzielle Aufwandsentschädigung verlangte. Vgl. Secessions-Archiv.

40 Von den sechs Stützen des Hauptsaales konnten die zwei rückwärtigen entfernt werden. Vgl. z. Bsp. die 2., 10., 14. Ausstellung.

41 Vgl. dazu Bahr 1900, p. 61: »...es ist nicht vergessen worden, dass unsere Kunst unaufhaltsam anders wird, es ist vorbedacht worden, dass immer mehr, wie die Künstler es ausdrücken: die ›Flächenkunst‹ von der ›Raumkunst‹ verdrängt wird...«

42 W. Schölermann, Moderne Kunst in Wien, in: KCH X, 1898/99, p. 132.

43 E. Zimmermann, Die Dresdner Internationale Kunstausstellung, in: KCH XII, 1900/01, p. 435.

44 O. Matulla, l. c., p. 87.

KAPITEL III

1 Vorwort zum Katalog der 1. Secessionsausstellung 1898, p. 5.

2 1. Jahresbericht der VBKÖ, 1899, § 15, p. 28.

3 4. Jahresbericht der VBKÖ, 1902, § 13, p. 24.

4 Vgl. Katalog der 1. Secessionsausstellung, p. 23.

5 Einreichpläne der Secession, MA 37, EZ. 1634.

6 Bei Olbrich begegnet die Pylonenform in den Plänen zum Wollzeile-Projekt und im »Entwurf für ein Denkmal« (1898), in: VS I, 1898, H. 7, p. 5. – Hoffmann verwendet sie in ausgeprägter Form in »Artibus«, einem Entwurf, der in engem Zusammenhang mit Olbrichs Secessionsprojekten steht. Vgl. Katalog der 1. Secessionsausstellung, 1898, p. 6.

7 Hevesi 1906, p. 39.

8 Bahr 1900, p. 35.

9 R. Schmidt, Das Wiener Künstlerhaus. Eine Chronik, 1861 – 1951, Wien 1951, p. 20.

10 Dagegen heißt es im »Architekt«, daß »der Autor des Entwurfes nicht nur das Provisorische zu betonen, sondern auch das dem modernen Empfinden widerstrebende Imitieren einer Steinarchitektur zu vermeiden« trachtete. Vgl. A IV, 1898, p. 7. Auffällig ist die Ähnlichkeit dieser Portalkonstruktion mit dem Haupteingang Nr. 2 der Millenniumsausstellung, Budapest 1896.

11 E. Pöschl, l. c., p. 105 – 108.

12 A. Loos, Interieurs, Ein Präludium, in: Ins Leere gesprochen, 1897 – 1900, Wien 1981, p. 73.

13 Hevesi 1906, p. 47.

14 Ebda., p. 72.

15 Anonym, Die Secession im eigenen Hause, in: NFP, 12. 11. 1898, p. 7.

16 A. F. Seligmann, Secession, in: WSoMz, 21. 11. 1898, p. 1.

17 Hevesi 1906, p. 71.

18 Katalog der 2. Secessionsausstellung 1898, p. 33.

19 W. Schölermann, Moderne Kunst in Wien, in: KCH X, 1898/99, p. 135.

20 »Der Zuschauerraum ist durch ein schwarzes Tuch ganz verdunkelt, so dass das Oberlicht haarscharf wirkt. Das Bild müsste durch die raffinierte Aufstellung, selbst wenn es schwach in der Farbe wäre, immerhin eine magische Wirkung erreichen«. A. Feuerbach, Ein Vermächtnis, Wien 1890, 3. Aufl., p. 133.

21 Anonym, Fremde Gäste in der Secession, in: NFP, 13. 1. 1899, p. 6.

22 F. Salten, Die Secession I, in: WAZ, 26. 11. 1899, p. 2.

23 Anonym, in: NFP, 21. 2. 1899, p. 1.

24 Anonym, Die Secession im eigenen Hause, in: NFP, 12. 11. 1898, p. 7.

25 Die genannte Karikatur nahm zugleich auch auf eine Zierleiste Hoffmanns Bezug. Vgl. VS I, 1898, H. 7, p. 24. »Quer Sacrum, Organ der Vereinigung Bildender Künstler Irrlands«, hrsg. von B. Löffler und C. M. Schwerdtner, Wien 1899. Dabei handelte es sich um eine Parodie auf Ver Sacrum.

26 Hevesi 1906, p. 102.

27 J. Hoffmann, Einfache Möbel, in: INT II, 1901, p. 203.

28 W. Schölermann, Secession, in: Wiener Rundschau III, Wien/Leipzig 1898/99, Nr. 1 – 27, p. 242.

29 Nach Prelovšek galt das Akademie-Projekt Wagners »wegen seines dekorativen Reichtums lange als Schatzkammer moderner Gestaltungsideen.« D. Prelovšek, Josef Plečnik, Wiener Arbeiten 1896 – 1914, Wien 1979, p. 30.

30 D. Sternberger, l. c., p. 32.

31 A. Loos, Sämtliche Schriften, hrsg. von F. Glück, Wien 1962, Bd. 1, p. 388.

32 2. Jahresbericht der VBKÖ, 1900, p. 5.

33 VS III, 1900, H. 16, p. 243.

34 Wie erwähnt, stellt das Motiv des »Rosenhaines« eine Weiterentwicklung der aus dem Leierspielerinnen-Motiv isolierten Rose dar. Nach dem Muster des »Rosenhaines«, das in diesem Saal nur patroniert war, verfertigte Moser im Jänner 1900 einen (im Archiv der Firma Backhausen erhaltenen) Entwurf (Nr. 3832) in den Farbvarianten Orange/Blau und Weiß/Hellblau an, die in Leinenstoff ausgeführt wurden.

35 Hier finden sich auch Variationen jener Kreisornamente, mit denen Hoffmann den mittleren, hinteren

Saal dekorierte. Vgl. VS III, 1900, H. 5. – Die u. a. dort publizierten Architekturskizzen Hoffmanns sind »ebenso geradlinig und einfach«, wie »die Gestaltung der 8. Secessionsausstellung«. Sekler 1982, p. 36/37.

36 So warben Anzeigen in Tageszeitungen für »secessionistische« Feste, Cafes, Gardinen usw. Im März 1899 wurde für die Hofoper eine »secessionistische Ballettaufführung« geplant (Vgl. NFP, 19. 3. 1899, p. 8); die Ballspende des Concordiaballs am 17. 4. 1899 lief unter der Bezeichnung: »Illustrierter Führer durch Secessionopolis«. Für eine unter dem Titel »Das secessionistische Dorf« abgehaltene Wohltätigkeitsveranstaltung (1. und 2. 6. 1899) in der Rotunde wurden auf dem Kopf stehende Häuser und andere, die mit überwuchernden, großen und wirr verschlungenen Pflanzenmustern dekoriert waren, errichtet. Vgl. auch: H. E. Goldschmidt, Quer Sacrum. Wiener Parodien und Karikaturen um die Jahrhundertwende, München 1976.

37 F. Servaes, Ein Nachwort zur Secessionsausstellung, in: NFP. 11. 1. 1900, p. 1.

38 Vgl. W. Benjamin, Das Passagen-Werk, 2. Bd., Fft./M. 1983, p. 692 und 694.

39 N. Wagner, Karl Kraus und die Erotik der Wiener Moderne, Fft./M. 1982, p. 59.

40 Sekler 1982, p. 25.

41 R. Specht, Kritisches Skizzenbuch, Wien 1900, p. 77.

42 Bahr 1900, p. 209.

43 Urban war einer der wenigen Künstler, die vom Siebenerclub nicht in die Secession übergetreten waren.

44 Vgl. Satzungen des Künstlerbundes Hagen/Künstlerhaus-Archiv.

45 A. F. Seligmann, in: WSoMz, 17. 1. 1898, p. 1.

46 »Was wir heute Secession nennen, was wir auf allen Gassen sehen, was zur lauten Mode geworden ist, ist eine falsche Secession, von der sich jene, die erste, die echte, die wahre lossagen muß, wenn sie nicht elend verderben will...« Bahr 1900, p. 199. Diese Qualifizierung ist eine polemische Analogie auf die falsche Gotik, den falschen Barock etc. des von Anbeginn bekämpften Historismus.

47 F. Servaes, Aquarellistenclub, in: NFP, 20. 1. 1900, p. 1.

48 St. Muthesius berichtet, daß sich schon um 1900 die »meisten Kunstgewerbekritiker die Verdammung des Jugendstils zu eigen« machten (Meier-Graefe, Scheffler, Muthesius). »Man verurteilte die Kommerzialisierung und billige Massenproduktion, aber auch, zunächst etwas vorsichtiger, die Formen selbst.« Vgl. Das englische Vorbild, München 1974, p. 157/158.

49 J. Hoffmann, Einfache Möbel, l. c., p. 201/202.

50 Vgl. Statuten der VBKÖ/Künstlerhaus-Archiv.

51 Hevesi 1906, p. 223. Von diesem Raum gibt es keine Photos.

52 Ebda., p. 464.

53 Vgl. N. Pevsner, Wegbereiter moderner Formgebung. Von Morris bis Gropius, Hamburg 1957, p. 89.

54 Anonym, in: NFP, 8. 3. 1900, p. 8.

55 Hevesi 1906, p. 234.

56 Die Fackel, Nr. 36, Wien Ende März 1900, p. 19.

57 Hevesi 1906, p. 233.

58 Anonym, in: NFP, 8. 3. 1900, p. 8.

59 Die Fackel, Nr. 36, Wien Ende März 1900, p. 20.

60 F. Servaes, Secession, in: NFP, 13. 3. 1900, p. 2.

61 Der 1899 neu strukturierte Kunstrat setzte sich aus Vertretern der Künstlervereinigungen, der Akademie, der Museen, der Denkmalpflege, aus Persönlichkeiten der Kulturpolitik usf. zusammen. Sein wichtigstes Anliegen war die Errichtung einer Modernen Galerie. Vgl. Fliedl 1986, p. 143 ff.

62 Der Unterrichtsminister Wilhelm von Hartel hielt sich zu diesem Zeitpunkt der Diskussion über die Deckengemälde Klimts noch bedeckt. Vgl. E. Lachnit, Neuentdeckte Dokumente zum Professorenstreit um Klimts »Philosophie«, in: Wiener Jahrbuch für Kunstgeschichte, Bd. 39, Wien 1986, p. 205 ff.

KAPITEL IV

1 Anonym, in: NFP, 25. 4. 1899, p. 5.

2 R. Muther, Studien und Kritiken I, Wien 1900, p. 301.

3 K. Kraus schrieb, Österreich habe zwar »gute Decorateure«, aber »keinen Maler nach Paris« entstandt. – Die Fackel, Nr. 44, Wien Mitte Juni 1900, p. 15.

4 In einem Schreiben an den Unterrichtsminister teilte die VBKÖ mit: Es wäre »gegen die Überzeugung der Mitglieder der Vereinigung, an einem Wettbewerb um Auszeichnungen theilzunehmen«. Vgl. NFP, 13. 4. 1900, p. 8.

5 Die Fackel, Nr. 44, l. c., p. 17.

6 F. Servaes, Kunstreformen, in: NFP, 22. 5. 1900, p. 3. – Weitere zuvor in Erwägung gezogene Standorte für den »Marc-Anton« waren der Theseustempel sowie die Babenbergerstraße (in der Achse des Kunsthistorischen Museums).

7 Brief Hoffmanns an Freiherr F. v. Myrbach v. 20. 4. 1900, zit. b. W. J. Schweiger, Wiener Werkstätte, Kunst und Handwerk 1903 – 1932, Wien 1982, p. 16.

8 Vorwort zum Katalog der 8. Secessionsausstellung, p. 3.

9 Ebda.

10 Hevesi 1906, p. 282.

11 Die Kenntnis des folgenden Sachverhaltes verdankt sich dem im Secessions-Archiv erhaltenen Briefwechsel. – Daß der Entwurf ziemlich sicher von van de Velde stammte, ist aus dem Nachspiel, das sich aus der Ablehnung ergab, zu entnehmen. Ende Oktober verweigerte der Künstler der Secession die Exponierung seiner Werke, die sich im Besitz von La Maison Moderne befanden. Erst die Beiziehung eines Rechtsanwaltes konnte die Secession dahingehend beruhi-

gen, daß die Ausstellung der Arbeiten van de Veldes keiner »Autorisation« bedürfe; ja, im Falle einer Zurückweisung der Werke durch die Secession drohte La Maison Moderne umgekehrt mit einer Entschädigungsklage. Van de Velde sandte der Secession daraufhin verschiedene Protestschreiben und bat am 3. 11. 1900 um die Veröffentlichung einer Presseerklärung, in der er festhielt, »daß die Arbeiten in der gegenwärtigen Ausstellung gegen seinen Willen ausgestellt« seien, ferner daß »sich in dieser Collection nur ältere Arbeiten befinden, welche er an dieser Stelle nicht ausgestellt haben würde«. Er wollte, daß seine Arbeiten »nur in einem geschlossenen, von *ihm selbst einheitlich hergerichteten Raum* öffentlich zur Aufstellung« kämen.

12 Die nun folgenden Zitate entstammen dem Briefwechsel zwischen La Maison Moderne und der Secession. Vgl. Secessions-Archiv.

13 Es verwundert, daß Hoffmann den Vorschlag Meier-Graefes, für die Vitrinen maschinell gebogenes Holz zu verwenden, scheinbar goutierte, indem er schrieb, der Entwurf könne nur in richtig gebogenem Holz ausgeführt werden. Andererseits dürfte er infolge seines latenten Antiindustrialismus diesen Weg doch nicht ernsthaft in Erwägung gezogen haben, weil er auch den anderen, das Holz aussägen zu lassen, überlegte. Offensichtlich ging Hoffmanns Entscheidung auf eine Folge von Ablehnungen zurück, die präzis seine Neigung zum Purismus widerspiegelt: Das Holz gebogen auszusägen, lehnte er aus materialtechnischen Gründen ab; maschinell gefertigtes Holz, das es zusätzlich selten in der von Meier-Graefe gewünschten eckigen Form (»das Profil der Hölzer soll nicht rund, sondern viereckig« sein) gegeben hat, lehnte er aufgrund der Verfertigungsart ab. Und überhaupt lehnte er den Entwurf der Vitrinen aufgrund ihrer hypertrophen Kurvatur ab. Vgl. zur Materialethik auch Sekler 1982, p. 37 ff. und Bisanz-Prakken 1980, p. 44.

14 A. Fred (d. i. Alfred Wechsler), Die Wiener Secession: VIII. Ausstellung, in: ID XII, 1901, p. 34.

15 In der Vorhalle plazierte Hoffmann weiß und rot lackierte Möbel für einen Gartensalon.

16 A. Roller, Unsere VIII. Ausstellung, in: VS III, 1900, H. 22, p. 343.

17 Vgl. Brief J. Mehoffers an die Secession v. 5. 10. 1900, Secessions-Archiv.

18 Vgl. Brief Ch. R. Ashbees an die Secession, v. 9. 9. 1900, Secessions-Archiv. Ashbee zog sogar in Erwägung, das Arrangement selbst vorzunehmen oder, an seiner Statt, einen Vertrauensmann nach Wien zu schicken.

19 Vgl. Die Quelle, Flächenschmuck von Koloman Moser, Wien 1901/02, Bl. 3.

20 Hevesi 1906, p. 293.

21 Anonym, Die Wiener Kunstausstellungen, in: DKuD VII, 1900/01, p. 266.

22 Zu diesem Problem resümierte St. Muthesius: »Die Frage des Einflusses Mackintoshs auf Hoffmann wird aber von Howarth und Sekler, die sich mit dieser Frage am ausführlichsten beschäftigt haben, verneint, denn Hoffmann habe seinen endgültigen Stil bereits gefunden, bevor er Bilder von Mackintoshs reifem Stil« sah. l. c., p. 155.

23 F. Serveas, Kunst im Handwerk, in: NFP, 10. 11. 1900, p. 1.

24 A. Roller, Unsere VIII. Ausstellung, l. c., p. 345.

25 Bahr 1900, p. 36.

26 J. Hoffmann, Einfache Möbel, l. c., p. 201/202.

27 Hevesi 1906, p. 298.

28 Damit waren der letzte Brief Segantinis an die Vereinigung und die beigelegten Alpenblumen gemeint. Vgl. Hevesi 1906, p. 298.

29 F. Servaes, Giovanni Segantini, Sein Leben und sein Werk, Wien 1902, p. 204.

30 Hevesi 1906, p. 299.

31 Max Klinger, 1857–1920, Malerei-Graphik-Plastik, Ausstellung im Künstlerhaus, Wien 1981/82, p. 25.

32 Hevesi 1906, p. 309.

33 Anonym, Des Ganzen bemächtigt, in: Der Spiegel XXXIV, Hamburg 1984, p. 136.

34 O. A. Graf, Die vergessene Wagnerschule, Wien 1969, p. 19. – Der Hoffmann- und Rollerschüler Max Benirschke, der zu dieser Zeit (vor 1903) einen dem Rollerschen sehr nahestehenden Teppich entworfen hatte (vgl. DK VI, 1903, p. 474), beteiligte sich schon 1899 an den von Hoffmann an der Kunstgewerbeschule gestellten Kompositionsaufgaben. Durch die Kombination einfachster, symmetrischer und asymmetrischer Formen wurden abstrakte Flächenfüllungen erzielt. Sowohl der Teppich Rollers wie die geometrischen Reliefs Hoffmanns sind vor dem Hintergrund dieser Kunstübungen zu sehen.

35 Vgl. etwa die Bildplazierung in den Villen Henneberg und Spitzer von J. Hoffmann, 1901.

36 Brief v. R. Luksch, v. 13. 1. 1900, Secessions-Archiv.

37 E. Stöhr, über das Deckengemälde »Die Medizin« von Gustav Klimt, in: VS IV, 1901, H. 9, p. 158.

38 Geschäftsordnung für die Veranstaltung von Ausstellungen, § 15, in: Statuten der VBKÖ.

39 Mit der Umbenennung von Ver Sacrum in »Mitteilungen der Vereinigung Bildender Künstler Österreichs« im Jänner 1900 wandelten sich nicht nur das Format und der Erscheinungszeitraum (nun 2× monatlich), sondern auch das Konzept. Fortan sollten einzelne Künstler öfter die Gelegenheit erhalten, ein ganzes Heft alleine zu gestalten.

40 B. Zuckerkandl, Wien, in: Kunst III, 1900/01, p. 341.

41 Die jährliche Miete betrug 2.000 Kr. – Vgl. Amtsblatt der k. k. Reichshaupt- und Residenzstadt Wien, v. 2. 4. 1901, p. 699.

42 Vgl. Brief J. M. Auchentallers v. 29. 5. 1901, Secessions-Archiv.

43 Vgl. Brief J. M. Auchentallers v. 20. 5. 1901, Secessions-Archiv.

44 S., Das Debüt des Hagenbundes, in: NFP, 28. 1. 1902, p. 7.

45 J. Urban, Ausstellungsgebäude des Hagen-Bundes in Wien, I. Zedlitzgasse, in: WBIZ IXX, Bd. 1, 1902, p. 259; J. Urban, Das Ausstellungshaus des Künstlerbundes »Hagen«, in: A VIII, 1902, p. 16.

46 B. Zuckerkandl, Der Hagenbund, in: WAZ, 11. 2. 1902, p. 2.

47 »Die Kosten des Baus und der Installationen beliefen sich infolge unerwarteter technischer Schwierigkeiten auf 180.603 Kronen, sie konnten nur zum kleinen Teile aus Stiftungen von Kunstfreunden gedeckt werden«. Vgl. Allg. Verwaltungsarchiv Wien, Ministerium für Cultus und Unterricht, Nr. 3357/Nr. 1584 (1908).

48 Katalog der Frühjahrsausstellung des Hagenbundes, 1912, p. 10.
Wiener Jahrbuch für Kunstgeschichte, Bd. 39, Wien 1986, p. 205 ff.

KAPITEL V

1 E. Stöhr, Unsere XIV. Ausstellung, in: Katalog der 14. Secessionsausstellung 1902, p. 9.

2 Ebda., p. 9/10.

3 Ebda., p. 11.

4 Daneben erfuhr die Fassade des Secessionsgebäudes eine durchgreifende Renovierung. Auch der Garten wurde instandgesetzt und eingefriedet. Vgl. 4. Jahresbericht der VBKÖ, 1902, p. 9.

5 Anonym, Mittheilungen, in: VS IV, 1901, H. 20, p. 338.

6 »Die Secession hat diesmal ihre Räume verkleinern müssen, denn hinter den Wandverkleidungen decken Fresko-Bilder die Mauern.« B. Zuckerkandl, Die Wiener Secession, in: Kunst V, 1902, p. 188.

7 Bilder als Supraporten anzubringen war ein damals von Hoffmann bevorzugtes Gestaltungsmittel. Vgl. D. Bogner, Die geometrischen Reliefs von Josef Hoffmann, l. c., p. 29.

8 Sekler 1982, p. 40.

9 1901 schlossen sich Schüler der Klassen von Hoffmann (Gisela Falke, Emil Holzinger, Franz Messner, Wilhelm Schmidt, Karl Summetsberger, Hans Vollmer, Wilhelm Unger) und Moser (Marietta Peyfuß, Jutta Sika, Therese Trethan) zur Vereinigung »Wiener Kunst im Hause« zusammen. Die in Gemeinschaftsarbeit entworfenen Innenräume wurden in regelmäßigen Ausstellungen (z. B. im Wiener Kunstgewerbeverein) der Öffentlichkeit präsentiert.

10 Anonym, Eröffnung der Secessions-Ausstellung, in: NFP, 1. 2. 1902, p. 1.

11 Hevesi 1906, p. 368.

12 Kaiser Franz-Joseph hatte die 1., 4., 9. und 12. Secessionsausstellung besucht.

13 Anonym, Max Klinger in Wien, in: NFP, 12. 4. 1902, p. 6.

14 »Man sah die Künstler in den letzten Tagen fleißig an der Arbeit. Schnitzelnd und bosselnd, färbend und vergoldend.« Hevesi 1906, p. 384 (v. 13. 4. 1902).

15 4. Jahresbericht der VBKÖ, 1902, p. 24.

16 Das engere Komitee bestand aus: Andri, Auchentaller, Bacher, Bauer, Böhm, Klimt, König, Luksch, Moser, Stöhr und Roller. Ebda., p. 7.

17 Bisanz-Prakken 1980, p. 26.

18 E. Stöhr, l. c., p. 9/10.

19 Sekler 1982, p. 60.

20 Bisanz-Prakken 1980, p. 49 – 51.

21 Sekler 1982, p. 59.

22 Ebda., p. 60.

23 Ebda. – Auch Lux spricht vom »Krystallisations-Punkt«. Lux 1902, p. 481. Sekler und Lux greifen auf Hoffmann zurück, der, laut Hevesi, einmal diese Charakterisierung gewählt hat. Vgl. Anm. 60.

24 Lux 1902, p. 476.

25 Hevesi 1906, p. 388.

26 Ebda., p. 389.

27 Lux 1902, p. 475/6.

28 Bisanz-Prakken 1980, p. 21 ff. – Auf p. 226 finden sich die wichtigsten Literaturhinweise zur Beethoven-Skulptur M. Klingers. Vgl. auch: B. Zuckerkandl, Max Klinger, in: WAZ, 5. 4. 1902, p. 2 ff. – »W.«, Die Beethoven-Woche, in: NFP, 20. 4. 1902, p. 2 ff. – Servaes 1902, 1 ff.

29 Hevesi 1906, p. 389.

30 Vgl. dazu auch M. Klinger: »...und da dies ohne wechselseitige Beziehungen, ohne allegorische oder beabsichtigt symbolische Grundlage nicht wohl zu leisten ist...«, in: Malerei und Zeichnung, zit. nach: Katalog der 14. Secessionsausstellung 1902, p. 15.

31 Hevesi 1906, p. 391.

32 Katalog der 14. Secessionsausstellung, p. 25.

33 Hevesi 1906, p. 387 und p. 392.

34 G. Fliedl hat darauf hingewiesen, daß Klimts Fries in der Tradition der »Selbstinterpretation der Künste« steht. So offensichtlich es im Fries um die »(Selbst-)Erlösung des männlichen Ich« geht, so ungeklärt scheint mir die Funktion der Poesie, der Muse im Verhältnis zum Genie, zu sein. M. E. entfaltet Klimt ein den traditionellen Geschlechterrollen entsprechendes, bipolares Urbild (Ritter, Poesie) der partriarchalen Kreativität. Vgl. Fliedl 1986, p. 228, Anm. 14.

35 Katalog der 14. Secessionausstellung 1902, p. 25.

36 Bisanz-Prakken 1980, p. 81/82.

37 Sekler 1982, p. 276.

38 »W.«, Die Beethoven-Woche, l. c., p. 3.

39 E. Pötzl, Moderner Gschnas, l. c., p. 53.

40 Servaes 1902, p. 2.

41 Ebda., p. 1.

42 Hevesi 1906, p. 391.

43 Bisanz-Prakken 1980, p. 32.

44 Ebda.

45 B. Zuckerkandl, Klingers Beethoven in der Wiener Secession, in: Kunst V, 1902, p. 387.

46 Hevesi 1906, p. 393.

47 Vgl. Brief J. M. Auchentallers an den Ausschuß der Secession, Anfang August 1901 (v. Grundlsee), Secessions-Archiv.

48 Ebda. – Diesem Brief legte Auchentaller auch die Skizze des auszuführenden Wandbildes bei. Mit den Arbeiten Königs waren die hochrechteckigen Wandbilder zu seiten des Durchgangs, der in das Lesezimmer Bauers führte, gemeint. Bei der erwähnten Arbeit Stöhrs dürfte es sich um die auf den vorhandenen Photographien nicht sichtbare Platte von »schmalem Hochformat an der Schmalwand des rechten Seitensaales« handeln.

49 VS IV, 1901, H. 8 (= 2. Aprilhälfte).

50 Auchentaller nahm im Unterschied zu Klimt auf die Dreiteilung der Durchblicke keine Rücksicht. Außerdem hatte er die Friesflächen oberhalb der mittleren Öffnung nicht wie Klimt freigelassen, sondern mit farblich kaum differenzierten Wolkenschwaden gefüllt.

51 E. Stöhr, Unsere XIV. Ausstellung, l. c., p. 9.

52 Lux 1902, p. 477.

53 M. Klinger, Malerei und Zeichnung, l. c., p. 18.

54 H. Schmidkunz, Raumkunst und Traumkunst, l. c., p. 17.

55 A. Riegl, Spätrömische Kunstindustrie, Wien 1927, p. 135 ff.

56 Bisanz-Prakken 1980, p. 36.

57 Aus den mir zur Kenntnis gelangten Abbildungen geht hervor, daß Hoffmann kein derartiges Monogramm unter den Reliefs anbringen ließ. Wenn im Katalog dennoch ein derartiges Monogramm abgedruckt ist, so ist es ein sekundäres Identifizierungsmerkmal, da die Reliefs ohnehin als von Hoffmann ausgeführt bekannt waren und als Ergebnis der von ihm entwickelten Raumkunst angesehen wurden.

58 Bisanz-Prakken 1980, p. 35.

59 »In den Supraporten dieser Türen kristallisiert sich im wahrsten Sinn des Wortes das Wesen der Gesamtarchitektur. Es war kein Zufall, daß Hoffmann sich die Füllung dieser Flächen selbst vorbehielt, statt sie, wie alle anderen dekorativen Einsätze in den Wänden, von einem der anderen Secessionskünstler ausführen zu lassen.« Sekler 1982, p. 60.

60 Hevesi 1906, p. 390.

61 Ich bin hier einer Meinung mit D. Bogner, der, Sekler zitierend, es ablehnt, daß Hoffmann »in kaum glaublicher Weise Entwicklungen« vorweggenommen habe, die erst etwa 15 Jahre später im Neoplastizismus und der de Stijl-Bewegung zur Reife gelangten«. Vgl. D. Bogner, Die geometrischen Reliefs von Josef Hoffmann, l. c., p. 24. M. E. erwächst die abstrakte Kunst nicht aus der dekorativen, sondern aus der Zerlegung und Reduktion der Gegenständlichkeit. – Für O. A. Graf hingegen stellen die geometrischen Reliefs »Inkunabeln der Abstraktion und des Kubismus« dar. Vgl. Die vergessene Wagnerschule, l. c., p. 16.

62 »Der malerische und plastische Schmuck ist demnach als stärkere Betonung des architektonischen Gedankens aufzufassen, der sich da und dort zur Gestalt verdichtet, zu Gruppen und Gebilden, die aus der verkörperten Raum-Idee organisch herauswachsen, gleichsam hervorblühen. Ähnlich verfährt ja auch die Natur in ihrer Architektonik, wofür als Beispiele die Stalaktiten in Grotten gelten können, ebenso die Moos-Bildungen auf leeren Flächen.« Lux 1902, p. 478. Vgl. auch Sekler 1982, p. 60.

63 Sekler 1982, p. 58.

64 Lux 1902, p. 481.

65 Ebda.

66 Ebda., p. 482.

67 Ebda., p. 479.

68 Hevesi 1906, p. 387.

69 Sekler 1982, p. 58.

70 Lux 1902, p. 481.

71 Hevesi 1906, p. 389.

72 M. Klinger, Malerei und Zeichnung, l. c., p. 17.

73 Ebda., p. 20. Die Nähe zu Wagner und seinem Geniebegriff sei noch durch das Beispiel des »Jesusapoll« erhärtet, in dem gleichfalls die antike und die biblische Tradition synthesiert werden. Vgl. R. Wagner, Die Kunst und die Revolution, in: Gesammelte Schriften, Leipzig 1871 – 1880, Bd. III, p. 50.

74 Anonym, in: NFP, 2. 4. 1902, p. 8.

75 Servaes 1902, p. 1.

76 »W.«, Die Beethoven-Woche, l. c., p. 3.

77 W. Benjamin, Das Kunstwerk im Zeitalter seiner technischen Reproduzierbarkeit, l. c., p. 18.

78 E. Stöhr, Unsere XIV. Ausstellung, l. c., p. 11.

79 B. Zuckerkandl, Klingers Beethoven in der Wiener Secession, l. c., p. 388.

80 Anonym, Eine Wiener Kunstbilanz, in: WAZ, 6. 7. 1902, p. 6. Die in dieser Zeitungsnotiz angegebene Verkaufssumme beläuft sich auf 190.966 Kr. – Im 4. Jahresbericht der Secession (v. 1. 7. 1902, p. 10) wird eine Verkaufssumme von 34.000 Kr. angegeben. Schenkt man der auffallend hohen Differenz von 156.566 Kr. der beiden zeitlich mindestens eine Woche auseinanderliegenden Angaben Beachtung (und berücksichtigt man ferner die Dauer der Drucklegung des Jahresberichtes), so legt sich die Vermutung nahe, daß in der von der WAZ angeführten Summe der Kaufpreis für den Beethoven-Fries inkludiert war. Dies gilt umso mehr, als O. Wagner in einem Interview, wenige Tage nach der Eröffnung der 14. Ausstellung, den Wert des Klimt-Frieses auf ca. 100.000 Kr. geschätzt hat. Vgl. »W. St.« Die Wiener und – die Kunst, Ein Gespräch mit Professor Otto

Wagner, in: WAZ, 20. 4. 1902, p. 2. Vergleicht man die überdurchschnittlich hohe Verkaufssumme mit jenen der vergangenen Secessionsausstellungen, so läßt sich die Annahme zusätzlich untermauern, daß der Beethoven-Fries schon während bzw. nach Schluß der 14. Ausstellung angekauft worden sein muß. Aber auch die nicht verkauften Schmuckplatten und Dekorationsstücke der 14. Ausstellung wurden nicht zerstört. So waren beispielsweise Schmuckplatten Andris für das von Hoffmann für die Weltausstellung in St. Louis (1904) geplante Projekt vorgesehen und auf der Ausstellung der Wiener Werkstätte in Berlin (1904) gezeigt worden. Die Stühle Andris, die im Hauptsaal der 14. Ausstellung Aufstellung gefunden hatten, wurden auf der 18. und 19. Secessionsausstellung wiedergezeigt. Im Kunsthandel befanden sich 1989 noch die Schmuckplatten von Lenz und Andri sowie die Brunnenfiguren von Luksch (Galerie Metropol, Wien).

81 Hevesi 1906, p. 393. M. E. ist die im Katalog ausgewiesene Hinzufügung der Monogramme unter den Reliefs nur im Kontext einer besseren Vermarktung zu erklären.

82 Anonym, Die Klimtschen Fresken und eine Kunstausstellung, in: NFP, 2. 10. 1902, p. 6.

83 Die Entscheidung gegen den Ankauf des »Beethoven« für die Moderne Galerie (Kosten ca. 180.000 Kr.) fiel in der Sitzung des Stadtrates v. 29. 4. 1902, in der sich fast alle Mandatare gegen einen von Stadtrat Krenn gestellten Initiativantrag aussprachen. Der negative Entscheid wurde nach hitzigen Debatten und unter Heranziehung von Experten gefällt. Vgl. Der Wiener Stadtrath gegen Klingers »Beethoven«, in: NFP, 30. 4. 1902, p. 7. – Die antisemitische Haltung des Stadtrates veranlaßte die WAZ einen Leitartikel über diese Affäre zu verfassen. Anonym, Der unchristliche Klinger, in: WAZ, 1. 5. 1902, p. 1. – Als Reaktion auf die negative Entscheidung des Stadtrates verfaßte die Secession in einer Generalversammlung v. 30. 4. 1902 eine Presseaussendung, in der festgehalten wurde, »daß das Wiener Kunstgewerbe der Secession reichliche Beschäftigung und bedeutenden materiellen Nutzen zu verdanken habe«. Vgl. Die Plenarsitzung der »Secession«, in: WAZ, 1. 5. 1902, p. 3. – Im Jahresbericht der Secession findet sich auch der Hinweis, daß die Secession im Falle des Ankaufes des »Beethoven« durch die Stadt Wien auf die ihr zustehende Verkaufsprovision von 36.000 Kr. verzichtet hätte. Vgl. 4. Jahresbericht der VBKÖ, 1902, p. 7. – Zu den politisch motivierten Auseinandersetzungen vgl. J. Neuwirth, Wiener Kunstleben, in: Die Kultur III, Wien/Stuttgart 1901/02, p. 619. Eine andere Darstellung gibt Karl Kraus. Er bezichtigt nicht primär die Gemeinde Wien, den Ankauf hintertrieben zu haben, als vielmehr die Liberalen, die am Ankauf kein wirkliches Interesse geltend gemacht hätten. »Die Herren, die vorgaben, Klingers Sache zu

der ihrigen zu machen, haben in Wahrheit nur ihre eigene zu der Klingers zu machen versucht.« Die Fackel, Nr. 106 Anfang Juni 1902, p. 17 ff.

84 Anonym, Der Wiener Stadtrath gegen Klingers »Beethoven«, l. c., p. 7.

85 Servaes 1902, p. 1.

86 Anonym, Der unchristliche Klinger, l. c., p. 2. Vgl. ebenso: Die Fackel, Nr. 106, l. c.

87 Anonym, Der Ankauf von Klingers Beethoven in: NFP, 23. 6. 1902, p. 7.

KAPITEL VI

1 Zur Engelhartgruppe bekannten sich folgende Künstler: F. Andri, R. Bacher, L. Bauer, O. Friedrich, E. Hellmer, F. Hohenberger, R. Jettmar, F. König, J. V. Krämer, J. Mayreder, M. Lenz, A. Novak, J. Plečnik, O. Schimkowitz, E. Stöhr, L. Stolba, H. Tichy u. a.

2 B. Zuckerkandl, Der Hagenbund, in: WAZ, 11. 2. 1902, p. 2.

3 Anonym, in: NFP, 12. 11. 1901, p. 5.

4 Vgl. Katalog der Deutsch-Nationalen Kunstausstellung Düsseldorf 1902 im neuerbauten, dauernden Ausstellungsgebäude, Vorwort. – Die Säle der Wiener Kunstvereinigungen mußten in einem dem Ausstellungsgebäude zusätzlich angegliederten Trakt untergebracht werden.

5 A. S. Levetus berichtete, daß Amerikaner von dem »Altwiener Interieur« drei Dutzend Kopien bestellt hätten. Vgl. Vienna, in: Studio XXVIII, 1902, p. 212.

6 E. Haenel, Das Kunstgewerbe auf der Düsseldorfer Kunstausstellung, in: Kunst VIII, 1903, p. 28.

7 F. Commichau, Kritische Umschau, in: ID XIII, 1902, p. 231.

8 A. L. Plehn, Das Kunsthandwerk auf der Ausstellung in Düsseldorf 1902, in: Kunstgewerbeblatt XIV, N. F., Leipzig 1903, p. 31.

9 Ebda., p. 32.

10 E. Haenel, l. c., p. 32.

11 A. L. Plehn, l. c., p. 34.

12 H. van de Velde, Einige Künstler Hollands und die Ausstellung Hugo Kochs in Düsseldorf, in: ID XIII, 1902, p. 203 und p. 207.

13 B. Zuckerkandl, Secession III, in: WAZ, 23. 11. 1902, p. 2.

14 Vgl. Archiv der Firma Backhausen, Inv. 4611.

15 »Dieses Rot und der weiße Putz der oberen Flächen sind die einzigen Farben in diesem ganz zirkularen Saal, der stereometrisch wie koloristisch das absolut Einfache darstellt.« L. Hevesi, Secession, in: KuKhw V, 1902, p. 617.

16 Vgl. Brief J. Plečniks (o. D.), in: D. Prelovšek, l. c., p. 57.

17 Für die Raumgestaltung des Saales 5 wird im Katalog niemand angeführt. A. S. Levetus nennt Moser und Bauer. Vgl. Vienna, in: Studio XXVIII, 1903, p. 55.

18 Mackintosh verwendete auf der Turiner Weltausstellung (1902) Ausstellungsstände mit quadratischen Vergitterungen.

19 F. Servaes, Secession, in: NFP, 13. 11. 1902, p. 1.

20 W. Schmidt, Ein Speisezimmer, in: INT IV, 1903, p. 65. – Dort finden sich auch Abbildungen der auf der 15. Ausstellung gezeigten Möbelstücke Schmidts.

21 Vgl. Th. Thomas, Impressionisten in Wien, in: NFP, 11. 1. 1903, p. 9.

22 Anonym, in: NFP, 31. 1. 1903, p. 9.

23 B. Zuckerkandl, Wien, in: Kunst VII, 1903, p. 246.

24 B. Zuckerkandl, XVII. Ausstellung der Wiener Secession, in: Kunst VII, 1903, p. 352.

25 Katalog der 17. Secessionsausstellung 1903, p. 13.

26 Das Thema des Frieses war: »Japanisches Ballett, Kirschblütentanz, Im Theater von Kyoto«. Technik: Japanische Tempera auf Leinwand, 24 × 1,30 m. Der Fries Hohenbergers wurde von Generalkonsul Felix Fischer für das Japanische Konsulat (Wien) bestellt.

27 J. A. Lux, Secession. XVII. Ausstellung der Vereinigung bildender Künstler Österreichs, in: INT, 1903, p. 94.

28 Anonym, Klimtausstellung, in: NFP, 14. 11. 1903, p. 7.

29 R. Schmutzler, l. c., p. 33.

30 B. Zuckerkandl, Secession, in: WAZ, 6. 1. 1904, p. 3.

31 B. Zuckerkandl, Koloman Moser, in: Kunst X, 1904, p. 344.

32 Anonym, Österreich auf der Weltausstellung 1904 in St. Louis, in: WBIZ XX, Bd. 1, Wien 1902/03, p. 413.

33 B. Zuckerkandl, Zeitkunst, Wien 1901–1907, Wien/Leipzig 1908, p. 159.

34 Die Secessionsmitglieder »haben sich der großen und eigenartigen Wirkung des geplanten Raumes zuliebe der Ausstellung und somit der Verkaufsmöglichkeit ihrer eigenen Werke begeben«. Vgl. Brief der Secession an das Unterrichtsministerium v. 26. 1. 1904, in: Ver Sacrum-Sonderheft, Die Wiener Secession und die Ausstellung in St. Louis, Wien 1904, p. 11.

35 Ebda., p. 10/11.

36 B. Zuckerkandl, Secession, in: WAZ, 16. 1. 1904, p. 4.

37 L. Hevesi, Ausstellungen, Wien, in: KCH XV, 1904, p. 243.

38 Ebda.

39 B. Zuckerkandl, Die 20. Ausstellung der Wiener Secession, in: Kunst IX, 1904, p. 420.

40 J. A. Lux, Edle Plastik: Eine Studie über Franz Metzner, in: A X, 1904, H. 12, p. 46.

41 M. Pötzl-Malikova, Franz Metzner und die Wiener Secession, in: Alte und moderne Kunst, H. 148/9, Wien 1976, p. 35.

42 Anonym, in: NFP, 26. 3. 1903, p. 6.

43 Möglicherweise erhielt die Wiener Werkstätte dadurch den Auftrag für das Palais Stoclet. Jedenfalls erwähnt Hevesi in der Besprechung der Ausstellung v. 16. 3. 1905, daß »ein reicher Kunstfreund in Brüssel bei Professor Hoffmann nicht weniger als ein komplettes Stadtpalais, ein Landhaus und ein Grabmal in Auftrag gegeben« habe. Vgl. Hevesi 1906, p. 484.

44 Moll war schon in den 90er Jahren von H. O. Miethke eine Beteiligung an der Galerie angeboten worden. Von 1904–1912 leitete Moll, mit Unterstützung A. Rösslers, die Galerie Miethke.

45 Ob Moll tatsächlich schon vorzeitig aus der Secession ausgetreten war, läßt sich heute nicht mehr mit Sicherheit feststellen. Zuckerkandl berichtet, Moll wäre im März 1905 ausgetreten. Vgl. B. Zuckerkandl, Die Spaltung der Wiener Secession, in: Kunst XI, 1904/05, p. 487.

46 H. Haberfeld führte die Initiative zu dem Vorschlag auf Roller zurück. Vgl. Bildende Kunst in Wien, in: Österreichische Rundschau, 2. 11. 1905, p. 38; das Fremdenblatt hingegen nennt Moll als Initiator. Anonym, Eine Krise in der Secession, 14. 6. 1905, p. 12.

47 B. Zuckerkandl, Bei Miethke – Waldmüller-Ausstellung, in: WAZ, 18. 11. 1904, p. 2.

48 L. Hevesi, Wiener Brief, in: KCH XVI, 1905, p. 144.

49 A. F. Seligmann, Secession, in: NFP, 10. 11. 1904, p. 11.

50 A. F. Seligmann, Secession, in: NFP, 26. 1. 1905, p. 1.

51 Zur Klimtgruppe zählten: Auchentaller, Bernatzik, Böhm, Hoffmann, Franz W. Jäger, Klimt, Kurzweil, List, Luksch, Metzner, Moll, Moser, Myrbach, Orlik, Roller, Hans Schwaiger und Wagner. Vgl. 7. Jahresbericht der VBKÖ 1905, p. 7.

52 »In Berlin hatte zu dieser Zeit Liebermann die Berliner Secession dem jüdischen Kunsthändler Cassirer in die Arme getrieben«. Vgl. J. Engelhart, Ein Wiener Maler erzählt, l. c., p. 124.

53 Anonym, in: NFP, 13. 6. 1905, p. 9.

54 Vgl. Katalog der 14. Secessionsausstellung 1902, p. 12; Ver Sacrum-Sonderheft, l. c., p. 8.

55 B. Zuckerkandl, Rumpf-Secession, in: WAZ, 14. 5. 1905, p. 3.

56 Aufgrund der unsicheren Verhältnisse sah sich die Klimtgruppe rechtzeitig um ein weiteres Ausstellungslokal um, das nicht identisch war mit der von Moll geleiteten Galerie Miethke in der Dorotheergasse. Der Architekt Ernst v. Gotthilf, der am Graben 17 ein Wohn- und Geschäftshaus errichtete, muß rechtzeitig vom Interesse der ehemaligen Secessionisten an einem Ausstellungsraum Kenntnis erhalten haben, denn am 7. 4. 1905 veränderte er die Baupläne, indem er einen Galerieraum berücksichtigte. Vgl. MA 37, EZ. 394. Den im Parterre integrierten Ausstellungsraum übernahm dann kurz nach der Fertigstellung die von Moll geleitete Galerie Miethke. Hevesi berichtet darüber:

»Die Sezedenten der Secession erhalten sogar einen neuen Ausstellungsraum, in dem Neubau, der jetzt am Graben entsteht. *Auch* die Galerie Miethke (Dorotheergasse 11) steht ihnen zur Verfügung«. Die Bemerkung Hevesis erlaubt den Schluß, daß die Integration des Ausstellungsraumes nicht von der Galerie Miethke, sondern von der Klimtgruppe veranlaßt worden sein dürfte. Vgl. L. Hevesi, Der Bruch in der Wiener Secession, in: KuKhw VIII, 1905, p. 429. In den folgenden Monaten widmeten sich Hoffmann und Moser der Innenraumgestaltung. Am 3. 12. 1905 wurde, wenn auch etwas verspätet, mit einer Ausstellung der Wiener Werkstätte eröffnet.

57 F. Servaes, Hagenbund, in: NFP, 6. 12. 1902, p. 1.

58 B. Zuckerkandl, Hagenbund, in: WAZ, 7. 12. 1902, p. 4.

59 F. Servaes, Hagenbund, in: NFP, 6. 4. 1903, p. 1.

60 Anonym, in: NFP, 1. 4. 1905, p. 9.

61 Vgl. Ehrenbeleidigungsklage J. Urbans gegen H. Rathausky, in: WAZ, 19. 4. 1905, p. 3.

62 H. Haberfeld, Bildende Kunst in Wien, l. c., p. 37.

63 Ebda.

64 Die Mitglieder des Jungbundes waren O. Laske, O. Barth, C. O. Czeschka, A. Grosse, K. Hollitzer, R. Kriser, H. Böhler, M. Powolny, K. Huck, W. Wodnansky, J. Hendel, L. Wieden u. a.

65 Vgl. Wiener Möbel des Jugendstils, Neuerwerbungen und Leihgaben, Wien 1971, Nr. 9. – D. Müller wiederholt diese Zuschreibung und erwähnt, daß die Stühle, von denen sich insgesamt vier erhalten haben, aus dem Haus Landau/Semmering stammen. Vgl. Klassiker des modernen Möbeldesign, München 1980, p. 126.

66 J. A. Lux, Kirchliche Kunst in der Wiener Secession, in: HW II, 1905/06, p. 47.

67 D. Prelovšek, l. c., p. 134.

68 J. A. Lux, Kirchliche Kunst in der Wiener Secession, l. c., p. 47.

69 Ebda.

70 A. F. Seligmann, Wiener Kunstausstellungen, in: NFP, 29. 3. 1906, p. 2.

71 L. Hevesi, Meunier-Ausstellung, in: KuKhw IX, 1906, p. 670.

72 Die Verlängerung galt ab dem 1. 10. 1908 bis zum 30. 9. 1918. Amtsblatt der k. k. Reichshaupt- und Residenzstadt Wien, 1907, p. 345.

73 Anonym, Wiener Frühjahrsausstellungen, in: Die Kultur VIII, Wien/Stuttgart 1907, p. 377.

74 9. Jahresbericht der VBKÖ, 1907, p. 6.

75 Anonym, Wiener Frühjahrsausstellungen, l. c., p. 378.

76 W. v. Wymetal, Hagenbund, in: Österreichische Illustrierte Zeitung, Kunstrevue, April 1907, H. 28, p. 651.

77 L. Hevesi, Hagenbund, in: Kukhw X, 1907, p. 175.

78 Anonym, Hagenbund, Frühjahr 1907, in: WAZ, 11. 3. 1907, p. 3.

79 K. M. Kuzmany, Wiener Ausstellungen, in: Kunst XV, 1907, p. 460.

80 E. Schaffran, Umschau, in: Die Kultur IX, Wien/Stuttgart 1908, p. 378.

KAPITEL VII

1 Anonym, Die Kaiser-Jubiläumsausstellung 1908, in: NFP, 3. 12. 1906, p. 7.

2 B. Zuckerkandl, Ein Konkurrenzskandal, in: WAZ, 28. 6. 1909, p. 2.

3 Im Souterrain wurde zusätzlich eine Dienerwohnung eingebaut. Die gesamten Baukosten beliefen sich auf 16.000 Kr. Vgl. 10. Jahresbericht der VBKÖ 1908, p. 8.

4 L. Hevesi, Altkunst-Neukunst, Wien 1909, p. 312.

5 Vgl. Ch. M. Nebehay, Gustav Klimt Dokumentation, Wien 1969, p. 347. – P. Vergo, Art in Vienna 1898 – 1914, London 1981, p. 179. – Th. Zaunschirm, Il gruppo di Klimt, in: Le Arti a Vienna. Dalla Secessione alla caduta dell'impero asburgico, Venezia 1984, p. 119. – Die genannten Autoren berichten, die Klimtgruppe hätte sich 1906 zu dem »Österreichischen Künstlerbund« zusammengeschlossen. Tatsächlich aber bezeichnete sich so eine konservative Künstlervereinigung, die am 8. 2. 1906 unter dem Vorsitz von Michael Kupfer, Anton Hlavacek u. a. gegründet wurde. Ziel dieser dem Künstlerhaus nahestehenden Vereinigung war die »Wahrung der geistigen und wirtschaftlichen Vorteile der Künstlerschaft«. Vgl. 25 Jahre Österreichischer Künstlerbund, Wien 1931, p. 1. Der Österreichische Künstlerbund ist auch nicht mit dem im April 1912 von Klimt gebildeten »Bund Österreichischer Künstler« ident.

6 B. Zuckerkandl, Die Ausstellung der Klimtgruppe, in: WAZ, 2. 11. 1907, p. 7.

7 Ebda.

8 Die zu diesem Zeitpunkt ernannten Subkomitees der Sektion 1 bestanden aus *Theater* (Referent A. Roller), *Monumentalkunst* (ein Referent war noch nicht ernannt worden) und *Gartenkunst* (Referent Hoffmann und Lebisch). Die Subkomitees der Sektion 2 beinhalteten *Graphik* (Referent Moser), *kleinere Plastik* (Referent noch nicht bekannt), *Handwerkskunst* (Referent Hoffmann und Prutscher), *Kunst für das Kind* (Referent Cizek und Böhm) und der *Reklamekunst* (Referenten Löffler, Kling und Larisch). Alle Angaben sind dem Protokoll der Sitzung des Ausstellungskomitees vom 16. 11. 1907, gezeichnet vom Präsidenten Klimt, entnommen. Eine Einsichtnahme in das (in Privatbesitz befindliche) Schriftstück wurde mir freundlicherweise von P. Asenbaum gestattet.

9 Brief von G. Klimt an das Unterrichtsministerium, 11. 1. 1909. Allg. Verwaltungsarchiv Wien, Ministerium für Cultus und Unterricht, 2939/1882. – Die Kunstschau schloß mit einem Defizit von 76.000 Kr. ab. Vgl. Brief vom 8. 2. 1909, ebda., 2939/5216.

10 B. Zuckerkandl, Die Ausstellung der Klimtgruppe, in: WAZ, 2. 11. 1907, p. 7.

11 B. Zuckerkandl, Die Kunstschau 1908, in: Arbeiter-Zeitung, 24. 5. 1908, p. 4.

12 D. Baroni, A. D'Auria, l. c., p. 82.

13 Die im folgenden erwähnten Entwürfe Hoppes zum kleinen Betonhof befinden sich in Privatbesitz; eine Einsichtnahme in diese Entwürfe wurde mir freundlicherweise von P. Asenbaum gewährt.

14 M. Pötzl-Malikowa, Franz Metzner und die Wiener Secession, l. c., p. 33.

15 P. Altenberg, Kunstschau 1908 in Wien, in: Das große Peter Altenberg Buch, hrsg. v. W. J. Schweiger, Wien/Hamburg 1977, p. 369.

16 J. A. Lux, Kunstschau, in: Erdgeist III, Wien 1908, p. 591.

17 V. Lederer, Freilufttheater, in: Erdgeist III, Wien 1908, p. 543.

18 Schon 1903 wurde auf der Winterausstellung des Österreichischen Museums ein zerlegbares Holzhaus von Schöntaler & Söhne gezeigt.

19 B. Zuckerkandl, Die Eröffnung der Kunstschau 1908, in: WAZ, 1. 6. 1908, p. 3. – Hevesi bemerkte, daß die Raumgestaltung für Hoffmann charakteristisch sei, »obwohl er gerade die für seinen Geschmack typisch gewordenen Formen meidet.« Kunstschau 1908, in: KuKhw XI, 1908, p. 395.

20 Sekler 1982, p. 324.

21 O. Stössl, Kunstschau, in: Die Fackel, Nr. 259–260, v. 13. 7. 1908, p. 25/26.

22 Ebda.

23 H. Broch, l. c., p. 223.

24 Zit. b. E. H. Gombrich, Aby Warburg, Eine intellektuelle Biographie, Fft./M. 1984, p. 113.

25 Der Kaiser-Huldigungsfestzug in Wien, in: Wiener Illustrierte Zeitung, 18. 6. 1908, p. 1197.

26 Die Gesamtkosten des Festzuges beliefen sich auf 2,700.000 Kr. Der von der Rotunde wegmarschierende Festzug hatte eine Länge von 9,7 km; an der Ringstraße gab es ca. 100.000 Tribünenplätze, beim Prater ca. 30.000. Trotzdem wohnten dem Festzug ca. 500.000 Zuseher bei.

27 Anonym, in: NFP, 19. 4. 1908, p. 13.

28 Anonym, in: NFP, 6. 6. 1908, p. 3.

29 Anonym, in: Neues Wiener Journal, 5. 6. 1908, p. 6.

30 Sekler 1982, p. 115 (Anm. 36).

31 J. A. Lux, Der Architektenkongress 1908, in: HW IV, 1908, p. 210.

32 Anonym, in: Neues Wiener Journal, 4. 6. 1908, p. 4.

33 L. Hevesi, Altkunst-Neukunst, l. c., p. 306. – R. Muther, Die Kunst im Festzug, in: Aufsätze über bildende Kunst, Bd. 2, Berlin 1914, p. 283.

34 Eine am 8. 1. 1908 von Franz Schuhmeier im Gemeinderat gehaltene Rede war der ursächliche Grund für die Ehrenbeleidigungsklage. In dieser Rede hatte Schuhmeier an der Redlichkeit des Festzugskomitees Zweifel erhoben. Eine eingehende Untersuchung der Machenschaften rund um das Festzugsprojekt wurde vor allem aber deswegen eingeleitet, weil sich die Veranstaltung als finanzielles Fiasko herausgestellt hatte. Die Kläger (Festzugskomitee) begründeten das finanzielle Desaster vor allem mit einer wenige Tage vor Abhaltung des Festzuges in allen Zeitungen (ausgenommen der Arbeiter-Zeitung) abgedruckten Pressemeldung, in welcher vor einem »Sturm der Arbeiter auf die Tribünen« gewarnt worden wäre; diese Meldung hätte die Zuschauer abgeschreckt, am Festzug teilzunehmen.
Schuhmeiers Anschuldigungen waren vor allem gegen Urban gerichtet, da er im Gegensatz zu den übrigen, unentgeltlich arbeitenden Künstlern Provisionen entgegengenommen und den Künstlern für die Arbeitsleistungen Auszeichnungen versprochen hatte. Der Prozeß endete am 16. 10. 1909 mit einer Verurteilung des Festzugskomitees, insbesondere Urbans, sowie einem Freispruch Schuhmeiers. Vgl. die täglichen ausführlichen Pressemeldungen (zwischen dem 13. und 16. 10. 1909) in der NFP.

KAPITEL VIII

1 B. Zuckerkandl, Kunstschau I, in: WAZ, 22. 4. 1909, p. 2.

2 A. S. Levetus, Vienna, in: Studio XLVII, 1909, p. 240.

3 Anonym, Kunstschau, in: Österreichische Volkszeitung, 9. 5. 1909, p. 13.

4 Anonym, in: Deutsches Volksblatt, 22. 4. 1909, p. 10.

5 A. F. Seligmann, Kunstschau, in: NFP, 29. 4. 1909, p. 2.

6 Anonym, Secessionsredoute 1911, in: NWT, 9. 2. 1911, p. 10.

7 Anonym, Die Secessionsredoute, in: NFP, 19. 2. 1911, p. 12.

8 Ebda.

9 Anonym, Die Silhouettenredoute, in: NFP, 25. 2. 1912, p. 12.

10 1911 wurde Urban als Bühnendirektor an die Bostoner Oper berufen; 1918–1933 war er als Ausstattungschef an der Metropolitan Opera/New York tätig.

11 A. F. Seligmann, Kunstausstellungen, in: NFP, 27. 1. 1910, p. 2.

12 A. F. Seligmann, Hagenbund, in: NFP, 13. 1. 1912, p. 16.

13 B. Zuckerkandl, Der obdachlose Hagenbund, in: WAZ, 29. 2. 1912, p. 2.

14 Stadtrat Schwer soll dabei gesagt haben: »Der Hagenbund muß hin werden.« Anonym, Hagenbund und die Gemeinde Wien, in: NFP, 1. 8. 1912, p. 5.

15 »Die Ausstellung, die es gewagt hatte, meine Bilder aufzuhängen, wurde nach der Besichtigung durch den Erzherzog strafweise in eine Gemüsehalle umgewandelt.« Vgl. O. Kokoschka, Das schriftliche Werk, Bd. 3, Hamburg 1975, p. 252. – A. Loos, Die potemkinsche Stadt, 1897–1933, hrsg. v. A. Opel, p. 133.

16 Anonym, Die Delogierung des Hagenbundes, in: NFP, 3. 8. 1912, p. 7.

17 Anonym, Die Delogierung des Hagenbundes durch die Kommune Wien, in: NFP, 1. 8. 1912, p. 8.

18 Anonym, Die Delogierung des Hagenbundes, in: NFP, 3. 8. 1912, p. 7.

19 Katalog der Frühjahrsausstellung 1912, p. 13.

20 Ebda., p. 12.

21 Anonym, Die Delogierung des Hagenbundes, in: NFP, 3. 8. 1912, p. 7.

22 R. Waissenberger, Hagenbund 1900–1938, in: Mitteilungen der Österreichischen Galerie, Wien 1972, p. 79.

23 Anonym, Erste Internationale Jagdausstellung in Wien 1910, in: KuKhw XII, 1909, p. 592.

24 J. Strzygowski, Kunst in der Jagdausstellung, in: Die Zeit, 9. 6. 1910, p. 2.

25 Ebda., p. 1.

26 Die 1. Internationale Jagdausstellung Wien 1910, Ein monumentales Gedenkbuch, Wien/Leipzig 1912, p. 31.

27 K. Rathe, Österreich auf der Internationalen Kunstausstellung in Rom, in: Kunst XXV, 1911/12, p. 77.

28 O. Pollak, Die Internationale Kunstausstellung in Rom 1911, in: Zeitschrift f. bildende Kunst, N. F., Leipzig 1911, p. 274 u. p. 283.

29 Ebda., p. 276.

30 Hevesi 1906, p. 58.

31 L. Hevesi, Ausstellung österreichischer Kunstgewerbe im Österreichischen Museum, in: KuKhw XIII, 1910, p. 1.

32 K. Ruge, Der Erweiterungsbau des k. k. Österreichischen Museums, in: KuKhw XII, 1909, p. 600.

33 B. Zuckerkandl, Österreichisches Museum, in: WAZ, 28. 10. 1909, p. 2.

34 Ebda.

35 E. Leisching, in: Katalog der Ausstellung österreichischer Kunstgewerbe 1909/10, p. 5.

36 L. Hevesi, Ausstellung österreichischer Kunstgewerbe im Österreichischen Museum, in: KuKhw XIII, 1910, p. 8.

37 K. M. Kuzmany, Von einer Ausstellung österreichischer Kunstgewerbe in Wien, in: Kunst XXIV, 1910/11, p. 218.

38 A. Rössler, Ausstellung österreichischer Kunstgewerbe im Museum für Kunst und Industrie, in: INT XII, 1911, p. 2.

39 B. Zuckerkandl, Wo halten wir?, in: WAZ, 5. 11. 1910, p. 3.

40 Sekler 1982, p. 121 ff.

41 K. M. Kuzmany, Von einer Ausstellung österreichischer Kunstgewerbe in Wien, l. c., p. 220.

42 M. Eisler, Oskar Strnad, Wien 1936, p. 19.

43 O. Pollak, Ausstellung österreichischer Kunstgewerbe 1911 bis 1912 im k. k. Österreichischen Museum für Kunst und Industrie in Wien, in: KCH XXIII, 1912, p. 251.

44 H. Fischel, Die Ausstellung österreichischer Kunstgewerbe im k. k. Österreichischen Museum, in: KuKhw, XIV, 1911, p. 627.

45 F. Planer, Raumkunst auf der Wiener Frühjahrsausstellung des Österreichischen Museums für Kunst und Industrie, in: DKuD XXXI, 1912/13, p. 175.

46 Eisler 1916, p. 39.

47 Vgl. Satzungen des Deutschen Werkbundes, § 2.

48 B. Zuckerkandl, Das österreichische Haus auf der Deutschen Werkbundausstellung, Köln 1914, in: DKuD XXXIV, 1914, p. 368.

49 F. Planer, Die Frühjahrsausstellung 1912 im Österreichischen Museum für Kunst und Industrie, in: Österreichs Illustrierte Zeitung, Kunstrevue, Juli 1912, H. 41, p. 1009.

50 A. Vetter, Die Bedeutung des Werkbundgedankens für Österreich, in: Katalog zur 5. Tagung des Deutschen Werkbundes, Wien 1912, p. 1.

51 Eisler 1916, p. 27.

52 Vgl. A. Vetter, Die Bedeutung des Werkbundgedankens für Österreich, l. c., p. 1 ff.

53 F. Achleitner, Der Österreichische Werkbund und seine Beziehungen zum Deutschen Werkbund, in: Bauforum X, H. 61, Wien 1977, p. 15.

54 »Die Wendung zu den sozialen Aufgaben der Zeit hat der Werkbund erst in den zwanziger Jahren vollzogen.« L. Burckhardt (Hrsg.), Der Werkbund in Deutschland, Österreich und der Schweiz, Stuttgart 1978, p. 81.

55 R. Kotas, Carl Witzmann, Wien 1934, p. 3.

56 F. Stern, Die Frühjahrsausstellung des Österreichischen Museums, in: NWT, 4. 6. 1912, p. 2.

57 H. Fischel, Frühjahrs-Ausstellung österreichischer Kunstgewerbe und der k. k. Kunstgewerbeschule in Wien, in: Kunst XXVI, 1912, p. 482/484.

58 B. Zuckerkandl, Ein neuer Kunstbund, in: WAZ, 2. 4. 1912, p. 3.

59 Anonym, Ein neuer Verband österreichischer Künstler, in: Österreichs Illustrierte Zeitung, Kunstrevue, März 1912, H. 25, p. 622.

60 Als »Wilde« wurden Anton Faistauer, Georg Merkel und O. Kokoschka bezeichnet. Vgl. B. Zuckerkandl, Ein neuer Kunstbund, in: WAZ, l. c., p. 3.

61 Von der Klimtgruppe traten dem Bund österreichischer Künstler Andri, Czeschka, Faistauer, Hanak, Hoffmann, Klimt, Kokoschka, Löffler, Lederer, Metzner, Merkel, Moll, Moser, Orlik, Roller, Strnad,

Wagner und Wimmer bei, von der Secession Grom-Rottmayer, Harflinger, Oerley und Mestrovič, vom Hagenbund Graf, Junk, Keller und Laske sowie Mitglieder der »Sztuka«, der »Manes« und der Skupina (einer Secession aus der Manes).

62 B. Zuckerkandl, Ein neuer Kunstbund, in: WAZ, l. c., p. 3. »Durch die Scheidung zwischen Vorstand und Arbeitsausschuß sowie die Rechtlosigkeit der Mitglieder soll eine Reihe von Mißständen, die sich bei Künstlervereinigungen gezeigt haben, von vornherein vermieden werden.« O. Pollak, Wiener Brief, in: KCH XXIII, Nr. 25, v. 26. 4. 1912, p. 386.

63 Anonym, Die ökonomische Frage der Künstler, in: Österreichs Illustrierte Zeitung, Kunstrevue, März 1914, H. 22, p. 601.

KAPITEL IX

1 L. H., Die Wiener Tapeten-Ausstellung, in: DKuD XXXIII, 1913/14, p. 155.

2 H. Schmidkunz, Raumkunst und Traumkunst, l. c., p. 19.

3 A. Loos, Gesammelte Schriften, l. c., p. 395.

4 L. H., Die Wiener Tapetenausstellung, in: DKuD, l. c., p. 156.

5 Vgl. die Tapetenausstellung im Kunstgewerbemuseum Frankfurt, 1910, wo man die Tapeten auf paravantähnliche Schauwände aufzog.

6 H. Fischel, Ausstellung österreichischer Tapeten-, Linkrusta- und Linoleumindustrie im Österreichischen Museum, in: KuKhw XVI, 1913, p. 400.

7 Linkrusta war Linoleum mit reliefierten Mustern.

8 B. Zuckerkandl, Die Tapetenausstellung, in: WAZ, 28. 5. 1913, p. 3.

9 Ebda., p. 2.

10 H. Fischel, Ausstellung österreichischer Tapeten-, Linkrusta- und Linoleumindustrie im Österreichischen Museum, l. c., p. 402.

11 Ebda.

12 Anonym, Internationale Kunstausstellung in Rom 1914, in: NFP, 2. 5. 1914, p. 12.

13 M. Eisler, Dagobert Peche, Wien/Leipzig 1925, p. 19.

14 Eisler 1916, p. 68.

15 Sekler 1982, p. 372.

16 Ebda., p. 371. Sekler sieht in dieser Farbkombination die Farben der Monarchie.

17 B. Zuckerkandl, Die Werkbundausstellung in Köln, in: WAZ, 18. 5. 1914, p. 2.

18 B. Zuckerkandl, Das österreichische Haus auf der deutschen Werkbundausstellung, Köln 1914, in: DKuD XXXIV, 1914, p. 349.

19 Eisler 1916, p. 52.

20 B. Zuckerkandl, Das österreichische Haus..., l. c.,

p. 349. – Für F. Achleitner steht die Formensprache Hoffmanns in »einem Zusammenhang präfaschistischer Architektur oder einer letzten Wallung des bürgerlichen Historismus«. Vgl. F. Achleitner, Der Österreichische Werkbund und seine Beziehungen zum Deutschen Werkbund, l. c., p. 15.

21 Sekler 1982, p. 160.

22 O. Strnad, »Einiges Theoretisches zur Raumgestaltung«, in: M. Eisler, Oskar Strnad, Wien 1936, p. 48.

23 B. Zuckerkandl, Das österreichische Haus..., l. c., p. 350.

24 O. Strnad, »Neue Wege in der Wohnraum-Einrichtung«, 1922, in: M. Eisler, O. Strnad, l. c., p. 54.

25 M. Eisler, Dagobert Peche, l. c., p. 20.

26 B. Zuckerkandl, Die Werkbundausstellung in Köln, II, in: WAZ, 28. 5. 1914, p. 3.

27 B. Zuckerkandl, Das österreichische Haus..., l. c., p. 368.

28 W. C. Behrendt, Die Kölner Werkbundausstellung, in: Kunst und Künstler XII, Darmstadt/München/Wien/Berlin 1913/14, p. 620.

29 M. Eisler, Die Kölner Werkbundausstellung, in: Kunst XXX, 1914, p. 481.

30 A. Gmeiner, G. Pirhofer, Der Österreichische Werkbund, Wien/Salzburg 1985, p. 191 ff.

31 M. Eisler, Die Kölner Werkbundausstellung, l. c., p. 481.

32 Eisler 1916, p. 54.

33 Als Spitäler fanden beispielsweise das Künstlerhaus und die Secession – sie diente ab dem Herbst 1914 als Reservespital des Roten Kreuzes – Verwendung. Die Zedlitzhalle, die zwar noch fallweise dem Wirtschaftsverband Bildender Künstler Österreichs als Ausstellungslokalität zur Verfügung stand, wurde in einen Lagerraum umgewidmet.

34 In diesem Zusammenhang sei die Kriegsausstellung, die am 1. 7. 1916 im Prater eröffnet wurde, erwähnt. Arrangiert hatte sie Witzmann. In den zahlreichen Gebäuden gab es neben einer Kaiserhalle auch eine Trophäenhalle, in der »Bruchteile der Beute von allen Kriegsschauplätzen ausgestellt waren«. Vgl. M. G. G., Die Wiener Kriegsausstellung, in: A XXI, 1916–1918, p. 123.

35 Katalog der Modeausstellung, Wien 1915/16, p. 7.

36 Hevesi 1906, p. 315.

37 H. Fischel, Modeausstellung im Österreichischen Museum, in: KuKhw XIX, 1916, p. 76.

38 M. Eisler, Die Wiener Modeausstellung, in: Kunst XXXIV, 1916, p. 240.

39 Katalog der Modeausstellung 1915/16, p. 9.

40 Vgl. dazu etwa Lux: »Bedarf es noch einer umständlichen Beweisführung, dass wir nicht Assyer oder Ägypter, nicht Griechen und Römer, nicht Araber oder Japaner sind, sondern Europäer des 20. Jahrhunderts, Menschen, die keine Pracht-Kostüme tragen, sondern einen dunklen Rock, die mit einem gesteigerten Innen-Leben eine hochgradige Sensibilität

verbinden, und deren Kunst als Ausdruck ihres Innen-Lebens folgerichtig in ganz anderen Formen sich äußern muß, als in anderen Zeiten oder bei anderen Völkern?« Lux 1902, p. 481.

41 Dieser Gebärde hat H. Bahr einmal literarisch Ausdruck gegeben. Er, der sich sein Eigenheim von Olbrich, dem Architekten der Secession, errichten ließ, beschrieb, was der Architekt für Seelenkenntnisse haben müsse, um ein gemäßes Äußeres schaffen zu können: »Ich würde also einem Architekten zuerst meine innere Schönheit sagen müssen (...) Dann kennt er mich, er kann mein Wesen fühlen. Dieses hätte er jetzt durch eine Linie auszudrücken: Er hätte die Gebärde meines Wesens zu finden. Über dem Thore wäre ein Vers aufgeschrieben, der Vers meines Wesens, und das, was dieser Vers in Worten ist, dasselbe müßten alle Farben und alle Linien sein, und jeder Stuhl, jede Tapete, jede Lampe wäre immer wieder derselbe Vers. In einem solchen Haus würde ich überall meine Seele wie in einem Spiegel sehen – dies wäre mein Haus.« Zit. b. C. E. Schorske, Abschied von der Öffentlichkeit, in: A. Pfabigan (Hrsg.), Ornament und Askese, Wien 1985, p. 52.

42 R. Schmutzler, l. c., p. 13.

43 Lux 1902, p. 475.

44 W. Benjamin, Briefe 2, Herausgegeben und mit Anmerkungen versehen von Gershom Scholem und Theodor W. Adorno, Fft./M. 1978, p. 681 (Brief v. 2. 8. 1935).

45 Katalog der 2. Secessionsausstellung 1898, p. 6.

46 Lux 1902, p. 476.

47 Ebda., p. 481.

48 »Der Jugendstil«, schrieb Walter Benjamin, »ist ein Fortschritt, indem das Bürgertum den technischen Grundlagen seiner Naturbeherrschung näher tritt; ein Rückschritt, indem ihm die Kraft abhanden kommt, dem Alltag überhaupt noch ins Auge zu sehen.« W. Benjamin, Das Passagen-Werk, Bd. 2, l. c., p. 694.

49 O. Wagner, Einige Skizzen, Projekte und ausgeführte Bauten, Wien 1906, Bd. 3, H. 3/4, p. 3.

50 Auf der 3. Sitzung des Kunstrates vom 20. 5. 1901 mußte aufgrund von verschiedenen Einwänden von Wagners Projekt Abstand genommen werden. Die Künstlergenossenschaft monierte, es sei »zu weiträumig für den spärlichen Inhalt an Kunstwerken, die der Staat bisher sein eigen nennt«. Vgl. Anonym, Künstlergenossenschaft und Moderne Kunstgalerie, in: WBIZ XVII, Wien 1901, Bd. 2, Nr. 38 v. 20. 6. 1901, p. 317. Dahinter verbarg sich natürlich das übliche Ressentiment gegenüber der Modernen Raumkunst.

51 H. Broch, l. c., p. 148.

52 Zit. b. W. J. Schweiger, Wiener Werkstätte, l c., p. 108.

53 Anonym, Dreadnoughtsofa und Walzraum, in: Österreichische Volkszeitung, 22. 10. 1923, p. 2.

54 Auch die 1920 von Hoffmann initiierte Kunstschau (2. 6. – 27. 9. 1920), deren Raumgestaltung Witzmann, deren Gartengestaltung (einschließlich einer Bühne) E. Lichtblau besorgt hatte, konnte den Geist von 1908 nicht wieder aufleben lassen. Der Versuch, über die mißliche wirtschaftliche und auch künstlerische Lage hinwegzutäuschen, mußte mißlingen. Einer der Gründe lag gewiß in dem Umstand, daß 1918, wie zur monographischen Affirmation der Zäsur, viele der raumkünstlerischen Proponenten, nicht nur Wagner und Klimt, sondern auch Moser, Schiele und Metzner verstarben.

PERSONENREGISTER

Adorno, Theodor W.: 175
Alt, Rudolf von: 22, 96, 108, 109
Altenberg, Peter: 125
Ameseder, Eduard: 111
Amiet, Cuno: 102
Andri, Ferdinand: 66, 70, 79, 95, 99 – 102, 112, 113, 118, 147
Ashbee, Charles Robert: 51, 54, 115
Auchentaller, Josef M.: 41, 61, 62, 66, 70, 79, 80, 145

Bacher, Paul: 106
Bacher, Rudolf: 21, 61, 66, 78, 105
Bacon, Francis: 123
Bahr, Hermann: 14, 17, 21, 26 – 28, 31, 43, 45, 52, 175
Bamberger, Gustav: 45, 111
Baroni, Daniele: 121
Barwig, Franz: 118, 134, 141, 147, 166
Bauer, Leopold: 8, 54, 59, 60, 66, 68 – 70, 76, 80, 93 – 96, 99, 102, 107, 114, 115
Baumann, Ludwig: 32, 33, 49, 101, 102, 137, 149, 150, 154
Beethoven, Ludwig van: 70 – 73, 79, 81, 84, 87
Behrens, Peter: 164, 165
Benjamin, Walter: 88, 175
Bernatzik, Wilhelm: 21, 47, 50, 97, 104
Biegas, Boleslaw: 59
Bing, Samuel: 20
Bisanz-Prakken, Marian: 71, 76, 78, 82
Blonder, Leopold: 167
Böcklin, Arnold: 67, 68, 110
Böhm, Adolf: 27, 30, 32, 41, 47, 48, 51, 65, 77, 78, 117, 127, 128, 132
Borsi, Franco: 8
Bräuer, Karl: 124, 125
Bressler, Emil: 32, 117
Broch, Hermann: 9, 16, 133, 178
Burckhart, Jakob: 133
Burger, Leopold: 110

Canciani, Alfonso: 68
Carrière, Eugène: 114
Cassirer, Bruno: 108
Cassirer, Paul: 108
Cizek, Franz: 92, 122, 127, 154, 168
Cottet, Charles: 115
Czeschka, Carl Otto: 125, 134

Dante, Alighieri: 87
Descey, A.: 32, 145
Dietl, Fritz: 128
Diveky, Josef von: 125
Dörnhöffer, Friedrich: 163, 147, 148
Drasche, Freiherr von: 64
Drexler, Brüder: 32
Duncan, Isidora: 68
Durand-Ruel: 97

Eck, Ernst: 140
Ederer, Karl: 112, 118, 124
Eisler, Max: 153, 163, 167 – 169
Eitelberger, Rudolf von: 12, 13, 19
Engelhart, Josef: 21, 29, 32, 46, 99, 102, 105, 106, 108, 113, 118, 138, 139
Exner, Hilde: 125

Fabiani, Max: 32
Faistauer, Anton: 142
Falke, Jakob von: 12
Farsky, Robert: 126
Felix, Eugen von: 21
Fendi, Peter: 148
Ferstel, Heinrich von: 19, 149, 154, 170
Feuerbach, Anselm: 36
Fischel, Hartwig: 157, 161, 170
Fischer, Adolf: 46
Fischer von Erlach, Bernhard: 49
Fischl, Karl Adalbert: 33
Forstner, Leopold: 125, 127, 128, 145, 155
Frank, Josef: 156, 161
Frank, Raoul: 134, 135
Franz Ferdinand, Erzherzog: 142
Franz Joseph, Kaiser: 29, 31, 68, 117, 133, 135
Fred, W.: 53
Friedrich, Otto: 146
Friedrich, Wilhelm: 156

Gallén, Axel: 102
Gauguin, Paul: 138
Gerlach, Martin: 99
Geyling, Remigius: 127, 134, 150
Godoli, Ezio: 8
Goethe, Johann Wolfgang von: 84
Gogh, Vincent van: 138
Goltz, Alexander D.: 134

Gotthilf, Ernst von: 32
Graf, Ferdinand: 119
Graf, Otto Antonia: 58
Gropius, Walter: 164
Gütersloh, Albert Paris: 142

Haberfeld, Hugo: 111
Haider, Karl: 141
Hanak, Anton: 118, 146, 147, 159, 165
Hancke, Franz: 52
Hankar, Paul: 21
Hartel, Wilhelm von: 50, 61, 68
Hasenauer, Karl von: 20
Hellmer, Edmund von: 21, 49, 107, 118
Hempel, Oswin: 143
Herzig, Max: 33
Heu, Josef: 110, 116, 135, 141
Hevesi, Ludwig: 9, 10, 15, 17, 21, 26, 47, 48, 55, 57, 65,
     68, 71 – 73, 75, 77, 79, 86 – 88, 106, 117, 121, 132, 135
Heyda, Wilhelm: 27, 63
Hobé, Georges: 21
Hodler, Ferdinand: 66, 75, 102, 103
Hoffmann, Josef: 8 – 10, 17, 27, 29 – 31, 33 – 37,
     39 – 44, 46 – 56, 60, 62, 65 – 71, 76 – 78, 82, 83, 85,
     93 – 103, 105, 106, 108, 110, 112, 116, 117, 119 – 123,
     125 – 127, 129, 130, 132 – 134, 137, 145 – 147, 151,
     152, 155, 156, 159 – 170, 172, 174
Hofmann, Ludwig: 102
Hofmann, Werner: 175, 176
Hohenberger, Franz: 46, 98, 99
Hollitzer, Karl: 134
Holub, Adolf: 130, 156
Hoppe, Emil: 117, 122, 123
Hybler, F.: 157

Isabelle, Erzherzogin: 170

Jaksch, Julius: 159
Jettel, Eugen: 48
Jettmar, Rudolf: 99, 113, 146
Jones, Owen: 10
Jungnickel, Ludwig Heinrich: 145, 161
Junk, Rudolf: 116, 141, 142, 163

Kalckreuth, Leopold von: 95
Kalmsteiner, Hans: 125
Kammerer, Marcell: 126
Kant, Immanuel: 85
Kathrein, Heinrich: 168
Keller, Alfred: 116, 119, 134
Kerndle, Karl Maria: 128
Khnopff, Fernand: 114, 121
Klimt, Georg: 26
Klimt, Gustav: 14, 19, 21, 22, 24, 28, 48 – 50, 59 – 61, 66,
     70, 73, 75, 76, 79, 81, 84, 88, 89, 91, 95, 99 – 104, 106,
     108, 109, 119, 125, 126, 137, 146, 148, 158, 159, 167
Kling, Anton: 122, 125

Klinger, Max: 35 – 37, 43, 58, 65, 67, 68, 71, 72, 74, 75,
     81 82, 86 – 89, 107, 125
König, Friedrich: 70, 79, 95, 113, 146
Kolig, Anton: 142
Kokoschka, Oskar: 124, 134, 138, 142
Konopa, Rudolf: 45, 111
Korowin, Constantin: 66
Krämer, Johann Viktor: 61, 116
Kraus, Karl: 17, 48, 50, 55, 131
Kühn, Heinrich: 68
Kurzweil, Max: 32
Kuzmany, Karl Maria: 17

Laage, Wilhelm: 102
Larisch, Rudolf von: 163, 164
Laske, Oskar: 111, 118, 140 – 142, 145
Lavery, John: 48
Lebisch, Franz: 129
Lederer, Hugo: 138
Lefler, Heinrich: 92, 134, 135
Leisching, Eduard: 137, 149 – 151, 160, 163
Lenbach, Franz von: 20
Lenz, Maximilian: 30, 78, 113
Lichtblau, Ernst: 145, 157, 160, 161
Lichtwark, Alfred: 42, 92
Liebenwein, Maximilian: 104, 146
Liebermann, Max: 20
List, Wilhelm: 32, 66
Löffler, Bertold: 116, 119, 123, 124, 134, 145, 155, 161,
     167
Loos, Adolf: 17, 32, 40, 55, 117, 131, 153, 160
Lueger, Karl: 17
Luksch, Richard: 60, 77, 93
Lurje, Viktor: 151
Lux, Joseph August: 8, 17, 70, 71, 73, 81, 83 – 86, 99,
     113, 121, 126, 134, 174, 177

Marées, Hans von: 102
Macdonald-Mackintosh, Margaret: 67
Mackintosh, Charles Rennie: 51, 55, 58, 67, 82, 97, 110
Mahler, Gustav: 69, 87
Makart, Hans: 9, 33, 35 – 37, 44, 133, 135, 165, 173
Margold, Emanuel J.: 145
Martin, Henri: 34, 43
Mayreder, Julius: 23
Mayreder, Rudolf: 23
Mediz, Karl: 110
Mediz-Pelikan, Emilie: 110
Mehoffer, Josef: 54, 56, 113
Meier-Graefe, Julius: 52, 97
Merkel, Georg: 142
Meštrovič, Ivan: 139
Messerschmidt, Franz Xaver: 116
Messner, Franz: 96, 115
Metzner, Franz: 101, 104, 123, 125, 127, 129, 138, 142
Meunier, Constantin: 30, 114
Miethke, Othmar H.: 20

Minne, Georges: 52, 53, 55, 80
Moll, Carl: 21, 23, 66, 99, 103, 106, 108, 119, 124
Morris, William: 153
Moser, Koloman: 10, 21, 24, 25, 27, 34, 35, 37, 39 – 42,
    46, 47, 49, 52 – 55, 59 – 61, 67 – 69, 80, 94 – 97,
    99 – 106, 108 – 110, 112, 114 – 119, 124, 125, 137, 138,
    148, 155, 156, 174
Müllner, Josef: 118
Munch, Edvard: 102, 142
Muther, Richard: 17, 97, 135
Muthesius, Hermann: 16
Myrbach, Felician von: 52

Nechansky, Arnold: 161, 162, 166, 167
Neumayer, Josef: 142
Nietzsche, Friedrich: 86
Novotny, Otakar: 119, 168
Nowak, Anton: 21

Obrist, Hermann: 76
Obsieger, Robert: 167
Oerley, Robert: 62, 115, 117, 118, 139, 145, 155 – 157
Olbrich, Joseph Maria: 8, 10, 21 – 32, 34 – 41, 43 – 45,
    48, 62, 63, 138, 177
Orlik, Emil: 124

Paul, Bruno: 165
Paus, Thorleif: 142
Pausanias: 78
Peche, Dagobert: 150, 161 – 172
Pettenkofen, August von: 148
Phidias: 72
Planer, Franz: 153
Plečnik, Joseph: 8, 32, 33, 49, 59, 96, 102, 107, 112, 114,
    138
Podhajska, Minka: 145
Pötzl, Eduard: 17, 26
Pötzl-Malikova, Maria: 104
Poiret, Paul: 170
Polzer, Franz: 119
Poppovits, Cäsar: 145, 155, 157
Postelberg, Victor: 32
Powolny, Michael: 116, 123, 145
Prutscher, Otto: 125, 127, 128, 143 – 145, 149 – 152, 156,
    161, 163, 165
Puchinger, Erwin: 50
Puvis de Chavannes, Pierre: 29, 30, 32, 103

Radetzky, Johann Josef Wenzel: 134
Ranzoni, Hans: 111
Rathausky, Hans: 110, 111
Reininghaus, Karl: 89
Riegl, Alois: 10, 82, 83
Rodin, Auguste: 57
Rössler, Arthur: 17
Roller, Alfred: 16, 21, 33, 39, 56 – 58, 64 – 66, 68
    76 – 78, 82, 83, 95, 99, 119, 125, 134, 149, 151, 160, 163

Roller, Paul: 130
Roux, Oswald: 134
Rudolf I. von Habsburg: 134
Rückgauer, E.: 92
Ruskin, John: 121
Rysselberghe, Théo van: 36

Salten, Felix: 9, 17, 36
Scala, Arthur Ritter von: 19, 20, 137, 149, 150
Schaffgotsch, Herbert: 116
Schaffran, Emmerich: 116
Schiele, Egon: 138, 142, 145, 167
Schiller, Friedrich von: 79
Schimkowitz, Othmar: 25, 32, 33, 38, 102
Schlechta, Hans: 58
Schließmann, Hans: 26
Schmidkunz, Hans: 160
Schmidt, Max: 160
Schmidt, Wilhelm: 96, 119
Schmutzler, Robert: 174
Schneider, Hans: 117
Schölermann, Wilhelm: 17, 18, 28
Schönthal, Otto: 119, 120, 122, 126, 127, 131
Schorske, Carl E.: 18, 26
Schufinsky, Viktor: 104, 128
Schuhmeier, Franz: 135
Schwer, Stadtrat: 142
Scott-Russel, John: 20
Segantini, Giovanni: 56, 57, 95
Sekler, Eduard F.: 44, 70, 71, 76, 82, 83, 86, 130, 151,
    166
Seligmann, Adalbert Franz: 17, 34, 114, 138, 142
Semper, Gottfried: 10
Servaes, Franz: 17, 43, 45, 48, 55, 77, 87, 109, 110
Signac, Paul: 48
Sika, Jutta: 125, 145
Simandl, Milena: 121
Simay, Emmerich Karl: 141
Slevogt, Max: 115
Spitzer, Friedrich W.: 68
Stella, Eduard: 134
Stemólak, Karl: 119, 141, 142
Stern, Friedrich: 17
Stöhr, Ernst: 61, 79
Stössl, Otto: 131, 132
Strasser, Arthur: 32, 33, 38, 39, 43, 50
Strnad, Oskar: 145, 147, 149, 151, 152, 155, 156, 162,
    164, 166, 167
Strzygowski, Josef: 145
Stuck, Franz von: 68
Sturm, Josef: 120
Stursa, Jan: 166
Suppantschitsch, Max: 111
Swoboda, Heinrich: 112

Taut, Bruno: 164
Teschner, Richard: 131, 145, 178

Tessenow, Heinrich: 168
Thiele, Franz: 45
Thijs, Jens: 142
Tichy, Karl: 96
Tietze, Hans: 178
Tintoretto, Jacopo: 97
Tominschek, Franz: 128
Toorop, Jan: 66, 138
Tropsch, Rudolf: 32, 117

Urban, Josef: 31, 32, 44, 45, 61 – 64, 91 – 93, 109 – 112, 114 – 119, 133 – 135, 140 – 142

Velde, Henry van de: 20, 21, 40, 44, 45, 52, 53, 94, 96, 105, 106, 108, 130, 164, 169, 170
Vergil: 87
Vermeer van Delft, Johannes: 97

Wärndorfer, Fritz: 134
Wagner, Nike: 43
Wagner, Otto: 8 – 10, 23, 24, 30, 32, 32 – 35, 37, 39, 41, 44, 49, 50, 55, 107, 111, 117, 120, 135, 142, 174, 175, 177, 178

Wagner, Richard: 70
Waldmüller, Georg Ferdinand: 106, 146, 148
Watzek, Hans: 68
Weber, August: 19, 20, 29
Whistler, James McNeill: 47, 104
Wilde, Oscar: 121
Wilke, Alexander: 134
Wilt, Hans: 111
Wimmer, Eduard: 156, 157, 161, 162, 168
Wittgenstein, Karl: 58
Witzmann, Karl: 129, 150 – 152, 154, 156, 160, 161, 168, 169
Wölfflin, Heinrich: 10

Zacherl, Johann E.: 112
Zeymer, Fritz: 127
Zotter, Eduard: 163
Zuckerkandl, Berta: 17, 63, 78, 92, 102, 108 – 110, 117, 120, 130, 150, 161, 166, 168
Zuckerkandl, Emil: 48
Zülow, Franz von: 128, 161
Zumbusch-Exner, Nora: 131

ABBILDUNGSNACHWEIS

A VII, 1901: 63 (links oben und rechts unten)

A X, 1904: 104 (Mitte und unten)

A XIV, 1908: 131 (links oben)

A XV, 1909: 144 (links oben und unten), 145 (links oben)

A XVII, 1911: 134 (unten), 139 (Mitte links), 146 (unten), 147 (rechts oben)

A XVIII, 1912: 157 (Mitte rechts, links und rechts unten), 158, 159

A XX, 1914/15: 162 (Mitte), 165 (oben)

Archiv der Firma P. Backhausen, Wien: 42 (Mitte links), 95 (rechts unten)

Archiv des Künstlerhauses: 19 (links unten), 25 (rechts unten), 27 (links unten), 31 (rechts), 36 (links unten), 37 (links oben), 39 (links oben und rechts), 40 (rechts unten), 41 (Mitte und rechts unten), 42 (oben), 54, 55 (links oben), 57 (links unten), 62 (oben), 65, 69 (oben und unten), 77 (unten), 100 (unten), 101 (oben), 103 (oben und unten), 140 (links oben)

Archiv der Wiener Secession: 22 (oben), 27 (rechts unten)

Bisanz-Prakken 1980: 74 (unten), 77 (oben), 79 (Mitte), 89

DK I, 1898: 20

DK II, 1898: 31 (links unten), 33 (rechts oben, Mitte und rechts unten)

DK IV, 1899: 28

DKuD III, 1898/99: 22 (unten), 34 (rechts oben und unten)

DKuD X, 1902: 72 (links oben, Mitte, unten und rechts), 73, 74 (oben und Mitte), 75, 83 (links oben)

DKuD XV, 1904/05: 106

DKuD XXIII, 1908/09: 122 (links oben), 124 (rechts oben und links unten)

DKuD XXVI, 1910: 139 (links unten)

DKuD XXXI, 1912/13: 155 (links unten)

DKuD XXXIII, 1913/14: 160, 161 (links oben, unten und rechts unten), 162 (oben)

DKuD XXXIV, 1914: 165 (unten), 168 (links)

Eisler 1916: 163 (unten), 164 (Mitte), 169 (oben und unten)

M. Eisler, Dagobert Peche, Wien 1925: 167 (rechts)

H. E. Goldschmidt, Quer Sacrum, Wien/München 1976: 37 (rechts oben)

Historisches Museum der Stadt Wien: 23

HW I, 1904/05: 53 (links unten)

HW IV, 1908: 130 (oben)

ID XI, 1900: 50 (links)

ID XII, 1901: 53 (rechts oben), 55 (Mitte links und unten)

ID XIII, 1902: 93 (unten)

ID XX, 1909: 144 (rechts oben)

Illustriertes Wiener Extrablatt, 1. 6. 1899: 43

Illustriertes Wiener Extrablatt, 18. 2. 1911: 140 (Mitte)

INT I, 1900: 37 (links unten), 42 (rechts und links unten), 45, 51

INT II, 1901: 55 (rechts oben)

INT III, 1902: 64 (links und rechts unten), 92 (unten)

INT IV, 1903: 96 (links und rechts unten), 97, 98 (rechts unten), 99 (unten)

INT XIII, 1912: 155 (rechts oben)

INT XIV, 1913: 161 (rechts oben)

Katalog der Frühjahrsausstellung 1912 im ÖMAK: 154 (unten)

Katalog der 1. Hagenbundausstellung 1902: 91 (Mitte)

Katalog der 4. Hagenbundausstellung 1902: 109 (rechts)

Katalog der 5. Hagenbundausstellung 1902: 110 (links oben)

Katalog der 8. Hagenbundausstellung 1903: 110 (links unten)

Katalog der 9. Hagenbundausstellung 1903: 111 (rechts oben)

Katalog der 11. Hagenbundausstellung 1904: 111 (unten)

Katalog der 21. Hagenbundausstellung 1906: 114 (links oben)

Katalog der 29. Hagenbundausstellung 1909: 141 (rechts oben)

Katalog der Kaiser-Jubiläums-Ausstellung des Hagenbundes 1908: 91 (unten), 92 (oben), 110 (rechts oben und Mitte), 114 (rechts oben), 116 (unten), 119 (rechts)

Katalog der Internationalen Ausstellung für Buchgewerbe und Graphik (BUGRA), Leipzig 1914: 163 (oben und Mitte), 164 (oben)

Katalog der 1. Internationalen Jagdausstellung 1910: 145 (unten)

Katalog der Internationalen Kunstausstellung, Rom 1911: 147 (Mitte links, rechts und unten), 148 (oben, Mitte und unten), 149

Katalog der Internationalen Kunstschau 1909: 137

Katalog des Kaiser-Huldigungs-Festzuges 1908: 134 (oben), 135 (oben)

Katalog der Kunstschau 1908: 122 (unten)

Katalog der 1. Secessionsausstellung 1898: 29 (links)

Katalog der 2. Secessionsausstellung 1898: 34 (links oben)

Katalog der 3. Secessionsausstellung 1899: 36 (links oben)

Katalog der 4. Secessionsausstellung 1899: 38 (oben)

Katalog der 5. Secessionsausstellung 1899/1900: 41 (rechts oben)

Katalog der 7. Secessionsausstellung 1900: 48 (oben)

Katalog der 8. Secessionsausstellung 1900: 53 (Mitte rechts)

Katalog der 9. Secessionsausstellung 1901: 57 (Mitte rechts)

Katalog der 10. Secessionsausstellung 1901: 60 (links unten)

Katalog der 14. Secessionsausstellung 1902: 70 (unten)

Katalog der 15. Secessionsausstellung 1902: 96 (Mitte links)

Katalog der 17. Secessionsausstellung 1903: 98 (links unten)

Katalog der 20. Secessionsausstellung 1904: 105 (rechts oben)

Katalog der 23. Secessionsausstellung 1905: 107 (Mitte rechts)

Katalog der 24. Secessionsausstellung 1905: 113 (rechts unten)

Katalog der 30. Secessionsausstellung 1908: 118 (links oben)

Katalog der 35. Secessionsausstellung 1910: 139 (Mitte rechts)

Kunst V, 1901: 62 (unten)

Kunst VIII, 1904: 93 (links oben), 94 (unten)

Kunst XVIII, 1908: 115

Kunst XVIII, 1908: 126 (oben), 129 (Mitte), 130 (rechts unten)

Kunst XXVI, 1912: 152 (oben)

Kunst XXXIV, 1916: 162 (unten), 171, 172 (rechts)

KuKhw II, 1899: 40 (oben und links unten)

KuKhw XII, 1909: 150

KuKhw XIII, 1910: 151

KuKhw XIV, 1911: 152 (unten)

KuKhw XV, 1912: 155 (links oben und rechts unten), 156 (links oben und rechts unten), 157 (rechts oben)

Kunstbewerbeblatt XIV, 1903: 94 (links oben)

Magistratsabteilung 37: 26 (oben), 27 (rechts unten)

MBF VII, 1908: 120 (oben), 121 (unten), 122 (rechts), 123 (links oben und rechts unten), 124 (rechts unten), 126 (links und rechts unten), 127 (oben), 128 (links oben, Mitte links und unten), 129 (oben und unten), 130 (links unten)

MBF VIII, 1909: 143, 144 (rechts oben und unten), 145 (rechts oben)

MBF XIII, 1914: 167 (links), 168 (rechts)

J. M. Olbrich, Ideen, Wien 1898: 27 (rechts oben)

Österreichisches Museum für angewandte Kunst, Wien 19 (rechts), 154 (oben), 166 (links und rechts), 170, 172 (links)

Österreichische Nationalbibliothek, Bildarchiv: 30 (rechts oben und links unten), 32, 38 (unten), 41 (links unten), 46, 47, 48 (unten), 57 (oben), 58, 59 (unten), 60 (rechts unten), 66 (links und rechts), 67 (rechts oben), 69 (Mitte), 70 (oben), 71, 76 (unten), 78 (unten), 79 (oben), 80 (oben), 88, 98 (oben), 101 (unten), 105 (links oben), 107 (rechts unten), 113 (oben), 117, 118 (rechts oben und unten), 128 (rechts oben und Mitte rechts), 131 (rechts oben), 135 (unten), 156 (rechts oben)

E. Pötzl, Moderner Gschnas und andere Wiener Skizzen, Wien 1901: 26 (links)

D. Prelovsek, J. Plecnik, Wiener Arbeiten 1896 – 1914, Wien 1979: 113 (links unten)

K. H. Schreyl, D. Neumeister, Joseph Maria Olbrich, Die Zeichnungen der Kunstbibliothek Berlin, Berlin 1972: 29 (rechts oben und unten)

Sekler 1982: 83 (rechts)

Studio XI, 1897: 21

Studio XXI, 1901: 49 (oben und unten), 50 (rechts unten)

Studio XXII, 1901: 36 (rechts oben)

Studio XXV, 1902: 67 (links unten), 68

Studio XXVI, 1902: 92 (Mitte, beide Abb.)

Studio XXVIII, 1903: 95 (oben)

Studio XXIX, 1903: 99 (oben)

Studio XXXII, 1904: 100 (oben), 111 (links oben)

Studio XXXV, 1905: 107 (links unten)

Studio XXXVII, 1906: 112 (oben und unten)

Studio XXXVIII, 1906: 109 (links)

Studio XXXIX, 1907: 114 (unten)

Studio XLI, 1907: 116 (oben)

Studio XLII, 1908: 105 (unten)

Studio XLIII, 1908: 119 (links und Mitte)

Studio XLVI, 1909: 140 (unten)

Studio XLVII, 1909: 138 (oben), 141 (links oben und Mitte)

Studio XLVIII, 1910: 139 (rechts oben)

Studio L, 1910: 141 (unten)

The Studio Year-Book of Dekorative Art 1912: 146 (oben)

VS I, 1898: 35 (links unten)

VS II, 1899: 35 (rechts oben und unten)

VS III, 1900: 55 (Mitte rechts)

VS IV, 1901: 59 (oben), 60 (oben)

VS V, 1902: 76 (oben), 80 (unten), 93 (rechts oben), 94 (rechts oben), 95 (links unten), 96 (oben)

VS-Sonderheft, Die Wiener Secession und die Ausstellung in St. Louis, 1904: 102

O. Wagner, Einige Skizzen, Projekte und ausgeführte Bauwerke, Bd. III, H. 1, Wien 1906: 34 (links unten), 178

WBIZ XVII, 1899/1900, Bd. 1: 24, 25 (oben links und rechts)

WBIZ XIX, 1901/02, Bd. 1: 63 (rechts oben), 63 (links oben), 64 (links oben)

Wiener Stadt- und Landesarchiv: 120 (unten), 121 (Mitte)

Zeitschrift für bildende Kunst, 19. Jg., 1908: 121 (oben),
123 (rechts oben, links unten), 124 (links oben), 125 (oben und unten), 127 (Mitte und unten)

Zeitschrift für bildende Kunst, 20. Jg., 1909: 138 (unten)